```
>>> printf("나혼자\n")
>>> printf("C언어")
```

# 나혼자
# C언어

이창현 저

KB134737

**DIGITAL BOOKS**
디지털북스

책의 모든 예제 파일은 해당 링크에서 받을 수 있습니다.
이창현 블로그 : blog.naver.com/jamsuham75

# 나혼자 C언어

| 만든 사람들 |

**기획** IT·CG기획부 | **진행** 양종엽·장우성 | **집필** 이창현 |
**편집·표지디자인** D.J.I books design studio 김진 | **일러스트** 장우성

| 책 내용 문의 |

도서 내용에 대해 궁금한 사항이 있으시면
저자의 홈페이지나 디지털북스 홈페이지의 게시판을 통해서 해결하실 수 있습니다.

**디지털북스 홈페이지** digitalbooks.co.kr
**디지털북스 페이스북** facebook.com/ithinkbook
**디지털북스 인스타그램** instagram.com/digitalbooks1999
**디지털북스 유튜브** 유튜브에서 [디지털북스] 검색
**디지털북스 이메일** djibooks@naver.com
**저자 이메일** jamsuham75@naver.com
**저자 블로그** blog.naver.com/jamsuham75

| 각종 문의 |

**영업관련** dji_digitalbooks@naver.com
**기획관련** djibooks@naver.com
**전화번호** (02) 447-3157~8

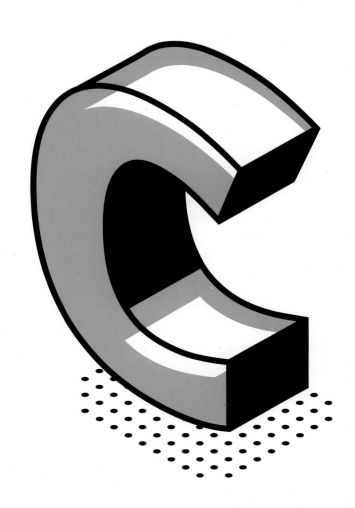

# 머리말

어떠한 일에 있어서 새로운 시작은 항상 늘 마음을 설레게 하고 들뜨게 합니다. 우리가 고등학교에 처음 입학 했을 때 첫 학기의 며칠은 그나마 열정이 있었기에, 수학 교과서의 첫 장인 집합과 명제는 늘 손때가 묻어 있거나, 영어 교과서의 문장의 5형식 부분은 거의 외울 정도로 이 부분만 피 터지게 공부했었습니다. 문제는 우리는 늘 모든 과목에 있어서 앞 단원에서만 전문가라는 함정이 있습니다. 그러다 보니 시험을 보게 되면 시험 문제의 1번과 2번만 확실히 풀고, 그 이후는 늘 행운(일명 찍기)에 맡겨야 하는 안타까운 상황이 발생하게 됩니다.

C언어를 이제 처음 접하는 여러분에게 필자는 이 책이 학교 교과서의 신세가 되지 않기를 바랍니다. 물론 필자 또한 그렇게 되지 않도록 하기 위해 이 책의 구성과 내용에 그만한 공과 노력을 쏟아냈습니다. 처음에 의욕만 너무 앞서서 나가다가 지구력 부족으로 낙오되지 않도록 여러분이 스스로 차근차근 연구하는 자세로 마지막 장까지 이 책을 덮을 수 있도록 하는 바램으로 많은 노력을 기울였습니다.

이 책은 총 16파트로 구성되어 있는데, 구성을 크게 두 부분으로 나누어 볼 수 있습니다. 첫 번째 부분으로 파트1부터 파트8까지의 구성은 프로그래밍의 전반적인 개념 및 변수와 자료형, 연산자, 제어문, 반복문, 배열, 포인터와 같은 C언어의 기초적인 개념과 필수적인 문법들에 대해 다루고 있습니다.

두 번째 부분으로 파트9부터 파트16까지는 포인터의 기본 개념을 기반으로 다양한 포인터의 사용법에 대해 다루고 있습니다.

이렇게 두 부분으로 나눈 기준의 핵심은 포인터에 있습니다. C언어의 핵심이자 강점인 포인터는 매우 중요한 개념입니다. 그만큼 실전 프로젝트에서 필수적으로 사용하는 것이 포인터라고 볼 수 있습니다. 그럼에도 불구하고, C언어를 공부하는 학생들은 포인터 부분에서 많은 어려움을 느끼고 포기하는 경우가 많으며, C언어를 가르치는 교수님이나 강사님들도 진도상의 이유로 포인터에 대해 자세히 다루지 못하는 경우가 많습니다.

포인터를 눈앞에서 포기하는 총체적인 원인은 포인터에 대한 기본 개념을 제대로 확립하지 않고 문법만 익혀서 포인터를 사용하려하기 때문입니다. 포인터를 이해하기 위한 가장 기본은 메모리 구조를 이해하는 것인데, 눈에 보이지 않는 메모리 구조가 너무 추상적으로만 다가오기 때문입니다.

여러분은 이 책으로 C언어를 공부하면서 포인터와 메모리의 동작 원리를 구체적이고 정확하게 이해할 수 있을 것입니다.

이 책은 전체적으로 메모리 구조를 그려가면서 설명하고 있습니다. 물론 여러분들이 메모리의 개념에 대해 정확하게 이해를 하고 있는 가운데 메모리의 구조와 변화에 대해 그려야 할 것입니다. 특히 포인터 단원 이후부터는 하나의 예제에 대해 무조건 메모리를 그리고 시작합니다. 정말 지긋지긋하다 싶을 정도로 메모리를 계속 그리고 있습니다. 이렇게 함으로써 여러분들의 머릿속에 메모리의 개념이 추상적이지 않고 명시적으로 정확하게 정립이 되며, 포인터를 자유자재로 다루며 응용도 할 수 있게 됩니다.

여러분은 지금 이 시간 C언어를 공부하기로 결심했다면 이면지나 연습장을 준비하시기 바랍니다. 파트2 변수와 자료형부터는 직접 메모리부터 그리면서 시작해 보세요.

처음부터 이러한 습관을 들이면 어떠한 상황에서도 현재의 메모리 구조와 포인터의 개념을 정확하게 이해하게 되고 숙련이 되면 직접 종이에 그리지 않아도 머릿속에서 그릴 수 있게 됩니다. 그리고 컴퓨터 내에서의 메모리 구조는 언어와 상관없이 모두 동일한 원리로 동작하므로 C언어의 메모리 동작 원리를 정확하게 이해하게 되면 모든 언어의 컴퓨터 메모리 동작 원리를 이해하게 되는 것입니다.

여러분이 학생으로서 학교 수업의 교재로 인해 어쩔 수 없이 이 책을 펼쳤든지, 혹은 개발자로써 공부하기 위해 이 책을 펼쳤든지, 아니면 그 외에 기타 다른 여러 이유로 인해서 이 책의 첫 장을 펼쳤다 해도 상관은 없습니다. 어떠한 경우로 인해서 여러분이 이 책을 펼쳤다면 제가 이 책에서 무슨 말을 하고 있는지 그리고 무슨 말을 하고 싶은지에 대해 귀를 기울여 주십시요. 여러분이 이 책을 읽는 동안 단순한 C언어의 문법적인 지식만이 아니라, 한 개발자가 가진 철학과 20여년간의 실무 노하우, 생각들을 함께 교감할 수 있었으면 좋겠습니다.

이 책을 통해 학습하는 과정이 힘들고 지루한 머나먼 여정이 아니라, 흥미로운 모험의 세계를 탐구해 나가는 뜻밖의 여정이 되었으면 좋겠습니다. 여러분의 인생 가운데 작지만 소소한 성취감을 맛볼 수 있는 기회가 될 것입니다.


**Thanks to...**

특별히 감사한 분들이 있습니다. 지금까지 여러 권의 책을 탈고 했지만 저에게는 여전히 쉽지 않는 과정입니다. 먼저 부족한 저에게 능력 주시고 힘 주시는 하나님께 감사와 영광을 드립니다. 모두 하나님의 은혜가 아니면 할 수 없었음을 고백합니다.

그리고 언제나 늘 옆에서 함께 하는 가족들, 아내 경화, 첫째 아들 주성이, 둘째 아들 은성이, 그리고 아들 위해 늘 기도하시는 어머니, 늘 감사하고 사랑합니다.

나혼자 파이썬부터 나혼자 C언어까지 편집을 도맡아 하신 디지털북스 장우성 편집자님 고생 많으셨습니다. 재미있는 삽화 덕분에 책의 내용이 더 풍성해진 것 같습니다.

또한 지금까지 저와 함께한 수많은 개발자분들, 그리고 교육생분들 모두 감사드립니다.

마지막으로 이 책을 읽으려고 손에 집어 든 여러분들 모두에게 감사함을 전합니다.

이 책은 여러분들을 위한 책입니다. 여러분들의 가는 길을 진심으로 응원하고 축복합니다.

어느 초가을 늦은 밤 코딩연구소에서

이 창 현

# CONTENTS

```
1:    #include <stdio.h>
2:    int main(void)
3:    {
4:        printf("Hello World\n"); //Hello World 문자열을 출력한다.
5:        return 0;
6:    }
```

#include <stdio.h>
**헤더 파일**

int main(void)
{
}
┤ **함수 형태**

## 코드를 이루는 기본 요소들입니다.

printf("Hello World\n");
**Hello World를 출력**

return 0;
**함수 종료**

//Hello World 문자열을 출력한다.
**참조**

프로그래밍의 개념과 원리,
C언어의 역사에 대해서도 알아보고
컴파일러도 설치해봅시다.

STUDY Guide C장

# #PART_1. <C언어와 운명적인 첫 만남>

## int main(void)

프로그래밍의 세계에 들어오신 여러분을 환영합니다. 여러분은 이제 C언어의 세계에 첫 발을 내디딜 순간이 왔습니다. 속담에도 시작이 반이라는 말이 있습니다. 우리가 아침에 잠에서 깨어나야 할 때 피곤한 상태에서 눈 뜨고 일어나기가 어려운 것이지, 한 번 일어나면 그 다음은 탄력을 받아 전혀 무리 없이 하루를 생활하게 됩니다. 자동차의 경우도 처음에 시동만 걸린다면 그 이후의 동작들은 무리 없이 수행할 수 있게 됩니다. 어떠한 일이든 시작이 중요하고, 시작이 있음에 끝이 존재하는 것입니다. 이번 시간에는 프로그래밍이 무엇인지, 프로그램 개발 순서, C언어의 역사, 우리가 개발할 개발 환경 구축, 그리고 내 생애 첫 번째 "World" 문자열을 출력함으로써 C언어의 기본적인 문법을 살펴볼 것입니다. 여러분이 이번 장을 공부하고 나면 C언어 과정의 절반을 배운 것이나 다름없다고 생각합니다. 왜냐하면 이번 장을 패스한 여러분은 이 책의 마지막 장까지 함께 할 것이라고 믿기 때문입니다.

# Char CHAPTER_1 = {"프로그래밍이란 무엇인가요"};

## Unit_1 = ("프로그래밍(Programming)이란?");

프로그래밍(Programming)이란 무엇인가요?

프로그램(Program)이라는 단어를 모르는 사람은 독자들 가운데 아마 거의 없을 것입니다. 그만큼 우리 일상생활에서 프로그램이라는 단어는 참 많이 사용되고 있습니다. 필자가 프로그램이라는 단어를 처음 접했던 것은 아마도 어릴 적 매일 신문에 기재된 TV 프로그램 편성표였던 것 같습니다. 흑백 TV를 보던 어릴 적 매일 아침마다 집으로 배달 오는 신문 끝면에는 TV 프로그램 편성표가 있었는데, 신문 내용에는 관심 없던 필자는 아버지가 신문을 다 보시면 늘 끝자락에 오늘의 TV 프로그램 편성표를 즐겨 보았던 기억이 납니다. 아마도 그 당시에 프로그램이라는 단어를 매일 보긴 했어도 정확한 의미는 몰랐을 것입니다. 어쩌면 별로 알고 싶지도 않았을런지도…. ^^;;

그렇다면 우리가 늘상 보는 TV 프로그램을 정확한 의미는 몰라도 생각해보면 대충 프로그램이란 개념의 감이 옵니다. 즉, 프로그램이라는 것은 각 방송사에서 장르별로 독립적으로 만들어진 하나의 작품이라고 말할 수 있습니다. 그리고 프로그램은 장르에 따라 뉴스, 드라마, 영화, 음악, 다큐멘터리 등의 다양한 형태로 존재합니다. 정리하면 프로그램이라는 것은 누군가에 의해 제작된 하나의 독립적인 완성된 작품이라고 말할 수 있습니다. 그렇다면 '프로그래밍이란 무엇인가?'에 대해서도 다시 한 번 생각해 볼 수 있을 것입니다. 프로그램(Program)은 존재하는 하나의 작품이라고 하였다면 프로그래밍(Programming)은 하나의 작품을 만드는 과정의 행위라고 말할 수 있습니다. 쉽게 말하면 프로그램이 결과라면 프로그래밍은 과정이라고 생각하면 될 것 같습니다.

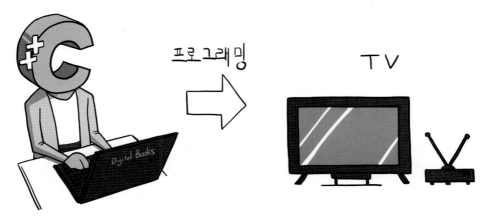

TV 프로그래밍의 개념

이제 컴퓨터 관점에서 프로그래밍을 생각해 봅시다. 앞서 얘기한 TV 프로그램이 누군가 만들어낸 작품이라면 컴퓨터 프로그램 또한 누군가가 컴퓨터를 통해 만들어낸 작품입니다. 그리고 그 작품을 만드는 과정을 우리는 프로그래밍이라고 말할 수 있습니다.

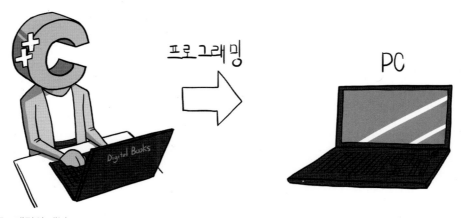

컴퓨터 프로그래밍의 개념

예술가가 예술 작품을 만드는 경우 자신의 작품에 혼신의 노력을 쏟아냅니다. 물론 다른 직업에 종사하시는 분들도 자신의 일에 혼신의 노력을 다할 것입니다. 하지만 개발자가 프로그래밍하는 과정은 마치 예술가가 예술 작품을 만드는 과정과 비슷합니다. 왜냐하면 새로운 것을 개발하고 창조해야 하기 때문입니다.

작품을 하나 만들 때 일반적으로 다음과 같은 3단계를 거치게 됩니다. 바로 구상, 설계, 구현 단계입니다.

보통 작품을 만들기 위해서 우리는 가장 먼저 아이디어 구상을 하게 됩니다. 영화나 드라마 제작 시 가장 먼저 시나리오 구상을 하듯이 우리가 무언가 창조를 하기 위해서는 가장 먼저 머릿속의 구상이라는 것을 하게 됩니다. 막연한 머릿속의 아이디어(추상적인 생각)를 현실에서 구체화시키는 작업이 필요한데, 그것이 바로 설계의 단계입니다. 아무리 머릿속에 좋은 아이디어가 있다 하더라도 그것을 끄집어 내서 현실 세계에 구체화하지 않는다면, 아무런 의미가 없습니다. 설계는 나의 추상적인 계획을 문서로 구체화시킨 과정이라고 말할 수 있겠습니다. 그 다음 단계가 바로 설계화된 문서를 기반으로 실현하는 구현 단계입니다. 내 머릿속에 있는 추상적인 생각을 문서로 구체화시켰고, 그 구체화된 계획을 실제 세계에 투영하는 것입니다.

## Unit_2 = ("프로그래밍 언어란 무엇인가요?");

### #1. 프로그래밍 언어란

언어는 사전적 의미로 '생각이나 느낌을 나타내거나 전달하기 위하여 사용하는 음성, 문자, 몸짓 등의 수단 또는 그 사회관습적 체계'라는 의미를 가지고 있습니다. 어떤 생각이나 느낌을 전달할 수 있다는 점이 인간이 동물과 구별되는 특징이기도 합니다. 요약하면, 언어라는 것은 사람 간의 통신 수단이라고 할 수 있겠지요.

앞서서 우리는 컴퓨터 프로그래밍의 개념에 대해서 언급했었습니다. 필자는 프로그래밍이란 누군가가 컴퓨터를 통해 만들어낸 작품이라고 정의했습니다. 자, 여기에 조금 더 구체적인 내용을 덧붙여보면, 프로그래밍은 누군가가 컴퓨터 프로그래밍 언어를 통해 만들어낸 작품이라고 말할 수 있습니다. 사람과의 대화를 위해서 서로 언어를 알아야 하듯이, 컴퓨터를 통해 무언가 작업을 하기 위해서는 컴퓨터 언어를 알아야 합니다. 그래서 우리는 단순하게 '컴퓨터를 통해 무언가를 만든다.'라고 앞서 정의했지만, 구체적으로 말하자면 프로그래밍 언어를 통해 만들게 되는 것입니다.

예를 들어 내가 미국사람과 대화를 하려고 할 때 의사소통이 되려면 내가 영어를 알고 있던지, 혹은 미국사람이 한국어를 알고 있던지 해야 의사소통이 제대로 이루어질 수 있습니다.(Body language는 제외하고….^^;;)

마찬가지로 컴퓨터와 대화하려면 내가 컴퓨터 언어를 알고 있던지, 컴퓨터가 사람의 언어를 알고 있던지 둘 중에 하나가 이루어져야 합니다. 상식적으로 생각해보면 컴퓨터를 학습시켜서 사람의 언어를 알게 할 수는 없습니다. 그러므로 사람이 컴퓨터 언어를 배워서 명령할 수밖에 없습니다. 이 때 사용하는 것이 프로그래밍 언어입니다.

컴퓨터는 기계어를 사용하는데, 컴퓨터가 탄생한 초창기에는 직접 2진수 기반으로 프로그래밍을 했습니다. 2진수 표현은 0011 0101 이러한 식으로 표현되기 때문에 사람이 해독하거나 프로그래밍 하기에 쉽지 않습니다. 그래서 사람이 기계어로 직접 코딩하지 않고, 사람이 이해할 수 있는 언어로 코딩할 수 있게 만든 것이 프로그래밍 언어입니다. 쉽게 말하면 사람의 언어를 기계어로 만드는 과정에서 중간에 번역을 해주는 역할을 한다고 보면 됩니다.

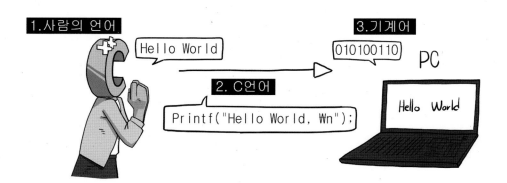

## #2. 프로그래밍 언어의 종류

프로그래밍 언어에는 어떠한 것들이 있는지 알아봅시다.

| 저급 언어(기계 중심) | 고급 언어(인간 중심) |
|---|---|
| 기계어<br>어셈블리어 | C언어<br>C++<br>자바<br>자바스크립트<br>C#<br>기타  등등 |

크게 저급 언어와 고급언어 두 부류로 나누었는데, 저급 언어라고 해서 저급한 언어를 의미하고, 고급 언어라고 해서 고귀하고 우아한 언어를 의미하는 것이 절대 아닙니다. 위의 표에서도 언급하였지만, 저급 언어라는 것은 기계가 이해하기 쉬운 언어라는 의미이고, 고급 언어라는 것은 사람이 이해하기 쉬운 언어라는 의미입니다.

기계어는 컴퓨터가 이해할 수 있는 가장 기초적인 언어로써 2진수로 이루어져 있으므로 현재는 사람이 직접 기계어를 이용하여 프로그래밍하지는 않습니다. 그나마 기계어에 근접한 언어가 어셈블리어인데 이는 사람이 알아볼 수 있는 알파벳 기호를 통해 프로그래밍 가능하도록 하였습니다. 지금은 극히 일부 하드웨어 제어 용도로 어셈블리어를 사용하는 경우를 제외하고는 사용성이 거의 없다고 보면 됩니다.

사람이 이해하기 쉬운 고급 언어로는 C/C++, Java, C#등을 기반으로 점차 다양하게 진화하고 있고, 프로그래밍 언어가 발전함으로써 개발자의 단위 개발 시간과 비용은 단축되었으나 그만큼 프로젝트의 규모는 과거에 비해 점점 커지는 추세입니다.

# Char CHAPTER_2 = {"프로그램 개발 과정"};

프로그래밍이 무엇인지에 대해서 어느 정도 감을 잡은 것 같습니다. 그렇다고 프로그래밍이라는 것이 우리가 생각나는 대로 계획 없이 만드는 것은 아닙니다. 프로그램을 제작하기 위한 공통적인 절차가 있는데, 다음과 같이 4단계를 거치게 됩니다. 지금 배우고 있는 내용은 우리가 C언어를 배운다고 해서 C언어에만 국한되는 개념이 아니라 C++, 자바와 같은 컴파일러 기반 언어들의 개발과정에 공통적으로 적용되는 개념입니다.

## Unit_1 = ("설계");

무슨 일을 하든지 우리는 가장 먼저 구상이라는 것을 하게 됩니다. 즉 구상이라는 것은 아이디어를 머릿속에서 생각하는 것입니다. 하지만 우리의 뇌는 휘발성의 특징이 조금 더 강해서 금방 잊어버리므로, 기록을 통해 구체화해두지 않으면 다시 기억하기 쉽지 않습니다. 이렇게 우리가 머릿속에서 구상을 한 것을 구체적으로 기록하고, 그 기록을 조금 더 체계적으로 구성하는 것을 설계라고 할 수 있습니다.

예를 들어, 우리가 네트워크 프로그램을 만들고 싶다고 생각했다면, 무작정 컴퓨터 앞에 앉아서 막바로 코딩하는 것은 옳지 않습니다. 머리가 완전 천재라서 머릿속에 설계도가 그려진다면 필자로써는 정말 할 말이 없지만….___;; 우리와 같은 보통 사람들은 먼저, 서버와 클라이언트를 만들어야겠다는 생각과 함께, 어떻게 어떠한 방식으로, 무엇을 이용하여 통신을 할 것인지 등에 대해 고려하여 머릿속에 있는 로직을 문서로 그려야 합니다. 사실 이 설계 과정이 프로젝트의 전반에 있어서 가장 중요한 단계이고, 시간도 많이 투자되는 단계이기도 합니다.

## Unit_2 = ("**원시코드 작성**");

설계가 끝났다는 것은 요리로 말하면 레시피가 갖추어졌다는 뜻입니다. 이제 이 레시피대로 요리만 하면 됩니다. 이제 실제로 요리를 하는 것은 나의 생각과 계획을 실행에 옮기는 과정입니다. 이 과정이 프로그래밍 단계에서는 원시코드를 작성하는 단계입니다.

즉, 설계라는 무형의 산출물에서 코드라는 유형의 산출물이 생기는 것입니다. 원시 코드는 대부분 고급언어(사람이 이해하기 쉬운 언어)를 사용하기 때문에, 앞에서 설명했듯이 컴퓨터가 이해할 수 있는 언어가 당연히 아닙니다. 우리가 앞으로 배울 C언어도 고급언어에 속해 있으므로 컴퓨터는 C언어를 전혀 알지 못합니다. C언어, 즉 고급언어는 사람이 이해하기 쉽게 만든 언어일 뿐입니다. 그렇다면 우리가 고급언어로 작성한 이 원시코드를 컴퓨터가 알아먹게 하려면 어떻게 해야 할까요? 바로 다음 단계인 컴파일 과정을 거치면 됩니다.

## Unit_3 = ("**컴파일(Compile)**");

원시 코드는 사람이 이해하기 쉬운 언어이지, 컴퓨터가 이해할 수 있는 언어가 아닙니다. 우리가 작성한 코드를 컴퓨터에서 동작시키려면 컴퓨터에게 이 코드를 이해시켜야 합니다. 컴퓨터가 이해할 수 있도록 소스코드를 이진 코드로 변환하는 과정을 컴파일(Compile)이라고 하며, 이러한 컴파일을 해주는 프로그램을 우리는 컴파일러(Compiler)라고 부릅니다. 소스코드를 이진 코드로 변환한다는 의미는 C언어 기반의 고급언어로 작성한 소스코드를 기계어로 변환한다는 것인데, 이 변환된 파일을 우리는 목적코드(오브젝트 파일)이라고 합니다.

## Unit_4 = ("**링크(Link)**");

링크(Link) 단계는 최종 산출물인 실행 파일을 만드는 과정입니다. 링크는 '연결한다'는 의미를 가지고 있는데, 앞서 원시코드를 컴파일을 통해 목적코드(기계어)로 변환한 파일들을 서로 연결하고, 컴파일러에서 제공하는 기본적인 여러 라이브러리나 사용자가 직접 만든 라이브러리 혹은 오픈 소스 라이브러리등을 연결하여 하나의 실행파일을 생성하는 것입니다.

다음은 앞에서 설명한 프로그램 개발 과정의 4단계입니다. 여러분이 컴파일 기반의 언어를 사용한다면, 프로그램 개발 과정 4단계는 모두 공통적으로 적용되는 사항입니다. 이 단계를 외우라고 강요하지는 않겠습니다. 왜냐하면 앞으로 이 단계를 여러분은 수천 번, 수만 번 경험하게 될 테니까 말입니다.

| 설계 | → | 원시코드 | → | 컴파일 | → | 링크 |
|---|---|---|---|---|---|---|

우리는 해 본적도 없는, 당장은 추상적으로 다가오는 개념도 직접 많이 경험해보면 당시에 잘 이해가 안 갔던 많은 부분들에 대해 깨달음을 얻을 때가 있습니다. 지금 프로그래밍의 첫걸음 단계에서는 이해 안 가는 개념들 투성이일 것입니다. 하지만 걱정하지 마세요. 일단 무엇이든 들이밀고, 많이 해보고, 왜 그럴까? 연구해보고, 고민하면 반드시 언젠가는 그에 대한 해답을 스스로 찾게 됩니다.

# Char CHAPTER_3 = {"**C언어란 무엇인가요?**"};

## Unit_1 = ("**C언어의 역사**");

흔히들 우리는 누군가의 흑역사라고 해서 그 사람의 과거의 사진, 혹은 졸업 사진 등을 찾아보기도 합니다. 거의 90% 이상 대부분 안습입니다. 물론 필자도 예외는 아닙니다.

우리는 보통 훌륭하신 어떤 분에 대해 알고 싶다면, 기본적으로 그 분 과거의 발자취부터 어떻게 살아오셨는지 살펴보게 됩니다. 또한, 우리는 어떤 국가에 대해 알고 싶다면 그 국가에 대한 과거의 역사를 살펴보게 됩니다. 왜냐하면 알고자 하는 대상에 대한 본질은 역사 속에 존재하기 때문입니다. 그래서 우리는 세계의 역사와 흐름을 파악하기 위해서 세계사를 배우는 것이고, 우리가 뿌리내린 이 나라에 대해 알아야 하기 때문에 국사를 배우는 것입니다. 우리는 C언어에 대해서 알고 싶어서 이 책을 펼쳤습니다. C언어에 대해 알고자 한다면 먼저 C언어의 역사를 살펴보는 것이 순서일 것입니다.

1966년 캠브리지 대학의 마틴 리차드 Martin Richards 라는 사람이 디자인한 프로그래밍 언어가 있는데, 그것이 바로 C언어의 가장 모태가 되는 BCPL이라는 언어입니다.

당시 미국의 최대규모의 통신 회사인 AT&T라는 회사의 부속기관인 Bell 연구소를 두고 있었습니다. Bell 연구소의 직원이었던 켄 톰슨 Ken Thompson 이 1970년 B언어라는 것을 개발하였는데, 이는 Bell 연구소의 이름을 따서 B언어라고 명명했다고 합니다. 그로부터 2년 후인 1972년에는 또 다른 직원인 데니스 리치 Dennis Ritchie 라는 사람이 B언어를 개조하여 C언어를 탄생시킵니다. 당시 유닉스 운영체제를 고급언어로 재코딩하려 했는데, 이를 위해서 C언어가 만들어진 것입니다. 그런데 왜 이름이 C언어일까요? 이유는 매우 단순합니다. 알파벳 B 다음에 C라서 이름을 C언어라고 명명했다고 합니다. 그런거 보면 천재들은 복잡하면서도 참 단순한 것 같습니다.

컴퓨터는 과거나 현재나 무조건 0과 1로만 구성된 이진수 기반의 기계어만 인식할 수 있습니다. 그래서 과거 컴퓨터가 탄생했던 시절에는 우리가 사용하는 프로그래밍 고급 언어가 없었으므로 사람이 직접 기계어로 프로그래밍할 수밖에 없었습니다. 예를 들면 다음과 같습니다.

```
00001010 00100010 00010001 00001110
```

기계어는 실제로 컴퓨터의 CPU가 읽어서 실행할 수 있는 0과 1로 이루어진 명령어의 조합입니다. 일일이 사람이 비트 단위로 작성을 해야 하므로 효율성도 많이 떨어지고, 코드를 가독 하는데도 많은 어려움이 있습니다. 그래서 이러한 문제점을 해결하고자 이러한 각 명령어에 대해 사람들이 알아보기 쉬운 니모닉(mnemonic symbol)을 정해 사람이 좀 더 쉽게 컴퓨터의 행동을 제어할 수 있도록 한 것이 어셈블러입니다. 어셈블러의 사용 예는 다음과 같습니다.

```
mov al, 041h
```

명령어 mov는 영어 move를 변형한 니모닉이며, al은 CPU안에 있는 변수를 저장하는 레지스터의 하나입니다. 그리고 041h는16진수 41 (즉 십진수 65, 이진수 01000001)입니다. 이 한 줄의 뜻은 16진수 41을 al레지스터에 넣으라는 뜻이며, 1과 0의 반복인 기계어보다 사람이 이해하기에 훨씬 가독성이 높아졌습니다.

기계어와 어셈블러의 저급 언어에서 조금 더 사람이 이해하기 쉬운 언어인 고급언어로 한층 발전이 되는데 앞서 언급했듯이 B언어라는 것이 탄생합니다. C언어의 모태가 된다고 언급했으며, 아래의 코드 형태의 예를 보면 현재의 프로그래밍 언어와 크게 다르지 않음을 볼 수 있습니다.

```
printn(n,b) {
        extrn putchar;
        auto a;

        if(a=n/b)
                printn(a, b);
        putchar(n%b + '0');
}
```

이후로 발전된 언어가 C언어로 탄생되었으며, 우리가 앞으로 배울 프로그래밍 언어입니다. 언어의 발전 순서를 살펴보면 다음과 같습니다.

지금까지 C언어의 탄생 배경과 언어의 변천사를 살펴보았습니다. 우리는 과거의 역사를 살펴보았지만, 이는 단순하게 지난 과거를 회상하는데 그치는 것이 아니라 현재와 미래에 대한 방향에 중요한 역할을 합니다.

### // 잠깐 알아두세요

**C++의 역사**

C언어는 전형적인 구조적(폭포수) 방식이다 보니, 점차 프로젝트 규모가 커지면서 구조적인 한계에 부딪히게 됩니다. 이를 극복하기 위해 1983년 AT&T사의 Bell 연구소 직원인 비야네 스트라우스트럽이라는 사람이 기존의 C언어방식에 클래스 개념을 도입한 C with class를 발표합니다. 즉, 현재 객체 지향 프로그래밍 개념의 모태가 된다고 할 수 있습니다. 이는 1984년에 증가연산자의 개념이 도입되면서 C++이라는 이름으로 변경되었으며, 현재까지 C++ 표준은 유지 및 발전되어 오고 있습니다. 정리하면 C언어와 C++은 기반 철학 자체가 다른 언어이지만, C++은 C언어를 기반으로 탄생되었다고 볼 수 있습니다. 필자가 어릴 때 재미있게 보았던 마징가 Z라는 로봇 만화가 있었습니다. 마징가 Z는 외계에서 지구를 정복하기 위해 쳐들어온 아수라 백작과 맞서 싸우는 정의의 용사입니다. 그런데 마징가 Z의 마지막 편을 보면 마징가 Z는 악당들에게 거의 파괴되다시피 할 정도로 당하게 됩니다. 이 때 극적으로 마징가 Z를 구해주는 또 다른 정의의 용사가 있었으니, 이는 바로 그레이트 마징가입니다. 즉, 마징가 Z의 마지막회에서 이 두 로봇은 처음이자 마지막으로 공존하게 됩니다. 결국 이후부터는 마징가 Z는 사라지고 그레이트 마징가의 시대가 도래하게 됩니다. 필자는 C언어와 C++의 관계가 마징가 Z와 그레이트 마징가의 관계와 비슷하지 않은가 하는 생각이 들었습니다.

## Unit_2 = ("C언어의 특징");

C언어의 탄생 배경은 앞에서도 언급했지만 유닉스 운영체제를 고급언어로 다시 만들기 위함이었으므로, 다음과 같은 특징들이 있습니다. 사실, 지금 특징을 논한다 해도 아직 C언어를 배우지 않는 여러분 입장에서는 크게 와닿지는 않을 것입니다. 지금은 이러한 특징이 있구나 정도로만 이해하고 넘어가도 충분합니다.

### #1. 간결성

간결성이라는 것은 C언어 문법 자체가 군더더기 없이 간단명료하다는 의미입니다. 탄생한지 40년이 지난 지금도 다른 프로그래밍 언어의 모태가 되는 문법인 것을 보면 C언어 문법은 정말 간결하게 잘 만든 것 같습니다.

## #2. 다양성

C언어는 과학 계산용 프로그램뿐만 아니라 FA(공장 자동화), OA(사무 자동화), GUI(Graphics User Interface), 시스템 프로그램(system program), 응용 프로그램(application program) 등과 같이 컴퓨터의 모든 분야에서 사용하도록 설계된 효율적인 프로그램 언어입니다. 게임 프로그래밍의 가장 기초 언어가 되기도 하고, 모든 프로그래밍 언어의 기본 문법의 표준이 되므로, 프로그래밍 입문 과정으로 C언어를 많이 배우는 편입니다.

## #3. 이식성

C언어는 유닉스 운영체제를 위해 만들어진 언어이지만, 지금은 C 표준에 의거해서 어떠한 운영체제에서도 지원되므로 이식성이 좋습니다. 윈도우뿐만 아니라, 다양한 임베디드 운영체제에서도 지원하고 있습니다.

사실 간결성, 다양성, 이식성 등은 C언어의 특징이면서도 장점만을 말한 것입니다. 그렇다고 C언어가 무결점인 완벽한 언어는 아닙니다. C언어는 저급 언어에 속하기 때문에 포인터와 같은 직접 메모리도 엑세스가 가능하는 등 다양하면서도 하드코어적인 요소들을 제공하므로 프로그래밍을 처음 접하는 초보자들에게는 다소 배우기 부담스러운 면도 없지 않습니다. 그리고, C언어의 실습 환경 및 결과 또한 칙칙한 콘솔 기반으로 확인해야 하므로 그다지 아름답지는 못합니다.

___ // 잠깐 알아두세요 ___

**저급 언어와 고급 언어**

프로그래밍 언어를 여러 가지 방법으로 분류를 하고 있지만, 인간과 얼마나 가까운가의 수준에 따라서 저급 언어와 고급 언어로 분류를 하고 있습니다. 자칫 저급 언어라고 해서 저급한 저질 언어나 후진 언어, 덜떨어진 언어의 의미로 받아들이면 안 됩니다. 여기서 저급이라는 의미는 Low Level로 하드웨어에 가까운, 쉽게 말하면 기계에 가까운 언어를 가리킨다고 보면 됩니다. 대표적인 언어가 어셈블리어입니다. C언어는 고급 언어에 속하지만 다른 언어들에 비해 저급 언어에 가까운 면들도 있다고 하는데 그 이유는 그만큼 기계를 직접 제어할 수 있는 막강한 언어라는 것을 반증합니다. 반대로 고급 언어는 아주 우아하고, 고풍스럽고, 아침에 테라스에 나와 베이글과 모닝 커피를 마시며 구사하는 고급스러움을 뜻하는 언어가 아닙니다. 고급 언어의 의미는 High Level로 소프트웨어에 가까운, 쉽게 말하면 인간의 언어에 가까운 언어를 의미합니다. 고급 언어로는 객체 지향 언어의 대부분 언어라고 할 수 있는데, C#, 자바, C++ 등이 대표적인 예가 될 수 있겠습니다. 고급 언어는 그만큼 성능은 떨어집니다.

# Char CHAPTER_4 = {"개발환경 구축하기"};

## Unit_1 = ("어떤 컴파일러를 사용해야 하나요?");

C/C++ 프로그래밍 학습을 위해 필요한 개발환경은 마이크로소프트사의 Visual Studio입니다. 그 중에 우리가 가장 많이 사용해왔던 버전이 Visual Studio 2005, 2008, 2010, 2015, 2017, 2019입니다. 이 중에서 어떠한 버전을 사용해도 상관없이 학습할 수 있습니다.

우리는 이 버전들 중에 현 시점에서 가장 최신 버전인 Visual Stuio 2019 Community 버전을 설치하도록 하겠습니다. 과거에 학습용으로 Express 버전이 있었는데, 학습용이기 때문에 기능에 대한 제약이 있었습니다. 그러나 Community 버전의 경우는 무료 라이선스이면서도 기능에 대한 제약이 정식 버전과 큰 차이가 없습니다.

다소 무거운 감은 없지 않아 있지만 이 책에서는 학습용으로 Community 버전을 사용하도록 하겠습니다.

## Unit_2 = ("Visual Studio 2019 Community 설치");

Visual Studio 2019 Community 버전을 설치하기 위해서는 다음의 URL에 접속하여 다운로드 합니다.

사이트 주소 : https://visualstudio.microsoft.com/ko/

가장 왼쪽에 [Visual Studio IDE] − [Windows용 다운로드]를 클릭하여 [Community 2019]를 선택합니다.

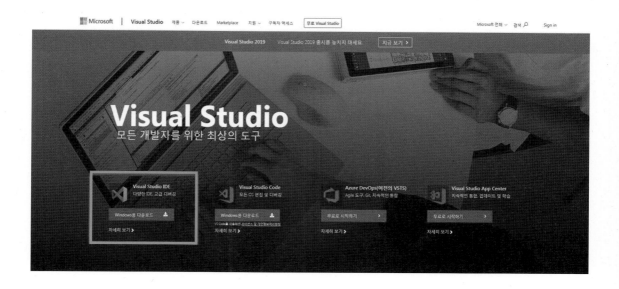

각자 원하는 디렉토리에 설치파일을 다운로드한 후 다운로드가 끝나면 다음과 같이 다운로드 완료 메시지가 나타납니다.

다운로드한 설치 파일을 찾아 마우스 오른쪽 버튼을 클릭 후 "관리자 권한 실행" 항목을 선택합니다.

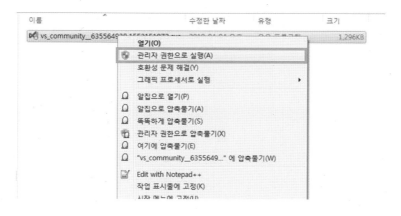

다음과 같이 Visual Studio Installer가 실행이 되고 설치가 진행됩니다.

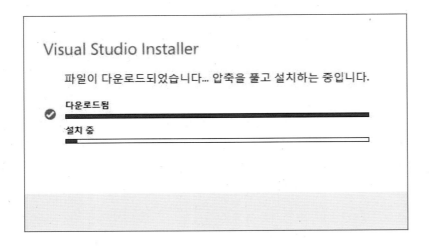

압축이 해제되고 나면 개발 사용 용도에 따라 [워크로드]를 설정할 수 있습니다. 우리는 C언어 학습을 할 것이므로 [데스크톱 및 모바일]의 [C++을 사용한 데스크톱 개발]을 선택한 후 [설치] 버튼을 눌러 설치를 시작합니다.

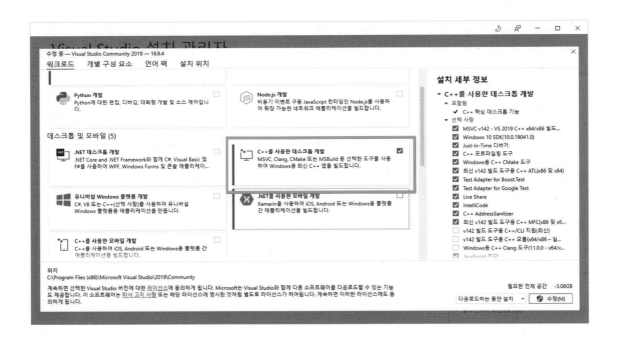

[설치]버튼을 누른 후 Visual Studio Installer는 알아서 설치 파일을 다운로드 및 설치를 진행합니다. PC 사양이나 인터넷 환경에 따라 설치하는 시간은 달라집니다.

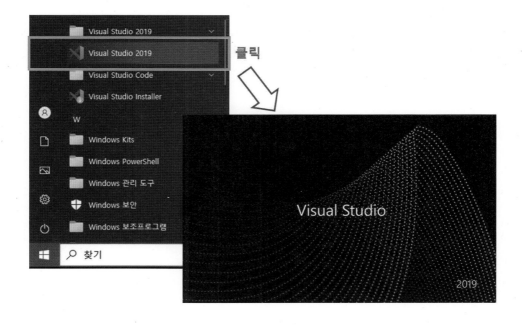

Visual Studio의 설치가 무사히 끝났을 거라고 생각합니다. 이제 프로젝트를 직접 만들어보겠습니다.

## Unit_3 = ("새 프로젝트 만들기 ");

설치된 Visual Studio를 실행해보겠습니다. 먼저, [시작] 버튼을 선택하고, 다음과 같이 [Visual Studio 2019]를 선택합니다.

다음과 같이 프로젝트를 새로 만들거나 기존 프로젝트를 열 수 있도록 메뉴가 나타납니다. 우리는 C를 처음 다루는 것이기 때문에 새로운 C기반의 프로젝트를 만들어보도록 하겠습니다. 대화창의 오른쪽 메뉴에 [새 프로젝트 만들기]를 클릭하겠습니다.

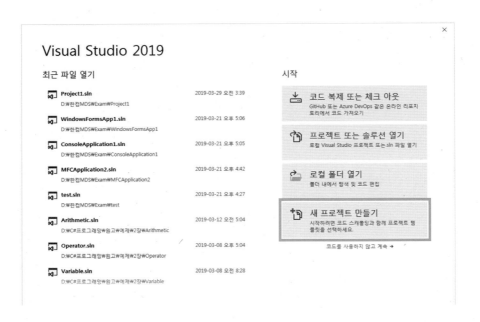

새 프로젝트 만들기 창이 나타나는데 어떤 종류의 프로젝트를 만들 것인지 설정하는 것입니다. 우리는 C언어 기반의 프로젝트를 만들 것이므로 대화창 오른쪽 상단에 [언어] 드롭박스를 선택한 후 [C++]을 선택합니다. 그러면 C++을 기준으로 필터링되는데 이 중에서 [빈 프로젝트]를 선택하고 [다음] 버튼을 클릭합니다. C/C++ 프로젝트를 생성하겠다는 의미입니다.

다음 단계로 [새 프로젝트 구성] 창이 나타나는데, [프로젝트 이름]에 원하는 프로젝트 이름을 입력합니다. 이 책에서는 프로젝트 이름을 "First"라고 입력하겠습니다. 그 다음 [만들기] 버튼을 클릭합니다.

드디어 [First] 프로젝트가 생성되었습니다. 왼쪽 패널에 보면 [솔루션 탐색기]가 있고, 트리 형태로 [First] 프로젝트의 세부 폴더들이 나열되는 것을 볼 수 있습니다. 프로젝트의 요소들로는 [리소스 파일], [소스 파일], [헤더 파일], [외부 종속성] 등으로 구성되어 있습니다. 앞으로 [솔루션 탐색기]를 통해 소스코드 생성 및 코드 파악을 할 것입니다.

기본적으로 [솔루션 탐색기]의 패널 위치 기본 설정은 오른쪽으로 되어 있으나, 필자의 경우는 개인적으로 왼쪽 위치를 선호하므로, 왼쪽으로 설정을 변경하였습니다.

각각의 윈도우 컴포넌트 배치는 사용자가 마우스 드래그를 통해서 위치를 이동시킬 수 있고, 현재의 배치 설정은 컴파일러가 자동으로 기억하고 있으므로, 나중에 컴파일러 재시작 시 마지막에 배치했던 설정을 그대로 읽어와서 적용합니다.

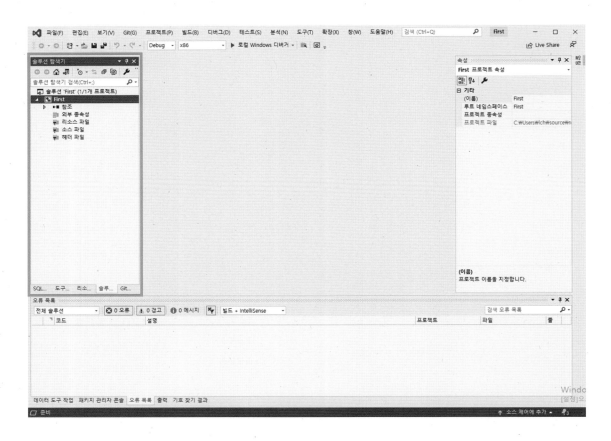

현재는 단순히 빈 프로젝트만 생성되어 있는 상태이므로, 우리가 소스코드를 작성할 파일을 생성해야 합니다. [솔루션 탐색기]에서 [First] - [소스 파일]을 선택 후 마우스 오른쪽 버튼을 눌러 컨텍스트 메뉴를 띄운 후 [추가] - [새 항목]을 선택합니다.

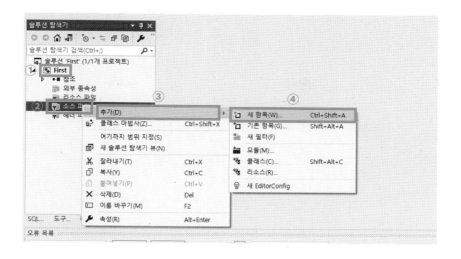

[새 항목 추가] 창의 가운데 패널에서 [C++ 파일]을 선택한 후, 파일의 이름을 창 하단의 [이름]란
에 입력합니다. 파일의 이름은 "Hello.c"라고 입력합니다.

이 때 확장자를 .c로 하였는데, 별도로 확장자를 쓰지 않으면 기본적으로 .cpp 확장자로 생성됩니
다. cpp 파일로 생성을 해도 C언어 문법을 사용하는데 전혀 지장은 없으나, cpp 파일은 기본적으
로 C++ 문법을 지원하는 확장자이므로, C언어 문법에 매우 관대합니다다. 왜냐하면 C++ 문법
은 C언어 문법을 포괄하고 있기 때문입니다. 그래서 C언어 문법에서는 오류로 표현되는 문법들이
C++에서는 오류로 표현되지 않는 경우도 있습니다.

우리는 C언어 문법을 정확하게 배우는 입장이기 때문에, 파일의 확장자를 .c로 하겠습니다. 입력이
끝났으면 [추가]버튼을 클릭합니다.

[First] 프로젝트에 [Hello.c]라는 소스파일이 생성되었습니다. 우리는 이제 이 소스파일에 우리가 작성하고자 하는 코드를 작성하면 됩니다. 이제 여러분의 꿈을 펼칠 차례만 남았습니다.

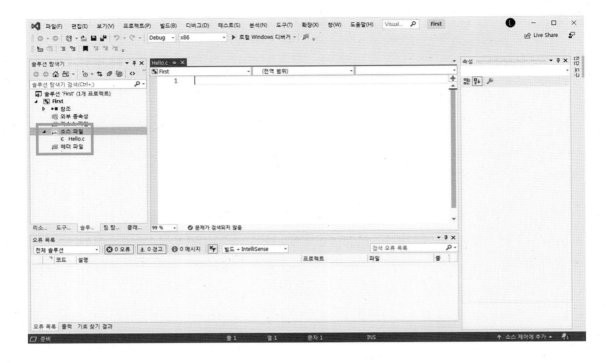

_// 잠깐 알아두세요_

Visual Studio는 컴파일러이면서, 코드를 작성하고 편집할 수 있는 기능도 제공합니다. 그래서 우리는 Visual Studio 와 같은 모든 기능을 갖춘 툴을 가리켜 IDE(통합 개발 환경 : integrated development environment)라고 합니다.

## Char CHAPTER_5 = {"내 생애 최초 C언어로 Hello World 출력하기"};

### Unit_1 = ("Hello World 무작정 코딩하기");

우리가 만든 프로젝트에 생애 최초로 C언어 기반의 Hello World를 출력하는 간단한 프로그램을 작성해보겠습니다. 미국의 아폴로 11호의 닐 암스트롱이 최초의 달 착륙을 하고, 이러한 메시지를 남겼습니다. "이것은 한 개인에게는 작은 일보(一步)일 뿐이지만, 인류에게는 위대한 도약이다." 무슨 일이든지 첫 발이 중요하고, 시작이 중요합니다. 여러분에게 C언어로 "Hello World" 한 문장의 출력이 작은 일보(一步)가 될 수 있지만, 앞으로 프로그래머로 가기 위한 위대한 도약이 될 것입니다. 말은 이렇게 거창하게 했지만, 우리는 아직까지 C언어 문법 및 문장에 관련하여 배운 바가 전혀 없습니다. 이제 여러분은 필자가 작성하는 코드를 잘 보고 따라서 잘 작성해주길 바랍니다.

■ 예제 : 2장\HelloWorld\HelloWorld.c

```
1:    #include <stdio.h>
2:    int main(void)
3:    {
4:        printf("Hello World\n"); //Hello World 문자열을 출력한다.
5:        return 0;
6:    }
```

총 6 줄의 코드입니다. 비록 6줄이지만, 아직 C언어 문법을 모르는 우리로써는 4번째줄의 "Hello World" 문장을 제외하고는 무슨 외계어를 보는 것 같습니다. 하지만, 당황하지 말고, 이 문장을 우리가 앞서 생성했던 [HelloWorld.c]에 작성해 봅시다. 코드의 각 문장에 대해서는 뒤에서 설명할 것입니다. 작성이 끝났으면, 소스코드를 빌드 및 실행을 합니다.

# Unit_2 = ("빌드 및 실행하기");

C언어는 사람이 이해하기 위한 언어라고 했습니다. 컴퓨터가 이해할 수 있는 언어는 기계어 뿐이라고 앞서 말한 바 있습니다. 우리가 작성한 C언어의 소스코드를 컴퓨터가 이해할 수 있도록 기계어로 변환하는 과정을 우리는 [컴파일] 혹은 [빌드] 과정이라고 합니다. 즉, 우리가 작성한 소스코드를 컴퓨터를 통해 실행하기 위해서는 [빌드] 과정을 거쳐서 실행해야 합니다.

## #1. 빌드하기

빌드하는 방법은 다음과 같이 메뉴의 [빌드]−[솔루션 빌드]를 선택하면 빌드가 됩니다. 보통 우리는 툴 사용 시 메뉴를 이용하기 보다는 [툴바]의 메뉴를 사용하거나, 단축키를 사용하는 경우가 많습니다.

우리가 선택한 [솔루션 빌드] 메뉴의 오른쪽 끝에 보면 [F6]이라고 표시되어 있는데, 이것이 단축키 표시입니다. 즉, 빌드하려면 [빌드]메뉴를 클릭할 것 없이 [F6] 키를 누르면 빌드가 됩니다. 개인의 취향이긴 하겠지만, 보통 코드 빌드 시 단축키인 [F6] 키를 누르는 것이 관례입니다.

## #2. 실행하기

[빌드]과정이 끝났으면, 빌드된 코드를 라이브러리 파일과 연결시켜주고, 생성된 바이너리를 실행하는 단계를 수행해야 합니다. 다음과 같이 [디버그]−[디버그하지 않고 시작] 메뉴를 선택합니다. 단축키는 [Ctrl + F5]입니다. 메뉴를 통해 실행하기보다는 단축키를 통해 실행하는 것이 더 편리하

므로 프로그램 실행 시 단축키를 주로 사용합니다.

## #3. 실행결과

[빌드] 및 [실행]을 오류 없이 제대로 수행하였다면, 아마 다음과 같은 아름다운 콘솔 결과 창을 볼 수 있을 것입니다. 우리가 원하는 "Hello World"라는 문자열이 출력되었음을 볼 수 있습니다. 이제 여러분은 위대한 한 걸음을 뗀 것입니다. 비록 아직은 아무 의미를 모르고 작성한 코드이지만, 최초의 결과물을 내었다는 것만으로 큰 의미가 있습니다. 잠시나마 여러분은 기쁨을 만끽하길 바랍니다. 이 코드에 대한 의미에 대해서는 뒤에서 자세히 설명할 것입니다.

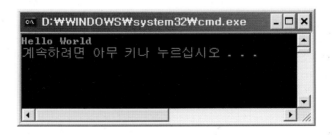

# Char CHAPTER_6 = {"**Hello World 소스코드 분석하기**"};

Hello World 소스코드에 대해 살펴봅시다. 사실 소스코드라는 것이 순차적이지 않고, 윗줄의 코드와 아랫줄의 코드들이 유기적으로 연결되어 있으므로 순차적으로 설명하고 이해하는 것이 쉽지는 않습니다. 그러나 한 문장씩 짚어 가면서 문장의 의미를 이해해 보겠습니다.

## Unit_1 = ("**헤더 파일에 관하여**");

소스코드의 1번째 줄에 다음과 같은 문장이 있습니다.

```
#include <stdio.h>
```

### #1. #include

include라는 단어는 사전적 의미로 "~을 포함한다."라는 의미를 담고 있습니다. 읽을 때도 "인크루드"라고 읽습니다. C언어에서도 같은 의미로 사용되고 있는데, stdio.h라는 파일을 포함하겠다는 의미로 해석하면 됩니다. 우리가 어떤 소스코드의 파일을 포함하고 싶을 때는 #include를 사용하면 됩니다. 그렇다면 여기서 #기호는 왜 붙어있는지 의문이 들 것입니다. 아직까지는 자세하게 알 필요는 없지만, 여러분이 뒤에서 매크로를 배울 때에도 #을 사용하는 것을 볼 수 있을 것입니다. #을 사용하는 키워드들의 공통점이 있는데 바로 코드가 수행되기 전에 처리가 된다는 점입니다.

이것을 전처리라고 하는데, #include의 경우도 마찬가지로 우리가 작성한 코드를 처리하기 전에 먼저 stdio.h 파일을 포함하겠다는 의미입니다. 왜냐하면 stdio.h 파일을 포함하지 않으면 우리가 작성한 코드가 동작하지 않기 때문입니다. stdio.h 파일에는 우리가 작성한 코드의 4번째 줄 printf 함수에 관한 정의가 되어 있으므로 만약 stdio.h 파일을 포함하지 않는다면, 소스코드 빌드 시 컴파일러는 "나는 printf라는 함수를 알지 못한다."라고 하며 에러 메시지를 표시할 것입니다.

첫 문장부터 대략 난감한가요? 필자가 앞서 말했듯이 간단한 소스코드라도 코드의 위 아래가 유기적으로 연결되어 있어서 설명이 한 문장으로 끝나지 않습니다. 하지만, 처음 이해하는 것이 어렵지, 여러 번 반복해서 보다 보면 이해되지 않았던 많은 부분들이 연쇄적으로 이해될 수 있는 장점이 있습니다.

## #2. <stdio.h>

.h가 붙어 있는 파일은 우리가 헤더(header)파일이라고 부릅니다. 헤더 파일은 대체로 함수나 변수의 선언을 하는 파일입니다. 즉, 우리가 어떤 프로그램을 파악할 때 헤더만 보고도 대략 이 프로그램의 구성이나 기능을 파악할 수 있습니다.

stdio는 standard input output(표준 입출력)의 약자입니다. 즉, stdio.h는 C언어에서 가장 기본적인 입출력 기능을 가지고 있는 라이브러리이고, printf와 같은 출력 함수를 사용하기 위해 stdio.h 파일을 #incldue를 통해 포함시킨 것입니다. 만약 stdio.h를 포함하지 않는다면, 우리는 printf와 같은 함수를 사용할 수 없고, 컴파일러는 컴파일 시 printf와 같은 함수를 찾을 수 없다고 에러를 발생시킬 것입니다.

printf라는 함수를 우리가 언제 만든 적이 있었나요? 당연이 없습니다. printf 함수는 뛰어난 컴파일러 개발자들이 stdio.h에 미리 정의해 놓았고, 우리는 헤더파일만 포함하여 printf 함수만 호출해서 사용하면 되는 것입니다.

이렇게 미리 기능이 정의된 파일을 만들어놓고, 편리하게 호출만 해서 사용하도록 만든 것을 라이브러리라고 합니다. stdio.h에는 printf의 정의 뿐만 아니라 C언어의 표준 입출력에 필요한 많은 함수들이 정의되어 있습니다.

우리는 앞으로 C언어로 코드 작성 시 #include〈stdio.h〉는 필수적으로 선언하도록 하겠습니다.

# Unit_2 = ("C언어의 기본 구성 요소는 함수");

## #1. 수학에서의 함수 형태

C언어는 기본적으로 함수 덩어리들의 집합이라고 해도 과언이 아닙니다. 함수라는 개념에 대해 우리는 이미 중, 고등학교 수학에서 배운 바 있습니다. 잘 생각나지 않는다면 회색 뇌세포를 굴려 다시 학창시절을 상기해보도록 합시다. 왜냐하면 우리가 수학시간에 배웠던 함수의 개념이 앞으로 배울 C언어의 함수의 개념과 거의 흡사하기 때문입니다. 그러면 먼저 우리가 알고 있는 함수의 형태를 살펴보도록 하겠습니다. y가 x의 함수일 때의 기호입니다.

$$y = f(x)$$

함수라는 것은 임의의 어떤 입력(x)에 대해 그에 따른 출력(y)이 존재하는 것을 말합니다. 위의 함수 정의 기호에 의거하여 만약 입력한 값에 대해 2배의 출력 결과값을 가진 함수를 정의한다면 다음과 같습니다.

$$y = 2x$$

이 함수는 임의의 입력값에 대해 2배의 출력 결과를 나타낼 것입니다. 실제로 이러한 기능을 가진 함수가 어떤 장치로써 실세계에 존재한다면 엄청난 파장을 일으키지 않을까요? 가장 먼저 화폐 문제가 발생할 것인데, 이 장치에 100원을 넣으면 200원이 나올 것이고, 1억을 입력하면 2억이 나올 것입니다. 물론 현실 불가능한 일이긴 하지만, 이처럼 함수라는 것은 특정 기능을 가지고 있는 하나의 모듈이라고 생각할 수 있습니다.

## #2. C언어에서의 함수 형태

자, 그러면 다시 C언어 코드로 돌아가 보겠습니다. 우리가 앞에서 작성했던 코드에 함수가 있었나요? 소스코드의 2번째 줄부터 6번째 줄까지가 함수입니다.

```
int main(void)
{
}
```

이것이 어떻게 수학의 함수와 비슷하다는 말인가요? 설명을 하자면, main이라는 것이 바로 함수의 이름이고, void는 함수의 입력값, int는 함수의 출력값이라고 할 수 있습니다. 즉, 수학의 함수 기호 y = f(x)로 보자면, f가 main이고, x가 void, y가 int에 해당된다고 보면 됩니다. int, void, main 이러한 단어들이 도대체 무슨 소리인지 아마 아직도 감이 안 올 것입니다. int나 void와 같은 자료형에 대해서는 다음 장인 변수와 자료형에서 자세히 다룰 것이므로 지금은 그냥 이러한 자료형이 있다는 것만 알고 넘어 가도록 하겠습니다.

한 가지 더 보아야 하는 것은 함수 정의의 영역은 {로 시작해서 }로 끝난다는 것입니다. {와 } 사이에 함수에 대한 정의를 하면 됩니다.

main은 함수입니다. 앞서 말했듯이 C언어는 기본적으로 함수들의 집합으로 구성된다고 하였습니다. 그런데 이 main이라는 함수는 C언어에서(일반적으로 모든 프로그래밍 언어에서도 해당됩니다.) 가장 기본적으로 정의되어야 하는 필수적인 함수입니다. 왜냐하면 이 main함수가 바로 C코드 수행의 시작 지점이기 때문입니다. 아무리 100개의 훌륭한 함수를 사용자가 만들어놓았을지라도, main 함수가 정의되어 있지 않으면 아무런 동작도 수행할 수 없습니다. 여기서 우리가 만약 100개의 함수라는 녀석은 누군가가 호출해 주어야 동작하는 존재라는 것을 알 수 있습니다. 즉, 우리가 100개의 함수를 정의했다면, main 함수에서 원하는 함수를 호출해 주어야만 수행됩니다.

그렇다면, 여기서 한 가지 의문이 듭니다. 함수는 호출해주어야만 수행된다고 했는데, 정작 main 함수는 누가 호출해주나요? 좋은 질문입니다. main 함수는 시스템(Operating System : 운영체제)에서 호출해 줍니다. 그러므로 우리가 main 함수의 호출에 대해서는 신경 쓸 필요는 없습니다. 다만, 프로그램의 시작점이므로 main 함수 내에서 프로그램의 시작에 관한 프로그래밍을 해주면 됩니다. 함수의 형태를 정리하면 다음과 같습니다.

**출력자료형  함수의이름(입력자료형)**
{
}

함수의 자세한 내용 및 사용법에 대해서는 PART 6. 함수에서 더 자세하게 다루어 볼 것이므로 지금은 이 정도로만 이해하고 넘어가도록 하겠습니다.

## Unit_3 = ("출력 함수 printf에 관하여");

printf는 C언어에서 사용하는 대표적인 출력 함수입니다. 마치 우리가 영어 회화를 처음 배울 때 "Hello"를 배웠던 것처럼, C언어에서 printf는 영어로 치자면 "Hello"와 같은 존재입니다. 얼핏 보면 print라고 볼 수 있는데, 끝에 f가 붙어 있습니다. 그래서 printf는 읽을 때 "프린트에프"라고 읽습니다. 끝에 f는 Formatting의 약자이며, 서식화된 출력을 한다는 의미입니다.

printf는 다양한 형태의 출력이 가능합니다. 문자형, 정수형, 실수형 그리고 문자열 등과 같이 여러 형태의 출력이 가능한 복잡한 함수입니다. 함수 자체는 복잡하지만, 사용자 입장에서는 매우 편리한 함수입니다. 앞의 코드의 4번째 줄을 보면 printf 함수를 통해 "Hello World"라는 문자열을 출력하고 있습니다. printf는 괄호 안의 문자열을 화면으로 출력합니다. 즉, printf 괄호 안의 겹따옴표로 묶여 있는 문자열을 그대로 출력합니다. 그래서 "Hello World"라는 문자열이 콘솔 화면에 그대로 찍힌 것입니다.

$$printf("Hello World\n");$$

앞서 printf는 다양한 형태의 출력이 가능하다고 했는데, 다양한 출력 방법에 대해서는 PART 2. 변수와 자료형에서 자세히 다루어보도록 하겠습니다.

## Unit_4 = ("문장의 끝 세미콜론(;)");

함수 안에서 사용하는 C언어의 문장들은 문장을 마칠 때 반드시 세미콜론(;)을 붙여 주어야 합니다. 한 문장이 끝났다는 것을 표시하는 것입니다. 우리가 한글에서 한 문장이 끝날 때 마침표(.)를 찍는 것과 같은 의미입니다. 단, 헤더의 선언(#include〈stdio.h〉)과 같은 전처리문들은 세미콜론(;)을 붙이지 않습니다.

## Unit_5 = ("리턴값에 관하여");

리턴(return)이라는 것은 "되돌려준다"는 의미입니다. 즉, 함수의 결과값을 되돌려주는 역할을 하는 것이 바로 "return"입니다. 소스코드의 5번째 줄을 보면 다음과 같이 "return 0"을 수행하고 있습니다.

$$return 0;$$

그런데, 조금 이상합니다. 리턴이라는 것은 값을 돌려주는 것이라고 했는데, main 함수는 무조건 0값만 리턴하고 있습니다. 그 이유는 main 함수는 의미 있는 값을 리턴할 필요가 없기 때문입니다. 즉, "Hello World"만 화면에 출력하는 것이 목적이지, 값을 리턴할 목적은 아니기 때문에 의미 없는 리턴 값 0을 반환하고 있는 것입니다. 이렇게 return 값을 만나면 이 함수의 수행은 끝이 나고, 함수를 빠져나가게 됩니다.

자, 여기서 우리는 return의 한 가지 기능을 더 알 수 있습니다. 값을 리턴하는 기능이 있음과 동시에 함수의 종료 기능도 있다는 것입니다.

# Unit_6 = ("주석문 사용에 관하여");

## #1. 주석문을 사용하는 이유

주석이라는 말은 인문학 책이나 소설, 혹은 성경에서 한 번쯤은 보거나 들었을 것입니다. 어떤 문장이나 단어에 대해 구체적으로 부연 설명이나 그 배경에 대해 설명을 해 놓은 것이 바로 주석문입니다.

우리 말에도 이렇게 주석이 붙을진대 프로그래밍 언어는 특히나 자연어가 아니다 보니 주석이 더욱 필요합니다. 원래 주석은 내 코드를 다른 사람에게 보여주었을 때 이해하기 쉽게 하도록 설명을 달아놓은 것인데, 사실 자신이 작성한 코드도 짧게는 일주일에서 길게는 한 달 이상 지나면 다 잊어버리기 마련입니다. 그래서 각 문장이나 각 모듈마다 이 코드가 어떤 기능과 의미를 지니고 있는지 간략하게 기록해 놓으면 나중에 코드를 리뷰 하거나 유지보수할 때 매우 유용합니다.

주석문을 사용하는 빈도는 개인차가 있어서 표준은 없으나, 코드를 작성할 때 주석문을 달아놓는 습관은 매우 중요합니다. 스스로 기억력이 좋은 천재라서 나는 주석문이 전혀 필요 없다는 분이 있다면 말리지는 않겠지만, 이 세상에 천재는 극히 드물고 이 책을 보고 학습하는 분들이라면 대부분 필자와 비슷하거나 필자보다 좀 더 나은 두뇌의 수준이라고 생각합니다.

참고로 필자는 매우 건망증이 심해서 오늘 작성한 코드를 내일 보면 기억이 안나는 심각한 수준입니다. 그래서 주석이 꼭 필요한 사람입니다. 필자와 비슷한 수준의 분들이라면 주석을 무시하고 코딩을 하는 오만방자함을 범하지 않았으면 하는 바램입니다. 주석도 코드의 일부임을 잊지 않도록 합시다.

## #2. 짧은 문장의 주석문 처리

앞에서 작성한 코드의 4번째 줄을 보면 printf 문장 뒤에 다음과 같은 주석문을 확인할 수 있습니다. "Hello World" 문자열을 출력하는 기능을 설명하고 있습니다.

**//Hello World 문자열을 출력한다.**

보통 주석이 짧은 문장이나 단어로 끝나는 경우는 // 표시를 하고 뒤에 설명을 작성하면 됩니다. 주석문은 컴파일 시에 아예 무시되기 때문에 주석문으로 인한 성능의 저하는 전혀 고려하지 않아도 됩니다.

## #3. 긴 문장의 주석문 처리

주석문이 항상 짧을거라는 보장은 없습니다. 때로는 한 문장을 넘어서 여러 문장의 주석문이 될 수도 있습니다. 이러한 경우 //를 줄마다 여러 번 사용하여 주석문을 표시할 수 있습니다.

하지만, 주석문의 줄 수가 10줄 이상 넘어간다면 //을 통한 구문도 지쳐가게 됩니다. 그래서 긴 주석문을 표시하는 경우는 /* */ 구문을 사용합니다. /*와 */ 사이에 몇 줄이 되었든 작성하고 싶은 주석문을 마음껏 작성하면 됩니다. 다음은 여러 줄의 주석문을 작성한 예입니다.

```
/*
Date : 2014.05.05
author : chang hyun lee
remark : "Hello World to the screen output"
*/
```

보통 여러 줄의 주석을 사용하는 경우는 함수 단위의 설명을 작성할 때나 모듈 단위의 설명을 작성하는 경우 사용합니다. 그렇다고 /* */는 긴 주석문에만 //는 짧은 주석문에만 사용하라는 법은 없습니다. 이러한 규약을 어겼다고 해서 컴파일러에서 오류를 일으키는 것은 아니니까요. 다만 여러분들이 코드를 많이 작성해보고, 사용해 보면서 편하게 익숙해지는 쪽으로 사용하시면 됩니다.

 과제 1-1                                      해설 41p

예제 HelloWorld.c를 참고하여, 각자의 이름, 주소, 전화번호를 출력하는 간단한 프로그램을 작성해보자. 작성하면서 코드에 주석도 사용하도록 하자. 출력 결과의 예는 다음과 같다.

이창현
경기도 수원시 영통구 매탄동
010-4477-XXXX

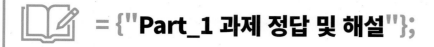

# = {"**Part_1 과제 정답 및 해설**"};

## Unit_1 = ("**과제 1-1 해설**");

이 문제는 printf 함수를 통해 문자열을 출력하는 방법과 '₩n' 개행문자가 어떤 기능을 가지고 있는지를 파악하게 하기 위한 것입니다.

```
1:    #include<stdio.h>
2:    int main(void)
3:    {
4:          printf("이창현₩n");
5:          printf("경기도 수원시 영통구 매탄동₩n");
6:          printf("010-4477-XXXX₩n");
7:          return 0;
8:    }
```

혹은 다음과 같이 printf를 한 개만 사용하여 같은 출력 결과를 얻을 수도 있습니다.

```
1:    #include<stdio.h>
2:    int main(void)
3:    {
4:          printf("이창현₩n경기도 수원시 영통구 매탄동₩n010-4477-XXXX₩n");
5:          return 0;
6:    }
```

## //파트 미리보기

```
1:     #include<stdio.h>
2:
3:     int main(void)
4:     {
5:         int value;
6:         int num = 5;
7:         value = 100;
8:
9:         printf("%d %d \n", value, num);
10:        return 0;
11:    }
```

value의 값을
%d로 대입한다

printf를 통해 %d의 서식 문자를 출력하게 되면 %d가 출력되는 것이 아니라 실제 value 변수에 대입되어 있는 값인 100이 출력되는 것을 알 수 있었습니다.

printf( " %d " , value);        ✕➡        %d

printf( " %d " , value);        ➡         100
                           출력

여러 서식문자의 종류, 자료형을 제공하는 이유,
사용자로부터 데이터를 입력 받는
방법 등에 대해서도 학습합니다.

# #PART_2. <데이터의 재료, 변수와 자료형>

int main(void)

요리를 만들 때 가장 기본이 되는 재료들이 있습니다. 빵을 만든다면 가장 기본이 되는 재료는 밀가루겠지요. 밥을 짓는다면 가장 기본이 되는 것은 쌀입니다. 이러한 재료들이 준비가 된 후에야 우리는 밥 또는 빵을 만들 수 있습니다. 아무런 준비 없이 할 수 있는 것은 아무것도 없습니다. 마찬가지로 프로그래밍을 하기 앞서서 가장 기본이 되는 재료들이 있습니다. 이러한 재료들이 준비가 되어야 프로그래밍을 할 수 있는 것입니다. 이번 시간에는 프로그래밍의 가장 기본 재료가 되는 변수 및 상수에 대해 알아볼 것이고, 변수 및 상수의 형태를 결정짓는 기본 자료형에 대해 알아보겠습니다.

## Char CHAPTER_1 = {"변수"};

### Unit_1 = ("변수란 무엇인가요?");

우리는 스포츠 경기를 보면 승패를 좌우하는 것은 보통 감독의 전략 전술 및 주전 선수가 누구냐에 따라 달라지는 것을 볼 수 있습니다. 이 때 우리는 실력이 뛰어난 선수가 출전하느냐 혹은 부상으로 빠지느냐에 따라 경기 승패의 변수로 작용한다는 표현을 종종 사용하곤 합니다. 여기서 말하는 변수는 무엇을 의미할까요? 경기 결과를 예측할 수 없다는 뜻입니다. 즉, 확률적으로 결과를 예측 가능했던 상황이 예측하기 힘든 상황으로 바뀐 것입니다.

또 다른 예를 들어보겠습니다. 커다란 빈 항아리를 가지고 있다고 가정하겠습니다. 이 항아리에 내용을 채우려고 하는데, 된장이 들어갈지 고추장이 들어갈지 아니면 간장이 들어갈지 예측할 수 없습니다. 무엇을 넣을 것이냐는 넣는 사람 마음이기 때문입니다. 즉, 우리 일상에서의 변수의 개념은 예측하기 어려운, 정해지지 않은 상황이라고 말할 수 있겠습니다.

그러면 이제 우리가 말하고자 하는 C언어에서의 변수 개념을 생각해보겠습니다. 변수란 '변경이 가능한 수'를 의미합니다. 상수처럼 1이나 2로 고정되어 있는 수가 아니라 언제든지 변경이 가능한 수를 말합니다. 한마디로 예측하기 힘든 수라고 말할 수 있겠습니다. 이렇게 변경 가능한 수를 가지고 있어야 할 메모리 공간이 있어야 하는데, 그 메모리 공간에 붙여진 이름을 우리는 변수라고 합니다. 변수를 통해 데이터의 변경이 가능합니다. 그리고 이름이 변수의 수라서 꼭 숫자만 입력되는 것은 아닙니다. 문자열이나 혹은 그 외 포인터와 같은 형태의 주소값도 입력될 수 있습니다.

___ // 잠깐 알아두세요 ___
여자의 마음은 변수와 같다. 왜냐하면 예측할 수 없기 때문이다.

## Unit_2 = ("왜 변수를 사용할까요?");

컴퓨터는 우리에게 다양하고 신속하게 일을 처리해줍니다. 그래서 우리가 다양한 형태로 프로그래밍하는 것처럼 컴퓨터 내부에서도 복잡한 연산을 할 것이라고 생각하지만, 의외로 단순하게 동작합니다. 컴퓨터는 메모리(RAM)에 올라오는 데이터를 CPU가 처리하는 동작이 기본입니다.

물론 데이터 처리의 동작은 화면에 출력을 하는 것일 수 있고, 프린터로 출력하는 동작이 될 수도 있으며, 키보드로부터의 입력이 될 수도 있습니다. 아무튼, 컴퓨터는 자신의 메모리에 데이터가 올라오면 그것을 처리하는 동작을 하는데, 문제는 메모리 상에 올라가 있는 수많은 데이터를 어떻게 구분할까요?

메모리는 구조상 각 바이트별로 고유한 번지를 가지고 있으며, 이 번지를 대상으로 값을 읽고 쓸 수 있습니다. 그런데, 컴퓨터는 구조상 사람이 이해하는 10진수보다 16진수로 표현되어 있으므로, 좀 다루기 쉽지도 않고, 두뇌와 시력을 피곤하게 만듭니다.

예를 들면, 4바이트 메모리에 값을 하나 저장한다고 했을 때, '0x1000 번지에서 0x1003 번지까지 (총 4byte)의 메모리에 7을 저장한다.'고 표현할 수 있습니다.

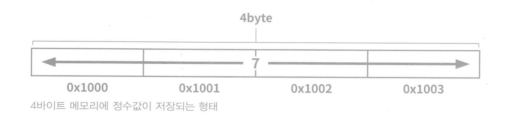

4바이트 메모리에 정수값이 저장되는 형태

그런데, 우리가 프로그래밍을 할 때 이런 식으로 메모리 번지를 직접 사용하여 데이터 제어한다면 어떨까요? 앞에서는 예를 들어 0x1000이라는 식의 번지수를 사용했지만, 이런 식의 번지가 10개만 넘어도 외우기 힘들어집니다. 그래서 우리가 사용할 메모리에 외우기 쉽도록 이름을 붙여준 것이 변수입니다.

앞서 변수를 정의했을 때 '메모리공간에 붙여진 이름'이라는 표현을 사용했습니다. 즉, 우리가 사용할 메모리 공간에 이름을 부여한 것이 바로 변수입니다. 변수를 사용하게 되면 일일이 메모리 번지를 사용하여 표현할 필요없이 바로 변수만 사용하면 데이터를 쉽게 제어할 수 있습니다.

아무래도 숫자를 기억하기보다는 의미 있는 변수 이름을 부여하는 것이 훨씬 기억하기 쉬울 것입니다. 앞의 메모리에 Lucky라는 이름을 부여하여 변수로 사용하여 봅시다.

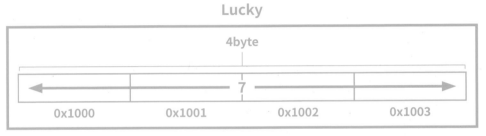

메모리에 변수 이름 부여

메모리 번지 0x1000부터 0x1003까지는 Lucky라는 이름의 변수로 선언되어 있는 것이고, 이 메모리에 7이라는 값이 저장되어 있는 것입니다. 만약 Lucky라는 변수의 값을 8로 바꾸고 싶다면 Lucky = 8이라고 사용하면 됩니다. 정리하면, 변수를 사용하는 이유는 프로그래머가 메모리 번지를 일일이 다 기억할 수 없으므로 변수를 통해 메모리에 접근하여 데이터 입출력을 용이하게 해주기 때문입니다.

## Unit_3 = ("변수의 종류");

변수는 메모리의 위치를 기억하고 있고, 그 메모리 위치에 저장되어 있는 값을 알고 있습니다. 그러므로 앞에서처럼 Lucky = 8과 같이 Lucky라는 변수를 쉽게 바꿀 수 있는 것입니다. 그러나, 컴파일러가 변수를 통해 값을 참조하기 위해서는 단순히 메모리 위치만 가지고는 안 됩니다. Lucky라는 변수에 값을 대입하더라도, 그 값이 메모리를 얼마나 차지하는지에 대한 길이 정보를 알아야 합니다. 즉, 이 변수에 대한 메모리 영역은 0x1000에서부터 시작하여 몇 번지까지 사용할지를 알고 있어야 한다는 말입니다.

변수의 메모리 길이

변수는 저장된 메모리 위치와 함께 길이와 형태에 대한 정보를 가지는데, 이것을 변수의 자료형(data type)이라고 합니다. 컴파일러는 변수의 자료형 정보를 통해 이 변수가 어떤 형태의 변수인지, 메모리는 얼마나 할당하여 사용할지 등에 대한 정보를 파악할 수 있습니다.

자료형에는 크게 기본형과 유도형으로 나누어집니다. 기본형에는 대표적으로 정수형, 실수형, 문자형 등이 있으며, 유도형에는 대표적으로 배열형, 포인터형, 구조체형 등이 있습니다.

| 구분 | 자료형 |
|------|--------|
| 기본형 | 정수형(short, int, long), 실수형(float, double), 문자형(char) |
| 유도형 | 배열형([]), 포인터형(*), 구조체형(struct) |

자료형의 종류

앞에 열거한 자료형들에 대해서만 모두 마스터 한다면 C언어의 기본은 80% 이상 다 배웠다고 할 수 있을 정도로 중요합니다. 특히 유도형에 포함되어 있는 배열형과 포인터형은 C언어의 핵심이라고 할 수 있을 정도로 중요하지만, 그만큼 많은 사람들이 공부하다가 포기하는 부분이기도 합니다. 하지만 전혀 걱정할 것 없습니다. 지금부터 포기하지 않고 필자와 함께 한 단계씩 밟아 나간다면 배열 및 포인터 뿐만 아니라 C언어의 모든 것을 마스터할 수 있을 것입니다. 자, 각각의 자료형에 대한 설명은 뒤에서 자세히 하도록 하고, 우선 변수를 어떻게 선언하고 사용하는지에 대해 알아보도록 하겠습니다.

## Unit_4 = ("변수의 선언 방법");

우리는 앞서 왜 변수를 사용하는지에 대해서, 그리고 변수의 종류에 대해서 배웠습니다. 그렇다면 이번에는 이 변수를 어떻게 사용해야 하는지 그 방법에 대해 알아보겠습니다. 우선 모든 자료형을 예로 들 수는 없으므로 간단하면서도 우리가 가장 많이 사용하는 정수형(int)으로만 이야기를 해보겠습니다. 프로그램 작성 시 정수형 변수를 1개 선언하기 위해서는 다음의 문장을 작성하면 됩니다.

```
int value;
```

즉, 변수를 선언하는 기본 형태는 다음과 같습니다.

```
자료형 변수명;
```

변수 선언의 기본 형태는 자료형과 변수명으로 구성되어 있고, 변수 선언문 또한 하나의 문장이므로 문장의 끝에는 세미콜론(;)으로 마치게 합니다. 정수형 뿐만 아니라 모든 자료형들이 이 기본 형태에 적용됩니다.

자, int value와 같이 선언을 하게 되면 컴파일러는 정수형 타입의 메모리를 한 개 할당하게 되고, 그 메모리를 지칭하는 이름인 변수를 value라고 합니다. 그런데, 메모리는 할당은 되었지만, 우리가 처음부터 이 메모리에 어떠한 값도 넣어준 적이 없습니다. 이렇게 변수를 선언만 했을 경우에는 사실상 메모리에 아무런 값도 없이 텅 비어 있는 것이 아니라, 메모리에 의미 없는 쓰레기값(garbage)이 들어가게 됩니다. 그러므로, 우리가 의미 있는 값을 메모리에 대입하기 위해서는 다음과 같이 변수 선언 후에 변수에 값을 대입하거나, 아니면 변수 선언과 동시에 초기화하면 됩니다.

■ 변수 선언 후 값을 대입하는 경우

```
int value;
value = 100; //변수 선언 후 값 대입
```

■ 변수 선언과 동시에 초기화하는 경우

```
int num = 5; //변수 선언과 동시에 초기화
```

정수형 value에 대입 연산자(=)를 통해 100을 대입함으로써 value라는 변수의 메모리에는 100이라는 값이 저장됩니다. 또 다른 형태로 정수형 num은 변수 선언과 동시에 5라는 값으로 대입하고 있는데, 이렇게 선언과 동시에 값을 대입하는 것을 초기화라고 합니다.

___ // 잠깐 알아두세요 _

**변수를 초기화하는 습관을 들이자**
변수는 분명 어떤 필요한 용도에 의해 선언되었을 것이므로, 초기에 기본 값을 가져야 하는 경우가 많습니다. 그리고 변수라는 것이 기본적으로 메모리에 값을 저장하는 용도이고, 변하는 수이기 때문에, 변수 선언 시 습관적으로 값의 초기화를 하는 것이 좋습니다. 물론 상황에 따라 당장 초기화가 필요없는 예외 상황도 있기는 하지만, 값을 초기화하는 습관을 들이는 것은 추후에 메모리 관련 버그 발생률을 조금이나마 줄일 수 있습니다. 컴파일러마다 빌드 시 오류를 잡아내는 수준(Level)을 설정할 수 있는데, 어떤 경우에는 변수의 초기화를 하지 않는 구문을 경고(warning), 혹은 에러(error)로 잡아내는 경우도 있습니다.

## Unit_5 = ("출력함수 printf에 대한 고찰");

우리가 printf에 대해서 앞서 살펴본 바는 있습니다. 하지만 단지 문자열 출력에 관해서만 알아보았습니다. 이번 시간에는 printf 함수를 통해 다양한 서식을 출력하는 방법에 대해 알아보도록 하겠습니다. 다음 예제를 작성해보겠습니다.

■ 예제 : 2장\2-1\2-1.c

```c
1:    #include<stdio.h>
2:
3:    int main(void)
4:    {
5:          int value;
6:          int num = 5;
7:          value = 100;
8:
9:          printf("%d %d \n", value, num);
10:         return 0;
11:   }
```

■ 실행결과

● 5번째 줄에서 정수형 변수 value를 선언하였습니다. 이 때 변수 value 메모리에는 의미 없는 쓰레기 값이 들어가 있고, 7번째 줄에서 100을 대입함으로써 의미 있는 값이 들어갑니다.
● 6번째 줄은 정수형 변수 num을 선언과 동시에 5라는 값으로 초기화하였습니다.
● 9번째 줄에서 printf 함수를 통해 정수형 변수 value와 num을 출력하고 있습니다. 그런데, 우리가 출력했던 "" 사이에 문자열이 아닌 %d와 같은 알 수 없는 서식들이 있습니다. 아무튼 실행하여 출력하여 보면 우리가 원하는 value와 num의 값이 출력되는 것을 볼 수 있습니다.

우리가 사용하는 printf 함수는 문자열 뿐만 아니라 다양한 형식의 자료형을 출력할 수 있습니다.
앞의 예제에서는 정수형 변수 값을 출력하였습니다. printf 함수는 기본적으로 첫 번째 전달인자인 문자열을 출력하는 기능을 가지고 있습니다. 그래서 우리가 전에 작성했던 printf("HelloWorld");
에서도 겹따옴표("") 안에 있는 문자열을 그대로 출력해주는 것을 앞 장에서 확인할 수 있었습니다.
우리가 지금 printf 함수를 통해 문자열이 아닌 정수를 출력하는 경우에도 마찬가지로 겹따옴표("")
안에 있는 문자열을 출력해주지만, 우리가 주목해 보아야 할 점은 문자열 안에 %d와 같은 서식이 포함되어 있다는 것입니다. 이러한 문자를 두고 우리는 서식 문자(conversion specifier)라고 합니다. 이는 %d를 그대로 출력하라는 의미가 아닙니다. 이것은 출력하고자 하는 변수의 출력 형태를 지정하는 것입니다.

예제에서 우리는 value에 100이라는 정수 값을 대입하였습니다. 그리고, printf를 통해 %d의 서식 문자를 출력하게 되면 %d가 출력되는 것이 아니라 실제 value 변수에 대입되어 있는 값인 100이 출력되는 것을 알 수 있었습니다.

```
printf(" %d ", value);  ✕➔  %d
printf(" %d ", value);  ➔  100
                  출력
```

printf에 문자열 서식이 포함되어 있는 경우에는 서식의 개수에 맞추어 함수의 전달인자를 추가해 주어야 합니다. 다음은 printf 함수의 정의입니다.

```
printf(" 서식 문자열 ", 인수, 인수 ……);
```

서식 문자열을 화면에 출력하되 문자열 내에 %로 시작되는 서식 문자가 있으면 그 서식 문자와 대응되는 뒤쪽의 인수를 개수에 맞추어서 추가합니다. 그러면 대응되는 인수에 해당되는 값이 서식 문자열 안에서 출력됩니다. 만약 서식 문자가 없으면 인수는 생략될 수 있습니다.

## ■ 서식 문자의 종류

서식문자 %d외에도 다양한 서식문자가 존재합니다. 먼저 우리가 앞서 배웠던 %d에서의 d는 decimal(10진수)의 약자이고, %c의 c는 character(문자형), %f의 f는 float(부동소수점), %x의 x 는 hexa(16진수), %o의 o는 octal(8진수)를 나타냅니다. 다음은 다양한 서식 문자의 종류들입니다.

| 서식 문자 | 출력 형태 |
|---|---|
| %c | 단일 문자 |
| %d | 부호 있는 10진 정수 |
| %i | 부호 있는 10진 정수 |
| %f | 부호 있는 10진 실수 |
| %s | 문자열 |
| %u | 부호 없는 10진 정수 |
| %o | 부호 없는 8진 정수 |
| %x or %X | 부호 없는 16진 정수 |
| %e or %E | E 혹은 e 표기법에 따른 실수 |
| %g or %G | 값에 따라서 %f와 (%e 혹은 %E) 둘 중 하나를 선택 |

서식 문자의 종류

이 서식 문자들의 종류를 다 외울 필요는 없습니다. 다만 서식 문자의 종류와 출력 형태만 봐놓고, 나중에 사용할 일이 생기면 그 때 이 표를 참고하여 사용하면 됩니다.

예제를 하나 더 보도록 하겠습니다. 이번에는 printf 함수를 이용하여 서식 문자열 안에 정수형 변수와 문자형 변수를 각각 출력해보도록 하겠습니다. 우리는 아직 char 자료형에 대해 생소하지만, 다양한 출력을 위해 미리 봐두는 것도 나쁘지 않습니다. 어차피 자료형에 대해서는 뒤에서 자세히 살펴볼 것입니다.

■ 예제 : 2장\2-2\2-2.c

```
1:    #include<stdio.h>
2:    int main(void)
3:    {
4:        int value = 100;
5:        char ch = 'C';
6:
7:        printf("출력 결과 : 정수 %d, 문자 %c \n", value, ch);
8:        return 0;
9:    }
```

■ 실행결과

● 4번째 줄에서 정수형 변수 value를 선언과 동시에 100으로 초기화하였습니다.
● 5번째 줄은 문자형 변수 ch를 선언과 동시에 'S'라는 값으로 초기화하였습니다.
● 7번째 줄에서 printf 함수를 사용하여 서식 문자열을 출력하고 있습니다. 서식 문자열에는 정수형을 출력하기 위한 서식 문자 %d와 문자형을 출력하기 위한 %c가 각각 포함되어 있고, 이에 대응하기 위한 전달인자로 각각 정수형 변수 value와 문자형 변수 ch를 전달하고 있습니다. 그래서 출력 결과를 보면 각각 정수 100과 문자 C가 출력된 것을 확인할 수 있습니다.

 과제 2-1 　　　　　　　　　　　　　　　　　　　　　　　　해설 78p

우리가 배운 서식 문자열을 이용하여 다음과 같은 출력 결과를 보일 수 있도록 프로그램을 작성해 보도록 하자.

　　　　이름 : 이창현
　　　　나이 : 18세
　　　　성적 : A

단, 나이의 숫자와 성적의 문자는 서식 문자열에 직접 쓰지 말고, 서식 문자 %d, 서식 문자 %c를 각각 사용하여 출력하도록 하자.

## Unit_6 = ("변수 선언 시 주의 사항");

변수를 선언한다는 것은 그리 어렵지 않은 일임을 알 수 있었습니다. 그런데, 자유와 방종은 구분해야 하듯이, 우리의 이러한 자유함 속에서도 우리끼리 지켜야 할 최소한의 규칙들이 있습니다. 그렇다고 이 규칙들을 머릿속에 달달 외우거나, 변수 선언 시 노심초사 할 필요는 없습니다. 왜냐하면 어차피 변수 선언이 규칙에 어긋난다면 컴파일 시에 컴파일러가 에러로 간주하고, 우리에게 에러의 위치까지도 알려주기 때문입니다. 말 그대로 주의 사항이므로 주의 깊게는 보되, 외울 필요까지는 없다는 말입니다.

## ■ 변수의 선언 위치

C언어의 경우는 변수의 선언 위치에 대한 규칙이 있습니다. 하나의 함수 내에서 변수를 선언할 때, 변수 선언은 가장 먼저 등장해야 합니다. 변수 선언이 프로그램 문장의 중간에 들어가면 컴파일러는 에러로 간주합니다.

| 옳은 구문 | 틀린 구문 |
|---|---|
| ```#include<stdio.h>```<br>```int main(void)```<br>```{```<br>```    int value;```<br>```    char ch;```<br><br>```    value = 100;```<br>```    ch = 'C';```<br><br>```    printf("%d, %c\n", value, ch);```<br>```    return 0;```<br>```}``` | ```#include<stdio.h>```<br>```int main(void)```<br>```{```<br>```    int value;```<br>```    value = 100;```<br>```    char ch;```<br>```    ch = 'C';```<br><br>```    printf("%d, %c\n", value, ch);```<br>```    return 0;```<br>```}```  변수 선언 전에 변수 초기화 루틴이 먼저 나옵니다. |

변수 선언 위치에 대한 규칙

C언어에서는 변수를 초기화하는 루틴이 나오기 전에 모든 변수의 선언은 그 전에 완료되어야 합니다. 이것은 C언어만의 엄격한 문법 특징이며, 객체지향 언어에서는 사실상 에러 구문이라고 구분해 놓은 문법이 에러 없이 모두 허용됩니다. 다시 말하면 C언어에서는 에러 구문이라고 여겨지는 부분이 C++과 같은 객체지향 언어에서는 사실상 에러 구문이 아닌 정상 구문이라는 말입니다. 우리는 C언어를 배우고 있는 과정이므로, 엄격한 C언어의 문법에 따르기로 하겠습니다.


## ■ 변수의 이름 규칙

변수의 이름을 지을 때에도 우리 마음대로 변수를 막 짓는 것이 아니라 지켜야 할 몇 가지 규칙들이 있습니다.

● 변수의 이름은 알파벳, 숫자, 언더바(_)로 구성되고, 특수문자는 사용할 수 없습니다.
● 변수 이름의 첫 글자는 숫자로 시작할 수 없습니다.
● 변수 이름 중간에 공백이 삽입될 수 없습니다.
● 대소문자를 구분하므로, 같은 영문 이름의 변수라도 대문자와 소문자는 다른 변수로 간주합니다.

다음은 앞의 규칙들을 기반으로 변수 선언이 틀린 경우를 나열해보았습니다. 틀린 이유를 보기 전에 틀린 변수 선언을 보고 왜 틀렸는지 먼저 생각해보길 바랍니다.

| 틀린 변수 선언 | 틀린 이유 |
|---|---|
| int num_val# | 변수의 이름에 #과 같은 특수 문자는 사용할 수 없다. |
| int 2num_val | 변수의 이름의 첫 글자는 숫자로 시작할 수 없다. |
| int num val | 변수의 이름 중간에 공백이 삽입 될 수 없다. |

변수 선언 이름에 대한 규칙

앞에서 언급한 변수 이름 규칙만 잘 지켜준다면 그 외에 변수 이름을 짓는데 있어서 공통적으로 제약 사항은 없습니다. 다만, 프로그래밍 언어나 혹은 제품군에 따라 변수 이름을 만드는 규칙이 조금씩 다른데, 이러한 규칙은 코드의 가독성을 위한 하나의 약속이므로 꼭 이를 어겼다고 해서 컴파일 에러가 발생하는 것은 아닙니다. 이것은 프로그래머의 선택이며 자유입니다.

예를 들면 2000년대 초반까지 C++에서 혹은 MS 제품군의 MFC(Microsoft Foundation Class)와 같은 경우에는 변수 이름의 규칙으로 헝가리안 표기법을 많이 사용하였으나, 2000년대 초중반 이후부터 헝가리언 표기법에 대한 회의론이 제기되면서 개발자들 사이에 찬반 양론이 분분해지기 시작했습니다.

필자도 윈도우 플랫폼에서 개발하면서 헝가리안 표기법을 많이 사용했는데, 필자는 개인적으로 괜찮은 표기법이라고 생각하는 입장입니다. 이것은 필자의 주관적인 견해이므로, 여러분들이 직접 사용해보시고, 각자 판단하시길 바랍니다.

---

### // 잠깐 알아두세요

**헝가리언 표기법**

헝가리언 표기법은 MS사의 헝가리 출신 프로그래머가 즐겨 쓰던 방식이라고 하여 '헝가리안 표기법'이라는 이름을 갖게 되었습니다. 헝가리안 표기법은 변수를 표기할 때 접두사를 통해 이 변수의 타입이나 용도를 쉽게 파악할 수 있게 하고, 코드의 가독성이나 버그의 최소화에 기여를 하였습니다. 대표적으로 다음과 같은 방식으로 사용되었습니다.

```
int nNum;
bool bFlag;
float fPi;
```

정수의 경우 변수 이름 앞에 접두사 n을 붙여줌으로써 이 변수는 정수형임을 알 수 있습니다. 불대수의 경우는 변수 이름 앞에 접두사 b를 붙여줌으로써 이 변수가 bool형의 변수임을 알 수 있고, float형의 경우도 마찬가지로 변수 이름 앞에 접두사 f를 붙여줌으로써 이 변수가 실수형임을 알 수 있습니다.

헝가리안 표기법을 표로 정리하였습니다. 대표적인 몇 개만 살펴보겠습니다.
요즘은 많이 사용되지 않는 표기법이므로 굳이 숙지할 필요는 없습니다. 우리가 역사 공부를 하듯이 참고하시면 될 것 같습니다.

| 접두어 | 설명 |
|---|---|
| b | BOOL형의 변수 선언 시 접두어 |
| c | char형의 변수 선언 시 접두어 |
| by | byte(unsigned char)형의 변수 선언 시 접두어 |
| n | short 정수형 변수 선언 시 접두어 |
| i | int 정수형 변수 선언 시 접두어(index 표시하는 경우) |
| l | long 정수형 변수 선언 시 접두어 |
| f | float 실수형 변수 선언 시 접두어 |
| d | double 실수형 변수 선언 시 접두어 |
| s | string 문자열 선언 시 접두어 |
| sz | Null로 종료되는 문자열 선언 시 접두어 |
| str | CString 선언 시 접두어 |
| u | UINT(unsigned int) 정수형 변수 선언 시 접두어 |
| w | WORD(unsigned short) 정수형 변수 선언 시 접두어 |
| dw | DWORD(unsigned long)정수형 변수 선언 시 접두어 |
| a | Array 배열 선언 시 접두어 |
| h | handle 선언 시 접두어 |
| p | 포인터 변수 선언 시 접두어 |
| g_ | 전역 변수 선언 시 접두어 |
| m_ | 멤버 변수 선언 시 접두어 |

헝가리언 표기법

## Char CHAPTER_2 = {"자료형"};

우리는 앞서 변수에 관하여 배웠습니다. 변수라는 것은 사용할 메모리 공간을 할당하고, 거기에 이름을 붙여준 것이라고 하였습니다. 예를 들어 정수형 변수를 선언한다면 다음과 같이 작성할 수 있습니다.

```
int num;
```

이 때 4바이트의 메모리 공간이 할당되고, 그 메모리의 이름인 num이 변수가 되는 것입니다. 그렇다면 우리가 배울 자료형(Data Type)은 무엇인가요? int num의 int가 바로 자료형(Data Type)입니다.

자료형은 선언한 변수에 대한 특징을 나타냅니다. 만약 자료형 없이 num 변수만 선언되어 있다면 우리는 이 변수가 어떤 형태의 변수인지, 몇 바이트를 할당할지 알 수 없습니다. 변수 앞에 int와 같은 자료형이 붙어 있으므로 '아 이 변수는 정수형 변수이고, 4바이트 메모리 공간을 할당하면 되겠구나.'라는 것을 알 수 있는 것입니다.

우리는 전쟁터에서 많은 지략가들이 전략과 전술을 사용했던 것을 볼 수 있습니다. 여기서 전략이라는 것은 전쟁을 어떻게 승리로 이끌 것인지 전반적인 계획을 짜는 것이고, 그 전반적인 계획 안에서 어떠한 기술로 적군을 제압할 것인지 세부 계획을 짜는 것이 전술입니다. 그래서 전략은 대체로 크게 바뀌지 않는 반면 전술은 상황에 따라서 시시각각 바뀔 수 있습니다.

C언어에서의 자료형 또한 마찬가지입니다. 우리가 어떠한 프로그램을 작성할 것인지에 대한 전반적인 설계가 바로 전략이고, 실제 프로그래머가 상황에 맞게 코딩을 작성해 나가는 것을 전술이라고 볼 수 있습니다. 결국 이 자료형과 변수는 프로그래밍 전반에 있어서 원료가 되는 무기라고 할 수 있고, 이것은 전술의 도구로 사용되는 것입니다. 프로그래머가 상황에 맞게 필요한 형태의 변수를 선언하여 사용할 수 있어야 합니다.

C언어에서는 다양한 자료형(Data Type)이 제공되는데, 어떠한 자료형(Data Type)들이 있는지 알아보고, 그 특징 및 사용 예제를 보도록 하겠습니다.

## Unit_1 = ("기본 자료형의 종류 및 표현 범위");

C언어에서 제공하는 기본 자료형들의 종류와 표현 범위에 대해 알아보겠습니다. 우리가 C언어에서 일반적으로 많이 사용하는 기본 자료형들입니다.

| 자료형(Data Type) | | 크기(Byte) | 데이터 표현 범위 |
|---|---|---|---|
| 정수형 | char | 1바이트 | -128 ~ +127 |
| | short | 2바이트 | -32768 ~ +32767 |
| | int | 4바이트 | -2147483648 ~ +2147483647 |
| | long | 4바이트 | -2147483648 ~ +2147483647 |
| 실수형 | float | 4바이트 | $3.4*10-38 \sim 3.4*1038$ |
| | double | 8바이트 | $1.7*10-308 \sim 1.7*10308$ |
| | long double | 10~16바이트 | $1.2*10-4932 \sim 3.4*104932$ |

기본 자료형은 크게 정수형과 실수형으로 나누었습니다. 각각의 자료형을 보면 메모리에 할당되는 크기가 최소 1바이트에서 최대 16바이트까지이고, 메모리 크기가 커질수록 데이터의 표현 범위 또한 커지는 것을 볼 수 있습니다. 그리고, 표현 범위의 특징을 보면 0을 기준으로 음수와 양수의 범위가 반반씩 분포되어 있는 것을 볼 수 있습니다.

가장 작은 크기의 정수형인 char 자료형을 보면 1바이트가 할당되고, 표현할 수 있는 데이터의 범위는 -128에서 +127까지입니다. 즉, 표현할 수 있는 데이터의 개수는 28개라는 것입니다.

정수형의 다른 자료형들 또한 메모리 크기와 표현 범위만 다를 뿐 마찬가지 원리입니다. 실수형은 표현 범위들이 거의 천문학적인 숫자들입니다. 데이터의 표현 범위 자체를 외울 필요는 없습니다. 대략 정수형과 실수형의 메모리 할당 크기와 데이터 표현 범위가 이렇다는 정도로만 숙지하고 넘어가면 됩니다.

### ■ 왜 다양한 자료형을 제공하는 것일까요

C언어에서는 왜 이렇게 많은 자료형을 제공해서 우리의 머리를 복잡하게 만드는 걸까요? 정수형 자료형 한 개, 실수형 자료형 한 개씩만 있어도 될 것 같은데, 정수형에 4개의 자료형으로 구분되어 있고, 실수형에도 3개의 자료형으로 구분되어 있습니다.

왜 굳이 같은 정수형, 실수형 내에서 구분을 하는 것일까요? 그 이유는 "효율적인 메모리 공간 사용을 위해서"입니다.

예를 들어서 우리가 집 앞마당에 자그마한 어린 나무를 심으려고 하는데, 이 때 필요한 것은 삽 한 자루이면 됩니다. 그런데 만약 어린 나무를 심기 위해 포크레인을 동원한다면 어떨까요? 참 비효율적인 일입니다. 마찬가지로 자료형에서도 우리가 담고자 하는 메모리 공간을 정하게 됩니다.

나는 1바이트만 사용하면 되는데, 굳이 4바이트 짜리 자료형을 사용할 필요는 없고, 또 4바이트의 메모리 공간이 필요한데, 1바이트 짜리 메모리 공간을 사용하는 것은 문제를 발생시킬 것입니다. 가장 좋은 방법은 남지도 모자라지도 않는 적당한 메모리 공간 할당을 하는 것입니다.

예를 들어 임의의 변수에 100이라는 정수값을 저장한다고 가정하겠습니다. 이 때 이 변수의 자료형을 무엇으로 선언해야 할까요? short나 int와 같은 자료형으로 선언해도 상관없지만, 100이라는 정수는 char 자료형의 데이터 범위(−128 ~ +127)에 포함되므로 굳이 short나 int로 선언하여 메모리를 낭비할 필요가 없습니다. char 자료형을 사용하여 선언하는 것이 적절한 선택입니다.

만약 임의의 변수가 1000이라는 정수값을 저장한다면 이 변수의 자료형은 char의 데이터 범위는 벗어나므로 제외되고, short 데이터 범위(−32768 ~ +32767)에 포함되므로 short 자료형이 적절한 선택이 될 것입니다.

정리하면, C언어에서 다양한 자료형을 제공하는 이유는 효율적인 메모리 공간을 사용하기 위해서라고 할 수 있습니다.

## ■ 기본 자료형의 크기 확인(sizeof 연산자)

우리는 기본 자료형의 종류와 크기에 대해서 알아보았습니다. 그런데, 기본 자료형의 메모리 할당 크기는 불변의 크기로 딱 정해진 것이 아니라 운영체제나 컴파일러와 같은 환경에 따라서 기본 자료형의 크기가 달라질 수 있습니다.

우리가 이론적으로 알아본 기본 자료형의 크기를 직접 한번 출력해보도록 하겠습니다.

이 때 기본 자료형의 크기를 쉽게 출력해주는 연산자를 C언어에서 제공해주고 있는데, 바로 sizeof 연산자입니다. sizeof 연산자는 단항 연산자로써 피연산자의 메모리 크기를 반환합니다. sizeof 연산자의 사용법은 다음과 같습니다.

① **자료형의 크기 확인**
```
sizeof(int)
```
② **변수 tmp의 크기 확인**
```
sizeof(tmp) or sizeof tmp
```

sizeof는 함수가 아닌 연산자라고 하였습니다. 연산자에 대해서는 우리가 다음 장에서 더 자세히 배울 것인데, 당장은 연산자의 의미보다는 자료형의 크기를 리턴해주는 기능에 초점을 맞추어 생각하도록 하겠습니다.

① 자료형 크기 확인 시 sizeof 연산자의 피연산자로 자료형의 이름이 올 경우 괄호()를 반드시 넣어주어야 합니다. 즉, 정수형(int) 자료형의 크기를 구하고자 할 때 sizeof(int)로 괄호를 사용한 것을 볼 수 있습니다.
② 변수 temp의 크기 확인 시 sizeof의 연산자의 피연산자로 변수의 이름이 올 경우는 괄호를 써도 되고 안써도 상관없습니다. 즉, sizeof(tmp)라고 써도 되고, sizeof tmp라고 써도 됩니다.

다음 예제에서 sizeof 연산자를 이용하여 변수의 크기를 확인해보겠습니다.

## ■ 예제 : 2장\2-3\2-3.c

```
1:    #include<stdio.h>
2:
3:    int main(void)
4:    {
5:          char ch = 50;
6:          short sNum = 1000;
7:          int iNum = 50000;
8:          float fNum = 3.14f;
9:          double dNum = 3.1415;
10:
11:         printf("변수 ch의 크기는 %d바이트이다.\n", sizeof ch);
12:         printf("변수 sNum의 크기는 %d바이트이다.\n", sizeof sNum);
13:         printf("변수 iNum의 크기는 %d바이트이다.\n", sizeof iNum);
14:         printf("변수 fNum의 크기는 %d바이트이다.\n", sizeof fNum);
15:         printf("변수 dNum의 크기는 %d바이트이다.\n\n", sizeof dNum);
16:
17:         printf("자료형 char의 크기는 %d바이트이다.\n", sizeof(char));
18:         printf("자료형 short의 크기는 %d바이트이다.\n", sizeof(short));
19:         printf("자료형 int의 크기는 %d바이트이다.\n", sizeof(int));
20:         printf("자료형 float의 크기는 %d바이트이다.\n", sizeof(float));
21:         printf("자료형 double의 크기는 %d바이트이다.\n", sizeof(double));
22:
23:         return 0;
24:    }
```

● 5번째 줄부터 9번째 줄까지 각 자료형 별로 정수를 선언하고 초기화하였습니다. 초기값은 각 자료형의 범위에 포함되는 값으로 초기화하였습니다.

● 11번째 줄에서 15번째 줄까지 sizeof 연산자를 통해 각 변수의 크기를 바이트 별로 출력하고 있습니다. 출력 결과에서도 나타났듯이 char형 변수는 1바이트, short형 변수는 2바이트, int형 변수는 4바이트, float형 변수는 4바이트, double형 변수는 8바이트를 출력하고 있음을 알 수 있습니다.

● 17번째 줄에서 21번째 줄까지는 sizeof 연산자를 통해 각 자료형의 크기를 바이트 별로 출력하고 있습니다. 출력 결과 또한 각 자료형의 크기에 맞게 출력되고 있음을 확인할 수 있습니다.

필자는 윈도우 운영체제 기반에서 Visual C++ 컴파일러를 기준으로 확인해 본 결과입니다. 아마 대부분의 독자들은 필자와 비슷한 환경에서 확인했을 거라 생각하므로 결과는 똑같이 출력될 것입니다. 혹여, 시스템 환경이 다르면 결과가 약간 다르게 나올 수도 있습니다.

## Unit_2 = ("정수형 사용하기");

정수(Integer)라는 것은 부호는 있지만 소수점 이하를 표현하지 못하는 수입니다. 1, 50, −10 등의 수는 정수이지만, 3.14, 1.5 등의 소수점이 있는 수는 정수가 아닙니다. 우리가 수학에서 배웠던 정수라는 개념은 양수와 음수로 표현되고, 표현 범위는 양, 음의 무한대까지인데, C언어에서의 정수는 자료형에 따라서 데이터 표현 범위가 한정되어 있는 것을 볼 수 있습니다. 이 점이 수학에서의 정수와 C언어에서의 정수와의 차이점입니다.

현실적으로 수학이라는 것은 이론 기반이기 때문에 무한대라는 것이 개념적으로 가능하지만, 프로그래밍의 경우 컴퓨터의 메모리라는 유한적인 공간 안에서 이루어지는 실세계이다 보니 무한대라는 개념이 성립될 수 없는 것입니다. 한정된 자원을 어떻게 효율적으로 배분하여 사용할 것인지에 대한 문제는 비단 프로그래밍 세계에서만의 숙제가 아니라, 우리 인류가 전반적으로 풀어나가야 할 숙제이기도 합니다.

앞서 여러 가지 자료형의 종류를 간단히 살펴보았는데, 앞으로 여러분이 C언어에서 가장 많이 사용하는 대표적인 자료형이 아마 이 정수형(int)이 될 것입니다. int는 interger의 앞 세 자를 따서 정의한 것입니다. 이미 우리는 변수 선언 방법과 자료형에 대해 배웠으므로, 정수형을 사용한 간단한 예제들을 살펴보도록 하겠습니다.

다음 예제는 사각형의 넓이를 계산하여 출력하는 예제입니다.

■ 예제 : 2장\2-4\2-4.c

```
1:    #include<stdio.h>
2:
3:    int main(void)
4:    {
5:        int width = 10;
6:        int height = 20;
7:
8:        printf("사각형의 넓이는 %d다.₩n", width * height);
9:        return 0;
10:   }
```

■ 실행결과

● 5번째 줄에서는 정수형 변수 width를 선언하고, 10이라는 정수값을 대입하였습니다. 변수의 이름이 width이므로 사각형의 가로의 길이값이라고 할 수 있습니다.
● 6번째 줄에서는 정수형 변수 height를 선언하고, 20이라는 정수값을 대입하였습니다. 변수의 이름이 height이므로 사각형의 세로의 길이값이라고 할 수 있습니다.
● 8번째 줄에서는 width와 height 두 변수를 곱하여 사각형의 넓이를 출력하고 있습니다.

또 다른 정수형 예제를 보도록 하겠습니다. 이번에는 정수형에서 데이터의 표현 범위를 넘어가도록 상황을 만들어보도록 하겠습니다.

■ 예제 : 2장\2-5\2-5.c

```
1:    #include<stdio.h>
2:
3:    int main(void)
4:    {
5:          short a = 32766;
6:          short b = 10;
7:          short c = a + b;
8:          int d = a + b;
9:
10:         printf("정수형 a의 값 %d와 b의 값 %d의 합은 %d 이다.\n",a, b, c);
11:         printf("정수형 a의 값 %d와 b의 값 %d의 합은 %d 이다.\n",a, b, d);
12:         return 0;
13:   }
```

■ 실행결과

● 5번째 줄에서 7번째 줄까지는 short형으로 각각 a, b, c 변수를 선언하였습니다. a에는 32766의 값을, b에는 10의 값을 대입하였고, c에는 a와 b를 합산한 결과값을 대입하였습니다.

우리는 앞서 short형의 데이터 표현 범위에 대해 알아본 바 있습니다. 범위는 −32768 ~ +32767까지 입니다. a와 b를 합하면 short의 표현 범위를 벗어나게 됩니다. 그런데, 변수 c에는 표현 범위가 벗어났음에도 불구하고, 합산한 값을 대입하였습니다. 그 결과는 10번째 줄에서 나타납니다. 어떤가요? 전혀 예상치 못한 −32760이라는 값이 출력되었습니다. 데이터 표현 범위를 벗어남으로써 비정상적인 출력을 한 것입니다.

● 8번째 줄에서는 a와 b의 합산 결과를 대입할 변수를 short가 아닌 int형으로 선언하였습니다. int형의 데이터 표현 범위는 앞서 살펴보았듯이 거의 20억에 가까운 범위를 가지고 있습니다. 이정

도 만단위의 정수값은 충분히 수용하고도 남습니다. 11번째 줄에서 a와 b의 합산 결과를 출력하고 있는데 결과는 32776이라는 값을 출력합니다. 우리가 원했던 정상적인 출력 결과라고 볼 수 있습니다.

## Unit_3 = ("실수형 사용하기");

실수(Real Number)는 소수점 이하를 가지는 수를 말합니다. 3.14나 1.56과 같은 정수부와 소수부로 나누어지는 이러한 수의 형태이고, 이러한 수를 저장하는 실수형 자료형들이 있습니다. 이미 소개해 드린 바 있지만, 대표적으로 float와 double입니다. 실수형 데이터에서 가장 중요한 요소는 '얼마나 정밀하게 표현하는가'입니다. 데이터의 오차를 줄이기 위해 float형보다는 double형이 정밀하게 표현하기에는 적합하므로, 실수형을 선언할 때 주로 double형을 사용하는 것이 좋습니다. 여러분들은 앞으로 실수형 변수를 선언할 일이 있다면, 특별한 이유가 없으면 double형을 선언하길 바랍니다.

___ // 잠깐 알아두세요 ___

실수형의 정밀도 비교입니다. 과거에는 실수형의 대표적인 자료형으로 float를 사용하였는데, double형이 float에 비해 정밀도가 훨씬 높으므로 근래에는 실수형 선언의 기본으로 double형을 사용합니다. long double형은 double형에 비해 사용하기도 부담스러울 뿐더러, C 표준에는 정의되어 있으나 Visual C++에서는 지원하지 않으므로, double을 기본으로 사용합니다.

| 자료형 | 바이트 수 | 정밀도 |
|---|---|---|
| float | 4 | 소수점 이하 7자리 |
| double | 8 | 소수점 이하 15자리 |
| long double | 10 ~ 16 | 소수점 이하 19자리 |

실수형을 이용한 예제를 하나 작성해 보도록 하겠습니다. 다음은 원의 반지름을 이용하여 원의 넓이를 구하는 예제입니다.

■ 예제 : 2장\2-6\2-6.c

```c
1:    #include<stdio.h>
2:
3:    int main(void)
4:    {
5:        double area;
6:        double radius = 5;
7:
8:        area = radius * radius * 3.14;
9:
10:       printf("원의 넓이는 %f 이다.\n", area);
11:       return 0;
12:   }
```

■ 실행결과

● 5번째 줄에서 계산된 원의 넓이를 저장하기 위한 변수 area를 double형으로 선언하였습니다.

● 6번째 줄에서는 원의 반지름 변수를 radius라고 선언하고 반지름의 길이를 5로 대입하였습니다.

● 원의 넓이 공식은 반지름 * 반지름 * 3.14입니다. 8번째 줄에서는 이 공식에 의거하여 원의 넓이를 구하고 변수 area에 결과값을 대입하고 있습니다.

● 10번째 줄에서 area의 결과 값을 출력하였습니다.


## Unit_4 = ("문자형 사용하기");

우리는 자료형을 공부하면서 크게 정수형과 실수형으로만 나누어 알아보았지 문자형을 따로 분류하여 언급한 적은 없습니다.

우리는 별도로 문자형이라는 자료형을 언급하지 않았을 뿐 이미 문자형에 대해서 배운 바 있습니다. 컴퓨터는 단순히 2진수밖에 인식 못한다는 것을 기억하나요? 즉, 컴퓨터 내부에서 인식할 수 있는 것은 숫자밖에 없습니다. 그렇다면 컴퓨터는 어떻게 문자를 표현할 수 있을까요?

숫자만 인식할 수 있는 컴퓨터는 문자를 표현하기 위해 통상 특정 숫자와 특정 문자를 대응시키는 방법을 사용합니다. 여러 가지 인코딩 방식들이 있는데, 그 중 우리가 일반적으로 많이 사용하는 방식이 아스키(ASCII : American Standard Code for Information Interchange) 코드 방식입니다. 아스키 코드는 0부터 127 사이의 숫자에 문자를 대응시킨 것으로, 예를 들면 대문자 A는 숫자 65(0x41)에 해당하고, 문자 1은 숫자 49(0x31)에 해당합니다. 아스키 코드는 문자를 표현하는데 있어서 매우 중요한 요소이므로 아스키 코드 표를 참조하여 살펴보길 바랍니다.

— // 잠깐 알아두세요

**아스키(ASCII) 코드 표**

| 10진수 | ASCII | 10진수 | ASCII | 10진수 | ASCII | 10진수 | ASCII |
|---|---|---|---|---|---|---|---|
| 0 | NULL | 32 | SP | 64 | @ | 96 | ` |
| 1 | SOH | 33 | ! | 65 | A | 97 | a |
| 2 | STX | 34 | " | 66 | B | 98 | b |
| 3 | ETX | 35 | # | 67 | C | 99 | c |
| 4 | EOT | 36 | $ | 68 | D | 100 | d |
| 5 | ENQ | 37 | % | 69 | E | 101 | e |
| 6 | ACK | 38 | & | 70 | F | 102 | f |
| 7 | BEL | 39 | ` | 71 | G | 103 | g |
| 8 | BS | 40 | ( | 72 | H | 104 | h |
| 9 | HT | 41 | ) | 73 | I | 105 | i |
| 10 | LF | 42 | * | 74 | J | 106 | j |
| 11 | VT | 43 | + | 75 | K | 107 | k |
| 12 | FF | 44 | ` | 76 | L | 108 | l |
| 13 | CR | 45 | – | 77 | M | 109 | m |
| 14 | SO | 46 | . | 78 | N | 110 | n |
| 15 | SI | 47 | / | 79 | O | 111 | o |
| 16 | DLE | 48 | 0 | 80 | P | 112 | p |
| 17 | DC1 | 49 | 1 | 81 | Q | 113 | q |
| 18 | SC2 | 50 | 2 | 82 | R | 114 | r |
| 19 | SC3 | 51 | 3 | 83 | S | 115 | s |
| 20 | SC4 | 52 | 4 | 84 | T | 116 | t |
| 21 | NAK | 53 | 5 | 85 | U | 117 | u |
| 22 | SYN | 54 | 6 | 86 | V | 118 | v |
| 23 | ETB | 55 | 7 | 87 | W | 119 | w |
| 24 | CAN | 56 | 8 | 88 | X | 120 | x |
| 25 | EM | 57 | 9 | 89 | Y | 121 | y |
| 26 | SUB | 58 | : | 90 | Z | 122 | z |
| 27 | ESC | 59 | ; | 91 | [ | 123 | { |
| 28 | FS | 60 | < | 92 | ₩ | 124 | | |
| 29 | GS | 61 | = | 93 | ] | 125 | } |
| 30 | RS | 62 | > | 94 | ^ | 126 | ~ |
| 31 | US | 63 | ? | 95 | _ | 127 | DEL |

## ■ 문자형 char

문자형으로 사용되는 자료형은 char입니다. 우리가 앞서 배웠던 char라는 자료형은 1바이트의 메모리를 갖는 정수형이었습니다. 그런데 아스키 코드 표를 보면 알겠지만, 아스키 코드의 범위는 0부터 127까지의 범위로 구성되어 있습니다. 이 범위는 char형 데이터 표현 범위(−128 ～ +127) 내에 속합니다. 즉, char형으로 아스키 코드의 범위를 충분히 커버할 수 있습니다. 따라서 문자를 표현할 때는 굳이 int형을 사용하여 공간을 낭비할 필요없이 char형을 사용하는 것입니다.

char형을 정수형이라고 부르기 보다는 문자형이라고 부릅니다. char형의 이름 또한 character(문자)의 약자로써, 문자 전담 자료형이라고 할 수 있습니다.

문자형 char는 정수형처럼 변수에 숫자를 입력하는 것이 아니라 문자를 입력하는 것이므로 표기법에 대해 이해하고 있어야 합니다.

char ch1 = ‘ A ’;

char ch2 = ‘ b ’;

char ch3 = ‘ 1 ’;

문자형을 표기시에는 홑따옴표로 문자 하나를 감싸주면 됩니다. 'A'는 아스키 코드 표에 의거하여 숫자 65로 정의되어 있음을 알 수 있습니다. 'b'는 숫자 98로 정의되어 있고, '1'은 숫자 49로 정의되어 있습니다. 각각을 ch1, ch2, ch3 변수에 대입한다면, 각 변수에는 65, 98, 49가 저장될 것입니다.

아직까지는 정수형을 사용하는 것에 비해 문자형은 좀 생소합니다. 간단한 예제를 통해 문자형 사용법을 살펴보겠습니다.

## ■ 예제 : 2장\2-7\2-7.c

```
1:    #include<stdio.h>
2:
3:    int main(void)
4:    {
5:         char ch1 = 'A';
6:
7:         printf("%d, %c\n", ch1, ch1);
8:         return 0;
9:    }
```

● 5번째 줄을 보면 문자형 변수 ch1에 문자 상수 'A'를 대입하였습니다. 'A'는 아스키 코드 표에 의거하면 숫자 65이므로 ch1에는 65의 값이 들어갈 것입니다.

● 7번째 줄에서 두 가지 형태의 서식으로 ch1 변수의 값을 출력하되, 하나는 %d로, 또 하나는 %c로 출력합니다. 출력 결과를 보면 %d 서식으로 출력한 경우 숫자 65로 출력되고, %c 서식으로 출력한 경우는 문자 A로 출력되는 것을 확인할 수 있었습니다.


예제를 통해 우리가 알 수 있는 사실은 문자형도 내부적으로는 숫자로 표현되고 있다는 사실입니다. 왜냐하면 char형도 엄밀하게 따지면 정수형이기 때문입니다. 그 숫자가 아스키 코드 표의 범위(0부터 127 사이)에 포함되어 있다면, 서식에 의해 얼마든지 문자로도 표현이 가능하다는 것입니다.

그런데, 여기서 한 가지 의문이 듭니다. char나 int나 모두 정수형인데, 굳이 문자형이라고 char형을 분리할 필요가 있을까요? 그냥 int형으로 모두 통일해도 무방하지 않을까요? 즉, char ch1 = 'A'가 아닌 int ch1 = 'A'로 변경해도 코드의 동작에 전혀 문제가 없다는 말입니다. 하지만 char형과 int형의 결정적인 차이점이 있습니다. 둘 다 정수형이므로 더하기나 빼기와 같은 연산이 가능한데, 문자로 표현되는 경우에는 의미 없는 연산이 되고 맙니다.

예를 들면 'A' + '1'의 연산을 하면 내부적으로는 65 + 49으로 처리가 됩니다. 결국 숫자로는 114의 값이 되고, 아스키 코드 표를 참조하여 보면 알파벳 소문자 'r'이라는 값이 되는데, 'A' + '1'은 'r'이라는 연산 자체가 의미 있는 연산은 아니라는 것입니다. 이러한 이유로 연산을 필요로 하는 숫자와 같은 정수형의 경우는 int형으로, 연산이 필요없는 문자와 같은 정수형의 경우는 char형으로 저장하는 것입니다.


## Unit_5 = ("signed와 unsigned의 차이");

unsigned라는 것은 '부호가 없는'이란 뜻입니다. 정수형의 기본 자료형 앞에 unsigned를 붙여서 사용하는 경우가 있는데, 이는 데이터 표현 범위에서 음수를 제거하고, 0 이상의 수, 즉, 양수만을 표현하겠다는 의미입니다. 이 때 표현 범위에서 음수가 빠지는 대신, 빠지는 범위만큼 양수의 범위는 두 배가 됩니다.

예를 들면, char형의 경우 −128 ~ +127의 데이터 표현 범위를 가지고 있는데, unsigned를 앞에 붙이면 표현 범위가 0 ~ 255로 변경됩니다. 음수의 범위가 없어지고, 빠지는 범위만큼 양수의 범위는 두 배가 되는 것입니다. 우리가 앞서 알아보았던 정수형의 데이터 표현 범위에 unsigned형의 범위를 추가하여 다시 살펴보도록 하겠습니다.

| 자료형 | 크기(Byte) | 데이터 표현 범위 |
|---|---|---|
| char | 1바이트 | −128 ~ +127 |
| unsigned char | 1바이트 | 0 ~ (127 + 128) |
| short | 2바이트 | −32768 ~ +32767 |
| unsigned short | 2바이트 | 0 ~ (32767 + 32768) |
| int | 4바이트 | −2147483648 ~ +2147483647 |
| unsigned int | 4바이트 | 0 ~ (2147483647 + 2147483648) |
| long | 4바이트 | −2147483648 ~ +2147483647 |
| unsigned long | 4바이트 | 0 ~ (2147483647 + 2147483648) |

unsigned의 반대는 signed입니다. 즉, '부호가 있는'이라는 사전적 의미를 가지고 있습니다. 그런데, signed는 언제 사용하는 것일까요? 사실 우리가 보통 사용하고 있는 정수형은 모두 부호가 있는 정수형들이므로 signed를 사용해야 하지만 생략해서 사용하고 있는 것입니다.

앞의 2-5 예제를 변경하여 unsigned 사용 예제를 작성해보겠습니다.

■ 예제 : 2장\2-8\2-8.c

```
1:    #include<stdio.h>
2:
3:    int main(void)
4:    {
5:        unsigned short a = 32766;
6:        unsigned short b = 10;
7:        unsigned short c = a + b;
8:        int d = a + b;
9:
10:       printf("정수형 a의 값 %d와 b의 값 %d의 합은 %d 이다.\n",a, b, c);
11:       printf("정수형 a의 값 %d와 b의 값 %d의 합은 %d 이다.\n",a, b, d);
12:       return 0;
13:   }
```

■ 실행결과

정수형 a의 값 32766와 b의 값 10의 합은 32776 이다.
정수형 a의 값 32766와 b의 값 10의 합은 32776 이다.
계속하려면 아무 키나 누르십시오 . . .

● 5번째 줄에서 7번째 줄까지 short 형 변수 선언 시 선언부 앞에 모두 unsigned를 붙였습니다. unsigned short 형은 0 ~ 65535의 범위를 가지고 있으므로, 결과는 모두 정상적으로 출력됩니다.

___// 번외_ 잠시 쉬어가기___

직선을 하나만 그어 올바른 식을 만들어 보세요.(단, 등호는 건드리지 않습니다.)

$$5 + 5 + 5 = 550$$

Study with me!

# Char CHAPTER_3 = {"상수에 관하여"};

## Unit_1 = ("상수란 무엇인가요?");

우리는 이미 수학시간에 상수에 대해서 배운 바 있으므로 생소하지는 않을 것입니다. 아마 여러분들 중에는 이미 개념을 파악하신 분들도 있을 것입니다.

상수라는 것은 한마디로 정의하자면 "변하지 않는 수"라고 말할 수 있습니다. 즉, 값을 저장할 수 있는 메모리 공간에 수가 존재하고 있지만, 그 수의 값을 변경할 수는 없습니다. 값을 변경할 수 있는 변수와의 가장 핵심적인 차이점이라고 볼 수 있습니다.

변수나 상수나 모두 메모리에 존재하는 수입니다. 변수로 선언한 메모리에 100이라는 정수가 저장되어 있는데, 만약 200이라는 수로 변경하고자 한다면 변경이 가능합니다. 그런데, 상수의 경우 100이라는 정수가 저장되어 있는데, 200이라는 수로 변경하고자 한다면 변경이 불가능합니다. 왜냐하면 상수는 그 자체의 존재이기 때문입니다. 즉, 100이라는 수는 그 자체로 100인 것이지, 이것이 200 이거나 300 일수 없는 것입니다. 나는 나일 뿐 그 누구도 나를 대신할 수 없는 것처럼 말입니다.

C언어에서는 상수를 크게 2가지로 나눕니다. 하나는 리터럴(Literal) 상수라는 것이고, 또 하나는 심볼릭(Symbolic) 상수라는 것입니다. 이 2가지 상수에 대해 알아보도록 하겠습니다.

# Unit_2 = ("리터럴(Literal) 상수");

리터럴(Literal)의 사전적 의미는 '글자 그대로의'라는 뜻입니다. 의미를 풀어보자면, 어떤 가감없이 눈에 보이는 그대로를 받아들이겠다는 뜻으로 생각됩니다. 그렇다면 지금 우리가 살펴볼 리터럴 상수는 어떻게 해석하면 좋을까요? 직역하면 '글자 그대로의 상수'라는 의미가 되는데, 앞에서 필자가 상수에 대해 설명하면서 상수는 값이 변하지 않고, 자신의 존재 그 자체라고 언급한 적 있습니다. 말하자면 리터럴 상수도 상수 그 자체로 받아들이면 됩니다.

## ■ 리터럴 상수의 형태

우리가 사용하는 일반 상수의 형태가 리터럴 상수라고 보면 됩니다. 상수의 형태는 다음과 같습니다.

30

40000

앞서 언급했듯이 상수라는 것은 변경이 불가능한 그 자체라고 말했습니다. 각각 상수의 값만 표기되어 있고, 이 값에 대한 정보는 없습니다. 컴파일러는 상수의 크기와 형태를 보고 적당한 타입으로 메모리 공간을 생성합니다.

30의 경우는 정수형 범위가 작으므로 short형의 타입을 할당하고, 메모리 2바이트를 내부적으로 갖게 될 것입니다. 40000의 경우는 short의 데이터 범위를 넘어가므로 int형 타입으로 할당될 것이고, 메모리 4바이트를 내부적으로 갖게 될 것입니다.

상수는 이렇게 크기와 형태에 따라 컴파일러가 자동으로 메모리를 할당합니다. 만약 크기를 강제로 지정하고 싶으면 상수 뒤에 접미어를 붙이면 됩니다. 예를 들어 30의 경우 2바이트의 short형이지만 30뒤에 L(long)을 붙여 30L로 표기하면 4바이트의 long형 상수가 됩니다. 또한 30뒤에 U(unsigned)를 붙여 30U로 표기하면 2바이트의 unsigned short형 상수가 됩니다.

30L

30U

정수형 상수 뿐만 아니라 실수형 상수 및 문자형 상수도 존재합니다.

3.14

' A '

마찬가지로 3.14의 경우는 컴파일러가 소수점이 있으므로 실수로 인식하고 double형의 8바이트 메모리를 할당하게 됩니다. 'A'의 경우는 문자이므로 문자형으로 인식하고, char형의 1바이트 메모리를 할당합니다. 실수의 경우는 기본 자료형을 double로 인식한다고 언급한 적 있었습니다. 그렇다면 만약 상수 3.14를 float형으로 강제로 저장하고 싶다면 어떻게 해야 할까요? 이 때는 3.14에 접미사 f를 붙여 3.14f라고 표기하면 됩니다.

결론을 내리면 C언어는 상수의 자료형 판단 시 상수 그 자체를 보고 크기와 자료형을 결정하여 메모리를 할당한다는 것입니다.

___ // 잠깐 알아두세요 ___

접미사를 통해서 상수의 자료형을 강제로 지정하는 것이 가능합니다. 접미사의 종류를 살펴보도록 하겠습니다.

| 접미사 | 자료형 | 사용 예 |
|---|---|---|
| U 또는 u | unsigned int | 50U |
| L 또는 l | long | 50L |
| UL 또는 ul | unsigned long | 50UL |
| F 또는 f | float | 3.14F |
| L 또는 l | long double | 3.14L |

## Unit_3 = ("심볼릭(Symbolic) 상수");

Symbol(심볼)이라는 것은 사전적 의미로 '상징', '기호'와 같은 의미를 가지고 있습니다. 심볼릭 상수라는 것은 상수이되 그 상수를 상징하거나 대신할 수 있는 기호가 존재한다는 것입니다.

예를 들면 임의의 상수 10이 존재하고 상수 10을 TEN이라는 기호로 정의했다고 가정하겠습니다. 이렇게 되면 우리가 TEN이라는 기호를 사용할 때 상수 10이 작용하는 것입니다.

왠지 느낌이 우리가 사용하는 변수와 비슷하지 않은가요? 그렇습니다. 변수 선언하여 사용하는 것과 같은 형식입니다. 그런데, 상수는 변하지 말아야 합니다. 즉, TEN이라는 기호는 상수 10과 일심동체이므로 변하지 말아야 합니다. 하지만, TEN이 변수의 경우라면 당연히 변할 수 있습니다.

그렇다면 우리는 이 변수를 변하지 못하게만 만들면, 상수화시켰다고 말할 수 있지 않을까요? 그렇습니다. 변수를 상수화시키면 됩니다. 그 방법은 C언어에서 매우 간단하게 처리하도록 제공하는데, 일반 변수 선언 시 선언부 맨 앞에 const라는 키워드를 붙여주면 됩니다. 단, 이 때 주의할 점은 선언과 동시에 초기화해야 합니다. 다음 형태를 보겠습니다.

```
const int TEN = 10;
```

변수 TEN을 선언하고 10으로 초기화 한 형태입니다. 특이한 점은 선언부 앞에 const라는 키워드가 붙어 있다는 것입니다. 이렇게 되면 TEN은 변수의 형태이지만, 상수화되어서 10이외의 다른 값으로 변경할 수 없게 됩니다. 만약 여러분이 TEN 변수를 일반 변수의 값을 변경하듯이 TEN = 20으로 변경하게 되면, 컴파일 오류가 발생할 것입니다. 왜냐하면 상수값을 변경하려 했기 때문입니다. 우리가 두 가지 기억할 점이 있는데, 첫째로, const 상수를 사용 시에는 반드시 상수를 선언과 동시에 초기화를 반드시 해야 한다는 점입니다. 필자도 초보 때 초기화를 해주지 않는 실수를 여러 번 했던 기억이 납니다. 다음과 같은 코드는 에러를 발생시킵니다.

```
const int TEN;
TEN = 10;
```

언뜻 보기엔 전혀 에러가 날만한 코드 같지 않아 보입니다. 초보자들이 많이 실수하는 부분입니다. TEN이라는 변수는 const 키워드와 함께 선언함으로써 상수화되었습니다. 그러므로 TEN은 상수입니다. 그런데 그 상수에 10이라는 값을 대입하려 에러가 나는 것입니다. 그러면, TEN에는 현재 어떤 값이 들어가 있을까요? 우리가 앞에서 변수에 관해 설명할 때, 초기화를 하지 않는다면 변수는 선언과 동시에 쓰레기값(garbage)으로 채워진다고 말한 적 있습니다.

두 번째로 기억할 점은, 상수는 일반적으로 대문자로 표기하는 것이 좋다는 것입니다. 그 이유는 이것이 상수라는 것을 바로 알아볼 수 있게 하기 위함입니다. 일반 변수들은 모두 소문자로 표기되어 있기 때문에, 변수와 상수를 바로 쉽게 구분할 수 있게 됩니다.

# Char CHAPTER_4 = {"사용자로부터의 데이터 입력"};

printf가 데이터 출력을 위한 함수였다면, scanf는 데이터 입력을 위한 함수입니다. scanf는 사용자로부터 데이터를 입력받되, 다양한 서식으로 입력받을 수 있습니다. 우리는 printf 함수를 통해 다양한 서식을 출력한 바 있습니다. scanf 또한 다양한 서식을 지원합니다. 다음은 scanf 함수의 정의입니다.

scanf(" 서식 문자열 ", &변수 ….);

scanf가 printf와 다른 점이 있다면, scanf의 서식 문자열에는 오직 %d와 같은 서식만 들어가야 한다는 점입니다. 그리고, 변수명 앞에 반드시 &가 붙어야 하는데, &는 메모리의 주소를 나타내는 기호입니다. 즉 우리가 입력한 서식 문자열을 변수의 메모리 번지를 통해 입력하겠다는 의미입니다. scanf 사용시 이 두 가지는 꼭 기억하도록 합시다.

만약 사용자로부터 정수형 변수를 입력받고 싶다면, 다음과 같이 작성합니다.

scanf(" %d ", &input);

서식만 사용     변수명 앞에 &표기

사용자로부터 실수형 변수를 받고 싶다면, 다음과 같이 작성합니다.

scanf(" %f ", &input);

앞에서 배운 scanf를 이용하여 두 개의 정수를 사용자로부터 입력받아 합을 출력하는 예제를 작성해보겠습니다.

```
1:     #include<stdio.h>
2:
3:     int main(void)
4:     {
5:          int input1, input2;
6:          int total;
7:
8:          printf("첫 번째 정수를 입력하세요 :");
9:          scanf("%d", &input1);
10:         printf("두 번째 정수를 입력하세요 :");
11:         scanf("%d", &input2);
12:         total = input1 + input2;
13:
14:         printf("두 수의 합은 %d 이다.\n", total);
15:         return 0;
16:    }
```

■ 실행결과

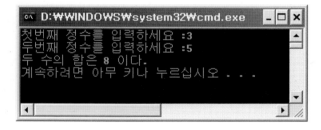

● 5번째 줄에서 두 개의 변수 input1과 input2를 선언하고, 9번째 줄과 11번째 줄에서 scanf 함수를 통해 각각 정수를 입력받고 있습니다.

● 프로그램을 실행하면 "첫 번째 정수를 입력하세요 :"라는 문구가 출력되고 데이터 입력을 위한 프롬프트가 깜박입니다. 우리는 이 때 당황하지 않고, 우리가 원하는 정수값을 입력한 후 엔터(Enter)키를 입력합니다. 예제에서는 3을 입력하였습니다. 다시 "두 번째 정수를 입력하세요 :"라는 문구가 출력되고, 마찬가지로 데이터 입력을 위한 프롬프트가 깜박입니다. 우리는 다시 한 번 당황하지 않고, 우리가 원하는 정수값을 입력한 후 엔터키를 입력합니다. 이번에는 5를 입력하였습니다. 우리가 입력한 두 수의 합 8이 출력되는 것을 확인할 수 있습니다.

printf가 여러 개의 변수를 출력할 수 있었던 것처럼, scanf도 여러 개의 변수를 입력받을 수 있습니다. 서식 문자열에 여러 개의 서식을 작성하고, 서식의 개수만큼 변수를 나열하면 됩니다. 형식은 다음과 같습니다.

scanf("%d%d", &input1, &input2);

이 경우 입력한 변수 한 개에 대한 구분을 해야 하는데, 첫 번째 변수 입력 후, spacebar나 Enter 키를 입력하면 두 번째 변수를 입력하기 위한 프롬프트가 나타납니다. 앞의 예제를 수정하여 scanf 함수 하나로 여러 개의 변수를 입력받는 예제를 작성해보겠습니다.

■ 예제 : 2장\2-10\2-10.c

```
1:     #include<stdio.h>
2:
3:     int main(void)
4:     {
5:          int input1, input2;
6:          int total;
7:
8:          printf("두 개의 정수를 입력하세요 :");
9:          scanf("%d%d", &input1, &input2);
10:         total = input1 + input2;
11:
12:         printf("두 수의 합은 %d 이다.\n", total);
13:         return 0;
14:    }
```

■ 실행결과

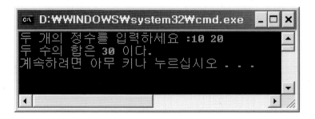

## 과제 2-2

해설 78p

사용자로부터 3개의 정수를 입력받아서, 3개의 수를 곱한 결과를 출력하라.

## 과제 2-3

해설 79p

사용자로부터 알파벳 문자 하나를 입력받는다. 그리고 이에 해당하는 숫자를 출력하라. 예를 들어, 'A'를 입력하면 출력 결과는 65가 되어야 한다.(참고, 문자 입력 서식은 %c를 사용하면 된다.)

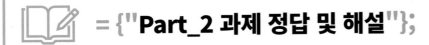 = {"**Part_2 과제 정답 및 해설**"};

■ 과제 2-1

이 문제는 printf 함수를 통해 서식 문자열을 출력하되, 서식 문자 %d 및 %c의 사용법을 확인하기
위한 것입니다.

```
1:     #include<stdio.h>
2:     int main(void)
3:     {
4:          int age = 18;
5:          char grade = 'A';
6:
7:          printf("이름 : 이창현\n");
8:          printf("나이 : %d세\n", age);
9:          printf("성적: %c\n", grade);
10:         return 0;
11:    }
```

■ 과제 2-2

이 문제는 scanf 함수를 통해 사용자로부터 변수를 입력받아, 입력받은 변수를 활용하는 응용력을
확인하기 위한 것입니다.

```
1:     #include<stdio.h>
2:     int main(void)
3:     {
4:          int input1, input2, input3;
5:          int result;
6:
7:          printf("세 개의 정수를 입력하세요 :");
```

```
8:          scanf("%d%d%d", &input1, &input2, &input3);

9:          result = input1 * input2 * input3;

10:

11:         printf("세 수의 곱은 %d 이다.\n", result);

12:         return 0;

13:     }
```

## ■ 과제 2-3

이 문제는 scanf를 통해 사용자로부터 문자를 입력받고, 아스키코드 표에 의해 해당하는 10진수의 값을 출력하는 응용력을 확인하기 위함입니다.

```
1:      #include<stdio.h>

2:      int main(void)

3:      {

4:          char input;

5:          printf("문자를 입력하세요 : ");

6:          scanf("%c", &input);

7:

8:          printf("입력한 문자의 10진수는 %d 이다.\n", input);

9:          return 0;

10:     }
```

● 4번째 줄에 input 변수를 char 형으로 선언하고, 6번째 줄에서 scanf 함수를 통해 사용자로부터 문자형을 입력받을 것이므로 서식을 %c로 하였습니다.

● 8번째 줄에서 입력받은 input 변수를 출력 시 10진수로 출력하기를 원하므로 서식을 %d로 하였습니다.

## //파트 미리보기

```
1:      #include <stdio.h>
2:
3:      int main(void)
4:      {
5:          int a = 5;
6:          int b = 3;
7:
8:          printf("두 수의 합은 %d 입니다.\n", a + b);
9:          printf("두 수의 차는 %d 입니다.\n", a - b);
10:         printf("두 수의 곱은 %d 입니다.\n", a * b);
11:         printf("두 수를 나누기는 %d 입니다.\n", a / b);
12:         printf("두 수의 나머지는 %d 입니다.\n", a % b);
13:         return 0;
14:     }
```

산술 연산자는 더하고, 빼고, 곱하고, 나누는 기본적인 사칙 연산이고,
우리가 일상 생활에서도 보편적으로 사용하는 연산입니다.

| 산술 연산자의 종류 | 산술 연산자의 의미 |
| --- | --- |
| + | 왼쪽과 오른쪽에 있는 값을 더한다. Ex) a = 5 + 3 |
| - | 왼쪽의 값에서 오른쪽의 값을 뺀다. Ex) a = 5 - 3 |
| * | 왼쪽과 오른쪽의 값을 곱한다. Ex) a = 5 * 3 |
| / | 왼쪽의 값을 오른쪽의 값으로 나눈다. Ex) a = 5 / 3 |
| % | 왼쪽에 있는 값을 오른쪽에 있는 값으로 나누어서 나머지를 반환한다. Ex) a = 5 % 3 |

산술연산자 외에 대입연산자, 부호연산자,
증감연산자, 관계연산자, 논리연산자 등에
대해서도 학습힙니다.

# #PART_3. <재료들의 조합, 연산자 사용하기>

int main(void)

우리가 사는 세상의 모든 물질은 원자와 원소 단위의 물질들이 결합해서 하나의 유기적인 새로운 물질을 만들어 냅니다. 그러한 물질들이 다시 모여 결합하면 다시 새로운 유기적인 물질이 생겨납니다. 결국 물질 자체로써만 존재하고 유기적인 결합이 이루어 지지 않으면 그 물질은 존재로써의 가치만 있지 기능적으로는 아무런 역할을 하지 못합니다. 앞 장에서 배운 자료형과 변수가 물질이라면 우리가 이번 시간에 배울 연산자가 바로 유기적인 결합을 시키는 역할을 합니다. 만약 컴퓨터가 연산을 하지 않는다면 그 컴퓨터는 아무런 기능도 할 수 없는 쓸모없는 깡통에 불과하고, 사람으로 말하면 생각할 수 없고, 움직이지 못하는 뇌사 상태에 빠진 식물인간이라고 말할 수 있습니다. 그만큼 컴퓨터에서 연산자는 중요한 의미를 가지고 있습니다. 하지만, 이번 장에서의 학습에 부담을 갖지 말기를 바랍니다. 왜냐하면 우리는 이미 학교에서 수학을 통해 여러 가지 연산자들에 대한 공부를 했으며, 특히나 사칙연산에 대해서는 매우 익숙하기 때문입니다. 다만 C언어에서 다루어지는 특수한 연산자들에 대해서는 유심히 살펴볼 필요가 있습니다.

# Char CHAPTER_1 = {"연산자란"};

우리가 앞서 배운 변수의 자료형들이 어떤 하나의 가치를 가진 정적인 요소물 이었다면, 지금 배울 연산자는 이러한 정적인 요소들을 유기적으로 행동하게 하여 새로운 가치를 창출해 내는 역동적인 요소라고 할 수 있습니다. 연산자는 프로그래밍에 있어서 손과 발의 역할을 하는 행동대장과 같습니다.

예를 들어 학생들의 각 과목의 성적은 각각의 데이터 자체로써는 그 의미가 없습니다. 그러나 각 과목을 합한 총점이나 평균을 내어 학점을 내면 그것은 유용한 데이터가 될 수 있습니다. 즉, 연산을 통해 의미 있는 데이터로 만드는 것입니다. 사실, 우리는 이미 앞에서부터 연산자라는 단어를 언급만 안했을 뿐 계속 사용하고 있었습니다. 두 변수의 합과 같은 아무리 간단한 프로그램이더라도 연산자를 사용하지 않으면 프로그래밍이 이루어질 수 없습니다.

우리가 수학시간에 배웠던 사칙연산(더하기, 빼기, 곱하기, 나누기)은 매우 익숙합니다. 왜냐하면 일상생활에서 없어서는 안 될 기본 연산들이기 때문입니다. 하지만, C언어에서는 이 사칙 연산 외에도 다양한 연산자들과 연산 규칙들이 있습니다. 우리가 이번 시간에 연구해 보아야 할 주제입니다.

# Char CHAPTER_2 = {"다양한 연산자들의 종류"};

C언어에서는 다양한 연산자들을 제공합니다. 연산자들을 잘 활용할 수 있으면 복잡한 연산을 간단하게 처리할 수 있습니다. 다음은 연산자를 기능별로 분류한 표입니다.

| 기능별 분류 | 연산자 종류 |
|---|---|
| 산술 연산자 | + - * / % |
| 대입 연산자 | = += -= *= /= %= |
| 부호 연산자 | + - |
| 증감 연산자 | ++ -- |
| 관계 연산자 | == != < > <= >= |
| 논리 연산자 | \|\| && ! |
| 비트 연산자 | ! & >> << ~ |

우리는 단순히 산술연산 정도만 알고 있었습니다. 그런데 C언어에서 제공하는 연산을 보면 생각보다 다양한 연산자가 존재하는 것을 볼 수 있습니다. 그러나 이를 복잡하게 생각할 필요는 없습니다. 오히려 연산자라는 것은 연산 과정을 쉽게 하기 위해 존재하는 것이기 때문에, 이 연산자들의 의미를 잘 파악하고 익혀놓으면 효율적인 프로그램을 작성할 수 있습니다. 각각의 연산자들의 의미와 사용법에 대해 차근차근 살펴보도록 하겠습니다.

# Char CHAPTER_3 = {"연산자들의 사용"};

## Unit_1 = ("산술 연산자");

산술 연산자는 더하고, 빼고, 곱하고, 나누는 기본적인 사칙 연산이고, 우리가 일상생활에서도 보편적으로 사용하는 연산입니다. 이 연산의 개념에 대해서는 굳이 따로 설명할 필요는 없을 것 같습니다. 다만, 더하기(+), 빼기(−) 연산의 기호는 수학에서 사용하는 기호와 동일하므로 우리에게 익숙합니다. 하지만, 곱하기의 경우와 나누기의 경우는 조금 다릅니다. 수학에서 곱하기를 x라고 사용하는데, 이는 알파벳 x와 혼동될 우려가 있으므로, C언어에서는 * 기호를 사용하도록 되어 있고, 나누기의 경우는 수학에서 ÷ 기호를 사용하고 있지만, 키보드에는 없기 때문에 / 기호를 나누기 기호로 사용하고 있습니다. 다음은 산술 연산자의 종류와 그 의미에 대한 표입니다.

| 산술 연산자의 종류 | 산술 연산자의 의미 |
|---|---|
| + | 왼쪽과 오른쪽에 있는 값을 더한다. Ex) a = 5 + 3 |
| − | 왼쪽의 값에서 오른쪽의 값을 뺀다. Ex) a = 5 - 3 |
| * | 왼쪽과 오른쪽의 값을 곱한다. Ex) a = 5 * 3 |
| / | 왼쪽의 값을 오른쪽의 값으로 나눈다. Ex) a = 5 / 3 |
| % | 왼쪽에 있는 값을 오른쪽에 있는 값으로 나누어서 나머지를 반환한다. Ex) a = 5 % 3 |

산술 연산자의 사용 예를 보여주는 예제를 작성해보겠습니다.

■ 예제 : 3장/3-1/3-1.c

```c
1:     #include <stdio.h>
2:
3:     int main(void)
4:     {
5:         int a = 5;
6:         int b = 3;
7:
8:         printf("두 수의 합은 %d 입니다.\n", a + b);
9:         printf("두 수의 차는 %d 입니다.\n", a - b);
10:        printf("두 수의 곱은 %d 입니다.\n", a * b);
11:        printf("두 수를 나누기는 %d 입니다.\n", a / b);
12:        printf("두 수의 나머지는 %d 입니다.\n", a % b);
13:        return 0;
14:    }
```

■ 실행결과

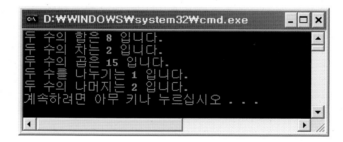

● 5, 6번째 줄에서 두 개의 변수 a, b를 선언하고, 각각 5와 3의 값을 대입하였다.

● 8번째 줄에서 12번째 줄까지 두 수의 더하기, 빼기, 곱하기, 나누기, 나머지의 연산 결과를 printf 함수를 통해 출력하고 있습니다.


## Unit_2 = ("대입 연산자");

대입 연산자의 기본 연산은 =로써 연산자의 오른쪽에 있는 값을 왼쪽으로 대입하는 역할을 합니다. 그리고, 이 대입 연산자와 앞서 살펴본 산술 연산자와 혼용한 형태로 다양한 형태의 대입 연산자를 정의하고 있습니다. 다음은 대입 연산자들의 종류와 그 의미에 대한 표입니다.

| 대입 연산자의 종류 | 대입 연산자의 의미 |
|---|---|
| = | 연산자를 기준으로 오른쪽에 있는 값을 왼쪽으로 대입한다.<br>Ex) a = b |
| += | 연산자를 기준으로 왼쪽의 값을 오른쪽 값과 더해서 다시 왼쪽의 값에 대입한다.<br>Ex) a += b<br>→ a = a + b와 같은 의미이다. |
| -= | 연산자를 기준으로 왼쪽의 값에서 오른쪽의 값을 빼고 다시 왼쪽의 값에 대입한다.<br>Ex) a -= b<br>→ a = a - b와 같은 의미이다. |
| *= | 연산자를 기준으로 왼쪽의 값을 오른쪽 값과 곱해서 다시 왼쪽의 값에 대입한다.<br>Ex) a *= b<br>→ a = a * b와 같은 의미이다. |
| /= | 연산자를 기준으로 왼쪽의 값을 오른쪽 값으로 나누어서 다시 왼쪽의 값에 대입한다.<br>Ex) a /= b<br>→ a = a / b와 같은 의미이다. |
| %= | 연산자를 기준으로 왼쪽의 값을 오른쪽 값으로 나누어서 남은 나머지를 다시 왼쪽의 값에 대입한다.<br>Ex) a %= b<br>→ a = a % b와 같은 의미이다. |

대입 연산자를 혼용한 형태는 연산식을 조금이나마 간편하게 하기 위함입니다. a += b는 a = a + b와 같은 의미의 연산식입니다. a에 b를 더해서 다시 a에 대입하는 형태입니다. 나머지 빼기, 곱하기, 나누기 또한 같은 형태의 맥락에서 이해하면 됩니다.

### ■ 예제 : 3장/3-2/3-2.c

```
1:     #include <stdio.h>
2:
3:     int main(void)
4:     {
5:         int a = 5;
6:         int b = 3;
7:
8:         a += b;
9:         printf("a += b의 결과는 %d 입니다.\n", a);
10:        a -= b;
11:        printf("a -= b의 결과는 %d 입니다.\n", a);
12:        a *= b;
13:        printf("a *= b의 결과는 %d 입니다.\n", a);
14:        a /= b;
```

```
15:        printf("a /= b의 결과는 %d 입니다.\n", a);
16:        a %= b;
17:        printf("a %= b의 결과는 %d 입니다.\n", a);
18:        return 0;
19:    }
```

■ **실행결과**

● 8번째 줄의 a+=b 연산은 변수 a와 b를 더한 후 다시 a에 대입하라는 의미의 연산이므로 연산 결과는 변수 a를 출력하면 됩니다.

● 10번째 줄의 a-=b 연산은 앞에서 a+=b 연산의 결과인 변수 a 값을 받아서 연산합니다. 마찬가지로 a에서 b를 뺀 후 그 결과를 변수 a에 대입합니다.

● 12번째 줄 a*=b, 14번째 줄 a/=b, 16번째 줄 a%=b 모두 같은 형식으로 각각 앞의 연산 결과로 도출된 변수 a와 b로 연산한 후 그 결과 값을 변수 a에 대입하는 형태입니다. 실행 결과를 참고하여 결과가 제대로 출력되었는지 확인해 보기 바랍니다.

## Unit_3 = ("증감 연산자");

증감 연산자는 증가 연산자와 감소 연산자의 줄임말입니다. 증감 연산자는 이항 연산자들의 연산을 단항 연산자로 줄여서 표기합니다. 실무에서 정말 많이 쓰이는 연산자 중 하나입니다.

| 증감 연산자의 종류 | 증감 연산자의 의미 |
|---|---|
| ++a | a의 값을 1 증가시킨 후 연산을 진행한다. |
| a++ | 연산을 진행한 후 a의 값을 1 증가시킨다. |
| --a | A의 값을 1 감소시킨 후 연산을 진행한다. |
| a-- | 연산을 진행한 후 a의 값을 1 감소시킨다. |

변수에 ++ 이나 -- 가 붙으면 각각 해당 변수에 1을 증가시키거나 1을 감소시키라는 의미입니다.

표기와 의미는 직관적이어서 이해하는데 큰 문제는 없습니다. 다만, 헷갈리는 것은 증감 연산자가 피연산자의 앞에 붙느냐 뒤에 붙느냐에 따라 의미가 달라지고, 결과 또한 다르게 나타난다는 것입니다.

표에서 그 의미를 설명 했지만, ++a 와 --a처럼 피연산자의 앞에 증감 연산자가 붙으면 먼저 1을 증가 혹은 감소시키고 그 다음 연산을 진행하라는 의미입니다.

즉, 증감 연산자가 앞에 붙어 있으므로 처리하는데 우선순위가 높다고 생각하면 쉽게 이해할 수 있습니다. 반대로 a++와 a—처럼 피연산자의 뒤에 증감 연산자가 붙으면 먼저 연산을 하고, 증가 혹은 감소의 처리는 연산이 끝나면 진행하라는 의미입니다. 이 또한 증감 연산자가 뒤에 붙어 있으므로 처리의 우선순위를 뒤로 미루었다고 생각하면 이해하기 편합니다. 간단한 예제를 통해서 이해를 확실히 하도록 하겠습니다.

■ 예제 : 3장/3-3/3-3.c

```
1:    #include <stdio.h>
2:
3:    int main(void)
4:    {
5:        int a;
6:        int b;
7:
8:        a = 5;
9:        printf("++a 의 처리 결과 : %d\n", ++a);
10:
11:        a = 5;
12:        printf("a++ 의 처리 결과 : %d\n", a++);
13:        printf("a를 다시 출력 : %d\n\n", a);
14:
15:        b = 10;
16:        printf("--b 의 처리 결과 : %d\n", --b);
17:
18:        b = 10;
19:        printf("b-- 의 처리 결과 : %d\n", b--);
20:        printf("b를 다시 출력 : %d\n", b);
21:
22:        return 0;
23:    }
```

```
D:\WINDOWS\system32\cmd.exe

++a 의 처리 결과 : 6
a++ 의 처리 결과 : 5
a를 다시 출력 : 6

--b 의 처리 결과 : 9
b-- 의 처리 결과 : 10
b를 다시 출력 : 9
계속하려면 아무 키나 누르십시오 . . .
```

● 각각 정수형 변수 a와 b를 선언하고, a는 5로 초기화를 하고, b는 10으로 초기화 하였습니다.

● 9번째 줄에 ++a를 보면 설명했듯이 피연산자 앞에 증가 연산자가 붙어 있으므로, a에 1을 증가하는 것이 우선입니다. 그리고, 그 이후의 작업을 처리를 하면 됩니다. 그래서 출력 결과를 보면 a에 1을 증가한 값인 6이 출력되는 것을 볼 수 있습니다.

● 12번째 줄에 a++ 의 경우는 피연산자의 뒤에 증가 연산자가 붙어 있으므로 1 증가 시키는 연산은 우선순위에서 밀립니다. 그래서 출력 결과를 보면 a의 증가 전의 값인 5가 출력 되고, 출력 후에 a의 1증가가 이루어집니다. a의 출력 후 증가를 확인해보기 위해 13번째 줄에서 다시 한 번 a를 출력해보면 a의 1증가가 나중에 이루어진 6이 출력 되는 것을 확인할 수 있습니다.

● 16번째 줄에 --b 의 경우도 마찬가지로 피연산자 앞에 감소 연산자가 붙어 있으므로, b에 1을 감소하는 것이 우선입니다. 그리고, 그 이후 작업을 처리 하면 됩니다. 그래서 출력 결과를 보면 b에 1을 감소한 값인 9가 출력되는 것을 볼 수 있습니다.

● 19번째 줄은 b-- 의 경우로써 피연산자 뒤에 감소 연산자가 붙어 있는 형태입니다. 이는 증가 연산자에서 설명했던 원리와 동일하게 감소 연산자가 뒤에 붙어 있으므로 우선순위에서 밀립니다. 그래서 b의 감소 전의 값인 10이 그대로 출력되고, 출력 후에 b의 1감소 연산이 이루어집니다. 확인을 위해서 20번째 줄에서 b를 다시 한 번 출력해 보면 1감소한 9가 출력되는 것을 확인할 수 있습니다.

# Unit_4 = ("관계 연산자");

관계 연산자는 두 개의 피연산자로 관계를 따지는 연산자로 서로 같은지, 다른지, 어느 쪽이 큰지 등을 비교하는 연산자입니다. 다음은 관계 연산자들의 종류와 그 의미에 대한 표입니다.

| 관계 연산자의 종류 | 관계 연산자의 의미 |
|---|---|
| == | 두 값의 값이 같다.<br>Ex) a == b |
| != | 두 값의 값이 다르다.<br>Ex) a != b |
| > | 연산자를 기준으로 왼쪽의 값이 오른쪽의 값보다 크다.<br>Ex) a > b |
| < | 연산자를 기준으로 오른쪽의 값이 왼쪽의 값보다 크다.<br>Ex) a < b |
| >= | 연산자를 기준으로 왼쪽의 값이 오른쪽의 값보다 크거나 같다.<br>Ex) a >= b |
| <= | 연산자를 기준으로 오른쪽의 값이 왼쪽의 값보다 크거나 같다.<br>Ex) a <= b |

관계 연산자는 주로 조건의 비교 시 조건문(if문) 안에서 주로 사용됩니다. 조건문에 대해서는 '장. 조건문'에서 자세히 설명할 것입니다. 관계 연산자는 두 값의 조건이 맞는지 틀린지를 구분할 수 있어야 합니다. 그래서 관계 연산자의 조건에 맞으면 true를 리턴하고, 조건에 맞지 않으면 false를 리턴합니다. 내부적으로 true일 때는 1, false 일 때는 0의 값을 갖습니다. 아무래도 1, 0 으로 표현하는 것보다는 true, false 로 표현하는 것이 더 직관적입니다. 실제로 관계 연산자의 결과가 조건에 맞게 나오는지 예제를 통해 확인해 보도록 하겠습니다.

■ 예제 : 3장/3-4/3-4.c

```
1:    #include <stdio.h>
2:
3:    int main(void)
4:    {
5:        int a = 10;
6:        int b = 11;
7:        int c = 12;
8:        int d = 10;
9:
10:       printf("a == b 의 결과는 : %d\n", a == b);
```

```
11:        printf("a < b 의 결과는 : %d\n", a < b);

12:        printf("a >= c 의 결과는 : %d\n", a >= c);

13:        printf("a == d 의 결과는 : %d\n", a == d);

14:

15:        return 0;

16:    }
```

■ 실행결과

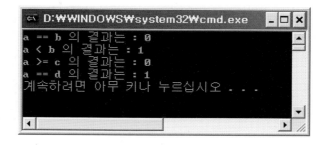

● 5번째 줄에서 8번째 줄까지 4개의 정수형 변수 선언을 하고, 초기값을 대입하였습니다.

● 10번째 줄 a == b는 변수 a와 b의 값이 같은지를 물어보고 있습니다. 같으면 true, 다르면 false을 리턴합니다. 우리가 대입한 값은 서로 다르므로 false를 리턴합니다.

● 11번째 줄 a <b는 변수 b가 a보다 큰지를 물어보고 있습니다. b가 크면 true를 리턴하고, 작거나 같으면 false를 리턴합니다. 우리가 대입한 값은 b가 a보다 크므로 true를 리턴하고 있습니다.

● 12번째 줄 a >= c는 변수 a가 c보다 크거나 같은지를 물어보고 있습니다. a가 크거나 같으면 true를 리턴하고, 작으면 false를 리턴합니다. 우리가 대입한 값은 a가 c보다 작으므로 false를 리턴합니다.

● 13번째 줄 a == d는 변수 a와 d의 값이 같은지를 물어보고 있습니다. 같으면 true, 다르면 false를 리턴합니다. 우리가 대입한 값은 서로 같으므로 true를 리턴합니다.

## Unit_5 = ("논리 연산자");

논리 연산자는 주로 관계 연산자와 함께 많이 사용됩니다. 두 개의 조건식 등을 결합하여 하나의 결과값을 만들어 냅니다. 다음은 논리 연산자들의 종류와 그 의미에 대한 내용입니다.

| 논리 연산자의 종류 | 논리 연산자의 의미 |
|---|---|
| ! | 피연산자의 결과를 모두 반대로 만든다. 피연산자가 true이면 false를 리턴하고, 피연산자가 false이면 true를 리턴한다.<br>Ex) !a |
| && | 피연산자가 모두 참이어야만 true를 리턴한다.<br>Ex) a && b |
| \|\| | 피연산자가 모두 참이여야만 true를 리턴한다. |

! 연산자는 모든 결과를 반대로 리턴하는 청개구리 같은 속성을 가지고 있습니다. !a 의 표현의 의미는 a가 참이 아닌 경우를 말합니다. 다른 예로 앞에서 배운 관계 연산자를 보면 a == b 의 경우 a와 b가 같은 경우 true를 리턴한다고 하였습니다. 이 문장 앞에 다음과 같이 !를 붙여 !(a == b)라고 표현하면 a와 b가 같은 경우 false를 리턴하도록 바뀝니다.

&& 연산자는 and 의 의미를 가지고 있습니다. 수학에서 and의 의미는 두 조건이 모두 만족해야 모두 참입니다. 마찬가지로 && 연산자 또한 피연산자 모두 참이어야만 true를 리턴합니다. a && b의 경우 a가 참이고, b가 참이면 true를 리턴합니다. 그러나, a가 참이고, b가 거짓이거나, a가 거짓이고, b가 참인 경우, 또는 a, b 모두 거짓인 경우 모두 false를 리턴합니다.

|| 연산자는 or의 의미를 가지고 있습니다. 수학에서 or의 의미와 동일합니다. 이 연산자는 피연산자중 하나만 참이면 true를 리턴합니다. a || b의 경우 a와 b 중에서 하나만 참이면 무조건 true를 리턴하고, a 와 b 모두 거짓일 경우만 false를 리턴합니다.

## ■ 예제 : 3장/3-5/3-5.c

```
1:     #include <stdio.h>
2:
3:     int main(void)
4:     {
5:         int a = 10;
6:         int b = 11;
7:         int c = 12;
8:         int d = 10;
9:
10:        printf("!(a == 10) 의 결과는 : %d\n", !(a == 10));
11:        printf("(a < b) && (a < c) 의 결과는 : %d\n", (a < b) && (a < c));
12:        printf("(a >= c) || (a == d) 의 결과는 : %d\n", (a >= c) || (a == d));
13:
14:        return 0;
15:     }
```

- 5번째 줄에서 8번째 줄까지 4개의 정수형 변수 선언을 하고, 초기값을 대입하였습니다.

- 10번째 줄 !(a == 10)는 변수 a와 10이 같은지를 물어보되, 앞에 ! 연산자가 붙어 있으므로 같으면 false, 다르면 true를 리턴합니다. 우리가 대입한 값은 서로 같으므로 false를 리턴하고 있습니다.

- 11번째 줄 (a < b) && (a < c)는 변수 b가 a보다 크고, c가 a보다 크면 true를 리턴하게합니다. 만약 둘 중에 하나라도 참이 아니거나, 둘 다 참이 아니면 false를 리턴합니다. 우리가 대입한 값은 둘 다 참이므로, true를 리턴하고 있습니다.

- 12번째 줄 (a >= c) || (a == d)는 변수 a가 c보다 크거나 같거나 a가 d와 같으면 true를 리턴하고, 두 조건 모두 거짓일 경우에만 false를 리턴합니다. 우리가 대입한 값은 a가 c보다 작지만, a와 d가 같으므로 true을 리턴하고 있습니다.


## Unit_6 = ("비트 연산자");

비트 연산자는 이름 그대로 비트(bit)를 연산 대상으로 합니다. 비트라는 것은 컴퓨터 메모리 단위의 최소 단위로써 하나의 비트는 1 또는 0을 기억하며, 8비트가 모이면 1바이트가 됩니다. 보통 우리가 사용하는 컴퓨터는 32비트 혹은 64비트 컴퓨터인데, 이는 메모리의 기본 단위를 32비트 혹은 64비트로 사용하겠다는 의미입니다.

비트 단위까지의 연산은 과거 메모리가 부족했던 시절에는 매우 중요했었습니다. 특히 그래픽 메모리를 사용할 때 비트 단위의 조작을 많이 했었는데, 이미지의 반전, 투명처리 및 스크롤 등의 연산들을 빠른 속도로 처리할 수 있었습니다. 근래에는 메모리양도 많이 늘어났고, 윈도우 환경에서는 그래픽 메모리 엑세스를 금지하였기 때문에, 비트 연산을 할 일이 많이 없어졌습니다. 그나마 비트 연산을 하는 경우는 임베디드 기반의 플랫폼이나 미들웨어서 종종 사용되는데, 주로 통신 프로토콜을 주고받을 때 패킷의 헤더 정보를 비트 단위로 읽고 쓰고하는 정도입니다. 다음은 비트 연산자들의 종류와 그 의미에 대한 표입니다.

| 비트 연산자의 종류 | 비트 연산자의 의미 |
| --- | --- |
| ~ | 비트를 반전 시킨다.(NOT)<br>Ex) ~a |
| ^ | 두 개의 비트가 달라야 1이다.(XOR)<br>Ex) a ^ b |
| & | 대응되는 비트가 모두 1일 때 1이다.(AND)<br>Ex) a & b |
| ¦ | 대응되는 비트가 모두 0일 때 0이다.(OR)<br>Ex) a ¦ b |
| << | 지정한 수만큼 왼쪽으로 비트를 이동 시킨다.<br>Ex) a << 2 |
| >> | 지정한 수만큼 오른쪽으로 비트를 이동 시킨다.<br>Ex) a >> 2 |

비트 단위의 연산자의 대상은 반드시 정수여야 하고, 실수에 대해서는 비트 연산이 불가능합니다. 비트 연산자는 다른 연산자들과는 조금 다르게 설명해야 할 것들이 많으므로 각각의 비트 연산자 별로 알아보도록 하겠습니다.

### ■ ~ 연산자

~ 연산자만 비트 연산자 중 유일하게 단항연산자입니다. 비트 연산자 중에 가장 이해하기 쉬운 연산자로 단순히 각 비트를 반전시킵니다. 만약 임의의 비트에 0이 대입되어 있으면 1로 바꾸고, 1이 대입되어 있으면 0으로 바꿉니다. 이를 보수 연산이라고 합니다. 다음은 ~ 비트 단위 연산을 보여줍니다.

| a | 0 | 1 | 0 | 0 | 1 | 0 | 1 | 0 | 0x4a |
| --- | --- | --- | --- | --- | --- | --- | --- | --- | --- |
| ~a | 1 | 0 | 1 | 1 | 0 | 1 | 0 | 1 | 0xb5 |

정수형 변수 a의 비트 단위형태입니다. 엄밀하게 따지면 32비트의 메모리 형태를 그려야 하지만, 지면 편의상 8비트만을 표현하였습니다. 변수 a의 16진수 값은 0x4a의 값을 갖습니다. ~연산을 하여 ~a의 메모리 형태를 보면 변수 a의 비트값 0은 1로 1은 0으로 반전 시켰음을 확인할 수 있습니다. ~a의 16진수 값은 0xb5입니다. 이 두 수는 1의 보수 관계에 있으므로 16진수끼리 더하면

0xff(이진수로 11111111)가 됩니다. ~연산자에 관한 간단한 예제를 보도록 하겠습니다.

## ■ 예제 : 3장/3-6/3-6.c

```
1:      #include <stdio.h>
2:
3:      int main(void)
4:      {
5:          int a = 74;
6:          printf("a의 값 : %x\n", a);
7:          printf("~a의 값 : %x\n", ~a);
8:          printf("a + ~a 의 연산 결과는 : %x\n", a + ~a);
9:
10:         return 0;
11:     }
```

### ■ 실행결과

● 5번째 줄은 정수 a를 선언하고 초기값 74를 대입하였습니다. 6번째 줄에서 a값을 16진수 형태로 출력하였습니다.

● 7번째 줄에서는 ~a의 값을 16진수 형태로 출력하였습니다. ~a는 a의 비트를 반전시킨 값입니다.

● 8번째 줄에서는 a와 ~a의 값을 더하는데, 두 수는 서로 1의 보수 관계에 있으므로 16진수끼리 더하면 0xff (ffffffff)값이 출력됩니다.

### ■ ^ 연산자

이 연산자는 이항 연산자로 두 개의 비트가 달라야만 1을 반환하는 연산입니다. 다음 그림을 보고 어떠한 연산인지 더 정확하게 이해해 봅시다.

| a | 0 | 1 | 0 | 0 | 1 | 0 | 1 | 0 | 0x4a |
|---|---|---|---|---|---|---|---|---|------|
| ^ |   |   |   |   |   |   |   |   |      |
| b | 0 | 0 | 0 | 1 | 0 | 0 | 1 | 1 | 0x13 |
| = | 0 | 0 | 0 | 1 | 0 | 0 | 1 | 1 | 0x59 |

위 그림은 변수 a와 b를 ^ 연산한 것으로 연산식으로 표현하면 a^b로 표기할 수 있습니다. 두 변수의 각 비트 연산 결과를 보면 서로 같은 비트끼리의 연산 결과는 0이고, 서로 다른 비트끼리의 연산 결과는 1을 리턴한 것을 볼 수 있습니다. 그래서 최종 결과를 16진수로 표기하면 0x59 값이 됩니다. 이 연산식의 간단한 예제를 작성해보겠습니다.

## ■ 예제 : 3장/3-7/3-7.c

```
1:      #include <stdio.h>
2:
3:      int main(void)
4:      {
5:          int a = 74;
6:          int b = 19;
7:
8:          printf("a^b의 연산 결과는 : %x\n", a^b);
9:
10:         return 0;
11:     }
```

## ■ 실행결과

● 5,6번째 줄은 ^ 연산자가 이항 연산자이므로 두 개의 변수를 선언하여 각각 74, 19로 초기화 하였습니다.

● 8번째 줄에서는 이 두 변수의 ^ 연산을 하여 출력하고 있습니다. 16진수의 결과는 우리가 앞에서 그림으로 보았던 결과와 동일하게 0x59가 출력되는 것을 확인할 수 있습니다.

### ■ & 연산자

& 연산자는 이항 연산자로써 두 개의 비트가 모두 1일 때 1을 리턴하고, 두 개의 비트가 서로 다르거나, 모두 0일 경우는 0을 리턴합니다. 그림을 보고 연산에 대한 이해를 정확하게 해보겠습니다.

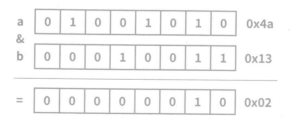

변수 a와 b의 비트별 연산 결과를 보면 두 비트가 모두 1인 경우만 1을 리턴했고, 나머지의 경우는 모두 0을 리턴하였습니다. a&b의 연산 결과는 0x02 입니다. 예제를 통해서 확인해 보도록 하겠습니다.

### ■ 예제 : 3장/3-8/3-8.c

```
1:      #include <stdio.h>
2:
3:      int main(void)
4:      {
5:          int a = 74;
6:          int b = 19;
7:
8:          printf("a&b의 연산 결과는 : %x\n", a&b);
9:
10:         return 0;
11:     }
```

### ■ 실행결과

● 5,6번째 줄은 & 연산자가 이항 연산자이므로 두 개의 변수를 선언하여 각각 74, 19로 초기화 하였습니다.

● 8번째 줄에서는 이 두 변수의 & 연산을 하여 출력하고 있습니다. 16진수의 결과는 우리가 앞에서 그림으로 보았던 결과와 동일하게 0x02가 출력되는 것을 확인할 수 있습니다.

### ■ | 연산자

| 연산자는 이항 연산자로써 두 개의 비트 중 하나라도 1이면 1을 리턴하고, 두 개의 비트가 모두 0일 경우만 0을 리턴합니다. 보통 | 연산자는 Win32 기반 윈도우 프로그래밍 시에 볼 수 있는데, 주로 윈도우 생성 시 스타일과 같은 옵션을 여러 개 설정할 때 사용합니다. 옵션이나 스타일과 같은 경우 한 가지 이상이 될 수 있기 때문에, |(or) 연산을 통해 여러 개의 값을 사용할 수 있습니다.

**style |= WS_CHILD | WS_VISIBLE | BS_PUSHBUTTON**

그림을 보고 연산에 대한 이해를 더 정확하게 하도록 하겠습니다.

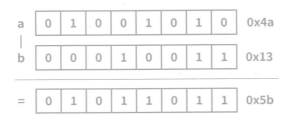

변수 a와 b의 비트별 연산 결과를 보면 두 비트 중 한 개라도 1인 경우는 무조건 1을 리턴하였고, 비트가 모두 0인 경우에만 0을 리턴하였습니다. a|b의 연산 결과는 0x5b입니다. 예제를 통해서 확인해 보도록 하겠습니다.

### ■ 예제 : 3장/3-9/3-9.c

```
1:      #include <stdio.h>
2:
3:      int main(void)
4:      {
5:              int a = 74;
6:              int b = 19;
7:
8:              printf("a|b의 연산 결과는 : %x\n", a|b);
9:
10:             return 0;
```

```
11:    }
```

■ **실행결과**

● 5,6번째 줄은 | 연산자가 이항 연산자이므로 두 개의 변수를 선언하여 각각 74, 19로 초기화 하였습니다.

● 8번째 줄에서는 이 두 변수의 | 연산을 하여 출력하고 있습니다. 16진수의 결과는 우리가 앞에서 그림으로 보았던 결과와 동일하게 0x5b가 출력되는 것을 확인할 수 있습니다.


■ **<<, >> 쉬프트(Shift)연산자**

<<, >>쉬프트(Shift) 연산자는 이항 연산자로써 비트를 이동 시키는 역할을 합니다. << 연산자는 비트를 왼쪽으로 지정한 만큼 이동 시키고, >> 연산자는 비트를 오른쪽으로 지정한 만큼 이동 시킵니다. 그나마 연산자의 모양이 방향과 직관적이어서 화살표 방향과 비트 이동 방향이 일치합니다. <<는 왼쪽 방향, >>는 오른쪽 방향입니다. 그림을 보고 연산에 대한 이해를 정확하게 해보겠습니다.

### a<< 2 → 변수 a를 왼쪽으로 2비트만큼 이동한 값을 리턴 한다.

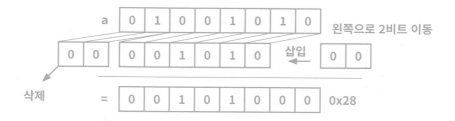

변수 a를 왼쪽으로 2비트 만큼 쉬프트(Shift)하여 이동합니다. 2비트 이동한 만큼 메모리의 가장 왼쪽의 2비트는 버리게 되고, 그만큼 비는 2비트의 공간을 가장 오른쪽에서 채웁니다. 이 때 채워지는 2비트의 각 비트는 0의 값을 가지고 있습니다. 결국 a의 값을 왼쪽으로 2비트 만큼 쉬프트 하였을 때 결과는 0x28이 됩니다.

이번에는 반대로 b의 값을 2비트만큼 오른쪽으로 쉬프트(Shift)하여 이동해보겠습니다. 오른쪽 쉬프트 연산은 왼쪽 쉬프트 연산과 비슷합니다. 다만 비트들을 이동시키는 방향만 다를 뿐입니다. 그림을 보고 오른쪽 방향으로의 쉬프트 연산을 이해해보도록 하겠습니다.

## b>> 2 → 변수 b를 오른쪽으로 2비트만큼 이동한 값을 리턴한다.

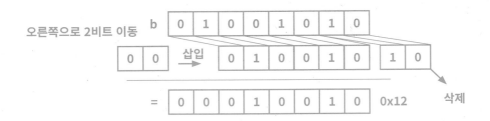

변수 b를 오른쪽으로 2비트만큼 쉬프트(Shift)하여 이동합니다. 2비트 이동한 만큼 메모리의 가장 오른쪽의 2비트는 버리게 되고, 그만큼 비는 2비트의 공간을 가장 왼쪽에서 채웁니다. 이 때 채워지는 2비트의 각 비트는 0의 값을 가지고 있습니다. 결국 b의 값을 오른쪽으로 2비트 만큼 쉬프트 하였을 때 결과는 0x12가 됩니다.

앞의 ⟨⟨, ⟩⟩쉬프트 연산자의 실제 사용 방법을 예제를 통해서 확인해 보도록 하겠습니다.

■ 예제 : 3장/3-10/3-10.c

```
1:    #include <stdio.h>
2:
3:    int main(void)
4:    {
5:         int a = 10;
6:         int b = 74;
7:
8:         printf("a<<2의 연산 결과는 : %x\n", a<<2);
9:         printf("b>>2의 연산 결과는 : %x\n", b>>2);
10:
11:        return 0;
12:   }
```

■ 실행결과

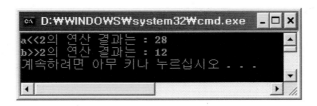

● 5,6번째 줄은〈〈 와 〉〉 연산자가 이항 연산자이므로 두 개의 변수 a, b를 선언하여 각각 10, 74 로 초기화 하였습니다.

● 8번째 줄에서는 a〈〈2 연산을 하여 16진수로 출력하고 있습니다. 결과는 우리가 앞에서 그림으로 보았던 결과와 동일하게 0x28이 출력되는 것을 확인할 수 있습니다.

● 9번째 줄에서는 b〉〉2 연산을 하여 16진수로 출력하고 있습니다. 결과는 우리가 앞에서 그림으로 보았던 결과와 동일하게 0x12가 출력되는 것을 확인할 수 있습니다.

---

// 잠깐 알아두세요

쉬프트 연산자(<<, >>)는 비트 단위로 연산을 하여 정보를 가져오는데, 주로 통신 프로토콜의 헤더 정보를 읽어올 때 많이 사용됩니다. 왜냐하면 헤더 정보 자체의 메모리 용량도 작을 뿐더러 그 안에 들어가는 정보들의 크기도 작으므로, 비트 연산으로 헤더 안의 원하는 정보를 뽑아낼 수 있기 때문입니다. 일반적인 프로토콜의 스펙(Spec)의 형태를 보면 대략 다음과 같습니다.

| bit | 0 1 2 3 4 5 6 7 | 8 9 10 11 12 13 14 | 15 16 17 18 19 | 20 21 22 23 24 25 | |
|---|---|---|---|---|---|
| | IP version | Type of Service | FragmentID | Total Length | ... |

**Header 정보**

---

### 과제 3-1

해설 110p

사용자로부터 두 개의 정수를 입력받아 사칙 연산(더하기, 빼기, 곱하기, 나누기)의 결과를 출력해보자. 사용자 입력을 각각 4와 2를 입력하였을 때, 출력 결과의 형태는 다음과 같다.

```
Ex)
두 수의 합       : 6
두 수의 차       : 2
두 수의 곱       : 8
두 수의 나누기    : 2
```

---

### 과제 3-2

해설 110p

사용자로부터 세 개의 정수를 입력받아서 차례로 곱하기, 더하기 연산을 순서대로 수행하여 그 결과를 출력해보자. 출력 결과의 형태는 다음과 같다.

```
Ex)
2 * 3 + 4 = 10
```

사용자로부터 두 개의 정수를 입력받아 나누었을 때 발생하는 몫과 나머지를 출력하는 프로그램을
작성해보자.(참고. 나머지를 구하는 연산자는 %이다.)

# Char CHAPTER_4 = {"연산 규칙"};

## Unit_1 = ("연산의 우선순위와 결합 순서");

우리가 앞서 여러 가지 연산자들에 대해 배웠습니다. 실무에서는 이러한 연산자들을 개별로 사용하기도 하지만, 결합해서 사용하기도 합니다. 그런데, 아무래도 여러 연산자들이 같이 쓰이게 되면 어떤 연산자를 먼저 수행해야 할지 난감한 경우가 발생합니다. 자, 다음의 식을 보고 한 번 생각해 봅시다.

```
int a = 4;6
a = a * 2 + 6 / 2 - 1
```

정수형 변수 a의 초기값은 4이므로 4를 대입한 상태에서 계산을 해보면 됩니다. 사실, 우리가 초등학교 산수 시간에 배웠던 식이므로 아마 여러분들은 어렵지 않게 이 문제를 풀 수 있을 거라고 생각합니다. 답은 얼마일까요? 10이 나와야 정답이지 않을까요? 혹시 다른 답이 나온 사람이 있다면, 잠시 연산의 우선순위에 대한 착각을 했을 가능성이 높습니다.

우리가 초등학교에서 배웠던 기본 연산의 우선순위는 아마 상식의 선에서는 알고 있을 것입니다. 더하기, 빼기 보다는 곱하기, 나누기의 우선순위가 높습니다. 그리고, 우선순위가 같은 것끼리 있을 경우에는 왼쪽에 먼저 나온 연산이 우선순위가 높습니다. 이것을 우리는 결합 순서라고 합니다. 이 정도의 상식선에서 앞의 식의 연산 순서를 살펴보도록 하겠습니다. 가장 먼저 곱하기와 나누기가 수행되어야 하는데 결합 순서에 의해 곱하기 연산이 맨 왼쪽에 나왔으므로 a * 2 가 수행되고, 그 다음 6 / 2가 수행됩니다. 그 다음 더하기와 빼기 연산이 수행될 것인데, 결합 순서에 의해 더하기가 먼저 나왔으므로, (a*2) + (6/2) 가 수행되고, 마지막에 −1 연산이 수행됩니다.

다음은 C언어에서 사용하는 연산자들을 우선순위대로 나타내어 보았습니다. 이 표를 외울 필요는 없습니다. 다만, 지금 한번 훑어보고 대략 우선순위의 순서만 익혀놓으면 됩니다. 나중에 실전에서 연산의 우선순위가 헷갈릴 때 다시 이 표를 참고하면 됩니다.

| 우선순위 | 연산자 | 결합 순서 |
|---|---|---|
| 1 | (), [], ->, . | 왼쪽이 우선 |
| 2 | ~, !, &, ++, ==, sizeof, *(포인터), + (부호), - (부호) | 오른쪽이 우선 |
| 3 | *(곱셈), /, % | 왼쪽이 우선 |
| 4 | + (덧셈), - (뺄셈) | 왼쪽이 우선 |
| 5 | <<, >> | 왼쪽이 우선 |
| 6 | <, >, <=, => | 왼쪽이 우선 |
| 7 | ==, != | 왼쪽이 우선 |
| 8 | & | 왼쪽이 우선 |
| 9 | ^ | 왼쪽이 우선 |
| 10 | ¦ | 왼쪽이 우선 |
| 11 | && | 왼쪽이 우선 |
| 12 | ¦¦ | 왼쪽이 우선 |
| 13 | ?: (삼항 연산자) | 오른쪽이 우선 |
| 14 | =, +=, *=, /=, %=, &=, ^=, ¦=, <<=, >>= | 오른쪽이 우선 |
| 15 | , (콤마 연산자) | 왼쪽이 우선 |

연산자의 우선순위도 살펴보았으니 앞의 연산식 문장을 변형하여 다시 한 번 알아보도록 하겠습니다. 앞에서 우리는 다양한 대입 연산자에 대해 살펴 본적이 있습니다. 이를 활용해서 다음과 같이 문장을 변경할 수 있습니다.

$$int\ a = 4;$$
$$a\ *=\ 2 + 6\ /\ 2 - 1$$

대입 연산자 *= 를 사용하여 기존의 a = a * 2 의 문장을 a *= 2 로 변경하였습니다. 이 상태에서 문장을 계산해보겠습니다.

대입 연산자의 형태를 바꾸어도 결과는 이전과 똑같을까요? 변경된 문장만 놓고 보았을 때는 문제 없어 보입니다. 하지만, 뒤에 나오는 연산자들과 유기적으로 같이 연산을 하게 되면 우선순위에 의해서 이전과 다른 결과를 초래하게 됩니다. 왜냐하면 *= 대입 연산자의 우선순위는 표의 14번째에 있습니다. 즉, 높은 우선순위로 수행되어야 할 곱하기 연산이 대입 연산자의 형태로 바뀌면서 낮은 우선순위로 변경된 것입니다. 이 연산의 결과는 아마 10 이 아닌 16 이 나올 것입니다. 즉, 연산에 있어서 이러한 부작용이 발생할 수 있으므로, 복잡한 연산식에서는 이렇게 연산식이 혼용된 대입 연산자를 사용하는 것은 피하는 것이 좋습니다.

연산의 우선순위는 보기보다 까다로워서 항상 주의해야 합니다. 필자는 조금이나마 이러한 부작용을 최소화하기 위해 조심해야 할 부분이나 의심 가는 부분의 연산식을 괄호로 싸두는 습관을 가지고 있습니다. 괄호를 많이 쓰게 되면 코드가 조금 길어지는 면은 있지만, 부작용과 코드의 가독성을 높인다는 차원에서 보면 득이 더 많다고 생각합니다. 이를 테면 다음과 같은 형태입니다.

$$a = (a * 2) + (6 / 2) - 1$$

앞에서 살펴보았던 연산식을 예제로 작성해 보도록 하자.

■ 예제 : 3장/3-11/3-11.c

```
1:     #include <stdio.h>
2:
3:     int main(void)
4:     {
5:         int a = 4;
6:         a = a * 2 + 6 / 2 - 1;
7:         printf("첫 번째 연산 결과는 : %d\n", a);
8:
9:         a = 4;
10:        a *= 2 + 6 / 2 - 1;
11:        printf("두 번째 연산 결과는 : %d\n", a);
12:
13:        return 0;
14:    }
```

■ 실행결과

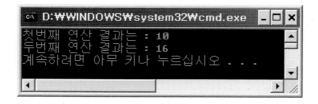

● 앞에서 설명했던 연산자의 우선순위에 맞게 연산이 제대로 수행되는지 확인하고, 다양한 대입 연산자의 형태로 변경 시 연산의 우선순위가 어떻게 변경되어 결과가 출력되는지 알 수 있습니다.

사용자로부터 세 개의 정수 a, b, c를 입력받고, 이 변수들을 다음과 같은 연산식에 의거하여 연산 결과를 출력하는 프로그램을 작성하라.

(a * b) + (b / c) * (a % c)

## Unit_2 = ("자료형 변환");

C언어는 자료형이 다른 변수끼리도 연산이 가능한 경우가 있습니다. 이러한 경우는 자료형의 형 변환이 발생했을 경우 가능합니다. 예를 들면, int형의 데이터가 float형으로 변환되거나, float형의 데이터가 int형으로 변환되는 등의 일들을 말하는 것입니다. 자료형 변환을 하는 방법에는 크게 두 종류로 나눌 수 있는데, 하나는 자동 형 변환이고, 또 하나는 명시적 형 변환입니다.

### ■ 자동 형 변환

자동 형 변환은 서로 다른 두 자료형에 대해 연산을 했을 때 자동으로 형 변환이 발생하는 것을 말합니다. 다음의 자동 형 변환 예제를 보겠습니다.

### ■ 예제 : 3장/3-12/3-12.c

```
1:    #include <stdio.h>
2:
3:    int main(void)
4:    {
5:        int a = 10;
6:        int b;
7:        double d = 3.14;
8:
9:        b = a + d;
10:
11:        printf("연산 결과는 : %d 입니다.\n", b);
12:
13:        return 0;
14:    }
```

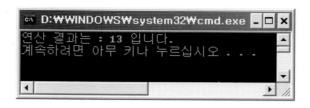

● 5 ~ 7번째 줄까지 정수형 변수와 실수형 변수를 각각 선언과 동시에 초기화 하였습니다.

● 9번째 줄에서 정수형 변수 a와 실수형 변수 d를 더하여 정수형 변수 b에 대입하고 있습니다. 즉, 10 + 3.14를 수행하여 정수형 변수 b에 대입한 것입니다. 이 한 줄의 연산 안에는 두 번의 형 변환이 발생하였습니다. 이에 대한 설명은 바로 뒤에서 하겠습니다.

● 실행 결과를 보면 13 이 출력된 것을 확인할 수 있습니다.

컴파일 과정에서 에러도 나지 않고, 실행도 잘 되는 것을 확인하였습니다. 그러나 정수형과 실수형은 메모리의 크기도 다르고, 메모리 내에 기억하는 방식도 다릅니다. 그래서 엄격한 문법을 적용한다면 이 연산은 허용되지 않는 것이 정상입니다. C언어에서는 서로 다른 자료형 간의 연산도 가능한 융통성을 보여주고 있지만, 이것이 나중에 잠재적인 에러로 나타날 수 있습니다.

어찌되었든 서로 다른 자료형의 연산이 이루어지기 위해서는 두 자료형 중에 하나는 형 변환이 이루어져야 합니다. 10 + 3.14 의 연산은 서로 다른 자료형 간의 연산입니다. 이러한 경우는 메모리가 큰 쪽인 double형 데이터를 기준으로 변환이 되어야 데이터 손실을 최소화 할 수 있기 때문에, 정수형 변수 a가 실수형 변수로 자동 형 변환 됩니다. 그래서 결과는 13.14가 됩니다. 이렇듯 산술 연산 과정에서 형 변환이 발생하는 경우 컴파일러는 데이터의 손실을 최소화하기 위해 메모리가 큰 쪽의 자료형을 기준으로 형 변환합니다.

그 다음 연산은 b = a + d, 즉, b = 13.14 대입 연산이 이루어집니다. 변수 b는 정수형이고, 실수형 데이터를 받아야 하는 상황입니다. 상식적으로 가능한가요? 실수형인 double형은 8바이트의 메모리를 할당 받고 있고, 정수형인 int형은 4바이트의 메모리를 할당 받고 있습니다. 8바이트의 메모리를 4바이트에 넣겠다는 것입니다.

비약을 조금 하자면 코끼리를 냉장고에 넣어야 하는 상황인 것입니다. 글쎄요. 방법이 있다면 코끼리를 다이어트 시켜서 살을 빼게 하든지, 아니면 요가를 배우게 해서 몸을 접을 수 있게 만들던지, 여러 가지 방법을 생각해 볼 수 있습니다.

결국, 실수형 13.14는 정수형 데이터로 변환 되어야 합니다. 이 때 이 과정에서의 형 변환은 소수부의 손실이 발생합니다. 쉽게 말하면 13.14의 소수 부분이 잘려 나가서 13이 된다는 것입니다.

C언어는 이런 식으로 서로 다른 자료형끼리 적절한 형변환을 통해서 연산이 가능하게 합니다.

## ■ 명시적 형 변환

명시적 형 변환은 자동적으로 발생하는 형 변환이 아니라, 사용자가 자료형에 대해 명시를 하여 형 변환 하는 것을 의미합니다. 그리 어려운 내용은 아니므로 바로 예제를 통해 살펴보겠습니다.

## ■ 예제 : 3장/3-13/3-13.c

```
1:    #include <stdio.h>
2:
3:    int main(void)
4:    {
5:        int a = 3;
6:        int b = 5;
7:
8:        double f = a/b;
9:
10:        printf("나눗셈의 결과는 : %f 입니다.\n", f);
11:
12:        return 0;
13:    }
```

## ■ 실행결과

● 8번째 줄을 보면 정수형 변수 a를 정수형 변수 b가 나누고 있습니다. 즉, 3/5의 연산인데, 연산 결과를 double형 변수 f에 대입하여 출력하고 있습니다. 산술적인 연산 결과는 0.6이 출력 되어야 정상인데, 실행 결과를 보면 0.0 이 나오는 것을 볼 수 있습니다.

● 생각하기에 나누기 연산의 결과를 받는 변수 f가 실수형인 double 형으로 받기 때문에 실행 결과도 정상적으로 0.6이 출력되기를 기대하고 있었는데, 예상과 다르게 왜 0.0과 같은 결과가 나온 것일까요? 왜냐하면 산술 연산 결과의 자료형은 피연산자의 자료형과 일치하기 때문입니다. 즉, int형끼리 연산(더하기, 빼기, 곱하기, 나누기)의 결과는 항상 int 형이 나오게 되어 있습니다. 따라서 예상 결과 0.6은 피연산자들이 모두 int형이므로 정수형으로 형 변환이 되어, 결국 소수부의 손실에 의해 0.0이 되는 것입니다.

우리가 원하는 결과를 얻기 위해서 8번째 줄의 코드를 다음과 같이 변경해 보도록 하겠습니다.

**double f = (double)a/b;**

a/b의 결과는 피연산자에 의해 정수형의 결과를 출력합니다. 이 때, 이 결과를 실수형으로 출력하기 위해서는 형 변환하기 원하는 자료형을 명시해주면 된다. (double)a/b의 결과는 이제 정수형이 아니라 실수형이 되고, 변수 f 에도 우리가 원하는 결과값을 도출할 수 있습니다. 수정한 코드를 다시 실행해서 결과를 확인해보겠습니다.

■ 실행 결과

= {"**Part_3 과제 정답 및 해설**"};

■ 과제 3-1

이 문제는 연산자의 기본 연산 작성법을 확인하기 위함입니다.

```
1:    #include <stdio.h>
2:
3:    int main(void)
4:    {
5:        int a;
6:        int b;
7:
8:        scanf("%d%d", &a, &b);
9:
10:       printf("두 수의 합 : %d\n", a + b);
11:       printf("두 수의 차 : %d\n", a - b);
12:       printf("두 수의 곱 : %d\n", a * b);
13:       printf("두 수의 나누기 : %d\n", a / b);
14:
15:       return 0;
16:   }
```

■ 과제 3-2

```
1:    #include<stdio.h>
2:    int main(void)
3:    {
4:        int a, b, c;
5:        scanf("%d%d%d", &a, &b, &c);
```

```
6:
7:         printf("%d * %d + %d = %d\n", a, b, c, (a * b + c));
8:
9:         return 0;
10:    }
```

### ■ 과제 3-3

이 문제는 연산자 중 나누기 연산자에 대해 정확하게 이해하고 있는지 확인하기 위함입니다. 나머지를 구하는 연산자는 %입니다.

```
1:     #include<stdio.h>
2:     int main(void)
3:     {
4:         int a;
5:         int b;
6:
7:         scanf("%d%d", &a, &b);
8:
9:         printf("두 수의 몫 : %d\n", a / b);
10:        printf("두 수의 나머지 : %d\n", a % b);
11:
12:        return 0;
13:    }
```

### ■ 과제 3-4

이 문제는 연산식이 우선순위에 의거해서 출력되는 것을 확인하기 위함입니다. 연산의 우선순위를 주의 깊게 보기 바랍니다.

```
1:     #include<stdio.h>
2:     int main(void)
3:     {
4:         int a, b, c;
5:         int result;
6:
7:         scanf("%d%d%d", &a, &b, &c);
8:
```

```
9:          result = (a * b) + (b / c) * (a % c);
10:         printf("연산 결과 : %d\n", result);
11:
12:         return 0;
13:    }
```

## 1. 산술 부호 대입 연산자

산술 연산자는 + -와 같은 기본적인 산수입니다.

$$7 + 3 = 10$$
$$6 - 2 = 4$$

산수는 싫어.

하지만 부호 연산자와 햇갈릴 수 있으니 주의합시다.

산술 연산자는 띄어쓰기가 되어있다.

$$7 + 3 = 10$$

부호 연산자는 숫자와 붙어있다.

$$7 + \hat{3} = 4$$

대입 연산자의 기본은 a = b 입니다.

$$a = b \rightarrow a += b$$
$$\quad\quad\quad a -= b$$
$$a /= b$$

=에 않 저건 조립해보자

모든 대입 연산자는 오른쪽 값을 왼쪽에 더합니다.

$$a += b 는$$
$$\Downarrow$$
$$a = a+b \text{ 라는 뜻.}$$

## 2. 증감 관계 논리 비트연산자.

증감 연산자는 1씩 증가, 감소시킬 때 사용합니다.

$$A++$$ : A를 1씩 증가시킨다.

$$A--$$ : A를 1씩 감소시킨다.

관계 연산자는 주로 조건문에서 사용되며 조건이 맞는지 틀린지를 구분합니다.

나는 C 언어를 잘 한다.

TRUE / FALSE

1을 출력 / 0을 출력

그리고 비트와 대입연산자는......

⋯⋯

칸이 부족하니 82p~ 100p를 참고하세요!

## //파트 미리보기

```
1:      #include <stdio.h>

2:

3:      int main(void)

4:      {

5:          int a;

6:

7:          printf("정수를 입력하세요 : ");

8:          scanf("%d", &a);

9:

10:         if(a > 5) ————— 만약 a가 5보다 크다면

11:             printf("입력 값은 5보다 큽니다.\n");

12:                         '입력 값은 5보다 큽니다'를 출력

13:         return 0;

14:     }
```

---

```
if(수행 조건) ——      수행 조건에 만족이 되면 { } 내부로 진입하여
{                     '수행하고 싶은 일'을 수행한다.
        수행하고 싶은 일

}
```

괄호 안에 '수행 조건'을 쓰고 이 조건이 만족을 할 때, '수행하고 싶은 일'을 수행하게 됩니다.

if ~ else문, if ~ else if ~ else,
switch ~ case문 등에 대해서도 학습힙니다.

# #PART_4. <논리적 사고의 기초, 조건문>

## int main(void)

우리의 삶은 늘 선택의 연속입니다. 물론 우리가 이 세상에 태어나서 숨쉬고 있는 것은 나의 선택은 아니지만, 그 이외에 살면서 선택해야 하는 것들이 많이 있습니다. 무엇을 먹을지, 어디를 갈지, 무슨 일을 해야 할지 등등 일상들이 모두 선택해야 하는 것들입니다. 이러한 선택은 나의 상황이 어느 특정 조건에 부합하기 때문에 가능한 것입니다. 프로그래밍에서도 마찬가지로 어느 특정 상황에서 선택을 해야 하는 상황이 종종 발생합니다. 이러한 경우 우리는 조건에 따라 분기를 해주어야 하는데, 이 때 프로그래밍에서는 조건문이라는 것을 사용하여 처리합니다. 동작의 분기를 한다고 해서 우리는 다른 말로 분기문이라고도 합니다. 이번 장에서는 C언어의 조건문에 대해서 알아보도록 하겠습니다.

# Char CHAPTER_1 = {"조건문이란"};

우리는 살면서 조건이라는 단어를 참 많이 사용합니다. 개인간의 관계, 개인과 사회와의 관계, 국가와 국가간의 관계 속에서 우리는 조건에 따라 이해관계가 달라지는 것들을 흔히 볼 수 있습니다.

'조건'이란 사전적 의미를 보면, '어떤 의미를 이루게 하거나 이루지 못하게 하기 위하여 갖추어야 할 상태나 요소'라고 말합니다. 즉, 다시 말하면, 어떤 목표를 이루기 위해서 갖추어야 할 요소들을 말하는 것입니다.

가장 쉬운 예로 시험을 들 수 있습니다. 예를 들어 '정보처리기사 시험의 합격 기준은 70점 이상입니다.'라고 했을 때, 합격이란 목표를 이루기 위해 70점 이상의 점수를 획득하는 것이 갖추어야 할 요소가 되는 것입니다. 또한 우리는 주변에서 사람을 만날 때, '조건을 보고 사람을 만납니다.'라는 말을 종종 듣곤 하는데, 여자가 남자를 바라보는 기준은 예를 들면 '학식 있고, 능력 있고, 매너 있고, 경제력도 어느 정도 있으면 좋겠고…' 등등의 조건이 따라올 것입니다. 반면 남자가 여자를 바로 보는 기준은 예를 들면 '예쁘고, 예쁘고, 예쁘고….' 등등의 조건이 따라올 것입니다. 즉, 우리는 누군가에게 이성을 소개받을 때, 이러한 식의 조건들에 대해 저울질 하면서 사람들을 만나본 적도 있을 것입니다.

앞에서 말했듯이, 시험, 인간관계 등의 이러한 조건들은 결국 자신의 삶에 필터링이 되어서 영향을 끼치게 됩니다. 물론 그것이 좋을 수도 있고, 나쁠 수도 있겠지만 말입니다. 그리고 조건이라는 성질이 종류가 다양합니다. 말하자면, 이분법적으로 이것 아니면 저것을 선택해야 하는 분기가 될 수도 있고, 단순하게 어떤 특정 조건에 부합하여 수행될 수도 있으며, 혹은 여러 개중에 하나가 선택될 수도 있는 것입니다. 물론 이러한 것들에 대해서는 뒤에서 배우게 될 것입니다.

쉬운 예로 여러 개중에 하나만 선택하게 하는 조건의 경우를 들자면 네트워크 장비인 라우터를 보면 알 수 있습니다. 우리는 하나의 PC에서 여러 프로토콜 및 포트를 통해 네트워킹을 하고 있고, 그에 따라 들어오는 패킷들이 있습니다. 각각 다른 경로에서 들어오는 패킷들을 필터링 해주는 역할을 하는 것이 라우터인데, 결국 이 라우터가 패킷의 정보를 읽어서 그 조건에 맞는 프로토콜과 포트로 패킷을 전송해 주는 것입니다.

# Char CHAPTER_2 = {"if문"};

## Unit_1 = ("만약에");

어떤 언어를 막론하고 조건문의 가장 기본이 되는 문장이 바로 if문입니다. if라는 것은 사전적 의미로 '만약에…'라는 뜻입니다. 우리는 일상에서 이러한 if문을 많이 사용하고 있는 나 자신을 발견할 수 있습니다.

> '만약에 내가 20년전으로 돌아갈 수 있는 시간 여행을 할 수 있다면…',
>
> '만약 내가 그 때 영숙이 안 만나고, 미숙이를 만났더라면…',
>
> '만약 내가 로또 1등에 당첨된다면…'

이러한 가정법을 사용하여 상상의 나래를 펴곤 합니다. 생각해보면, 우리가 가정하는 만약이라는 것들을 생각해보면 현실 불가능한 허무맹랑한 것들에 지나지 않습니다. 그런데, 프로그래밍에서 이러한 비현실적인 가정은 의미가 없습니다. 조건 자체가 꼭 그렇게 만족되지 않더라도, 1%의 이루어질 가능성이 있는 조건을 내걸어야 합니다. 그래야만 프로그래밍에서 조건의 의미가 있는 것입니다. 자, 그럼 C언어에서 if문을 어떻게 사용하는지 살펴보도록 하겠습니다.

## Unit_2 = ("**if문의 기본 원리**");

### ■ if문의 사용 정의

다음은 if문의 사용 정의를 나타낸 것입니다.

```
if(수행 조건) ──── 수행 조건에 만족이 되면 { } 내부로 진입하여
                        '수행하고 싶은 일'을 수행한다.
{

        수행하고 싶은 일

}
```

괄호 안에 '수행 조건'을 쓰고 이 조건이 만족을 할 때, '수행하고 싶은 일'을 수행하게 됩니다. 이 때 중괄호({ })는 사용할 수도 있고, 안할 수도 있는데, '수행하고 싶은 일'이 한 문장이면 중괄호를 생략할 수 있고, 두 문장 이상이면 중괄호를 반드시 사용해야 합니다.

```
수행하고 싶은 일이 한 문장일 경우
        if(수행 조건)
                수행하고 싶은 일


수행하고 싶은 일이 두 문장 이상일 경우
        if(수행 조건)
        {
                수행하고 싶은 일 1
                수행하고 싶은 일 2
                ……………………….
        }
```

수행 조건은 주로 변수의 값을 비교하는 연산식인데, 우리가 앞 장의 연산자에서 배웠던 관계 연산자가 사용됩니다.

| 관계 연산자의 종류 | 관계 연산자의 의미 |
|---|---|
| == | 두 값의 값이 같다.<br>ex) a == b |
| != | 두 값의 값이 다르다.<br>ex) a != b |
| > | 연산자를 기준으로 왼쪽의 값이 오른쪽의 값보다 크다.<br>ex) a > b |
| < | 연산자를 기준으로 오른쪽의 값이 왼쪽의 값보다 크다.<br>ex) a < b |
| >= | 연산자를 기준으로 왼쪽의 값이 오른쪽의 값보다 크거나 같다.<br>ex) a >= b |
| <= | 연산자를 기준으로 오른쪽의 값이 왼쪽의 값보다 크거나 같다.<br>ex) a <= b |

먼저, 우리는 if문에서 관계 연산자를 이용하여 어떻게 수행 조건을 만들어 내는지 살펴보도록 하겠습니다. '만약 임의의 변수 a가 5보다 크다면…'이라는 한국어 문장을 C언어로 표시한다면 이렇게 표현할 수 있습니다.

### if(a > 5)

변수 a가 5보다 클 수도 있고, 작을 수도 있고, 같을 수도 있습니다. 앞서 말했듯이 충분히 이루어질 수도, 이루어지지 않을 수도 있는 조건입니다. 어찌되었든, 여러분은 if문을 통해서 관계 연산자를 위와 같이 사용한다는 것만 알면 될 것 같습니다. 간단한 if문 예제를 하나 작성해 보면서 if문 사용하는 방법을 살펴보겠습니다. 이 예제는 사용자로부터 정수 하나를 입력받아 이 수가 5보다 큰 수인지의 여부를 판단하여 조건에 만족하면 수행 조건에 해당하는 출력문을 수행하고, 조건에 만족하지 않으면 조건문을 빠져나갑니다.

■ 예제 : 4장\4-1\4-1.c

```
1:    #include <stdio.h>
2:
3:    int main(void)
4:    {
5:        int a;
6:
7:        printf("정수를 입력하세요 : ");
8:        scanf("%d", &a);
```

```
9:
10:          if(a > 5)
11:                 printf("입력 값은 5보다 큽니다.\n");
12:
13:          return 0;
14:    }
```

■ 실행결과

● 10번째 줄에서 조건문 if(a > 5)는 '변수 a가 5보다 크냐?'라고 물어보고 있습니다. 예를 들어 a 의 입력 값이 5보다 큰 값인 7이라면 조건문을 만족하는 11번째 줄의 출력문이 수행됩니다. 만약 a 의 입력 값이 5보다 작은 3이라면 조건문을 만족하지 않으므로, 11번째 줄의 수행은 건너뛰고, 12 번째 줄부터 수행하게 됩니다.

____ // 잠깐 알아두세요 _____

if조건문은 수행 조건에 만족하여 수행되는 수행문까지도 하나의 문장으로 취급합니다. 그래서 if조건문의 끝에는 세 미콜론(;)이 붙지 않습니다. 즉, if(a > 5); 이런 식으로 사용하지 않는다는 것입니다. 왜냐하면, 조건을 만족 시 수행되 는 printf("입력 값은 5보다 큽니다.\n");와 한 문장이기 때문입니다. 그렇다고 if(a > 5); 문장이 문법적으로 오류가 있 는 것은 아닙니다. 문장 끝에 세미콜론(;)이 찍혀 있으므로 조건을 만족하던 안하던 간에 조건에 상관없이 이 문장은 수 행 후 그냥 종료할 뿐입니다. 결국, 이 문장은 의미 없는 문장이 되겠지요.

■ 순서도

작성했던 예제의 순서도를 그려서 조건문의 수행 흐름을 한 눈에 파악해보도록 하겠습니다.
우리가 작성한 프로그램을 말로 설명하는 것보다 한 눈에 효과적으로 의미를 전달할 수 있는 것이
바로 이 순서도입니다.

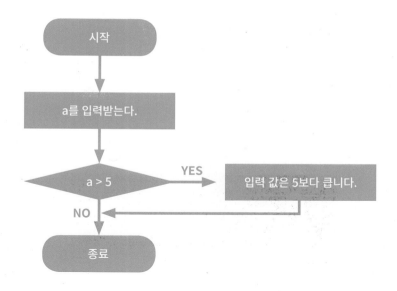

사용자가 입력한 변수 a의 값이 5보다 큰지 작은지의 조건에 따라 yes로 갈지 no로 갈지 결정이 됩니다. yes로 가는 경우는 printf 함수를 수행하여 "입력 값은 5보다 큽니다."라는 문장을 출력하고, no로 가는 경우는 아무것도 수행하지 않고, 프로그램을 종료합니다.

if문을 사용한 예제를 하나 더 보도록 하겠습니다. 앞서 작성한 예제를 기반으로 추가 코드를 작성해보겠습니다.

■ 예제 : 4장\4-2\4-2.c

```
1:     #include <stdio.h>
2:
3:     int main(void)
4:     {
5:         int a;
6:
7:         printf("정수를 입력하세요 : ");
8:         scanf("%d", &a);
9:
10:        if(a > 5)
11:            printf("입력 값은 5보다 큽니다.\n");
12:        if(a < 5)
13:            printf("입력 값은 5보다 작습니다.\n");
14:        if(a == 5)
15:            printf("입력 값은 5와 같습니다.\n");
```

```
16:
17:        return 0;
18:    }
```

■ **실행결과**

7을 입력한 경우

3을 입력한 경우

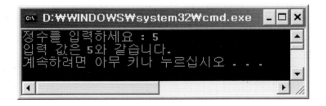

5를 입력한 경우

● 10번째 줄에 조건문 if(a 〉 5)는 '변수 a가 5보다 크냐?'라고 물어보고 있습니다. a의 입력 값이 5보다 큰 값이면 조건문을 만족하는 11번째 줄의 출력문이 수행됩니다. 만약 a의 입력 값이 5보다 작거나 같은 값이면 조건문을 만족하지 않으므로, 11번째 줄의 수행은 건너뛰고, 12번째 줄부터 수행하게 됩니다.

● 12번째 줄에 조건문 if(a 〈 5)는 '변수 a가 5보다 작으냐?'라고 물어보고 있습니다. a의 입력 값이 5보다 작은 값이면 조건문을 만족하는 13번째 줄의 출력문이 수행됩니다. 만약 a의 입력 값이 5와 같은 값이면 조건문을 만족하지 않으므로, 13번째 줄의 수행은 건너뛰고, 14번째 줄부터 수행하게 됩니다.

● 14번째 줄에 조건문 if(a == 5)는 '변수 a가 5와 같으냐?'라고 물어보고 있습니다. a의 입력 값

이 5와 같은 값이면 조건문을 만족하는 15번째 줄의 출력문이 수행됩니다. 만약 조건문을 만족하지 않는다면, 15번째 줄의 수행은 건너뛰고, 16번째 줄부터 수행하고, 프로그램을 종료합니다.

● 실행 결과는 사용자 입력 값에 따라 3가지 조건에 따른 출력 결과를 얻을 수 있습니다.

소스코드만 보더라도 이 코드를 이해하는 데 큰 어려움은 없을 것이라 생각합니다. 첫 번째 예제와의 차이점이라면, 조건문이 두 개 더 추가되었다는 점입니다. 그래서 입력한 a값에 대해 세 번의 조건문을 거치게 됩니다. 순서도를 살펴보도록 하겠습니다.

■ 순서도

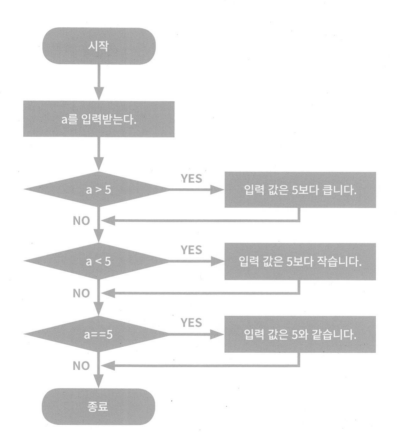

조건문의 분기 흐름 자체는 우리가 배웠던 문법대로 흘러가는 것을 확인할 수 있습니다. 먼저 a 〉 5의 조건의 만족 여부를 확인하고, 조건 결과의 yes / no에 상관없이 다음 조건문 a 〈 5는 무조건 수행하게 되어 있습니다. 이 조건문 또한 만족 여부를 확인하지만 조건 결과의 yes /no에 상관없이 다음 조건문 a == 5는 무조건 수행하고 있습니다.

필자의 이 설명에 혹시 여러분들이 보기에 조금 이상하거나 합리적이지 않다는 생각이 들지 않습니까? 그런 생각이 들었다면 이런 사람들은 분석력이 뛰어난 천재 축에 속할 것이고, 그런 생각이 안들었다면 이런 사람들은 필자와 같은 지극히 정상적인 사람일 것입니다.

무슨 얘기냐면, 만약 여러분이 입력한 a값이 7이라고 가정해봅시다. 그렇다면 첫 번째 조건문 a 〉 5에 의해 조건문을 만족하고, 그에 따른 결과도 출력할 것입니다. 그런데, 문제는 그 다음입니다. 필자가 앞서 언급한 문장을 보면 'yes / no에 상관없이'라는 말을 한 적이 있습니다. 즉, 조건을 만족하던지 안하던지 그 다음 조건문인 a 〈 5를 수행하고 있습니다. 사실, 이미 a는 조건을 만족했기 때문에, 이후의 조건문들은 비교 자체의 의미가 전혀 없습니다. 오히려 프로그램을 비효율적으로 만들 뿐입니다. 또한, 불필요한 비교 연산을 수행함으로써 프로그램의 성능 또한 떨어뜨리고 있습니다.

그렇다면 프로그램 수행이 a 〉 5 조건을 만족했을 때 (하나의 조건을 만족 했을 때), a 〈 5와 a == 5의 조건(나머지의 조건들)을 건너 뛸 수 있으면 이 비효율성을 해결할 수 있지 않을까요? 네, 바로 if문과 함께 쓰이는 else라는 구문을 사용하면 이 문제를 해결할 수 있습니다.

# Char CHAPTER_3 = {"if ~ else문"};

## Unit_1 = ("이것 아니면 저것");

else라는 구문은 사전적 의미로 '그 밖의'라는 의미를 가지고 있습니다. 앞서 if문을 통해 수행 조건을 만족하면 그에 해당하는 수행을 하였고, 만족하지 않으면 아무런 일도 하지 않고 그냥 넘어 갔습니다. 아무런 일도 하지 않았다는 것은 조건 만족 이외에는 다 무시하겠다는 의미입니다.

하지만, 우리가 살면서 선택의 경우가 한 가지의 것만 고집하는 경우는 마니아 층 말고는 찾아보기 힘듭니다. 우리에게는 상황에 따라 여러 가지 선택을 할 수 있고, 그나마 가장 간단한 선택이 양자택일입니다. '이것' 아니면 '저것' 중에 하나를 택하는 경우입니다.

if문으로는 '이것'만 선택할 수 있었다면, else문이 추가되면서 '저것'도 선택할 수 있는 구조가 됩니다. 자, 그럼 C언어에서 if ~ else문을 어떻게 사용하는지 살펴보도록 하겠습니다.

## Unit_2 = ("if ~ else의 기본 원리");

■ if ~ else문의 사용 정의

다음은 if ~ else문의 사용 정의를 나타낸 것입니다.

if문에서 수행 조건에 만족하면 중괄호({ })로 진입하여 수행을 합니다. 그리고, if문 아래에 else라는 구문이 있는데, 이는 if문의 수행 조건에 불만족하면 수행하는 루틴입니다. if와 else는 한 세트이며, else문만 따로 분리하여 사용할 수 없습니다.

앞서 살펴본 수행 조건을 기반으로 else문을 추가해보도록 하겠습니다. '만약 임의의 변수 a가 5보다 크다면…'이라는 조건을 if문의 수행 조건으로 하고, 만족하는 경우와 만족하지 않는 경우 두 경우를 모두 처리한다면 다음과 같이 작성할 수 있습니다.

```
if(a > 5)
{
        printf("입력 값은 5보다 큽니다.\n");
}
else
{
        printf("입력 값은 5보다 크지 않습니다.\n");
}
```

if ~ else문은 '이것' 아니면 '저것'인 양자택일이라고 하였습니다. 그래서 조건문의 의미는 'a가 5보다 크냐'라고 물어보고 있고, else문의 경우는 'a가 5보다 크지 않을 경우'를 의미하고 있습니다. 즉, a가 5보다 큰 경우와, 크지 않은 경우 두 가지의 경우로 구분한 것을 확인할 수 있습니다. 크지 않다는 것은 작을 수도 있고, 같을 수도 있다는 의미를 모두 포함하고 있습니다.

간단한 if ~ else문 예제를 작성해 보면서 if ~ else문을 사용하는 법을 알아보겠습니다. 사용자로부터 정수 하나를 입력받아 이 수가 5보다 큰 수인지의 여부를 판단하여 조건에 만족하면 그에 해당하는 출력문을 수행하고, 조건에 만족하지 않으면 else문으로 처리하도록 합니다.

■ 예제 : 4장\4-3\4-3.c

```
1:    #include <stdio.h>
2:
3:    int main(void)
4:    {
5:        int a;
6:
```

```
7:        printf("정수를 입력하세요 : ");
8:        scanf("%d", &a);
9:
10:       if(a > 5)
11:            printf("입력 값은 5보다 큽니다.\n");
12:       else
13:            printf("입력 값은 5보다 크지 않습니다.\n");
14:
15:       return 0;
16:   }
```

■ 실행결과

● 12번째 줄 else는 a > 5 조건에 만족하지 않은 경우 수행합니다. 즉, 입력한 a의 값이 5이거나 5보다 작을 때 수행합니다.

■ 순서도

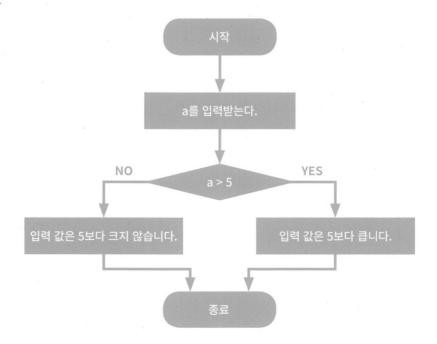

먼저 a 〉 5의 조건의 만족 여부를 확인하고, 조건 결과의 yes / no에 따라서 출력의 결과가 갈라집니다. 그리고 프로그램을 종료합니다. 이는 else문을 사용하기 때문에 가능합니다. 즉, else문을 사용하기 전에는 yes / no에 상관없이 그 다음 문장을 수행했지만, else문으로 인해서 yes일 때와 no일 때의 출력 결과를 다르게 할 수 있게 되었습니다.

### 과제 4-1 해설 143p

사용자로부터 하나의 정수를 입력받는다. 입력한 값이 짝수이면 출력 결과로 " 입력한 수는 짝수입니다. "라는 문자열을 출력하고, 입력한 값이 홀수이면 출력 결과로 " 입력한 수는 홀수입니다. "라는 문자열을 출력하라.

### 과제 4-2 해설 143p

사용자로부터 세 개의 정수를 입력받는다. 입력받은 세 개의 정수를 비교하여 그 중 가장 작은 최소값을 출력하는 프로그램을 작성하라.

__// 번외_ 잠시 쉬어가기__

숫자 1-9를 이용해서 빈 칸을 채워보세요.(한번 사용한 숫자는 다시 사용할 수 없습니다.)

☐ - ☐ = ☐
                =
☐ ÷ ☐ = ☐
                =
☐ + ☐ = ☐

## Char CHAPTER_4 = {"if ~ else if ~ else"};

### Unit_1 = ("이것 아니면 저것 아니면 요것 기타 등등");

우리는 선택에 있어서 늘 양자택일만 존재하지는 않습니다. 워낙 선택의 폭이 다양한 세상에 살고 있기 때문에 선택은 다양하게 할 수 있어야 합니다.

프로그래밍에서도 당연히 이러한 다양한 선택이 가능해야 합니다. 그래서 else문을 조금 개조해서 다양한 선택이 가능하게 만든 구문이 바로 else if문입니다. 이것은 '이것 아니면 저것'의 선택의 구문이 아니라 '이것, 저것, 요것, 그것 등등'이 선택될 수 있는 구문입니다. 즉, else if 구문을 통해서 조건 자체가 계속 늘어날 수 있는 구조입니다. 왜냐하면 else if문 자체가 새로운 조건문이 되기 때문입니다. 그리고, 새로운 조건이 생기면 이 구조에 else if문을 추가하여 조건문을 계속 늘려갈 수 있습니다. 자, 그럼 C언어에서 if ~ else if ~ else문을 어떻게 사용하는지 살펴보도록 하겠습니다.

## Unit_2 = ("if ~ else if ~ else문의 기본 원리");

■ if ~ else if ~ else문의 사용 정의

다음은 if ~ else if ~ else문의 사용 정의를 나타낸 것입니다.

```
if(수행 조건1)            수행 조건에 만족이 되면
{                         { } 내부로 진입하여 수행한다.

        수행 조건1 만족 시 수행

}
else if(수행 조건2)        수행 조건에 만족이 되면
{                         { } 내부로 진입하여 수행한다.

        수행 조건2 만족 시 수행

}
else                      수행 조건1, 수행 조건2 모두 불만족시
{                         { } 내부로 진입하여 수행한다.

        수행조건1, 수행조건2 불만족시 수행

}
```

if문에서 수행 조건1에 만족하면 중괄호({ }) 안으로 진입하여 수행을 합니다. 만약에 수행 조건1을 만족하지 않으면 그 다음 조건문인 else if문으로 넘어갑니다. 그리고 수행 조건2를 만족을 하면 그에 해당하는 중괄호({ }) 안으로 진입하여 수행하고, 만족하지 않으면 그 다음 줄인 else문을 수행합니다. else문의 경우는 모든 수행 조건에 부합하지 않을 경우 수행합니다. 이 구문에서 중요한 점은 조건문 수행 중에 하나라도 만족하는 수행 조건이 먼저 나오면 이후에 나오는 수행 조건은 건너뛸 수 있다는 것입니다.

이러한 점을 활용하면 우리가 처음에 여러 개의 if문을 사용하여 비교했던 코드를 조금 더 효율적으로 변경할 수 있습니다.

```c
if(a > 5)
        printf("입력 값은 5보다 큽니다.\n");
else if(a < 5)
        printf("입력 값은 5보다 작습니다.\n");
else
```

> ```
> printf("입력 값은 5와 같습니다.\n");
> ```

앞서 if문만 사용하였을 경우는 a값이 5보다 큰 값이 입력되어 조건에 만족을 했을지라도 이후의 조건들을 다 비교하였습니다. 결과야 제대로 나왔을지 몰라도 불필요한 비교 연산을 수행했기 때문에 프로그램의 성능상 비효율적이었습니다.

하지만, else if문을 추가하면서, 만족하는 조건이 나오면 그 이후의 조건문은 모두 건너뛸 수 있게 되었습니다. 예제는 조건의 경우의 수가 세 가지밖에 안되기 때문에 else if문을 한 번만 사용했지만, 조건의 수가 여러 개가 된다면 else if문을 여러 개 사용할 수도 있습니다.

그리고, 마지막에 else문의 경우는 위쪽의 조건문에 모두 만족하지 않을 때 처리하도록 합니다. 그래서 관례상 문법은 if ~ else if ~ else의 형태로 사용합니다.

간단한 if ~ else if ~ else문 예제를 작성해 보면서 if ~ else if ~ else문을 사용하는 방법을 살펴보겠습니다. 사용자로부터 정수 하나를 입력받아 이 수가 5보다 큰 수인지 작은 수인지 같은 수인지의 여부를 판단하여 조건에 만족하면 그에 해당하는 출력문을 수행하도록 합니다.

■ 예제 : 4장\4-4\4-4.c

```
1:    #include <stdio.h>
2:
3:    int main(void)
4:    {
5:        int a;
6:
7:        printf("정수를 입력하세요 : ");
8:        scanf("%d", &a);
9:
10:       if(a > 5)
11:           printf("입력 값은 5보다 큽니다.\n");
12:       else if(a < 5)
13:           printf("입력 값은 5보다 작습니다.\n");
14:       else
15:           printf("입력 값은 5와 같습니다.\n");
16:
17:       return 0;
18:   }
```

7을 입력한 경우

3을 입력한 경우

5를 입력한 경우

● 출력 결과는 앞에서 보았던 예제와 동일합니다. 다만 로직상 else if문이 추가 됨으로써 프로그램이 효율적으로 변경되었다는 것입니다. 10번째 줄은 'a 값이 5보다 크냐'라고 묻고 있고, 이 조건에 만족을 하지 않으면 12번째 줄의 'a 값이 5보다 작으냐'라고 묻고 있습니다. 이 조건 또한 만족하지 않으면 이 수는 100%로 5와 같을 수밖에 없기 때문에 else문으로 처리하도록 하였습니다.

■ 순서도

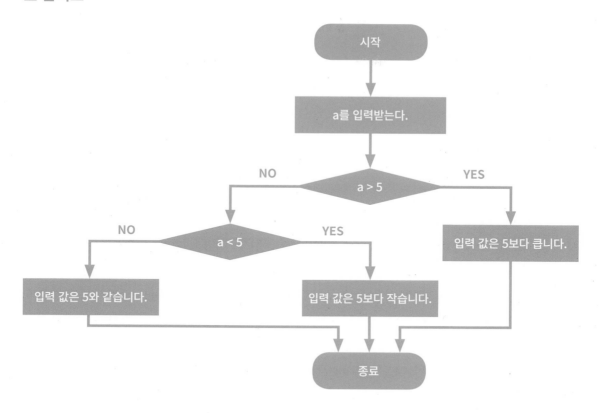

먼저 a 〉 5의 조건의 만족 여부를 확인하여, 조건 결과가 yes이면 이에 따른 결과 '입력 값은 5보다 큽니다.'를 출력하고 프로그램을 종료합니다. 만약 조건 결과가 no이면 다음 조건문인 a 〈 5의 조건의 만족 여부를 확인합니다. 이 때 조건 결과가 yes이면 이에 따른 결과 '입력 값은 5보다 작습니다.'를 출력하고 프로그램을 종료합니다. 조건 결과가 no이면 이도 저도 아니므로, a의 값은 5와 같다는 결론 한 가지 밖에 남지 않습니다. 그러므로 나머지 결과인 '입력 값은 5와 같습니다.'라는 결과를 출력하고, 프로그램을 종료합니다.

 과제 4-3                                                  해설 144p

사용자로부터 성적 점수인 정수 값을 한 개 입력받아 그 값에 대한 학점을 표시하는 프로그램을 작성하라. 예를 들어 100 ~ 91점은 A학점, 90 ~ 81점은 B학점, 80 ~ 71점은 C학점, 70 ~ 61점은 D학점, 60점 이하는 F 학점으로 표시한다. 단, 입력하는 수의 범위는 0부터 100 사이다.(참고, 관계 연산자의 대 소 비교 시 '크거나 같다' 혹은 '작거나 같다'와 같은 연산자는 '<=', '>='로 사용된다. 그리고, 두 조건을 모두 만족해야 하는 AND 연산자는 '&&'이다. )

출력결과 예시
점수를 입력하시오 : 95
학점은 A입니다.

# Char CHAPTER_5 = {"**switch문**"};

## Unit_1 = ("**여러 개중에 선택하라**");

앞서 필자는 if ~ else if ~ else문을 설명할 때 '이것', '저것', '요것', '그것' 등등을 선택할 수 있도록 여러 조건문을 늘려가며 사용할 수 있다고 하였습니다. 그나마 if문을 개선해서 효율적인 구문으로써 if ~ else if ~ else문의 사용 예를 보여주었습니다. 그런데, 이 구문도 생각해보면 썩 그리 효율적이지는 않습니다. 왜냐하면, 우리가 앞서 살펴보았던 예제를 다시 상기해보면 첫 번째 조건문이 a 〉 5였는데 이 조건을 만족하는 경우는 그에 해당하는 처리를 하고 프로그램을 종료합니다. 만약 만족하지 않으면 그 다음 조건문을 비교합니다. 마찬가지로 이 조건문 또한 만족하면 처리한 후 종료하고 만족하지 않으면 그 다음 조건문으로 넘어갑니다.

우리가 앞에서 살펴본 예제는 조건이 2개인 경우였으므로, 비효율적인 면이 크게 와닿지 않았겠지만, 만약 else if로 인한 조건이 10개 이상 넘어간다면, 최악의 상황은 10번 이상의 조건 연산을 거쳐야 합니다.

```
if(조건1)
        수행1;
else if(조건2)
        수행2;
else if(조건3)
        수행3;
else if(조건4)
        수행4;
else if(조건5)
        수행5;
```

```
        .........................
        else
                수행n;
```

운이 좋아서 조건1을 첫 빵에 만족하면 수행1을 수행하고 조건문을 빠져나가겠지만, 운이 나빠서 모든 조건에 다 만족하지 못한다면 모든 조건문을 다 비교했다는 의미가 되므로 프로그램의 성능은 그만큼 떨어집니다. 물론 요즘은 CPU의 연산 속도가 워낙 빨라서 성능적인 측면에서는 우리 육안으로는 잘 못 느끼겠지만, 코드의 가독성 면에서도 바람직하지 못한 코드입니다.

이러한 구조에서 우리의 바람은 조건1 부터 조건2, 조건3 …의 조건들을 거쳐가며 비교하는 것이 아니라, 내가 원하는 수행 정보를 입력하면 내가 원하는 수행 영역으로 바로 가서 수행하였으면 좋겠습니다. 즉, 한마디로 매번 조건 비교는 하지 않고, 간단한 수행 정보만을 비교하여 일치하는 수행 영역으로 이동하고 싶다는 것입니다. 또한, else if문의 사용이 늘어날수록 코드의 가독성은 점점 떨어지고, 복잡도는 증가하게 됩니다. C언어에서는 이러한 else if문의 단점을 조금 더 보완한 분기문을 제공하는데 바로 switch ~ case문입니다.

## Unit_2 = ("**switch ~ case문의 기본 원리** ");

■ **switch ~ case문의 사용 정의**

다음은 switch ~ case문의 사용 정의를 나타낸 것입니다.

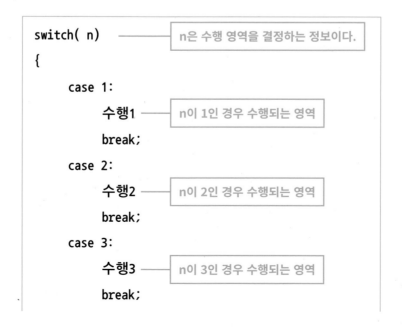

```
        default:
            수행4 ——— 해당 case 없을 시 실행되는 영역
            break;
    }
```

switch문은 수행할 구문을 결정하기 위해 수행 정보 n을 인자로 받습니다. 입력된 수행 정보에 따라서 case문의 정보와 비교하여 일치하는 영역을 수행합니다. 수행 정보 n의 자료형은 정수형이고, case문의 경우도 정수가 와야 합니다. 수행 영역은 case 1, case 2, case 3 … 이런 식으로 구분하고 있고, case문은 필요한 만큼 얼마든지 추가할 수 있습니다.

그리고, 한 가지 주의해야 할 점은 case문 끝에 반드시 콜론(:)을 붙여주어야 한다는 것입니다. 혹여 초보자들은 case문 뒤에 아무것도 안붙이거나, 세미콜론(;)을 붙이는 경우가 있는데, 반드시 콜론(:)을 붙여야 한다는 것을 기억하도록 합니다.

또 한 가지 더 주의 깊게 살펴볼 것은 각 case문의 끝에 break문이 온다는 것입니다.

break라는 것은 사전적 의미로 "깨지다, 부서지다" 등의 의미가 대표적입니다. 그리고 "중단시키다"라는 의미도 포함되어 있는데, switch문에서의 break문은 "중단시키다"의 의미를 가지고 있습니다. 즉, 각 해당 case문을 수행한 후 break문을 만나서 switch문을 중단하라 혹은 빠져 나가라는 뜻입니다.

예를 들어 switch문의 수행 정보 n의 값이 2가 들어왔다면, 수행 루틴은 case2로 바로 진입하여 수행2를 실행한 후 break문을 만나서 switch문을 빠져나갑니다.

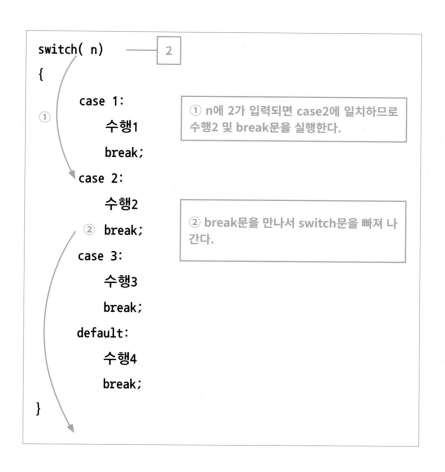

```
switch( n )                    2
{
        case 1:
①          수행1
            break;
        case 2:
            수행2
②          break;
        case 3:
            수행3
            break;
        default:
            수행4
            break;
}
```

① n에 2가 입력되면 case2에 일치하므로 수행2 및 break문을 실행한다.

② break문을 만나서 switch문을 빠져 나간다.

switch문은 수행하고자 하는 정보 값을 입력하면 그 값과 일치하는 case문으로 바로 이동합니다. 그림은 case2와 일치하므로 그림은 case2와 일치하므로 case2의 내부인 수행2를 실행하고, break문을 만나서 switch문 밖으로 빠져 나오게 됩니다.

간단한 switch문 예제를 작성해 보면서 switch문을 사용하는 법을 알아보겠습니다. 스마트폰이 등장하기 전 우리는 피처폰(feature phone)을 주로 사용하였습니다. 피처폰의 기능 중에 '단축키 지정'이라는 기능을 기억하고 있나요? 주로 자주 통화하는 사람을 단축키로 지정해 놓고, 단축키만 길게 누르면 지정된 사람에게 전화 발신이 되는 기능입니다.

보통은 어르신들이 자식들의 전화번호를 단축키로 지정해서 많이 사용하곤 했습니다. 1번은 아들, 2번은 딸, 3번은 동생, 4번은 남편 등등… 미스테리한 것은 어르신들은 남편과 아내 서로가 단축키 번호의 1번은 아니라는 점입니다. 가장 가까운 관계라서 그런 것인지도 모르겠습니다. 아무튼 조금 불편한 진실입니다.

우리는 switch문을 이용하여 방금 소개한 단축키 기능을 구현해 보도록 하겠습니다. 사용자로부터 단축키 값 하나를 입력받습니다. 단축키의 자료형은 정수형 변수입니다. 입력한 값을 case문과 비교하여 해당 영역을 수행하는 예제입니다.

## ■ 예제 : 4장\4-5\4-5.c

```
1:    #include <stdio.h>
2:
3:    int main(void)
4:    {
5:        int shortcut;
6:        printf("단축키를 입력하시오 :");
7:        scanf("%d", &shortcut);
8:
9:        switch(shortcut)
10:       {
11:           case 1:
12:               printf("아들 : 010-4477-XXXX\n");
13:               break;
14:           case 2:
15:               printf("딸 : 010-2389-XXXX\n");
16:               break;
17:           case 3:
18:               printf("동생 : 010-5577-XXXX\n");
19:               break;
20:           case 4:
21:               printf("남편 : 010-4561-XXXX\n");
22:               break;
23:           default:
24:               printf("해당 단축키가 없습니다.\n");
25:               break;
26:       }
27:       return 0;
28:   }
```

■ 실행결과

2을 입력한 경우

● shortcut 변수에 2를 입력한 경우입니다. case2와 일치하므로 내부에 printf를 수행하여 "딸 : 010-2389-XXXX"를 출력 후 break문을 만나 switch문을 빠져나갑니다.

● case2에서 조건을 만족하여 break문을 만나 switch문을 빠져나갔으므로 그 이후의 case3, case4, default는 수행할 필요없이 건너뛰게 됩니다.

만약 각 case문에 break문이 없다면 어떻게 될까요? 이 예제의 경우 case2 수행 후 case3, case4, default를 모두 수행하게 될 것입니다. 한마디로 우리가 원하는 결과대로 나오지 않습니다. 여러분이 예제에서 break만 모두 주석처리 한 후에 빌드 해서 결과를 확인해 보기 바랍니다.

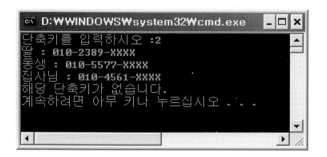

이쯤 되면 break문이 왜 반드시 필요한지에 대해 이해가 갈 것입니다. 즉, case를 통해 내가 원하는 영역만 딱 수행하고, switch문을 벗어날 수 있도록 하기 위함입니다. 다음은 break를 삭제했을 때의 실행 흐름도입니다.

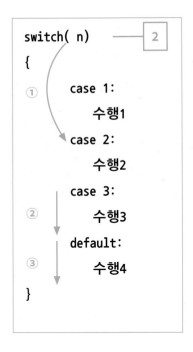

입력 값이 2이므로 case2에 만족하고, 수행2를 실행합니다. break문이 없기 때문에 그 다음 라인인 case3을 만나게 되고 수행3을 실행합니다. 마찬가지로 break문이 없기 때문에 default의 수행4까지 실행하게 됩니다.

이번에는 break문을 생략 시의 특징을 활용하여 우리나라 4계절을 구분하는 예제를 작성해 보도록 하겠습니다. 정수값으로 월을 입력하면 그 월에 해당하는 계절을 출력해 주는 프로그램입니다.

■ 예제 : 4장\4-6\4-6.c

```
1:     #include <stdio.h>
2:
3:     int main(void)
4:     {
5:         int month;
6:         printf("월을 입력하시오 :");
7:         scanf("%d", &month);
8:
9:         switch(month)
10:        {
11:            case 12:
12:            case 1:
```

```
13:            case 2:
14:                printf("겨울이군요.₩n");
15:                break;
16:            case 3:
17:            case 4:
18:            case 5:
19:                printf("봄이군요.₩n");
20:                break;
21:            case 6:
22:            case 7:
23:            case 8:
24:                printf("여름이군요.₩n");
25:                break;
26:            case 9:
27:            case 10:
28:            case 11:
29:                printf("가을이군요.₩n");
30:                break;
31:            default:
32:                printf("월을 잘못 입력하였습니다.₩n");
33:                break;
34:        }
35:        return 0;
36:    }
```

■ 실행결과
5를 입력한 경우

● 앞서 우리가 살펴본 switch문의 특징 중에 해당 case문을 만나면 그 이후로는 break문을 만나기 전까지 무조건 다 실행된다는 것을 확인하였습니다. 이러한 특징을 이용하여 입력한 월이 어느 계절에 속해 있는지를 구분하였습니다.

● 11번째 줄에 case 12가 case문 중에 가장 먼저 나타납니다. case문은 꼭 case 1부터 시작하라는 법은 없습니다. 즉, case문 작성 시 순서는 상관없습니다. 다만, 코드의 가독성을 위해서 1부터 쓰는 것입니다.

● 12월, 1월, 2월이 겨울에 해당하므로 이에 해당하는 case들을 모아서 처리하고, case 2에서 해당 수행 영역을 실행하고, break를 통해 switch문을 빠져 나갑니다. 변수 month에 1이 입력되었다면, 맨 처음 case 12를 거치고, 그 다음 case 1을 거치게 된다. 이 때 만족하므로, 이후의 모든 처리를 하게 되는데, 막바로 case 2가 나오므로, case 2의 수행 루틴 실행 후 break를 만나 switch문을 빠져나가게 됩니다. 만약 12나 2를 입력하였더라도 같은 결과가 나오게 됩니다.

● 같은 원리로 5를 입력한 경우 또한 마찬가지입니다. 5에 해당하는 경우는 18번째 줄의 case 5인데, 해당 수행 루틴을 수행하고, break문을 만나서 switch문을 빠져 나가게 됩니다. 입력 값이 3과 4인 경우도 같은 결과가 나오게 됩니다.

**과제 4-4**                                                                                    해설 145p

과제 4-3의 문제와 출력 결과를 switch ~ case문을 사용하여 변경하라.

= {"**Part_4 과제 정답 및 해설**"};

■ 과제 4-1

이 문제는 입력한 변수 값의 짝수/홀수의 구분을 산술 연산자와 if ~ else문을 통해 구현 가능함을 확인할 수 있습니다.

```
1:    #include <stdio.h>
2:
3:    int main(void)
4:    {
5:        int a;
6:        printf("정수를 입력하세요 :");
7:        scanf("%d", &a);
8:
9:        if(a%2)
10:               printf("이 값은 홀수 입니다.\n");
11:       else
12:               printf("이 값은 짝수 입니다.\n");
13:
14:       return 0;
15:   }
```

■ 과제 4-2

이 문제는 세 개의 수를 비교함으로써 조금 더 업그레이드된 if ~ else문의 응용력을 확인할 수 있습니다.

```
1:    #include <stdio.h>
2:
3:    int main(void)
```

```
4:     {
5:          int a, b, c, min;
6:          printf("세 개의 정수를 입력하세요 : ");
7:          scanf("%d%d%d", &a, &b, &c);
8:
9:          if(a > b)
10:          {
11:               if(b > c)
12:                    min = c;
13:               else
14:                    min = b;
15:          }
16:          else
17:          {
18:               if(a > c)
19:                    min = c;
20:               else
21:                    min = a;
22:          }
23:
24:          printf("최소값은 %d 입니다\n", min);
25:
26:          return 0;
27:     }
```

## ■ 과제 4-3

```
1:     #include <stdio.h>
2:
3:     int main(void)
4:     {
5:          int jumsu;
6:          printf("점수를 입력하시오 :");
7:          scanf("%d", &jumsu);
8:
9:          if(jumsu >= 91 && jumsu <= 100)
10:               printf("학점은 A 입니다.\n");
11:          else if(jumsu >= 81 && jumsu < 91)
```

```
12:            printf("학점은 B 입니다.\n");
13:       else if(jumsu >= 71 && jumsu < 81)
14:            printf("학점은 C 입니다.\n");
15:       else if(jumsu >= 61 && jumsu < 71)
16:            printf("학점은 D 입니다.\n");
17:       else if(jumsu >= 0 && jumsu < 61)
18:            printf("학점은 F 입니다.\n");
19:       else
20:            printf("점수를 잘못 입력하셨습니다.\n");
21:
22:       return 0;
23:   }
```

■ 과제 4-4

switch ~ case문을 활용한 응용력을 확인하기 위한 문제입니다.

```
1:    #include <stdio.h>
2:
3:    int main(void)
4:    {
5:        int jumsu, grade;
6:        printf("점수를 입력하시오 :");
7:        scanf("%d", &jumsu);
8:
9:        grade = jumsu / 10;
10:
11:       switch(grade)
12:       {
13:           case 10:
14:           case 9:
15:               printf("학점은 A 입니다.\n");
16:               break;
17:           case 8:
18:               printf("학점은 B 입니다.\n");
19:               break;
20:           case 7:
21:               printf("학점은 C 입니다.\n");
22:               break;
```

```
23:            case 6:
24:                    printf("학점은 D 입니다.\n");
25:                    break;
26:            case 5:
27:            case 4:
28:            case 3:
29:            case 2:
30:            case 1:
31:            case 0:
32:                    printf("학점은 F 입니다.\n");
33:                    break;
34:            default:
35:                    printf("점수를 잘못 입력하셨습니다.\n");
36:                    break;
37:        }
38:
39:        return 0;
40:    }
```

● 입력 점수가 10단위의 입력이고, 범위에 따라 출력하는 값들을 구분하므로 switch문으로의 처리에 대해 고민하지 않을 수 없습니다. 범위에 대한 비교는 if문으로 가능하지만, switch문으로는 불가능합니다. 이러한 경우 하나의 트릭(?)을 사용한 것이, 9번째 줄의 입력한 값을 10으로 나눈 것입니다. 이렇게 되면 10단위의 정수 값이 1단위로 되면서 해당 범위의 값을 알아낼 수 있습니다. 예를 들어 입력 점수에 95점을 입력하였다면, 10으로 나눈 값은 9가 됩니다. 말하자면, 입력 값이 90부터 99까지의 10으로 나눈 값은 무조건 9라는 것입니다.

마찬가지로 입력 값이 80부터 89까지의 10으로 나눈 값은 무조건 8입니다. 그래서 해당 입력 값 중 하나가 들어오면 17번째 줄에 만족하는 경우이므로, 해당 루틴을 처리하고 빠져나갑니다.

# 1. 조건문 해설

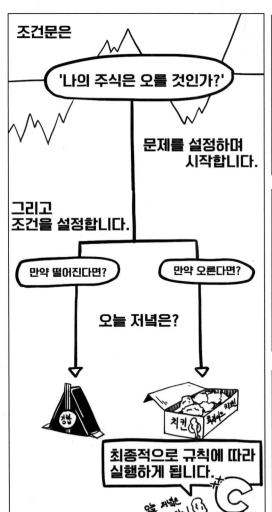

# 2. 조건문의 종류

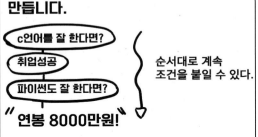

```
1:      #include <stdio.h>
2:
3:      int main()
4:      {
5:          int i;
6:          for(i = 0; i<10; i++)
7:          {
8:              printf("Hello World\n");
9:          }
10:         return 0;
11:     }
```

① i가 10보다 작다면
② Hello World\n을 출력하고
③ i에 1을 증가시킨다.
④ ①부터 다시 시작.

```
      ①              ②              ④
for(i = 0; ───────> i < 5; <──────── i++)
{                     │      반복
                      ▼       ③
                 반복하고자 하는 내용
}
```

for문은 수행 시작과 동시에 딱 한번 초기문을 시작합니다. 그 다음 바로 조건문을 검사합니다. 만약에 조건문이 만족되지 않는다면 한번도 루프를 실행하지 못하고 종료하게 될 것입니다. 반대로 조건이 만족된다면 반복문을 실행하게 됩니다.

또 다른 반복문인 while문, do~while문과 반복 수행의 계속과 멈춤을 결정할 continue문, break문에 대해 학습힙니다.

# #PART_5. <합리적 사고의 기초, 반복문>
## int main(void)

우리의 일상사에는 반복적인 일들이 참 많습니다. 일 년의 주기, 한 달의 주기, 하루의 주기, 그리고 매일 반복되는 일상들. 그리고 반복되는 업무들 등등… 쳇바퀴처럼 돌아가는 우리의 인생처럼 프로그래밍에서도 마찬가지로 이렇게 반복해야 하는 루틴들이 있습니다. 이러한 루틴들을 프로그래밍에서는 반복문이라는 것을 통해 처리할 수 있는데, 이번 시간에는 반복문에 대해서 알아보도록 하겠습니다.

# Char CHAPTER_1 = {"반복문이란"};

우리는 지금까지 타입에 상관없이 데이터를 화면에 출력하는 기법에 대해서 배웠습니다. 예를 들어서 "Programming"이라는 문자열을 5번 출력한다면 어떻게 해야 할까요? 우리가 지금까지 배운 지식을 동원하자면,

```
printf( " Programming " );
printf( " Programming " );
printf( " Programming " );
printf( " Programming " );
printf( " Programming " );
```

이렇게 5번의 printf()함수를 사용하여 출력할 것입니다. 이 정도 출력 방법은 동의할만합니다. 그런데 만약 "Programming"이라는 문자열을 100번 출력하라고 한다면 과연 어떻게 해야 할까요? 위와 같은 방법으로는 좀 곤란합니다. printf() 함수를 100번 사용해야 하는데, 그렇게 되면 코드가 100라인이 추가되어야 하기 때문입니다. 이러한 방법은 지극히 비효율적입니다. 결국 같은 문자열을 반복해서 출력하는 것인데, 이러한 반복적인 데이터 출력을 위해서 사용하는 것이 바로 반복문입니다. 또는 루프(loop)문이라고도 합니다.

반복문의 종류에는 while문, do~while문, for문 3가지가 있습니다. 이 3가지 반복문은 C 프로그래밍에서 많이 사용되며, 타 프로그래밍 언어에서도 기본적으로 사용되는 반복문이므로 잘 숙지하기 바라겠습니다.

Char CHAPTER_2 = {"while문"};

## Unit_1 = ("while문의 기본 원리");

while문의 기본 원리는 특정 조건을 주고 그 조건이 만족하는 동안 계속해서 반복 수행하는 것입니다. 먼저, while문을 사용하기 위한 문법 구조를 보도록 하겠습니다.

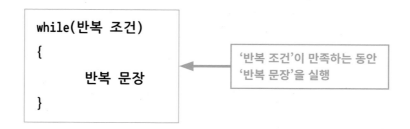

while문 안에는 반복 조건과 반복 문장이 들어가는데, 반복 문장은 중괄호 사이에 들어가게 됩니다. 문장의 의미는 반복 조건을 만족하는 동안 반복 문장을 수행하라는 것인데, 반복 조건을 만족하지 않게 되면 while문을 빠져나가게 됩니다.

while문을 수행하는 아주 간단한 예제를 보도록 하겠습니다. 아까 앞에서 예를 들었던 "Programming"이라는 문자열을 5번 출력하는 예제입니다. 물론 앞에서는 printf() 함수 5번을 사용한다고 했지만, 방금 while문에 대해서 배운 우리는 while문을 사용하여 작성해 보도록 하겠습니다.

■ 예제 : 5장\Loop\5-1.c

```
1:    #include <stdio.h>
2:    int main()
3:    {
4:        int i = 0;
```

```
5:          while(i<5)
6:          {
7:                  printf("Programming\n");
8:                  i++;
9:          }
10:         return 0;
11:    }
```

■ 실행결과

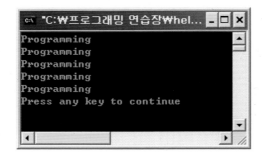

● 4번째 줄의 정수 i는 0으로 초기화하였습니다. 왜냐하면 i는 0부터 시작해서 1씩 증가해야 하기 때문입니다. 그러면 i가 얼마까지 증가해야 하나요? while문의 조건식처럼 5보다 작을 때까지입니다.

● 5번째 줄의 while문의 조건식은 방금 설명했듯이 'i가 5보다 작은 동안 수행하라.'는 의미로 'i<5'라고 표기하였습니다.

● 8번째 줄에서는 정수 i를 1씩 증가시키고 있는데, 만약 i값이 증가하지 않는다면 while문의 조건은 계속 5보다 작은 수이므로, 루프를 계속 돌게 됩니다. 이를 '무한 루프에 빠졌다'라고 하는데, 무한 루프에 대해서는 조금 있다가 뒤에서 자세히 배우도록 하겠습니다.

앞에서 반복문을 이용하여 단순하게 문자열만 반복 출력했지만, 이번에는 구구단을 출력하는 예제를 작성해 보도록 하겠습니다. 대표적으로 구구단 2단을 출력해볼 것인데, 이 때 여러분이 코드 작성에 앞서 생각해 보아야 할 부분은 반복되는 포인트를 찾는 것입니다. 구구단 2단에서 반복되는 포인트가 어디인가요? 구구단에서 반복 증가하는 루틴의 부분은 단수와 곱해지는 부분입니다.

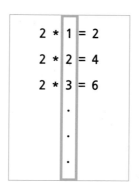

$$2 * 1 = 2$$
$$2 * 2 = 4$$
$$2 * 3 = 6$$
$$\cdot$$
$$\cdot$$
$$\cdot$$

단수는 그대로 있고, 단수와 곱해지는 수가 1씩 증가함을 볼 수 있습니다. 즉, 우리가 코드에서 생각할 포인트는 단수와 곱해지는 수를 반복문으로 처리하면 되겠다는 생각을 할 수 있습니다. 그러면, 우리는 코드에 앞서서 구구단 출력 알고리즘을 구상할 수 있을 것입니다. 단수는 2단으로 고정하고, 곱해지는 수만 1부터 9까지 루프문을 통해 증가시면 될 것입니다.

■ 예제 : 5장\Loop\5-2.c

```c
1:    #include <stdio.h>
2:    int main()
3:    {
4:        int i = 1;
5:        while(i<10)
6:        {
7:        printf("2 * %d = %d\n", i, 2*i);
8:        i++;
9:        }
10:        return 0;
11:   }
```

■ 실행결과

```
C:\프로그래밍 연습장\hel...
2 * 1 = 2
2 * 2 = 4
2 * 3 = 6
2 * 4 = 8
2 * 5 = 10
2 * 6 = 12
2 * 7 = 14
2 * 8 = 16
2 * 9 = 18
Press any key to continue
```

● 4번째 줄 정수 i는 단수와 곱해지는 수이므로 초기값을 1로 설정하였습니다. 단수와 곱해지는 수의 시작은 0이 아니라 1이기 때문입니다.

● 앞서 설명했듯이, 구구단 2단 출력의 포커스는 단수와 곱해지는 수를 반복문으로 처리하는 것이라고 하였습니다. 5번째 라인에 while의 조건문을 보면 i값이 10미만일 경우에만 처리하도록 하였는데, while문 중괄호 { }내부를 보면 루프를 돌때마다 i 값을 1씩 증가하는 것을 볼 수 있습니다.

### 과제 5-1

해설 180p

> 사용자로부터 입력받은 숫자에 해당하는 구구단을 출력하시오.
> (사용자 입력 함수인 scanf를 사용하여 사용자로부터 정수를 입력받으시오.)

___ // 잠깐 알아두세요 ___

필자는 반복문 설명을 하면서 혹은 그 이후에라도 반복문이라는 단어와 루프문이라는 단어를 혼용해서 사용할 수도 있습니다. 두 단어는 보다시피 루프라는 영문을 반복이라는 우리말로 번역한 것에 불과한 같은 의미의 단어입니다. 물론 필자의 철칙은 가능한한 국어를 사용하자는 주의이므로 반복문이라는 단어를 사용하겠지만, 문맥상 루프 혹은 루프문이라는 단어가 사용되었을지라도 새로운 다른 단어로 인식하지 않길 바라는 마음입니다. 아무래도 프로그래밍은 영어권이 원조이다 보니, 용어 자체를 문맥상 영문 그대로 사용할 때 자연스러운 경우도 있습니다.

## Unit_2 = ("이중 while 반복문");

앞서 작성했던 구구단 출력 프로그램은 단순히 입력한 한 단에 대한 구구단만 출력하는 것이었습니다. 그런데 만약 구구단 전체인 2단부터 9단까지 모두 출력하라고 한다면 어떻게 구현할 수 있을까요? 이것도 반복하여 증가하는 포인트를 잘 파악해보면 됩니다.

각 단을 기준으로 단수와 곱해지는 수가 1부터 9까지 증가하였다면, 그와 더불어 단수 또한 어떤 특정한 시점이 되면 증가해야 한다는 것을 알 수 있습니다. 그 특정한 시점이란 단수와 곱해지는 수가 1부터 9까지 반복을 수행하였을 때인데, 수행 빈도로 따져보면 단의 증가는 상대적으로 빈도수가 낮은 편입니다. 글로만 설명을 하니까 잘 이해가 안가죠? 그림을 통해서 자세히 이해하도록 하겠습니다.

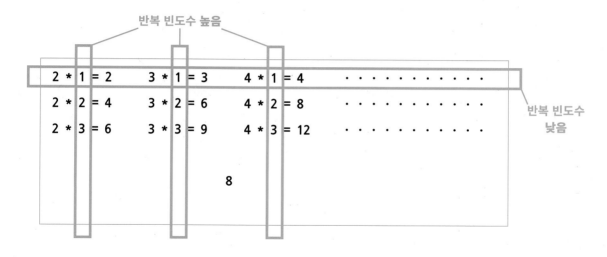

반복 빈도수 **높음**

| 2 * 1 = 2 | 3 * 1 = 3 | 4 * 1 = 4 | · · · · · · · · · · · |
| 2 * 2 = 4 | 3 * 2 = 6 | 4 * 2 = 8 | · · · · · · · · · · · |
| 2 * 3 = 6 | 3 * 3 = 9 | 4 * 3 = 12 | · · · · · · · · · · · |

반복 빈도수 **낮음**

8

그림의 구구단 출력에서 가장 빈번하게 발생하는 부분이 어디인가요? 바로 단수와 곱해지는 수가 1부터 9까지 반복되는 구간이죠. 이에 비해 단수는 상대적으로 천천히 증가합니다.

그림을 이해하였다면, 2단부터 9단까지 어떻게 구구단을 출력할 것인지 머릿속으로 또는 연필을 가지고 노트에 알고리즘을 구상해 보도록 하겠습니다. 차근차근 생각해보면 여러분 스스로 충분히 풀 수 있을 것이라 생각합니다.

다음의 예제를 바로 보기 전에 가능한 스스로 한 번 생각해보기를 권합니다. 힌트를 드린다면, 이러한 경우 반복문 2개가 사용되는데, 이 때 사용하는 것이 이중 while문입니다. 사용하는 형태는 다음과 같다.

```
while(expression1)
{
        while(expression2)
        {
                ................
        }
}
```

자, 이제 구구단 2단부터 9단까지 출력하는 예제를 작성해 볼 것입니다. 스스로 충분히 생각하고, 고민해 보았나요? 혹시 스스로 풀지 못하였을지라도 좌절하거나 걱정하지 않아도 됩니다. 앞에서 설명했던 원리를 다시 한 번 복습하면서 이해한다면 충분합니다. 다음과 같이 작성해보겠습니다.

```
1:    #include <stdio.h>
2:    int main()
3:    {
4:         int i = 2;
5:         int j = 1;
6:         while(i < 10)
7:         {
8:              j = 1;
9:              while(j < 10)
10:             {
11:                  printf("%d*%d=%d\n", i, j, i*j);
12:                  j++;
13:             }
14:             i++;
15:        }
16:        return 0;
17:   }
```

■ 실행결과

```
7*4=28
7*5=35
7*6=42
7*7=49
7*8=56
7*9=63
8*1=8
8*2=16
8*3=24
8*4=32
8*5=40
8*6=48
8*7=56
8*8=64
8*9=72
9*1=9
9*2=18
9*3=27
9*4=36
9*5=45
9*6=54
9*7=63
9*8=72
9*9=81
Press any key to continue
```

● 4번째 줄의 정수 i는 단수를 나타내므로 초기값이 2가 되고, 5번째 라인의 정수 j는 단수와 곱하는 수이므로 초기값이 1이 되어야 합니다.

● 6번째 줄의 while문은 크게 도는 반복문이고, 9번째 라인의 while문은 작게 도는 반복문입니다. 앞서 설명한대로, 크게 도는 반복의 조건은 단수가 되어야 하고, 작게 도는 반복의 조건은 단수와 곱하는 수가 되어야 합니다.

● 9번째 줄의 j값이 10보다 작은 동안 반복문을 수행하는데, i값 즉, 단수는 이미 정해져 있는 상태에서, j값만 1부터 9까지 반복문을 수행하면서 i*j 값을 출력합니다. j값이 10이 되는 순간 9번째 라인의 while문을 빠져나가게 되고(작게 도는 반복문), 그 다음 문장인 i++을 수행하여 단수를 1증가시킵니다. 그리고, 6번째 라인의 while문으로 이동하여 i값을 비교한 후 9번째 라인의 while문으로 가서 다시 반복문을 수행하게 됩니다.

이렇게 해서 이중 while문을 이용하여 2단부터 9단까지 구구단을 모두 출력하게 됩니다.

이중 반복문의 개념이 어려우신가요? 지구의 공전과 자전의 원리를 생각하면 이중 반복문을 이해하시는데 도움이 됩니다.

지구의 공전은 한 바퀴에 1년이 걸리고, 지구의 자전은 한 바퀴에 하루가 걸립니다. 회전의 빈도수를 따져보면 자전의 반복이 빠르고, 공전의 반복은 상대적으로 느립니다. 이중 반복문에 대입해 보면 지구의 공전은 바깥쪽 반복문이고, 지구의 자전은 안쪽 반복문입니다.

다음과 같은 출력이 보일 수 있도록 프로그램을 작성하되 반드시 이중 while문을 사용하여
작성하여보자.

```
    *
    **
    ***
    ****
    *****
```

## Unit_3 = ("무한 루프(무한 반복)");

앞에서 잠깐 무한 루프에 대해서 언급한 적이 있습니다. 무한 루프라는 것은 반복 수행이 무한히
일어난다는 것인데, 반복의 조건이 어느 시점에 무너질 수 있도록 반복문의 조건을 적절히 구성해
야 합니다. 그렇지 않으면 무한 루프에 빠지게 됩니다.

앞서 작성했던 예제 중에 5-1.c를 보면, 단순하게 문자열 "Programming"을 5번 출력하는 예제였
습니다. 그런데, 왜 5번을 출력되었을까요? i < 5라는 조건이 참이었을 경우 출력하였던 것입니다.
그렇다면 만약 while문의 조건이 무조건 참이라면 어떨까요? 예제를 다음과 같이 5번째 줄을 변경
하여 보겠습니다.

■ 예제 : 5장\Loop\5-4.c

```
1:    #include <stdio.h>
2:    int main()
3:    {
4:        int i = 0;
5:        while(1)
6:        {
7:            printf("Programming\n");
8:            i++;
9:        }
10:       return 0;
11:   }
```

결과는 어떤가요? 아마 콘솔 출력창에 "Programming"이라는 문자열이 끝없이 출력될 것입니다. 즉, 조건이 무조건 참(조건이 무조건 1이므로)이라서, 무한 반복이 어느 시점에도 무너지지 않으므로 무한히 수행이 되는 것입니다.

무한 루프가 무조건 나쁜 것만은 아닙니다. 어떤 경우에는 무한 루프를 수행해야만 하는데, 무한 루프를 수행하더라도 반드시 어느 특정 시점에 조건에 의해 break나 return과 같은 점프문으로 빠져 나올 수 있어야 합니다.

# Char CHAPTER_3 = {"do~while문"};

do ~ while문은 while문과 매우 유사한 반복문입니다. 다만, 모양새와 쓰임새가 조금 다릅니다. 먼저 do ~ while문의 사용 형태를 보면 다음과 같습니다.

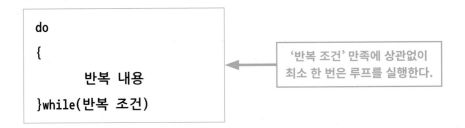

```
do
{
        반복 내용
}while(반복 조건)
```

'반복 조건' 만족에 상관없이 최소 한 번은 루프를 실행한다.

while문은 반복의 조건을 맨 앞에서 하지만, do ~ while문은 반복의 조건 검사를 뒤에서 합니다. 따라서 while문은 조건이 만족되지 않으면 루프를 한번도 실행하지 않게 되지만 do ~ while문은 반드시 한 번은 루프를 실행하게 되어 있습니다.

do ~ while문을 이용하여 앞서 작성하였던, "Programming" 문자열을 5번 출력하는 예제를 작성해보겠습니다.

■ 예제 : 5장\Loop\5-5.c

```
1:    #include <stdio.h>
2:    int main()
3:    {
4:        int i = 0;
5:        do
6:        {
7:            printf("Programming\n");
8:            i++;
```

```
9:        }while(i<5);
10:       return 0;
11:    }
```

■ 실행결과

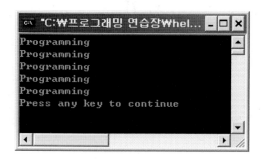

● 5번째 줄에 do문이 나타나고, 중괄호 { } 내의 구문을 수행합니다. 이때까지는 아직 while문의 조건을 타지 않고, 구문 수행이 끝나야만 9번째 줄의 while문의 조건을 수행합니다.
● 9번째 줄의 조건이 참이면, 5번째 라인의 do문으로 올라가고, 다시 중괄호 { } 내의 구문을 수행합니다. 이렇게 반복한 후 while문의 조건이 거짓이 되면 반복문을 빠져 나오게 됩니다.

while문과는 달리 do ~ while문은 일단 반복문을 한 번 실행하고 나서야 조건 검사를 하는 것을 알 수 있습니다. 즉, do ~ while문은 조건을 만족하건 안하건 무조건 한 번은 반복 내용을 실행하도록 되어 있습니다.

그런데, 한 가지 의문이 듭니다. 반복문을 수행하려면 앞서 배웠던 while문으로도 충분할 것 같은데, 왜 굳이 do ~ while문을 사용하는 것일까요?
때로는 while문보다 do ~ while문을 사용해야 자연스러운 경우가 있습니다. 사용자의 입력에 따라 프로그램 수행 진행 여부를 결정해야 하는 경우가 그렇습니다. 물론 이러한 경우 do ~ while문으로만 작성할 수 있는 것은 아니지만, do ~ while문을 사용하면 합리적인 코드를 작성할 수 있습니다. 다음 예제를 통해서 그 유용성을 살펴보도록 하겠습니다.

■ 예제 : 5장\Loop\5-6.c

```c
1:    #include <stdio.h>
2:    int main()
3:    {
4:          int sum = 0;
5:          int input = 0;
6:
7:          do
8:          {
9:                printf("정수를 입력하시오 : ");
10:               scanf("%d", &input);
11:               sum += input;
12:          } while(input!=0);
13:
14:          printf("총 합은 : %d 입니다.\n", sum);
15:          return 0;
16:    }
```

■ 실행결과

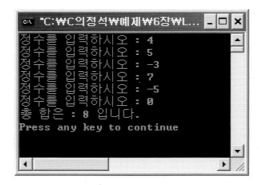

● 10번째 줄에서 사용자로부터 직접 정수를 입력받아 input이라는 변수에 저장하고, 이 값을 sum
이라는 변수에 누적시킵니다. 이 과정을 input 변수에 0이라는 값이 저장될 때까지(scanf를 통해
사용자로부터 0값을 입력받을 때까지)반복문을 수행합니다.

● 12번째 줄 while문의 조건식인 'input!=0'을 판별하려면 먼저 input 변수에 값이 저장되어야 합
니다. 그렇게 되기 위해서는 scanf를 통해 사용자로부터 값을 입력받도록 해야 하는데, 이러한 경
우에는 while루프의 조건식이 나오기 전에 사용자로부터 먼저 정수값을 받아야 합니다.

● 이 프로그램은 사용자로부터 정수를 입력받고 난 다음에 계속 진행 여부를 알 수 있으므로 반복

문을 최소한 한 번은 실행해야 합니다.

**과제 5-3** 해설 181p

사용자로부터 하나의 정수를 입력받아 1부터 입력받은 정수까지의 합을 계산하여 출력하는 프로그램을 do ~ while문을 이용하여 작성하라. 예를 들어 사용자가 10을 입력하였다면, 1부터 10까지의 합을 계산하여 출력하면 된다.

# Char CHAPTER_4 = {"for문"};

## Unit_1 = ("for문의 기본 원리");

for문은 while문이나 do~while문과 달리 문장 자체적으로 많은 일을 하게끔 구성되어 있습니다. while문은 기본적으로 반복 조건 검사 문장만을 포함하지만, for문은 이것 외에도 변수의 초기화 연산과 증가 감소를 실행할 수 있는 두 개의 문장이 더 포함됩니다.

for문의 사용형태는 다음과 같습니다.

```
for(초기문; 조건문; 증감문)
{
        반복하고자 하는 내용
}
```

for문은 수행 시작과 동시에 딱 한번 초기문을 시작합니다. 그리고 나서 바로 조건문을 검사합니다. 만약에 조건문이 만족되지 않는다면 한 번도 루프를 실행하지 못하고 종료하게 될 것입니다. 반대로 조건이 만족된다면 반복문을 실행하게 됩니다. 이 때 한 사이클의 반복이 이루어지면 반드시 증감문을 실행하게 됩니다. 말로만 설명하니 수행 순서가 잘 감이 안 올 것입니다. 수행 순서는 다음과 같습니다.

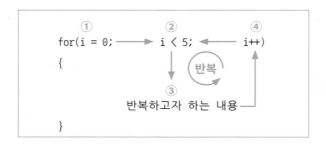

①번은 변수를 초기화해주는 초기문입니다. 초기문에서 i를 0으로 초기화해주고, ②번의 조건문으로 넘어갑니다. 이 때, i가 5보다 작은지 조건을 물어보고 5보다 작으면 조건이 참이므로 ③번 루틴을 수행하게 됩니다. 수행이 끝나면 ④번 증감문을 수행하게 되는데, i++을 통해 i를 1증가 시킵니다. 그리고, 다시 ②번 조건문으로 넘어가서 i가 5보다 작은지 검사하고, 조건에 맞으면 다시 ③번 루틴을 수행한 후 ④번 증감문을 수행합니다. 보다시피 초기에 ①번은 한번만 수행되고, ②번 ③번 ④번이 조건을 만족하는 동안 계속 반복 수행하게 되는 것입니다.

for문은 반복문의 기본 개념으로써 while문과 do ~ while문과 유사하므로 이해하는데 큰 어려움은 없을 것입니다. 다만 while문과 사용법의 비교를 해보자면 다음과 같은 차이가 있습니다.

```
int main(void)
{
    int i;
    i = 0;                          ──────▶ 초기문

    while(i<10)                     ──────▶ 조건문
    {
        printf("Hello World!\n");
        i++;                        ──────▶ 증감문
    }
}
```

실제 while문의 코드를 보면 초기문 및 증감문은 while의 조건문과 분리되어 있음을 볼 수 있습니다. for문에 비해 필요한 문장들이 분산되어 수행되고 있는데, 이런 측면에서 보자면, for문은 기능적인 관점에서는 while문과 동일하나, 코드의 가독성 측면에서 보면 더 나을 수도 있다고 말할 수 있습니다. 다만, 이론적으로 그렇다는 얘기지, 여러분이 for문보다 while문이 더 익숙하다면 자신에게 편한 문법을 사용하면 됩니다.

for문을 이용한 간단한 예제를 하나 작성해보겠습니다. 화면에 for문을 이용하여 "Hello World" 문자열을 10번 출력하는 예제를 구현해보겠습니다.

■ 예제 : 5장\Loop\5-7.c

```c
1:     #include <stdio.h>
2:
3:     int main()
4:     {
5:         int i;
6:         for(i = 0; i<10; i++)
7:         {
8:             printf("Hello World\n");
9:         }
10:        return 0;
11:    }
```

■ 실행결과

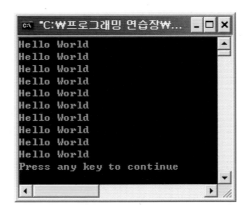

● 예제 자체는 어렵지 않습니다. 다만 for문을 사용했다는 관점에서 이 예제를 보겠습니다. 5번째 줄의 for문 사용을 보면 초기문(i = 0), 조건문(i 〈 10), 증감문(i++)을 모두 포함하고 있음을 볼 수 있습니다.

이번에는 for문을 이용하여 앞에서 while문으로 구현했던 구구단 출력 프로그램을 작성해보겠습니다. 사용자로부터 원하는 단을 입력 후 해당하는 단의 구구단을 출력해보는 예제를 살펴보겠습니다.

```
1:     #include <stdio.h>
2:
3:     int main()
4:     {
5:          int dan, i;
6:          printf("단을 입력하시오 : ");
7:          scanf("%d", &dan);
8:          for(i = 1; i < 10; i++)
9:          {
10:                    printf("%d * %d = %d\n", dan, i, dan*i);
11:          }
12:          return 0;
13:    }
```

■ 실행결과

● 구구단 예제는 while문에서도 출력해보았으므로 개념상 어려운 점은 없을 것입니다. 다만 for문을 사용하는 문법이 생소할 수 있습니다.

● 8번째 줄을 보면 for문의 가장 큰 특징인 한 줄에 초기문, 조건문, 증감문을 모두 표현하고 있습니다.

● i의 초기값을 0으로 설정하지 않고, 1로 설정해준 이유는 곱해지는 단과 곱해지는 수가 1부터 시작해서 증가하기 때문에 초기값을 1로 설정하였습니다.

● 조건문은 i < 10 즉, i값이 10보다 작은 동안 루프를 수행하도록 되어 있는데, 단에 곱해지는 마지막 수가 9이기 때문에 조건문을 10보다 작을때까지로 한정한 것입니다.

● 조건을 만족하면 반복문 내부를 수행한 후 i값을 1씩 증가하도록 하는 증가문이 작성되어 있습니다.

## Unit_2 = ("for문의 다양한 실습");

앞서 while문, do~while문, 그리고 지금 배우고 있는 for문을 통해 여러분에게 반복문에 대한 개념은 확실히 잡혔을 것입니다. 사용할 수 있는 반복문의 종류가 많을 뿐이지 개념적으로 다른 것은 없습니다. 그리고, 다른 반복문에 비해 일반적으로 for문이 많이 사용되기도 하고, 필자 또한 for문을 선호하는 편입니다. 몇 가지 예제를 작성해 보도록 하겠습니다.

이번 예제는 두 개의 정수를 사용자로부터 입력받아 그 사이에 존재하는 정수의 합을 구하는 프로그램을 작성해보겠습니다. 예를 들어 2와 4를 사용자로부터 입력받았다면 2+3+4 연산 결과인 9를 출력해야 합니다. 단 조건은 두 번째 입력받은 수는 첫 번째 입력받은 수보다 무조건 커야 합니다.

■ 예제 : 5장\Loop\5-9.c

```
1:      #include <stdio.h>
2:
3:      int main()
4:      {
5:          int input1, input2, i, sum;
6:
7:          for(;;)
8:          {
9:              sum = 0;
10:             printf("두 수를 입력하시오 : ");
11:             scanf("%d %d", &input1, &input2);
12:
13:             if(input1 < input2)
14:             {
15:                 for(i = input1; i <= input2; i++)
16:                 {
17:                     sum += i;
18:                 }
19:                 printf("존재하는 두 수 사이의 합 : %d\n", sum);
20:             }
```

```
21:            else
22:            {
23:                printf("두 번째 입력 수가 더 작습니다.\n");
24:                continue;
25:            }
26:        }
27:        return 0;
28:    }
```

■ 실행결과

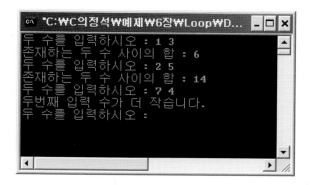

● 이 예제의 핵심 포인트는 주어진 범위 내에서 반복문을 실행하고, 반복문을 실행하는 동안 범위 안의 값을 차례대로 합하면 됩니다.

● 11번째 줄에 scanf를 통해 사용자로부터 두 수 input1, intpu2를 입력받습니다. 이 두 수가 우리가 수행할 반복문의 범위값이 됩니다.

● 13번째 라인은 input1 값이 input2 값보다 작아야 한다는 가정하에, 15번째 라인에서 input1부터 input2까지 for문을 통해 반복문 수행을 하고 있습니다. 이 때 반복수행 중 sum 변수에 input1 값부터 input2까지의 범위 내의 값을 누적하고 있습니다. 반복문 수행이 끝나고 반복문을 빠져 나온 후 현재 누적된 sum 변수의 값을 출력하면 우리가 이 예제에서 요구하는 결과를 얻을 수 있게 됩니다.

앞에서 우리는 '*'를 통해 직각 삼각형을 출력하는 과제를 수행한 적이 있습니다. 물론 직접 과제를 안해보신 독자분들은 어쩔 수 없지만…ㅜㅜ
특정 기호를 가지고 (비단 '*'와 같은 별표가 아니더라도) 직각 삼각형을 출력하는 것은 반복문을 연습하는데 가장 좋은 예제라고 할 수 있습니다. 이번 예제는 직각 삼각형이되 앞의 과제와는 다르게 역직각삼각형을 출력하는 예제를 작성해볼 것입니다. 출력 결과는 다음과 같아야 합니다.

```
*****

****

***

**

*
```

■ 예제 : 5장\Loop\5-10.c

```
1:     #include <stdio.h>
2:
3:     int main()
4:     {
5:         int i, j;
6:         for(i = 0; i < 5; i++)
7:         {
8:             for(j = 5 - i; j > 0; j--)
9:             {
10:                printf("*");
11:            }
12:            printf("\n");
13:        }
14:        return 0;
15:    }
```

■ 실행결과

● 이러한 도형을 찍는 예제들은 대부분 이중 반복문을 사용하는 것이 편하기 때문에 해법의 포커스를 이중 반복문에 두고 생각하는 것이 좋습니다. 물론 반복문 하나로 처리할 수도 있겠지만, 오

히려 그러한 경우 복잡도가 더 커지기 때문에 이중 반복문 사용을 권장합니다.

● 해법은 직각삼각형과 역직각삼각형 모두 똑같다고 볼 수 있습니다. 출력되는 삼각형을 잘 보면, 우리는 먼저 크게 반복되는 반복문과 작게 반복되는 반복문을 머릿속에 떠올려야 합니다.

**과제 5-4**                                                                 해설 182p

> 앞의 역직각삼각형 별표 찍기 예제를 응용하여 다음과 같은 형태의 별표를 화면에 출력하도록 하자.
>
>     *****
>     ***
>     *
>     ***
>     *****

다음 예제는 수학에서 배웠던 팩토리얼(!) 관련 예제입니다. 예를 들면 우리는 수학에서 3!을 3팩토리얼이라고 읽으며, 실제 3! = 3 * 2 * 1을 의미합니다.

이번 예제는 사용자로부터 하나의 정수를 입력받아 입력받은 수에 해당하는 팩토리얼을 출력하는 예제를 작성해 볼 것입니다. 즉, 정수 3을 입력받았다면 출력 결과는 6이 되어야 하고, 정수 n을 사용자로부터 입력받았다면 출력 결과는 n! = n * (n-1) * ···. * 3 * 2 * 1이 되어야 합니다.

■ **예제 : 5장\Loop\5-11.c**

```
1:    #include <stdio.h>
2:
3:    int main()
4:    {
5:        int i, input, total = 1;
6:        printf("정수를 입력하세요 : ");
7:        scanf("%d", &input);
8:
9:        for(i = input; i > 0; i--)
10:        {
11:            total = total * i;
12:        }
13:        printf("%d! = %d\n", input, total);
14:        return 0;
15:    }
```

■ 실행결과

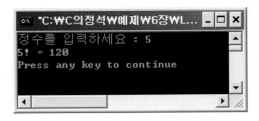

● n!의 결과를 출력하기 위해 우리는 다음과 같은 간단한 알고리즘을 생각할 수 있습니다.

$$n! = n * (n - 1) * (n - 2) * \cdots. * 1$$

즉, 보시는 바와 같이 어떤 규칙성이 발견되는데, n부터 시작하여 1씩 순차적으로 감소한 값을 곱하여 누적합니다. 이 때, 우리는 이 규칙성에 반복문의 대입이 머릿속에 딱! 떠오르면서 '아! 반복하면서 n을 1씩 감소하고, 감소한 값을 계속 곱하여 누적하면 되겠구나.'라는 생각을 할 수 있습니다. 혹시 필자만 이러한 생각이 떠오른 것인가요?^^;;; 독자 여러분도 분명 같은 생각을 하셨으리라 믿습니다.

● 먼저 7번째 줄에서 사용자로부터 input 변수를 통해 정수를 입력받습니다. 이 정수가 팩토리얼할 수입니다.

● 9번째 줄의 for문을 보면 반복문을 input에서 0보다 클때까지(즉, 1일때까지) 수행합니다. 그러면 수행하는 동안 11번째 줄에서는 i값(초기값은 input)을 누적하여 곱합니다. 즉, 처음에는 input 값이 저장되고, 첫 번째 반복문 수행 후 input − 1을 곱하여 total 변수에 누적하고, 두 번째 반복문 수행 후 input − 2을 곱하여 total 변수에 누적합니다. i가 1보다 작아질 때까지 반복문을 수행하고, 결국 i의 마지막 값은 1이 되어 1을 최종적으로 곱합니다.

이번에는 정수 1부터 100사이의 수 중에 10단위씩 끊은 범위의 합을 각각 출력하는 예제를 작성해 보겠습니다. 예를 들어 첫 번째는 1부터 10까지의 합을, 두 번째는 11부터 20까지의 합을 출력해서 마지막에는 91부터 100까지의 합을 출력하면 됩니다.

1부터 10까지의 합 : 55

11부터 20까지의 합 : 155

························

91부터 100까지의 합 : 955

■ 예제 : 5장\Loop\5-12.c

```c
1:    #include <stdio.h>
2:
3:    int main()
4:    {
5:        int i, j, end = 1, sum = 0;
6:        for(i = 0; i < 10; i++)
7:        {
8:            for(j = end; j < end + 10; j++)
9:            {
10:                sum = sum + j;
11:            }
12:            printf("%d 부터 %d 까지의 합 : %d\n", end, end + 9, sum);
13:            end = j;
14:            sum = 0;
15:        }
16:        return 0;
17:    }
```

■ 실행결과

● 이 예제의 출력 형태를 보는 순간, '아! 이것은 이중 반복문이구나'라는 감이 올 것입니다. 왜냐하면 대범위는 1부터 100 사이의 정수라고 정해놓고, 소범위를 1부터 10까지의 합, 11부터 20까지의 합 …… 91부터 100까지의 합으로 나누고 있습니다. 결국, 크게 도는 반복문은 1부터 100사이에 10단위로 끊어서 반복문이 수행되고, 각각 10단위로 끊어진 범위의 수 내에서 작게 도는 반복문을 통해 그 합을 구하고 있습니다. 해법은 우리가 앞에서 다루었던 구구단과 거의 유사합니다.

- 6번째 줄은 반복문을 0부터 10보다 작을 때까지 10회 반복하는 반복문입니다. 즉, 앞에서 말한 크게 도는 반복문입니다.

- 8번째 줄은 작게 도는 반복문을 작성한 것이고, 10번째 줄은 각 범위 (1~10, 11~20, …… 91 ~ 100)의 합을 구하기 위한 루틴입니다. 변수 end는 작게 도는 반복문의 시작 변수이고, end + 10보다 작은 동안 반복문을 수행합니다. 예를 들어, end가 1이면, 반복문은 end + 10인 11보다 작을 때까지만 수행한다는 것입니다.

- 작게 도는 반복문의 한 사이클이 끝나면, 13번째 라인에서 현재 j값을 변수 end에 대입함으로써, 다음 수행할 초기값으로 변경하고, 범위의 합으로 저장한 값인 sum을 0으로 초기화합니다.

___// 번외_ 잠시 쉬어가기_____

괄호 안에 들어갈 숫자는?

# 113( )55668151031225

# Char CHAPTER_5 = {"break문과 continue문"};

## Unit_1 = ("멈추거나 계속하거나");

우리나라의 전통 놀이 가운데 동양화를 감상하면서 할 수 있는 고스톱이라는 놀이가 있습니다. 아마 고스톱을 전혀 안 해 본 사람들도 아마 이름 정도는 들어 보았을 것입니다. 나의 패와 상대의 패를 읽어서 '고'를 하든지 '스톱'을 하는 것입니다. 그림은 동양화인데 놀이 이름은 외래어를 사용한 것을 보면 참 아이러니 하긴 합니다.

지금 설명하는 continue와 break의 의미가 각각 '고', '스톱'입니다. 즉, continue는 계속 하라는 뜻이고, break는 멈추라는 뜻입니다. 다양 무쌍한 상황에서 우리는 계속 가야 할지, 그만 멈추어야 할지 결정해야 하는 경우가 생깁니다. 이 때 적절하게 continue문과 break문을 사용하면 됩니다.

## Unit_2 = ("break문의 기본 원리");

### ■ break문의 사용 방법

break문은 이미 switch ~ case문에서 사용한 것을 본 적이 있습니다. case문의 break 사용은 현재 속해있는 switch문을 빠져나가겠다는 의미였습니다. 그렇습니다. break는 현재 자신이 속해 있는 영역을 벗어나는 역할을 합니다. 예를 들어 반복문 안에서 사용하게 되면 현재 수행하고 있는 반복문을 빠져나가겠다는 의미가 됩니다. 다음 break문의 사용 방법을 보겠습니다.

```
while(1)
{
        ............
    if( a > 100)
            break;
        ............
}
printf(" a는 100보다 크다.");
```

이 시점부터 while 반복문을 탈출한다.

반복문 while 내부에서 특정 조건이 되면 break문을 만나게 되는데, 이 때 break문은 수행중인 반복문 while문을 빠져 나가게 합니다. 주로 무한 반복의 상황에서 특정 시점에 반복을 빠져 나오게 하기 위한 방법으로도 사용되곤 합니다. 간단한 예제를 살펴보도록 하겠습니다.

### ■ 예제 : 5장\5-13\5-13.c

```
1:    #include <stdio.h>
2:
3:    int main()
4:    {
5:        int a = 0;
6:
7:        while(1)
8:        {
9:            if(a > 100)
10:               break;
11:
12:            printf("a의 값은 %d이다.\n", a);
```

```
13:            a++;
14:        }
15:
16:        printf("a는 100보다 크다.\n");
17:        return 0;
18:    }
```

■ 실행결과

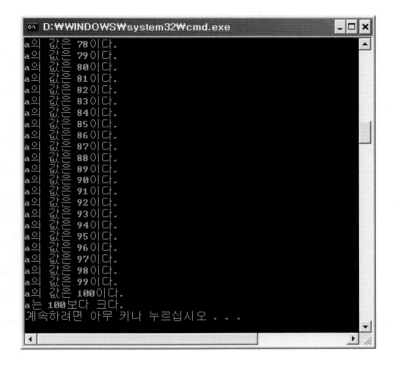

● 5번째 줄에 정수형 변수 a를 선언하고 초기값으로 0을 대입하였습니다.

● 7번째 줄의 while(1)은 무한으로 반복을 하겠다는 의미입니다. 1이라는 값은 무조건 참이기 때문입니다. 반복문을 돌면서 13번째 줄의 a++ 구문을 통해 한 번 반복할 때마다 a의 값을 1씩 증가시킵니다. a의 증가 값을 확인하기 위해 12번째 줄에 a 값을 반복할 때마다 매번 출력하고 있습니다.

● 9번째, 10번째 줄은 if(a > 100)의 조건문을 통해 이 조건에 만족을 하면 break문을 실행시키겠다는 의미입니다. break가 어떤 기능을 가지고 있나요? 그렇습니다. 탈출하는 기능을 가지고 있습니다. 즉, a값이 100보다 커지는 순간 이 무한 루프를 탈출하겠다는 의미입니다. 만약 break문이 생략되었다거나, 혹은 a의 증가 루틴 (a++)이 없다면 아마 이 프로그램은 무한 루프를 돌게 될 것입니다.

## Unit_2 = ("continue문의 기본 원리");

### ■ continue문의 사용 방법

continue문은 반복을 수행하는 중에 생략하고 넘어가고 싶은 것이 있다면 이 continue문을 사용하면 됩니다. 다음 continue문의 사용 방법을 보도록 하겠습니다.

```
while( a < 100)
{
    ………….
    if( a > 80 && a < 90)
    continue;
    ………….
}
printf(" a는 100보다 크다.");
```

continue 이하 루틴은 무시하고 while 루프를 다시 반복한다.

반복문 while 내부에서 특정 조건이 되면 continue문을 만나게 되는데, 이 때 continue문은 while문 내에서 continue문 이하의 수행은 무시하고, 다시 반복의 시작점으로 가서 그 다음의 수행을 합니다. 간단한 예제를 살펴보도록 하겠습니다.

### ■ 예제 : 5장\5-14\5-14.c

```
1:    #include <stdio.h>
2:
3:    int main()
4:    {
5:        int a = 0;
6:
7:        while(a < 100 )
8:        {
9:            a++;
10:           if(a > 80 && a < 90)
11:               continue;
12:
13:           printf("a의 값은 %d이다.\n", a);
14:       }
```

```
15:        return 0;
16:    }
```

■ 실행결과

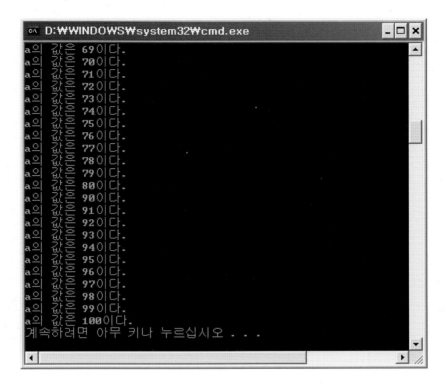

● 5번째 줄에 정수형 변수 a를 선언하고 초기값으로 0을 대입하였습니다.

● 7번째 줄의 while( a 〈 100 ) 구문은 continue의 경우 break문처럼 반복문을 탈출하는 기능이 아니라 중간 중간 생략하는 기능이므로 반복의 한도를 지정해 주어야 합니다.

● a의 값을 1부터 100까지 출력하되, continue문을 사용하여 80보다 크고 90보다 작은 값은 출력을 생략하도록 하였습니다. 그래서 10번째 줄, 11번째 줄의 경우 80보다 크고 90보다 작을 때 continue를 수행하여 값이 이 사이에 있는 경우만 그 이하의 printf 출력을 수행하지 않고, 반복문의 처음으로 가도록 하였습니다.

과제 5-5                                                                해설 183p

구구단을 출력하되, 짝수단(2단, 4단, 6단, 8단)만 출력하는 프로그램을 작성하라. 단, continue, break문을 사용하여 작성할 것.

= {"**Part_5 과제 정답 및 해설**"};

■ 과제 5-1

```
1:    #include <stdio.h>
2:
3:    int main()
4:    {
5:        int input, i;
6:        printf("단수 입력 : ");
7:        scanf("%d", &input);
8:
9:        for(i = 1; i < 10; i++)
10:       {
11:           printf("%d * %d = %d\n", input, i, input*i);
12:       }
13:       return 0;
14:   }
```

● 7번째 줄에서 사용자 입력을 통해 변수 input에 단수를 입력합니다. 9번째 줄에서 반복문은 입력한 단에 해당하는 구구단을 출력하기 위한 루틴인데, 11번째 줄에서 input * i를 10회 반복 출력함으로써(i는 1부터 9까지 증가) 구구단을 출력하고 있습니다.

■ 과제 5-2

이 문제는 직각삼각형을 출력함으로써 이중 반복문을 잘 활용할 수 있는가를 확인합니다.

```
1:    #include <stdio.h>
2:
3:    int main()
4:    {
```

```
5:          int a = 0;
6:          int b;
7:          while(a < 5)
8:          {
9:                  b = 0;
10:                 a++;
11:                 while(b < a)
12:                 {
13:                         printf("*");
14:                         b++;
15:                 }
16:                 printf("\n");
17:         }
18:         return 0;
19:    }
```

● 직각삼각형의 전체 출력 라인은 5줄이므로 7번째 줄의 while문의 조건은 a < 5인 5번의 루프를 크게 돌고, 별표의 각 라인은 1씩 증가하므로 내부 while의 조건은 b < a로 하였습니다.

변수 a는 직각삼각형의 전체 라인 수를 의미하고, 변수 b는 각 라인의 별표 개수라고 보면 됩니다. 별표의 개수는 각 라인별로 초기화되어야 하므로 9번째 줄처럼 b는 큰 반복문 안에서는 항상 0으로 초기화해주어야 합니다.

### ■ 과제 5-3

이 문제는 do ~ while문의 사용법을 확인합니다.

```
1:      #include <stdio.h>
2:
3:      int main(void)
4:      {
5:          int sum = 0;
6:          int input;
7:          int cnt = 1;
8:          printf("정수를 입력하시오 : ");
9:          scanf("%d", & input);
10:
11:         do
12:         {
```

```
13:              sum += cnt;
14:              cnt++;
15:          } while(input >= cnt);
16:
17:          printf("총 합은 : %d 입니다.\n", sum);
18:          return 0;
19:      }
```

● 1부터 우리가 입력한 값 input 까지 순차적으로 더해진 합을 출력하기 위해서는 13번째 줄처럼 cnt 값을 1씩 증가시켜 변수 sum에 누적 합산을 해야 합니다. 그리고, 15번째 줄처럼 input이 cnt 보다 크거나 같은 동안 수행하고, cnt의 수가 input 변수를 능가하게 되면 반복문을 빠져 나온 후 지금까지 누적했던 값 sum을 출력합니다.

## ■ 과제 5-4

이 문제는 역직각삼각형과 직각삼각형을 한 번에 연달아 출력해야 하므로, 초보자들에게는 그리 쉬운 문제는 아닙니다. 꼭 풀어내면 좋겠지만, 여러분에게 한 번 생각해 보라고 과제로 내준 것이 니 못 풀었다고 해서 실망하지 않기를 바랍니다. 혹시 풀지 못했어도 이러한 문제를 고민하고 생각 했었다는 것으로도 충분합니다.

```
1:   #include <stdio.h>
2:
3:   int main()
4:   {
5:       int i, j, k;
6:       for(i = 0; i < 10; i = i + 2)
7:       {
8:           if(i > 5)
9:               k = 8 - i;
10:          else
11:              k = i;
12:
13:          for(j = 5 - k; j > 0;)
14:          {
15:              printf("*");
16:              j--;
17:          }
18:          printf("\n");
```

```
19:          }
20:          return 0;
21:      }
```

● 우리는 직각 삼각형 및 역직각삼각형을 출력하는 코드에 대해서는 이미 알고 있습니다. 이 문제는 이를 혼합하여 출력해야 하므로 어떤 코드에 변화의 포인트를 주어야 할지 깊이 생각해 보아야 합니다.

● 출력하는 도형의 전체 출력 라인은 5줄입니다. 그러므로 전체적인 반복 형태는 5번이면 됩니다. 6번째 줄의 반복문은 i < 10 까지이지만, i의 증가하는 단위는 +2이므로 전체적으로 5번 반복합니다.

● 내부에서 동작하는 반복문은 실제로 "*"를 출력하는 기능을 가지고 있는데, "*"의 출력 개수가 5, 3, 1, 3, 5의 개수로 줄었다가 늘어나는 형태임을 알 수 있습니다. 13번째 줄의 반복문은 k값에 따라서 반복의 횟수가 결정됩니다.

● 이 코드의 핵심은 8번째 줄부터 11번째 줄까지의 조건 처리문입니다. "*"이 한 개 출력할 때가 출력 도형의 가장 가운데 있을 경우입니다. 즉, 이 시점을 기준으로 분기하여 k의 값을 결정합니다. i > 5 때의 k값은 역직각삼각형의 형태를 출력하기 위함이고, 반대 경우의 k값은 직각삼각형의 형태를 출력하기 위함입니다.

■ 과제 5-5
이 문제는 continue의 기능을 활용할 수 있는지 확인합니다.

```
1:      #include <stdio.h>
2:
3:      void main()
4:      {
5:          int i, j;
6:
7:          for(i= 2; i < 10; i++)
8:          {
9:              if((i % 2)!= 0)
10:                 continue;
11:             for(j = 1; j < 10; j++)
12:             {
13:                 printf("%d * %d = %d\n", i, j, i*j);
14:             }
15:             printf("\n");
```

```
16:          }
17:     }
```

● 일반 구구단 출력 코드에 9~10번째 줄의 코드가 삽입되었습니다. i % 2는 i값을 2로 나누었을 때의 나머지를 구하는 것으로 나머지가 0이면 2의 배수이고, 0이 아니면 2의 배수가 아닙니다. 우리가 작성한 조건은 0이 아닌 경우 continue 하라고 하였습니다. 즉, 2의 배수가 아닌 것들은 continue 하라는 것으로, 7번째 줄의 for문으로 돌아가서 그 다음 반복문을 실행하게 됩니다. 한마디로, 2의 배수가 아닌 것들은 모두 생략된다는 말입니다.

## 1. 반복문 기초.

반복문은 c양의 다이어트를 예시로 설명해봅시다.

최근 살이 쪘다고 생각하는 c 양은 50kg을 목표로 다이어트를 하려고 합니다.

58KG

그녀는 50kg이 될 때까지 매일 4km 달리기를 반복할 것입니다.

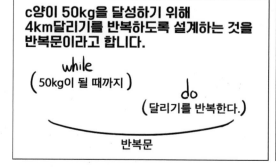

c양이 50kg을 달성하기 위해 4km달리기를 반복하도록 설계하는 것을 반복문이라고 합니다.

while
( 50kg이 될 때까지 )
do
( 달리기를 반복한다.)

반복문

## 2. 여러 가지 반복문.

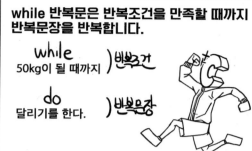

while 반복문은 반복조건을 만족할 때까지 반복문장을 반복합니다.

while
50kg이 될 때까지 )반복조건

do
달리기를 한다. )반복문장

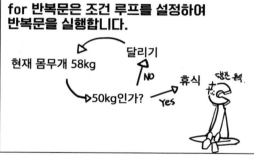

for 반복문은 조건 루프를 설정하여 반복문을 실행합니다.

현재 몸무개 58kg
달리기
NO
휴식
50kg인가?
Yes

break 반복문은 어느 지점부터 루프를 끝낼 때 사용합니다.

구호붙여 줄넘기 30회!
마지막은 구호를 붙이지 않는다!.
break요
PT 선생님

continue 반복문은 어느 지정부터 루프를 반복시킬 때 사용합니다.

30!

구호를 붙였으니 다시 시작합니다!
continue 요

C언어는 순차적으로 수행되기 때문에 시작은 main에서 시작하여 ①과 같이 순차적으로 수행합니다.

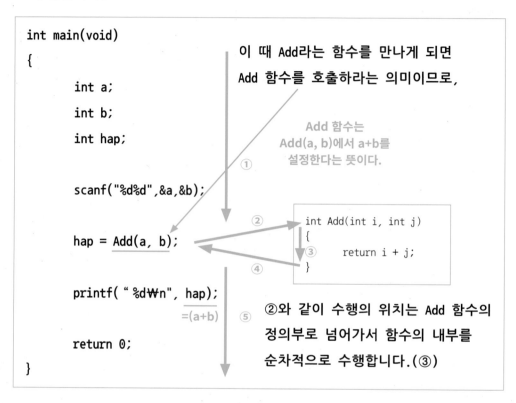

```
int main(void)
{
        int a;
        int b;
        int hap;

        scanf("%d%d",&a,&b);

        hap = Add(a, b);

        printf(" %d\n", hap);

        return 0;
}
```

이 때 Add라는 함수를 만나게 되면 Add 함수를 호출하라는 의미이므로,

Add 함수는 Add(a, b)에서 a+b를 설정한다는 뜻이다.

```
② ┌ int Add(int i, int j)
   {
③ │      return i + j;
   }
④
```

⑤   =(a+b)

②와 같이 수행의 위치는 Add 함수의 정의부로 넘어가서 함수의 내부를 순차적으로 수행합니다.(③)

Add 함수의 수행이 끝나면 ④와 같이 Add 함수를 호출했던 지점으로 다시 돌아간 후, 반환값이 있으면 반환값을 넘겨줍니다.
그리고, ⑤와 같이 그 이후의 루틴을 수행하면 됩니다.

함수의 사용 방법과 변수의 범위에 따라 지역변수, 전역변수, static 변수에 대해 살펴보고, 재귀적 함수에 대해서도 학습합니다.

# #PART_6. <필요할 때 호출하자. 함수>

## int main(void)

요리에 비유했을 때 변수는 요리의 재료라고 하였습니다. 그리고 우리는 연산자를 사용하여 재료와 재료를 결합하거나 가공하여 요리를 완성해 갑니다. 이러한 과정으로 우리집 냉장고에는 이미 만들어진 떡볶이, 카레, 햄버거, 닭볶음탕, 피자, 핫도그 등 다양한 음식들이 저장되어 있고, 배고플 때 꺼내서 간편하게 데워먹으면 됩니다. 매우 편리하죠? 함수가 바로 이러한 느낌입니다. 처음부터 그때그때 요리를 하는 것이 아니라 이미 만들어져 있는 음식을 데우기만 하면 간편하게 먹을 수 있는 것. 이 느낌을 가지고 이번 시간에는 함수에 대해 살펴보도록 하겠습니다.

# Char CHAPTER_1 = {"**함수란 무엇인가**"};

## Unit_1 = ("**함수의 정의** ");

### ■ 일반적인 함수의 개념

우리는 중등교육과정의 수학에서 함수에 대해 배웁니다. 우리가 알고 있는 수학에서의 함수의 형태는 다음과 같습니다. y가 x의 함수일 때의 형태입니다.

$$y = f(x)$$

함수라는 것은 임의의 어떤 입력(x)에 대해 그에 따른 출력(y)이 존재하는 것을 말합니다. 위의 함수 정의 기호에 의거하여 만약 입력한 값에 대해 2배의 출력 결과값을 가진 함수를 정의한다면 다음과 같습니다.

$$y = 2x$$

이 함수는 입력한 값 x를 무조건 2배로 뻥튀기해서 y에 반환합니다. x에 1을 대입하면 y는 2를 반환받게 되고 x에 2를 대입하면 y는 4를 반환받게 됩니다.

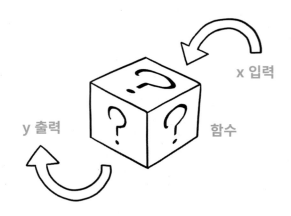

x 입력

y 출력          함수

함수는 블랙박스와 같습니다. 함수 내부에서 어떤 원리로 어떻게 구현되었든지 우리는 알 필요는 없습니다. 다만, x라는 값을 함수에 입력하면 함수 안에서 처리하여 y라는 결과값을 반환할 뿐입니다. 우리 실생활에서도 함수의 원리를 이용한 물건들이 많습니다. 대표적인 예가 커피자판기죠.

커피 자판기의 동작은 동전과 원하는 커피 종류를 선택하면 원하는 커피가 만들어져서 나옵니다. 우리는 커피 자판기 내부에서 커피가 어떻게 만들어지는지 원리에 대해 알 필요는 없습니다. 다만 입력에 대한 출력 결과만 보면 됩니다. 동전이라는 원료를 커피자판기라는 함수에 넣으면 커피라는 결과물이 나옵니다.

이러한 원리 기반에서 함수를 정의해보자면 특정한 작업을 하기 위해 독립적으로 만들어진 하나의 기능 단위라고 말할 수 있습니다.

## ■ 함수를 사용하는 이유

앞에서 예를 들었던 커피 자판기의 경우 동전을 넣으면 커피를 내어주는 아주 단순한 한 가지의 기능을 가지고 있습니다. 하지만, 요즘 나오는 기계나 소프트웨어의 경우 기능이 매우 다양하고 복잡해졌음을 알 수 있습니다. 간단한 계산기의 경우 사칙연산만 보아도 더하기, 빼기, 곱하기, 나누기의 기능만 4가지이고, 그 외에 나머지 구하는 기능, 제곱근 구하는 기능 등을 추가하면 점점 더 늘어나게 되겠지요. 하물며 최근 제작되는 시스템의 소프트웨어의 복잡도는 말할 것도 없겠지요. 함수는 이러한 복잡해지는 프로그램을 기능 단위로 분리하여 작성함으로써 다음과 같이 크게 2가지의 장점을 얻을 수 있습니다.

### ① 코드의 가독성이 좋아집니다.

어떤 글을 읽을 때 내용의 주제에 따라 단락별로 나누어 놓으면 읽기가 수월하고 이해도 빠르게 됩니다. 이와 반대로 글을 단락별로 구분하지 않고 계속 이어지면 가독성이 떨어져 읽기가 어려워지고 이해도 잘 되지 않습니다.

마찬가지로 코드에서도 모든 기능을 한 곳에서 장황하게 작성하여 처리하게 되면 코드를 보고 해석하는 입장에서는 읽기가 매우 힘들어집니다. 이와 반대로 기능 단위로 나누어서 기능을 나누어 놓으면 코드의 가독성은 좋아지고 해석도 쉬워집니다.

## ② 코드의 유지 보수 및 확장이 쉬워집니다.

여러분이 어느 소프트웨어 회사에 입사를 하였다고 합시다. 이 때 이전 근무자의 코드를 인수인계 받아서 파악을 해야 하는데, 코드가 완전 스파게티 코드(엉망으로 짜서 해석하기 힘든 코드)라고 한다면 대략 난감할 것입니다. 좋은 코드는 가독성이 좋아서 이해하기 쉽게 합니다. 함수를 사용하면 이해하기 쉬운 가독성 좋은 코드로 만들 수 있습니다. 그래서 여러분이 새로운 코드를 파악하여 유지보수 및 확장을 해야 한다 할지라도 어렵지 않게 처리할 수 있습니다.

## ③ 반복적으로 수행할 내용을 한 번만 작성해놓고 재사용이 가능합니다.

커피자판기의 경우 커피 만드는 과정을 요청이 들어올 때마다 반복해야 합니다. 매번 같은 과정의 코드를 반복해서 작성할 필요없이 코드를 함수로 만들어놓으면 필요할 때마다 호출만 하면 됩니다.

정돈되지 않은 문장

정돈된 문장

---

### // 잠깐 알아두세요

**스파게티 코드**

스파게티 코드는 프로그래밍 소스코드가 스파게티의 면발처럼 얽혀 있다는 것을 비유해서 표현한 것입니다. 스파게티 코드는 코드 자체의 오류는 없고, 정상 동작은 하지만, 다른 개발자가 이 코드를 이해하기에는 다소 어려움이 있으므로 유지 보수 및 확장이 매우 힘든 코드입니다. 이러한 스파게티 코드는 일정 상 시간에 쫓겨 개발을 수행해야 하는 경우 양산되는 좋지 않은 현상들입니다.

■ **C언어에서의 함수 동작 개념**

C언어는 함수의 집합체라고 해도 과언이 아닐 정도로 여러 함수의 덩어리로 구성되어 있습니다. 우리가 지금 함수에 대해 언급을 하며 마치 새로운 것을 배우는 것인 양 얘기를 하고 있지만, 우리는 이미 함수를 처음부터 사용하고 있었습니다. 왜냐하면 C언어는 함수 덩어리이기 때문에, 함수를 빼고서는 말을 할 수가 없습니다.

C언어의 시작점인 main부터, printf, scanf 모두 함수입니다. 지금까지 우리가 활용했던 기능들의 핵심 함수들입니다. 물론 함수의 종류에 따라 표준함수와 사용자 정의 함수로 나누어지기는 하지만, 앞으로 수많은 표준함수가 등장할 것이며, 수많은 사용자 정의 함수를 여러분은 만들어 사용하게 될 것입니다. 이러한 함수들이 모여 유기적인 조합을 이루게 되면 프로그램이 만들어지는 것입니다.

훌륭한 기능들을 만들어 놓았을지라도, 사용하지 않고 방치하고 있다면 아무리 훌륭한 기능일지라도 쓸모없지 않을까요? 즉, 각 함수(기능)들이 서로 연동하여 유기적으로 동작하는 것이 C언어에서의 함수 동작의 개념입니다.

이러한 동작 개념과 유사성을 볼 수 있는 것이 바로 컴퓨터의 각 장치에 대한 내부 동작 원리입니다. 컴퓨터는 기본적으로 CPU, 메모리 카드, 그래픽 카드, 사운드 카드, 메인 보드 등으로 구성되어 있습니다. 각각의 구성 요소들은 제 각각의 기능들을 가지고 있고, 모두 메인 보드에 붙어서 유기적으로 동작을 합니다. CPU는 메모리에 올라온 값들을 받아서 연산 처리하고, 그래픽 카드는 그래픽 연산 처리를, 사운드 카드는 소리에 대한 처리를 하며, 메인 보드는 각 기능 장치에 대해 유기적으로 결합하여 처리합니다. 이러한 프로세스가 마치 C언어의 동작 프로세스와 매우 비슷합니다.

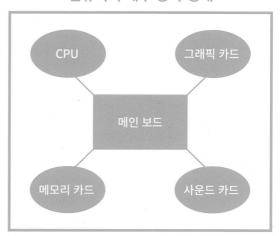

C언어의 함수 동작 형태와 컴퓨터의 내부 동작 형태의 비교

# Unit_2 = ("함수의 종류");

함수의 종류에는 두 가지가 있습니다. 하나는 표준 함수이고, 다른 하나는 사용자 정의 함수입니다. 우리는 지금까지 함수의 종류에 상관없이 함수에 대해 이야기하였습니다. 표준함수와 사용자 정의 함수는 어떤 차이가 있으며 각각 어떠한 특징이 있는지 살펴보도록 하겠습니다.

## ■ 표준 함수

우리가 사용했던 함수 중에 가장 대표적인 함수가 printf입니다. 이 함수는 다양한 서식의 데이터를 출력해주는 함수입니다. 그런데, 생각해보면 우리가 printf라는 함수를 사용하는 방법에 대해서만 배웠지, 출력하는 기능에 대해서 우리가 정의한 바는 없습니다. 즉, 이 함수에 대한 사용법만 배웠지 우리가 이 기능에 대해 직접 만들지는 않았다는 것입니다.

또 다른 함수 중에 사용자로부터 데이터를 입력받는 scanf라는 함수가 있습니다. 이 함수 또한 우리는 사용법을 알고 있지만, 이 함수의 기능을 직접 만든 것은 아닙니다.

이러한 함수들은 이미 C언어에서 제공해주는 기본 기능들입니다. 우리는 이러한 함수를 일컬어 "표준 함수"라고 합니다. C언어를 개발했던 개발자들이 C언어 개발자들로 하여금 편리하게 사용할 수 있도록 미리 함수들을 만들어서 라이브러리화시켜놓은 것입니다. 그래서 우리는 이미 정의되어 있는 표준 함수를 호출만 해서 편리하게 사용할 수 있는 것입니다.

라이브러리화된 함수를 호출해서 사용하기 위해 반드시 해야 할 것이 하나 있는데, 바로 헤더 파일의 정의입니다. main 함수 이전에 #include〈stdio.h〉를 해주었던 것을 기억하나요? 이것은 stdio.h를 포함하겠다는 의미이고, 이 헤더파일에 printf 함수와 scanf 함수의 정의가 되어 있습니다. 그래서 이 두 함수를 사용하기 위해서는 반드시 stdio.h 파일의 포함 선언을 해야 하고, 이 헤더 파일에는 이 두 함수 뿐만 아니라 수많은 표준 함수들이 정의되어 있습니다.

```
_Check_return_ int __cdecl _getw(_Inout_ FILE * _File));
#ifndef _CRT_PERROR_DEFINED
#define _CRT_PERROR_DEFINED
_CRTIMP void __cdecl perror(_In_opt_z_ const char * _ErrMsg);
#endif
_Check_return_opt_ _CRTIMP int __cdecl _pclose(_Inout_ FILE * _File);
_Check_return_ _CRTIMP FILE * __cdecl _popen(_In_z_ const char * _Command, _In_z_ const char * _Mode);
_Check_return_opt_ _CRTIMP int __cdecl printf(_In_z_ _Printf_format_string_ const char * _Format, ...);
#if __STDC_WANT_SECURE_LIB__
_Check_return_opt_ _CRTIMP int __cdecl printf_s(_In_z_ _Printf_format_string_ const char * _Format, ...);
#endif
_Check_return_opt_ _CRTIMP int __cdecl putc(_In_ int _Ch, _Inout_ FILE * _File);
_Check_return_opt_ _CRTIMP int __cdecl putchar(_In_ int _Ch);
_Check_return_opt_ _CRTIMP int __cdecl puts(_In_z_ const char * _Str);
_Check_return_opt_ _CRTIMP int __cdecl _putw(_In_ int _Word, _Inout_ FILE * _File);
```

stdio.h 내의 printf 함수의 정의

## ■ 사용자 정의 함수

프로그램을 작성하다 보면 표준 함수를 유용하게 사용하기도 하지만, 표준 함수에서 지원하지 않는 기능들이 무궁무진합니다. 사실 표준 함수라는 것이 말 그대로 표준적인 기능만 제공하기 때문에 다양 무쌍한 이 현실을 반영하기 위한 프로그래밍을 하기에는 너무나도 그 기능이 부족합니다. 그래서 개발자는 자신이 원하는 기능을 정의하고, 제작하게 되는데, 프로그래밍 대부분의 작업이 바로 사용자 정의 함수를 만드는 일일 것입니다.

사용자 정의 함수는 C언어를 사용하는 개발자가 직접 함수를 만드는 것으로 함수를 선언하고 함수를 정의하는 일을 개발자가 직접 해야 합니다. 우리가 앞으로 배울 함수의 선언 및 정의를 하는 것은 바로 사용자 정의 함수를 기반으로 하는 것입니다. 함수의 선언 및 정의의 방법은 뒤에서 자세히 설명할 것입니다.

# Char CHAPTER_2 = {"**함수의 형태**"};

## Unit_1 = ("**함수의 구성요소**");

함수의 기본 형태는 다음과 같습니다.

```
자료형  함수이름(인수목록)
{
        함수의 내용
}
```

함수의 기본 형태

함수의 기본 형태는 자료형, 함수 이름, 인수 목록 그리고 함수의 내용으로 구성되어 있습니다. 여러분은 인지하고 있었는지 모르지만 이미 main 함수에서 사용하고 있는 구조입니다. 각각의 구성요소들에 대해서 하나씩 살펴보도록 하겠습니다.

### ■ 자료형

함수 이름 앞에 나오는 자료형은 이 함수가 반환하는 값의 자료형을 나타내는 것으로 결국은 함수의 결과에 대한 자료형을 말하는 것입니다. 만약 함수의 반환 결과값이 5와 같은 정수형이라면 자료형은 int로 사용하고 반환 결과값이 3.14와 같은 실수형이라면 자료형은 double로 사용합니다. 만약 군이 결과값을 반환할 필요가 없는 함수의 경우에는 자료형을 void로 사용합니다.

### ■ 함수이름

함수의 이름은 이 함수의 기능과 밀접한 이름으로 만드는 것이 좋습니다. 그래서 함수의 이름만 딱 보아도 이 함수가 무슨 기능을 하는지 파악될 수 있어야 함수의 이름으로써 적절합니다.

주로 이름을 정할 때 해당 기능의 '동사형'을 사용합니다. 만약, 동사형으로만 표현이 부족할 경우는 '동사형 + 명사형'의 조합으로 하는데, 예를 들어, 더하기 기능의 함수라면 'Add'와 같은 동사형 이름이 적절하고, 정수만을 더하는 기능의 함수라면, 'AddInt'와 같은 동사형 + 명사형 조합의 이름이 적절합니다. 또한, 총점을 출력하고 싶다면, printTotal과 같은 이름도 적절합니다.

지금 소개한 함수의 이름 규칙은 문법적으로 꼭 지켜져야 하는 것은 아닙니다. 이를 어겼다고 해서 컴파일러에서 에러로 간주하거나 경고 메시지를 보내주지도 않습니다. 다만, 우리끼리의 내부적인 약속입니다. 그러므로 왠만하면 규칙대로 사용하는 것을 권장합니다.

### ■ 인수목록

함수는 특정 기능을 가지고 있고, 이 함수의 호출부에서는 이 기능을 사용하기 위해 함수를 호출하는데 이 때 필요에 따라서 함수에 필요한 값을 전달해야 합니다. 함수의 동작에 필요한 인수의 개수는 없을 수도 있고, 여러 개일 수도 있는데, 인수를 사용할 경우에는 인수의 자료형과 인수의 이름을 반드시 써 주어야 합니다.

예를 들어 두 개의 정수를 더하는 Add라는 함수가 있다고 하겠습니다. 이 때 Add 함수는 두 개의 인수를 전달 받을 수 있는데, Add(int a, int b)와 같이 표현할 수 있습니다. a와 b는 인수 각각의 이름이고, int는 인수의 자료형을 나타낸 것입니다. 인수는 필요한 만큼 사용할 수 있으며 개수의 제한은 없습니다.

그러나 필자는 지금까지 프로그래밍을 해오면서 10개 이상의 인수를 사용한 함수는 거의 못본 것 같습니다. 전달해야 할 인수가 많아지고 다양해지게 되면 통상적으로 우리가 나중에 배우게 될 구조체라는 자료형으로 만들어 넘기기도 합니다.

### ■ 함수의 내용

함수의 내용은 중괄호({ }) 사이의 영역 안에서 작성하면 됩니다. 실제 이 함수의 기능을 작성합니다.

## Unit_2 = ("간단한 함수 작성");

함수의 형태와 함수의 구성 요소를 알아 보았으니 간단한 함수에 관한 예제를 작성해보겠습니다. 간단한 예로 계산기의 사칙연산 기능 중 더하기 기능을 작성해 봅시다.

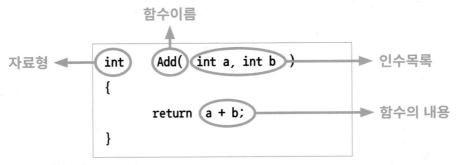

함수이름

자료형 ← int    Add( int a, int b )    → 인수목록
{
    return a + b;    → 함수의 내용
}

Add 함수의 정의

함수의 이름은 더하기라는 기능의 이름인 Add라고 하였고, 인수목록은 정수형 변수 두 개가 필요
하므로 각각 int a, int b를 선언하였습니다. 함수의 내용은 두 정수의 합을 구하는 것이므로 a + b
라고 하였고, 이 결과의 반환값 형태는 정수형이므로 int로 작성하였습니다.

이제 Add라는 이름의 함수는 두 개의 정수값을 더하여 결과를 출력하는 기능을 가진 하나의 모듈
로 완성되었습니다. 이 함수를 실제 코드상에서 작성하여 그 기능을 확인해 보겠습니다.

## Char CHAPTER_3 = {"**함수의 사용 방법**"};

## Unit_1 = ("**함수의 원형(prototype), 정의(definition), 호출(function call)**");

■ 함수의 정의

우리가 앞서 살펴본 함수의 수행 내용을 기술한 함수의 형태를 우리는 함수의 정의(function definition)라고 합니다.

앞서 정의한 Add 함수를 가지고 다음과 같이 예제를 작성해보겠습니다.

■ 예제 : 6장\6-1\6-1.c

```
1:     #include <stdio.h>
2:
3:     int Add(int i, int j)
4:     {
5:           return i + j;
6:     }
7:
8:     int main(void)
9:     {
10:          int a;
11:          int b;
12:          int hap;
13:
14:          printf("두 개의 정수를 입력하시오 : ");
15:          scanf("%d%d",&a,&b);
16:
17:          hap = Add(a, b);
18:
19:          printf("두 정수의 합은 : %d 입니다.\n", hap);
```

```
20:
21:        return 0;
22:    }
```

■ 실행결과

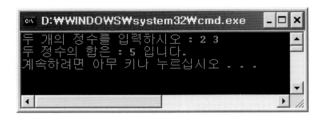

● 3번째부터 6번째 줄까지 Add 함수에 대한 정의를 코드화하였습니다. Add 함수에 대한 정의를 main 함수 앞에서 정의한 것을 주목하기 바랍니다.

● 17번째 줄은 main 함수 안에서 Add 함수를 호출하고 있는 형태입니다. 사용자로부터 두 개의 정수를 입력받아 함수에 전달 인자로 넘겨 수행한 후 반환 값을 정수형 변수 hap으로 받고 있습니다. 여기서 주목할 점은 우리가 정의한 Add 함수를 main 함수 안에서 호출하여 사용하고 있다는 것입니다.

■ 함수의 원형

함수의 정의를 main함수 아래쪽으로 이동해보겠습니다. 그리고 다시 컴파일합니다. 어떤가요? 아마 경고 메시지가 나타날 것입니다.

```
1:    #include <stdio.h>
2:
3:    int main(void)
4:    {
5:            int a;
6:            int b;
7:            int hap;
8:
9:            printf("두 개의 정수를 입력하시오 : ");
10:           scanf("%d%d",&a,&b);
11:
12:           hap = Add(a, b);
13:
```

```
14:        printf("두 정수의 합은 : %d 입니다.\n", hap);
15:
16:        return 0;
17:    }
18:
19:    int Add(int i, int j)
20:    {
21:        return i + j;
22:    }
```

다음과 같은 경고 메시지가 나타납니다.

warning C4013: 'Add'이(가) 정의되지 않았습니다.

이러한 경고 메시지가 나타나는 이유는 C언어의 실행 순서 구조에서 그 답을 찾을 수 있습니다. C언어는 순차적 프로그래밍 방식이므로 코드의 첫 번째 줄부터 읽어서 해석하기 시작합니다. 헤더 파일을 읽고, 그 다음 main함수를 읽기 시작하는데, 이 때 코드의 12번째 줄에서 Add 함수를 호출하는 것을 볼 수 있습니다. 즉, main 함수 안에서 Add함수를 호출하고 있는 형태인데, 현재 main 함수가 Add라는 함수에 대한 정보를 알고 있나요? 알 수 없습니다. 왜냐하면 Add 함수는 main 함수를 빠져 나온 19번째 줄에서 비로소 정의하고 있기 때문입니다. 말하자면, main 함수의 12번째 줄에서 Add 함수를 호출하였을 때, 컴파일러는 "나는 Add를 알지 못한다."라고 말하고 있는 것입니다. 이 문제를 어떻게 해결해야 할까요?

"그냥 예제 6-1에서처럼 함수의 정의 위치를 main 함수 앞으로 다시 바꾸면 되잖아요."라고 말할 수도 있습니다. 물론 6-1의 예제는 그렇게 작성했고 오류 없이 실행이 되었습니다. 하지만, 모든 함수를 main 앞에 정의를 해야만 합니다. 그렇게 되면 프로그래밍을 기능 단위로 모듈화 시 여러 가지 번거로운 일들이 생깁니다. 결코 바람직한 형태는 아닙니다.

이 문제를 해결하기 위한 정석은 코드의 서두에 내가 정의한 함수의 원형(function prototype)을 선언하면 됩니다. 즉, 컴파일러에게 미리 내가 사용할 함수의 목록들을 알려주는 것입니다. 그렇게 되면 컴파일러는 함수의 정의 위치에 상관없이 내가 사용할 함수를 미리 인식할 수 있게 됩니다. 함수의 원형은 다음과 같습니다.

**int Add(int i, int j);**

함수 원형의 형태는 함수 정의의 형태에서 중괄호({ }) 이하의 내용을 모두 삭제하고, 문장의 끝에 세미콜론(;)을 붙여준 형태입니다. 컴파일러는 이 함수의 기능에는 관심이 없습니다. 다만, 이 함수에 대한 기본 정보만을 알고 있을 뿐입니다. '반환형은 무엇인지?', '함수 이름은 무엇인지?', '인수의 자료형과 개수는 몇 개인지?' 등의 정보를 가지고 있다가, 만약 어디선가 이 함수의 이름을 만나게 되면 컴파일러는 '나 이 함수 알아'라며 아는 척하고, 해당 함수를 호출하는 것입니다. 앞의 코드에 함수의 원형을 추가해 보겠습니다.

```
1:    #include <stdio.h>
2:
3:    int Add(int i,int j);
4:
5:    int main(void)
6:    {
7:         int a;
8:         int b;
9:         int hap;
10:
11:        printf("두 개의 정수를 입력하시오 : ");
12:        scanf("%d%d",&a,&b);
13:
14:        hap = Add(a, b);
15:
16:        printf("두 정수의 합은 : %d 입니다.\n", hap);
17:
18:        return 0;
19:    }
20:
21:    int Add(int i, int j)
22:    {
23:         return i + j;
24:    }
```

## ■ 함수의 호출

함수의 원형을 선언하고 정의하였으면, 이 함수를 활용하는 일만 남았습니다. 그 과정이 바로 함수의 호출(function call) 과정입니다.

Add(a, b);

프로그램은 실행하는 도중 이미 정의가 되어 있는 함수의 이름을 만나면, 해당하는 함수를 호출하여 프로그램 제어를 호출된 함수로 넘깁니다. 호출된 함수의 수행이 끝나면 프로그램 제어는 그 함수를 호출하였던 위치로 돌아오고 프로그램의 실행은 계속됩니다.

## Unit_2 = ("함수 호출과 프로그램의 흐름");

다음은 프로그램의 수행과정에서 함수의 호출 및 반환되는 흐름을 순서대로 표시한 그림입니다.

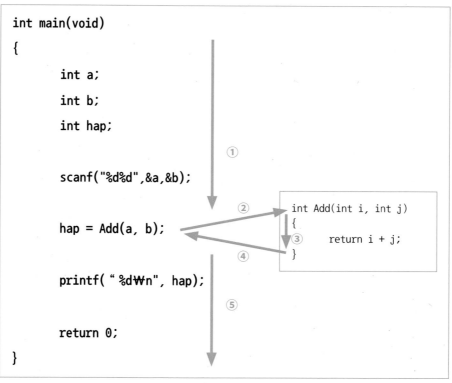

프로그램 수행중 함수의 호출 및 반환 시점

C언어는 순차적으로 수행되기 때문에 시작은 main에서 시작하여 ①과 같이 순차적으로 수행합니다. 이 때 Add라는 함수를 만나게 되면 Add 함수를 호출하라는 의미이므로, ②와 같이 수행의 위치는 Add 함수의 정의부로 넘어가서 함수의 내부를 순차적으로 수행합니다.(③) Add 함수의 수행이 끝나면 ④와 같이 Add 함수를 호출했던 지점으로 다시 돌아간 후, 반환값이 있으면 반환값을 넘겨줍니다. 그리고, ⑤와 같이 그 이후의 루틴을 수행하면 됩니다.

## Unit_3 = ("void형 함수");

우리가 살펴본 함수들은 모두 결과값을 반환하였습니다. 그런데, 함수는 수행한 결과값을 반드시 반환할 필요는 없으며, 함수의 기능 수행만 하고, 결과값을 반환하지 않을 수도 있습니다. 이러한 함수를 우리는 void형 함수라고 말하는데, void의 의미는 '비어 있는', '무효의' 의미를 가지고 있습니다. 즉, 함수의 자료형 자체가 void형으로 선언되면 아무런 값도 반환하지 않겠다는 의미입니다. void형 함수를 사용하는 경우는 주로 함수 수행 후 결과에 대한 반환값이 필요없을 때입니다. printf와 같이 화면에 출력하는 함수의 경우는 함수 기능의 목적이 데이터를 화면에 출력하는 것이므로 반환값이 필요없습니다. 다음은 void형 함수의 예입니다.

■ 예제 : 6장\6-2\6-2.c

```
1:    #include <stdio.h>
2:
3:    int Add(int i,int j);
4:
5:    void print_Start()
6:    {
7:          printf("===== Programming Start =====\n");
8:          printf("두 개의 정수를 입력하시오 : ");
9:    }
10:
11:   void print_Hap(int result)
12:   {
13:          printf("두 수의 합은 %d 입니다.\n", result);
14:          printf("===== Programming End =====\n");
15:   }
16:
17:   int main(void)
18:   {
19:          int a;
20:          int b;
21:          int hap;
22:
23:          print_Start();
24:          scanf("%d%d",&a,&b);
25:          hap = Add(a, b);
```

```
26:        print_Hap(hap);
27:
28:        return 0;
29:    }
30:
31:    int Add(int i, int j)
32:    {
33:        return i + j;
34:    }
```

■ 실행결과

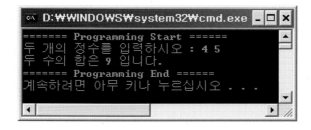

● 반환형이 void형이고, 전달인자가 없는 경우

외부로부터 함수에 전달 입력값도 없고, 함수 수행 후 반환해줄 값도 없습니다.

print_Start 함수는 외부로부터 전달 받는 인자도 없고, 단지 문자열만 화면에 출력합니다. 따라서 함수 수행 후 반환 해주어야 할 값도 필요없으므로 반환형은 void 형입니다.

● 반환형이 void형이고, 전달인자가 있는 경우

외부로부터 함수에 전달 입력값은 있고, 함수 수행 후 반환해줄 값이 없습니다. print_Hap 함수는 두 정수를 더한 결과값 result를 전달 인자로 넘겨받고, 이 값을 화면에 출력하고 있습니다.

**printf 함수는 반환값이 있을까? 없을까?**

우리는 printf 함수를 숱하게 사용하고 있으면서도 한번도 printf 함수의 반환값을 받아 본 적이 없습니다. 왜냐하면 printf는 단순히 데이터를 출력하는 기능을 가진 함수이므로 결과값을 반환할 필요가 없었기 때문입니다. 그래서 대부분의 개발자들은 printf 함수가 반환값이 없는 void형 함수로 착각하고 있지만, printf 함수는 엄연히 값을 반환하고 있습니다. 이 사실을 다음의 예제를 통해 확인해보겠습니다.

```c
1:    #include <stdio.h>
2:
3:    int Add(int i,int j);
4:
5:    int main(void)
6:    {
7:         int a;
8:         int b;
9:         int hap;
10:        int result1, result2;
11:
12:        result1 = printf("두 개의 정수를 입력하시오 : ");
13:        scanf("%d%d",&a,&b);
14:
15:        hap = Add(a, b);
16:
17:        result2 = printf("두 정수의 합은 : %d 입니다.\n", hap);
18:        printf("result1 : %d, result2 : %d \n", result1, result2);
19:
20:        return 0;
21:    }
22:
23:    int Add(int i, int j)
24:    {
25:         return i + j;
26:    }
```

● 12번째 줄과 17번째 줄에서는 printf 함수의 반환값을 받고 있습니다. 출력 결과를 살펴보면 각각 28이라는 정수가 반환된 것을 볼 수 있는데, printf 함수를 통해 출력한 문자열의 바이트 수를 반환한 것입니다. 한글은 1글자에 메모리 2바이트씩 차지하고, 공백이나, 특수문자는 메모리 1바이트씩 차지하므로 문자열의 수를 하나씩 세어보면 각각 28 바이트가 출력되는 것을 알 수 있습니다.

## 과제 6-1

해설 229p

앞서 작성했던 예제를 기반으로 하여, 사칙 연산(더하기, 빼기, 곱하기, 나누기)이 가능한 계산기를 작성하고, 사용자로부터 입력받은 두 수의 더하기, 빼기, 곱하기, 나누기의 결과를 각각 출력하도록 하라.

출력 예)
두 정수를 입력하시오 : 5 2
두 정수의 합은 7입니다.
두 정수의 차는 3입니다.
두 정수의 곱은 10입니다.
두 정수의 나누기는 2입니다.

## 과제 6-2

해설 230p

사용자로부터 두 수를 입력받아, 두 수를 비교하여 최대값과 최소값을 구하는 함수를 정의하라. 그리고 main 함수에서 이 함수들을 호출하여 결과값을 출력하도록 하라.

출력 예)
두 정수를 입력하시오 : 5 3
최대값 : 5 최소값 : 3

# Char CHAPTER_4 = {"변수의 범위"};

이제는 변수 이야기를 좀 할까 합니다. 왜냐하면 함수 안의 재료가 되는 것들이 변수들인데, 지금 까지는 정작 껍데기를 말하였다면, 지금은 알맹이를 말할 차례입니다. 변수에 대해서는 이미 배우지 않았습니까? 이렇게 반문할 수 있습니다. 그렇습니다. 이미 배웠기 때문에 현재 함수 내에서 변수를 선언하고 사용하고 있는 것입니다. 그런데, 우리는 변수의 사용법에 대해서는 알고 있지만, 이 변수의 수명이나 접근 범위에 대해서는 잘 알지 못합니다. 이번 시간에는 선언한 변수가 얼마의 기간 동안 메모리 상에 존재하는지, 접근할 수 있는 범위는 어떻게 되는지에 대해서 알아보도록 하겠습니다.

## Unit_1 = ("지역 변수");

우리가 보는 TV를 보면 전국 방송이 있고, 지역 방송이 있는 것을 볼 수 있습니다. 필자가 가끔 지방을 내려가서 TV를 보면 공중파 방송인데도 특정 시간대에 그 지역 방송국에서 송출하는 방송을 보아야 하는 경험을 종종 했었습니다. 지역 방송이라는 것은 해당 지역에서만 방송이 나오는 것으로, 지역이라는 것은 어느 한정된 공간에 형성되는 지역을 의미한다고 볼 수 있습니다.

### ■ 코드에서의 지역의 의미

우리나라 전국에 '이주성'이라는 사람이 각 지역마다 한 명씩만 있다고 가정하겠습니다. 전국을 상대로 '이주성'이라는 사람을 부르면 어떤 이주성을 불렀는지 알 수가 없습니다. 그런데, 그 각 지방에 가서 '이주성'을 부르게 되면 각 지역에 해당하는 이주성들이 각각 대답을 할 것입니다.
예를 들면, 경기도에 가서 이주성을 부르면 경기도에 사는 이주성이 대답을 할 것이고, 전라도에 가서 이주성을 부르면 전라도에 사는 이주성이 대답을 할 것입니다.

지역 변수 의미의 이해

코드에서도 마찬가지입니다. 경기도, 전라도, 경상도 등이 어떤 공간에 형성되는 지역을 의미하고, '이주성'은 그 지역의 변수를 의미하는데, 말하자면 지역 변수가 됩니다. 우리는 함수를 정의할 때 항상 중괄호 ({ })를 사용하였는데, 중괄호로 묶여진 영역이 바로 하나의 지역이 됩니다. 다음 그림 을 살펴보도록 하겠습니다.

```
void main(void)
{
        int val = 0;
        func1();
}
void func1()
{
        int local = 10;
        func2()
}
void func2()
{
        int local = 20;
}
```

스택 메모리

| |
| local = 20 |
| local = 10 |
| val = 0 |

① ② ③

지역 변수의 메모리 적재 순서

두 개의 함수를 정의하였는데, func1과 func2입니다. 각 함수를 하나의 지역이라고 생각해 봅시다. 함수 내부를 보면 정수형 변수 local이라는 변수가 선언 및 초기화되어 있는 것을 볼 수 있습니다. 그런데, 두 함수 모두 local이라는 같은 이름을 가지고 있습니다. 마치 각 지역의 동명이인 '이주성'과 같은 경우입니다. 이렇게 변수 이름이 같더라도 이 변수는 중복 에러를 발생시키지 않습니다. 왜냐하면 각 변수는 노는 물(함수)이 다르기 때문입니다. 같은 함수 안에서 이름이 같은 변수를 선언하였다면 당연히 에러가 났을 것입니다.

프로그램 실행 시 선언한 변수들이 스택 메모리에 적재되는 것을 그림으로 나타내 보았습니다. main 함수가 가장 먼저 시작되므로 먼저 val = 0 변수를 만나게 되고, 이 변수는 ①과 같이 가장 첫 번째로 스택 메모리에 적재가 됩니다. 그 다음 수행은 func1 함수의 호출입니다. 함수 호출 시 함수 내부로 진입하게 되는데, 이 때 local = 10이라는 변수를 만나게 되고, ②와 같이 두 번째로 스택 메모리에 적재 됩니다. 함수의 수행이 끝나고 그 다음 func2 함수를 호출하게 되는데, local = 20이라는 변수를 만나게 되고, ③과 같이 세 번째로 스택 메모리에 적재가 됩니다. 여기서 눈여겨 볼 것은 local이라는 같은 이름의 변수이지만, 각각 다른 메모리 영역을 할당 받고 있다는 것입니다. 즉, 지역 변수이므로 같은 이름이라도 독립된 다른 변수라는 것입니다.

### ■ 메모리가 존재하는 시간

각각의 지역 변수가 스택 메모리에 적재되는 것을 살펴보았습니다. 그런데 메모리라는 것은 유한한 자원이므로 할당만 하고 해제를 하지 않으면 메모리 부족으로 시스템이 다운되고 말 것입니다. 하지만 우리는 메모리의 할당과 해제에 신경 쓸 필요는 없습니다. 왜냐하면 스택 메모리는 시스템이 알아서 메모리를 할당해주고 해제하여 주기 때문입니다. 대신 우리는 우리가 선언한 변수가 언제 할당되고 해제되는지는 알고 있어야 프로그래밍 시 오류 없이 작성할 수 있습니다. 앞서 그림을 통해 선언한 지역 변수들이 스택 메모리에 적재(할당)되는 순서를 살펴보았습니다. 이제는 메모리에 적재된 변수들이 어떤 순서로 어느 시점에 소멸되는지 살펴보도록 하겠습니다.

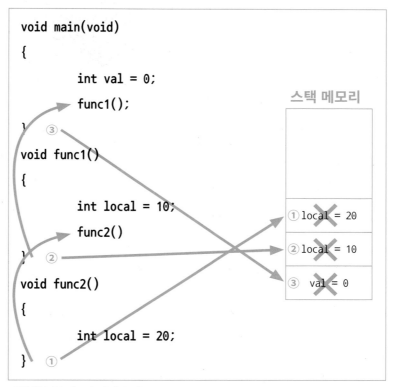

지역 변수의 메모리 해제 순서

함수의 호출 순서는 main → func1 → func2의 순입니다. 결국 함수의 수행이 먼저 끝나는 순서는 호출 순서의 반대인 func2 → func1 → main이 됩니다.

①의 경우는 func2 함수의 수행이 끝나는 시점인데, 이 때 local = 20 변수는 지역 변수이므로 이 함수를 빠져 나가는 순간 시스템은 스택 메모리에 적재된 local = 20이 자동으로 소멸됩니다. func2 함수가 끝난 다음의 루틴은 func1 함수가 끝나는 지점인 ②인데, 이 때 지역 변수 local = 10 또한 이 함수 내에서만 유효한 변수이므로 소멸됩니다. 그 다음 루틴은 ③인데, main 함수가 종료되는 루틴이므로 마지막으로 main 함수에 속해 있는 지역 변수 val = 0이 소멸됩니다.

정리하면, 지역 변수는 자신이 해당하는 영역을 빠져나가게 되면 자동 소멸되므로, 함수 안에서 선언한 모든 지역 변수들은 해당 함수 종료시 모두 소멸됩니다. 그리고, 소멸 순서는 함수의 호출 순서와는 정반대입니다. 간단한 예제를 통해 확인해보겠습니다.

## ■ 예제 : 6장\6-3\6-3.c

```
1:    #include <stdio.h>
2:
3:    void func1();
4:    void func2();
5:
6:    void main(void)
7:    {
8:         int val = 0;
9:         printf("첫 번째 메모리 할당 : val = 0\n");
10:        func1();
11:        printf("두 번째 메모리 소멸 : local = 10\n");
12:    }
13:
14:    void func1()
15:    {
16:         int local = 10;
17:         printf("두 번째 메모리 할당 : local = 10\n");
18:         func2();
19:         printf("첫 번째 메모리 소멸 : local = 20\n");
20:    }
21:
22:    void func2()
23:    {
24:         int local = 20;
25:         printf("세 번째 메모리 할당 : local = 20\n");
26:    }
```

■ 실행결과

● 선언한 변수가 스택 메모리에 자동으로 할당되는 순서를 알아보기 위해 각 함수 안에서 변수 선언 시 바로 다음 줄에 printf 함수를 통해 메모리 할당 표시를 해 두었습니다.

각각 9번째 줄, 17번째 줄, 25번째 줄에 메모리 할당 표시를 순서대로 하고 있습니다. 우리가 앞에서 보았던 '지역변수의 메모리 적재 순서(208p)' 그림을 참고하기 바랍니다.

● 스택 메모리에 할당된 변수의 소멸은 할당 순서의 반대로 이루어진다고 하였습니다. 그래서 세 번째로 할당된 변수인 local = 20이 가장 첫 번째로 소멸되고 있습니다. 왜냐하면 지역 변수들이기 때문에 해당 함수가 종료되면 해당 지역 변수들은 자동으로 메모리에서 소멸되기 때문입니다. 지역변수의 메모리 해제 순서(209p) 그림을 참고하기 바랍니다.

■ 중괄호{ }는 무조건 지역 형성

함수를 정의할 때 우리는 함수의 영역을 중괄호({ })를 통해서 형성하였습니다. 그런데, 이 중괄호를 함수외에 사용했던 것을 기억하나요? 그렇습니다. 반복문(for, while)과 조건문(if, switch)을 사용할 때도 해당 처리 문구의 영역을 표시할 때 중괄호({ })를 사용했던 것을 우리는 기억할 것입니다. 함수와 마찬가지로 반복문과 조건문에서 사용하는 중괄호 또한 지역을 형성합니다. 그래서 그 중괄호 안에서 선언된 변수들도 지역 변수에 속합니다.

```
void main(void)
{
        int val = 0; ───────────▶ main함수 안에서 어디든 접근이 가능

        while(…)
        {
                int local = 5; ─▶ while문 안에서만 유효한 변수
        }


        if(…)
        {
                int local = 10; ─▶ if문 안에서만 유효한 변수
        }
}
```

중괄호를 통한 지역 형성

그림에서 나타나듯이 별도의 사용자 정의 함수가 아닌 main 함수 안에서 while문과 같은 반복문이나 if문과 같은 조건문을 처리하는 루틴인 중괄호({ }) 영역에 지역 변수를 선언과 동시에 초기화합니다. 이 때 while문 처리 영역에 변수 local = 5를, if문 처리 영역에 변수 local = 10을 선언과동시에 초기화하였습니다. 자료형과 변수명이 같지만, 선언한 지역이 서로 다르므로 독립적으로선언 및 접근이 가능합니다. 즉, 각각 별도의 메모리를 할당 받는 것입니다.

local = 5 변수는 while문이 끝나면 자동 소멸될 것이고, local = 10 변수는 if문이 끝나면 메모리가 자동 소멸될 것입니다. 그리고, val = 0 변수는 main 함수가 종료되는 시점에 메모리가 자동소멸될 것입니다. 간단한 예제를 통해 확인해보겠습니다.

■ 예제 : 6장\6-4\6-4.c

```
1:      #include <stdio.h>
2:
3:      int main(void)
4:      {
5:              int val = 0;
6:
7:              while(val < 5)
```

```
8:      {
9:              int local = 0;
10:             local++;
11:             val++;
12:             printf("local = %d, val = %d\n", local, val);
13:     }
14:
15:     if(val == 5)
16:     {
17:             int local = 100;
18:             val++;
19:             printf("local = %d, val = %d\n", local, val);
20:     }
21:
22:             return 0;
23:  }
```

■ 실행결과

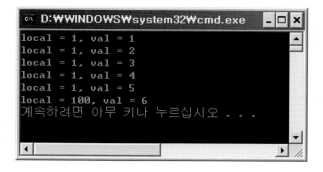

```
D:\WINDOWS\system32\cmd.exe
local = 1, val = 1
local = 1, val = 2
local = 1, val = 3
local = 1, val = 4
local = 1, val = 5
local = 100, val = 6
계속하려면 아무 키나 누르십시오 . . .
```

● 우리가 보아야 할 포인트는 변수의 선언 위치입니다. 5번째 줄에 val = 0, 9번째 줄에 local = 0, 17번째 줄에 local = 100 각각의 변수들은 모두 main 함수 내에 선언되어 있습니다. 그런데, local 변수들을 보면 9번째 줄의 선언은 while문 내부의 중괄호 { } 안에 선언되어 있고, 17번째 줄의 선언은 if문 내부의 중괄호 { } 안에 선언되어 있는 것을 볼 수 있습니다. 중괄호가 되어 있으면 그 영역은 하나의 지역이 형성된 것이므로, 그 안에서 선언되는 변수들은 그 내부에서만 메모리가 할당되어 사용되고 소멸됩니다.

● 먼저 while문을 통해 출력한 결과를 먼저 보도록 하겠습니다. local 변수는 5번 모두 1이 출력되고, val 변수는 1씩 증가하면서 출력하는 것을 볼 수 있는데 9번째 줄의 local = 0의 변수 선언은 while 반복문이 5번 반복되는 동안 매번 할당 및 소멸을 반복하고 있습니다. 그래서 10번째 줄에서

local을 1증가 하더라도 반복문을 통해 다시 돌게 되면 9번째 줄에서 0으로 초기화되어 값이 1이상으로 증가하지 않습니다.

반면 val 변수의 경우는 5번째 줄에서 선언하고 있습니다. 이 변수는 while문의 중괄호 밖에서 선언되어 있으므로, main 함수의 지역 변수이지만, while문에 종속된 지역 변수는 아닙니다. 그래서 11번째 줄처럼 val 변수가 1씩 증가하는 경우에 한 번 스택 메모리에 적재된 메모리 val을 그대로 사용하므로 최대 5이하까지 증가한 값을 출력하고 있습니다.

● 이번에는 조건문 if문 내에서 출력한 결과를 보도록 하겠습니다. 17번째 줄의 if문 내부에서 while문 내에서 선언했던 변수 이름과 같은 local이라는 이름의 변수를 다시 선언하였습니다. 이 변수의 초기값은 100으로 하였고, 18번째 줄은 val 변수를 1씩 증가시키고 있습니다. 출력 결과를 보면 local은 100이 출력되었고, val은 6이 출력된 것을 볼 수 있습니다. 이것은 무엇을 의미하는 것일까요? local 변수는 이름이 같아도 지역이 다르면 각각 다른 메모리를 할당하여 사용된다는 의미이고, val과 같이 지역을 벗어난 상위에서 선언된 변수의 경우는 모든 지역에 접근이 가능하다는 것을 의미합니다.

## ■ 매개 변수도 지역 변수

함수의 매개 변수도 스택 메모리에 할당되는 지역 변수입니다. 그래서 함수가 수행이 될 때 자동으로 할당되었다가, 함수가 끝나면 자동으로 소멸됩니다. 앞에서 중괄호 내에 선언된 변수들만 지역 변수라고 강조를 하여서 자칫 함수의 매개 변수를 지역 변수로 생각 못할 수도 있습니다. 매개 변수도 지역 변수와 선언되는 위치만 다를 뿐 똑같은 특징을 갖고 있습니다.

```
int fun (int a, int b)     ➡ 매개 변수도 지역 변수이다.
{
        int result = 0;
        a = a + 1;
        b = b + 1;
        result = a + b;
        return result;
}
```

매개 변수도 지역 변수

위의 코드(214p)를 보면 매개 변수로 정수형 변수 a와 b를 받아서 함수 내부에서 연산을 하고 있습니다. 연산이 가능하다는 것은 변수가 메모리에 할당되었다는 것을 의미합니다. 연산한 결과를 result를 통해 반환하고 있는데, 함수가 종료되면, a, b, result 변수 모두 스택 메모리 상에서 소멸됩니다.

## Unit_2 = ("**전역 변수**");

전역 변수라는 것은 지역 변수의 반대되는 개념입니다. '전역'이라는 것은 전체 지역을 뜻하는 것으로 프로그램의 초보자가 사용하면 매우 편리한 슈퍼 울트라 변수라고도 할 수 있습니다. 왜냐하면 말 그대로 전체 영역에서 사용할 수 있는 변수이니, 언제 어디서든 마음대로 접근할 수 있습니다. 하지만, 우리에게는 자유의 이면에 책임을 져야 하는 의무가 있습니다. 전역 변수 또한 자유롭게 사용할 수 있지만, 과용으로 인한 대가를 치뤄야 할 수도 있기 때문에 신중하게 사용해야 합니다.

### ■ 전역 변수의 선언

전역이라는 것은 그 이름이 의미하는 것처럼 '전체의 영역'을 의미합니다. 그렇다면 전역 변수라는 것은 프로그램 전체를 접근할 수 있는 변수라고 생각하면 됩니다. 전역 변수를 선언하고 사용하는 방법에 대해 살펴보겠습니다.

```
int global;                    ───▶  전역 변수

void main(void)
{
        int val = 0;           ───▶  지역 변수
        func1();
}
void func1()
{
        int local = 10;        ───▶  지역 변수
}
```

전역 변수의 선언

전역 변수의 선언 위치는 위의 코드(215p)와 같이 main 함수의 바깥쪽에서 선언합니다. 전역 변수 global은 main 함수내에서도 사용 가능하고, func1 함수 내에서도 사용 가능합니다. 즉, 모든 프로그램 내에서 접근이 가능한 변수입니다. 간단한 예제를 통해 살펴보도록 하겠습니다.

## ■ 예제 : 6장\6-5\6-5.c

```c
1:    #include <stdio.h>
2:
3:    int global;
4:    void Add(int i, int j);
5:
6:    int main(void)
7:    {
8:        int a;
9:        int b;
10:
11:       printf("두 개의 정수를 입력하시오 : ");
12:       scanf("%d%d",&a,&b);
13:
14:       Add(a, b);
15:
16:       printf("두 정수의 합은 : %d 입니다.\n", global);
17:
18:       return 0;
19:    }
20:
21:    void Add(int i, int j)
22:    {
23:        global = i + j;
24:    }
```

## ■ 실행결과

● [6-1]예제를 기반으로 전역 변수를 사용하기 위해 조금 수정한 것인데, 특징이 있다면 정수형 반환값을 갖던 Add 함수의 자료형을 void 형으로 변경하였습니다. 그 이유는 연산 결과를 프로그램 어디서나 접근이 가능한 전역 변수로 받고 있기 때문입니다.

● 3번째 줄에 global이라는 정수형 변수를 선언하고 있습니다. 이는 main 함수의 바깥쪽에 위치하고 있으므로 전역 변수입니다. 전역 변수는 프로그램 코드 내의 어디서든 접근이 가능한 변수입니다. 즉, main 함수 및 Add 함수 내에서도 접근이 가능합니다.

● 12번째 줄에서 사용자로부터 입력받은 두 개의 변수를 14번째 줄에서 Add 함수를 호출함으로써 매개 변수로 넘겨주고 있습니다. 23번째 줄에서 매개 변수로 받은 두 개의 변수를 더하고, 그 결과를 전역 변수인 global에 대입하고 있습니다.

[6-1]의 예제에서는 연산한 결과값을 정수형으로 반환하였습니다. 왜냐하면 결과값을 main 함수에서 출력하기 때문에 함수의 반환값으로 결과값을 받았던 것입니다. 그런데, 지금은 단지 전역변수 global에 결과값을 대입만 하고 있을 뿐입니다.

● Add함수 호출이 끝나고 16번째 줄을 보면 printf 함수로 global 변수를 출력하고 있습니다. global 변수는 전역 변수이므로 main 함수 내에서 출력이 가능합니다. global 변수에는 Add 함수 내에서 수행한 결과값이 들어 있으므로 결과값을 그대로 출력할 것입니다.

## ■ 전역 변수가 메모리에 존재하는 시간

지역 변수는 함수 내에 선언됨으로써 스택 메모리에 할당되고, 함수가 종료되면 자동으로 소멸된다고 하였습니다. 그렇다면 함수 영역과 무관한 전역 변수는 언제 메모리에 할당되고 소멸될까요? 전역 변수의 접근 범위는 프로그램 전체 영역입니다. 따라서 전역 변수는 프로그램이 시작하자 마자 메모리 상에 올라가서 프로그램이 종료될 때 메모리 상에서 소멸됩니다.

___ // 잠깐 알아두세요 ___

**전역 변수의 남용은 금지**

전역 변수는 프로그램 전체 영역의 어디든 접근이 가능합니다. 마치 모든 문을 다 열 수 있는 마스터 키와 같은 느낌입니다. 그런데, 아무리 좋은 것도 잘못 사용되거나, 과용하면 독이 됩니다. 한번 생각해보겠습니다. 마스터 키가 정말 필요한 경우를 위해 정의로운 사람이 한 개정도 가지고 있는 것은 매우 유용할 것입니다. 그런데, 모든 사람이 다 마스터 키를 가지고 있다면 아마 사회의 혼란을 초래할 것입니다. 보안은 무너질 것이고, 도둑질과 강도질이 사회에 만연하게 될 것입니다.

마찬가지로 전역 변수가 어디든 접근할 수 있으므로 편하다고 한 10개를 사용했다고 가정해보겠습니다. 그 중 1개의 전역 변수 global1이 사용되는 함수가 대략 30개 정도라고 한다면, global1의 값을 한 개 변경하게 되면 그에 대한 30개의 함수가 모두 영향을 받게 되고, 개발자는 global1 변수가 각 함수에 영향을 주지는 않는지 일일이 다 검증해야 합니다. 그런데 남은 9개의 전역 변수도 마찬가지로 변수 각각이 사용되는 함수가 대략 30개라면 총 300번의 검증을 해야 합니다. 이건 정말 답이 없는 코드입니다. 접근성이 용이하다고 좋은것 만은 아닙니다. 오히려 기능을 모듈화시키는 데 방해가 될 수도 있고, 코드의 복잡도를 더 증가시킬 수 있습니다. 그러므로 전역 변수를 사용하는 경우 신중을 기해서 사용하고, 꼭 필요한 경우 아니면 사용을 자제하는 것이 좋습니다.

# Unit_3 = ("static 변수");

이번에는 지역도 전역도 아닌 static 변수에 대해서 알아보겠습니다. 'static'은 사전적 의미로 '정지된', '고정상태의'라는 뜻을 가지고 있습니다. 왠지 고정시켜 놓는다는 느낌이 듭니다.

static 변수는 지역 변수처럼 중괄호의 영역에서 메모리가 할당되고 소멸되는 것이 아니라 한 번 메모리에 할당되면 중괄호를 벗어나도 메모리 상에 고정이 되어서 소멸되지 않습니다.

## ■ static 변수의 선언

다음 예제를 통해 static 변수를 선언하고 사용하는 방법을 보도록 하겠습니다.

## ■ 예제 : 6장\6-6\6-6.c

```c
1:    #include <stdio.h>
2:
3:    void func(void);
4:
5:    int main(void)
6:    {
7:        int i = 0;
8:        while(i < 5)
9:        {
10:            func();
11:            i++;
12:        }
13:
14:        return 0;
15:    }
16:
17:    void func(void)
18:    {
19:        int value = 0;
20:        value++;
21:        printf("%d\n", value);
22:    }
```

● 17번째 줄의 함수 func의 기능은 정수형 변수 value를 선언과 동시에 0으로 초기화하고 value++ 연산 후 화면에 출력하는 기능을 하고 있습니다. 그런데, 이러한 기능을 하는 func 함수를 10번째 줄의 main 함수 내에서 5번 반복 호출하고 있습니다. 출력 결과를 보면 1만 5번 출력되는 것을 볼 수 있습니다. 왜냐하면 value는 지역 변수이기 때문입니다. 함수를 매번 호출할 때마다 value는 0으로 초기화 됩니다. 이 코드는 앞서 지역 변수 설명 시 충분히 숙지한 내용이라서 충분히 이해하고 있으리라 생각합니다.

코드의 19번째 줄을 다음과 같이 변경해보고, 다시 실행해보겠습니다.

```
int value = 0;  ──변경──▶  static int value = 0;
```

기존 int value 변수 선언부 앞에 static이라는 키워드를 붙이기만 하였습니다. 먼저 수정한 코드의 결과를 살펴보도록 하겠습니다.

■ 실행결과

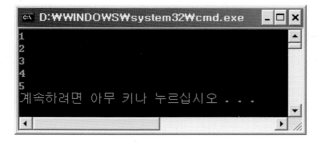

실행 결과가 어떻게 달라지는지 확인해보겠습니다. 결과는 1부터 5까지 출력되는 것을 확인할 수 있습니다. 어떻게 이런 결과가 나올 수 있을까요? 우리가 변경한 코드는 단지 value 변수 앞에

static 키워드만 붙였을 뿐입니다.

함수 안에 선언된 static 변수는 그 특성이 전역 변수와 비슷합니다. 전역 변수는 선언 시 메모리 공간을 할당 받고, 프로그램 종료 시 메모리 공간이 소멸됩니다. static 변수도 마찬가지입니다. 비록 변수가 함수 안에 선언되어 있지만, static 키워드가 붙으면 이 함수를 빠져나갈지라도 이 변수는 메모리 공간에서 소멸되지 않고 계속 유지됩니다. 그렇기 때문에 코드가 변경된 19번째 줄의 static int value = 0를 다시 수행하더라도 메모리를 다시 할당하거나 초기화하지 않고, 이전의 value 메모리를 그대로 사용합니다. 그래서 20번째 줄의 value++를 수행하더라도 그 값이 이전 값에 계속 누적되는 것입니다.

## ■ static 변수가 메모리에 존재하는 시간

static 변수는 함수 내에서 선언합니다. 그래서 메모리에 할당되는 시점은 함수 내에서 static 변수를 선언할 때입니다. static 변수가 소멸되는 시점은 언제인가요? 바로 프로그램이 종료될 때입니다. 소멸 시기는 전역 변수의 소멸 시기와 동일합니다. 지역 변수, 전역 변수, static 변수의 메모리 상 생명 주기를 살펴보겠습니다.

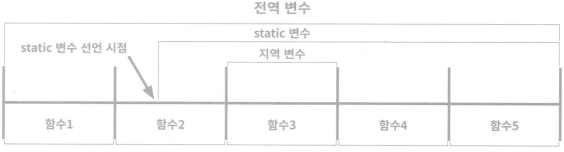

전역 변수, static 변수, 지역 변수의 메모리 생명 주기

전역 변수의 경우 메모리 상의 생명 주기는 프로그램의 시작부터 프로그램의 끝까지입니다. static 변수의 경우는 static 변수 선언의 시점부터 프로그램의 끝까지입니다. 지역 변수의 경우는 해당 함수의 시작부터 함수의 끝까지입니다.

## ■ static 변수와 전역 변수와의 공통점과 차이점

static 변수와 전역 변수는 비슷한 속성이 있습니다. 하지만 절대 같은 속성을 가진 변수는 아닙니다. 간혹 전역 변수와 static 변수가 같다고 생각하는 분들이 있는데, 그런 분들은 이 두 변수를 잘못 이해하고 있는 것입니다. 두 변수의 공통점과 차이점을 확실히 이해하고 넘어가도록 하겠습니다.

● 공통점

– static 변수와 전역 변수는 모두 메모리의 소멸 시기가 동일합니다. 둘 다 프로그램 종료 시에 메모리가 소멸됩니다. 그러므로 특정 메모리를 소멸하지 않고 계속 유지하고 싶을 때 static 변수나 전역 변수로 사용하면 됩니다.


● 차이점

– 먼저 두 변수는 메모리의 할당 시기가 다릅니다. 전역 변수는 main함수 외부에 선언되므로 프로그램 시작 시 메모리에 할당이 됩니다. 하지만, static 변수의 경우에는 함수 내부에서 선언되므로 메모리 할당 시기는 변수가 선언되어 있는 해당 함수가 실행 될 때 메모리에 할당됩니다.

– 변수가 접근할 수 있는 영역이 다릅니다. 전역 변수는 프로그램의 전 영역에서 접근할 수 있지만, static 변수는 선언된 해당 함수 내에서만 접근이 가능합니다.

// 잠깐 알아두세요

**메모리의 데이터 영역**

지역 변수는 스택(Stack)이라는 메모리 공간에 할당된다고 하였습니다. 스택이라는 구조는 한쪽만 뚫려 있는 원통이라고 생각하면 됩니다. 그래서 출입을 한쪽으로만 해야 합니다. 스택은 FILO(First-In Last-Out) 구조라고도 합니다. 가장 처음 들어간 데이터가 나올 때는 가장 나중에 나온다는 것입니다. 지금은 메모리 영역의 종류 중 데이터 영역을 소개하려고 하다가 잠깐 스택을 언급한 것입니다. 메모리 구조의 자세한 내용에 대해서는 14장. 동적 메모리 할당에서 자세히 살펴보도록 하겠습니다.

여하튼 지역 변수는 스택 메모리에서 관리합니다. 그런데, 전역 변수와 static 변수의 경우는 스택이 아닌 데이터 영역에서 관리합니다. 여러분이 기억해야 할 것은 흔히 우리가 말하는 통짜의 물리적인 메모리 내부에는 다음 그림과 같이 기능과 성격에 따른 데이터에 따라 처리하는 메모리의 영역이 분리되어 있다는 것입니다.

메모리 영역의 종류

메모리 구조는 크게 스택 영역, 힙 영역, 데이터 영역으로 나누어집니다. 스택 영역은 주로 지역 변수와 매개 변수의 메모리를 관리하고, 힙 영역은 프로그래머가 동적으로 메모리를 할당하고자 할 때 사용되는 것이며, 데이터 영역은 방금 우리가 배웠던 전역 변수와 static 변수의 메모리를 관리할 때 사용됩니다.

책읽기 마라톤 기능을 가진 프로그램을 구현해보자. 책읽기 마라톤이란 내가 읽은 책들의 페이지 수를
누적 계산하는 기능이다. 그날그날 읽은 책들의 페이지 수를 사용자로부터 입력받으면 최종 누적된
페이지 수에 새로 입력된 페이지 수가 추가로 더해지고, 다시 갱신된 최종 페이지 수가 출력되는
것이다. 한 번의 출력이 끝나면 다시 읽은 책의 페이지 수를 사용자로부터 입력받고, 누적된 최종
페이지 수를 출력한다. 이 과정을 사용자가 -1을 입력할 때까지 계속 반복한다. 이 기능을 함수로
구현하되, 페이지의 누적 결과를 저장하는 변수를 전역 변수로도 구현해보고, static 변수로도
구현해보도록 한다.

출력 예)
읽은 책의 페이지 수를 입력하시오 : 30
최종 누적 페이지 : 30
읽은 책의 페이지 수를 입력하시오 : 20
최종 누적 페이지 : 50
읽은 책의 페이지 수를 입력하시오 : 40
최종 누적 페이지 : 90
읽은 책의 페이지 수를 입력하시오 : -1
더 분발하세요.

## Char CHAPTER_5 = {"재귀적 함수 호출"};

### Unit_1 = ("재귀적 함수 호출이란 무엇인가요?");

C언어에서는 main함수를 제외한 모든 함수들은 자기 자신을 다시 호출할 수 있습니다. 함수 자신이 다시 자신을 호출하는 형태를 재귀적 함수 호출 (recursive function call)이라고 합니다. 우리는 수학시간에 팩토리얼(factorial) 계산법을 배운 기억이 있을 것입니다. 기억을 되살려 보겠습니다. 숫자 3!은 무엇을 의미할까요? 바로 1 X 2 X 3을 의미하고 결과는 6입니다. 그렇다면 n!은 무엇을 의미할까요? 쉽게 추론할 수 있을 것입니다. 1부터 n까지의 모든 수를 곱한 결과가 될 것입니다. 이 알고리즘을 우리는 재귀적 함수 호출 방법을 사용하면 쉽게 구현이 가능합니다.

■ 예제 : 6장\6-7\6-7.c

```
1:    #include <stdio.h>
2:
3:    int factorial(int n);
4:
5:    int main(void)
6:    {
7:        int n;
8:        int result;
9:        printf("정수를 입력하시오 : ");
10:       scanf("%d",&n);
11:
12:       result = factorial(n);
13:       printf("%d!의 결과는 : %d 입니다.\n", n, result);
14:
15:       return 0;
16:   }
```

```
17:
18:    int factorial(int n)
19:    {
20:         if(n == 1)
21:              return 1;
22:         return (n * factorial(n - 1));
23:    }
```

■ 실행결과

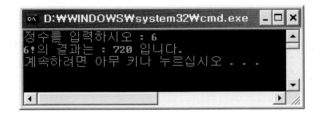

● 재귀적 함수의 구현은 의외로 간단합니다. 자신의 함수에서 다시 자기 자신을 호출합니다. 그런데 무한정 자기 자신을 호출하기만 하고, 어떤 조건에서 반환하지 않는다면 아마 절대 헤어 나올 수 없는 블랙홀에 빠지는 현상을 보게 될 것입니다. 그러므로 재귀적 함수를 만들 때, 반드시 어떤 특정 조건에서 재귀적 루틴이 끝날 수 있도록 해야 합니다.

● 18번째 줄의 factorial 함수는 전달인자 n을 입력받아서 다시 이 함수 안에서 factorial 함수를 호출할 때 n의 값을 전달인자로 사용합니다. 이 때 n의 값 그대로 전달하는 것이 아니라 n에서 1을 빼서 전달합니다. 왜냐하면 팩토리얼 계산의 경우 다음 곱하기 대상의 수는 1씩 감소하기 때문입니다. 그래서 22번째 줄의 계산식은 n * factorial(n - 1)가 됨을 볼 수 있습니다.

● factorial 함수는 재귀적으로 호출하되, 변하는 수는 factorial 함수의 전달 인자 n입니다. 그래서 최초 전달 인자 n의 값은 factorial 함수를 호출하면 호출할수록 1씩 줄어들게 됩니다. 즉, factorial 함수의 계산식은 n * (n - 1) * (n - 2) * (n - 3)…… * 1의 형태가 되고, 20번째 줄의 if(n == 1)의 조건문을 만나면서 반복적인 factorial 함수의 호출을 멈추게 됩니다.

```
factorial(int n)
{
        factorial(n - 1)
        {
                factorial(n - 2)
                {
                        factorial(n - 3)
                        {
                                ...........................
                                if(n == 1)
                                return 1;
                                ...........................
                        }
                }
        }
}
```

재귀적 함수의 호출 흐름

앞의 예제는 재귀적 함수 호출 흐름을 표현한 것입니다. factorial 함수는 무한 재귀적 함수의 형태로 무한정 자기 자신을 호출하고 있습니다. 단, if(n == 1)와 같은 탈출 조건이 없다면 말입니다. 그리고 잘 보면 호출의 형태가 함수 안에서 함수가 채 끝나기도 전에 자신의 함수를 다시 호출하고 있는 형태입니다. 마치 선물 상자를 받았는데, 선물을 풀어보면 또 선물 상자가 나오고, 다시 풀어보면 또 선물 상자가 나오고······ 계속 겹겹이 쌓여 있는 느낌입니다. 이렇게 함수 안에서 자기 자신의 함수의 호출이 가능한 이유는 호출된 각 함수의 복귀 번지, 전달 인자 및 함수 내의 선언 변수들이 스택이라는 메모리 공간에 서로 방해하지 않고 잘 저장되기 때문입니다.

### ■ 재귀적 함수의 주요 특징
앞서 살펴본 재귀적 함수의 설명을 기반으로 재귀적 함수의 주요 특징을 정리해 보도록 하겠습니다.

● 무한 재귀적 함수 호출이 되지 않게 하려면 일정한 탈출 조건이 반드시 있어야 합니다.
● 재귀적 함수가 사용하는 메모리는 스택인데, 재귀적 함수 호출이 너무 많아지면 스택 오버플로

어가 발생할 수 있으므로 주의해야 합니다.

● 하나의 함수를 반복 호출하는 형태이므로 코드를 단순화시킬 수 있습니다.

● 디버깅을 할 때나 코드의 흐름 파악을 위한 가독성은 좋지 못합니다.

재귀적 함수를 이용한 예제를 한 개 더 보도록 하겠습니다. 우리는 새해를 맞이하기 전 카운트다운을 셉니다. 혹은 대학 입학시험을 앞두었을 때도 카운트다운을 D-day 형태로 세기도 합니다. 또한, 월드컵, 올림픽, 혹은 국가의 선거를 앞두고도 카운트다운을 세기도 합니다. 시간의 길이에 따라서 또는 형태에 따라서 카운트다운의 종류가 다양하지만, 필자는 어릴 때 미국의 콜롬비아호 발사 직전의 카운트다운이 가장 기억에 남습니다. 그래서 아직도 카운트다운이라는 단어를 듣게 되면 가장 먼저 미국의 콜롬비아호 우주 왕복선을 머릿속에 떠올리게 됩니다. 아무튼 우리는 재귀적 함수를 이용하여 콜롬비아호 카운트다운을 하는 예제를 작성해 보도록 하겠습니다. 사용자로부터 하나의 정수형 변수를 입력받습니다. 입력받은 변수가 바로 카운트다운의 시작 수입니다. 이 수부터 1씩 discount 하여 최종 숫자가 1이 되었을 때 콜롬비아호를 발사시키도록 하겠습니다.

■ 예제 : 6장\6-8\6-8.c

```
1:    #include <stdio.h>
2:
3:    void countdown(int n);
4:
5:    int main(void)
6:    {
7:        int n;
8:        printf("정수를 입력하시오 : ");
9:        scanf("%d",&n);
10:
11:        printf("***** 카운트다운 *****\n");
12:        countdown(n);
13:
14:        return 0;
15:    }
16:
17:    void countdown(int n)
18:    {
19:        if(n < 1)
```

```
20:      {
21:          printf("발사\n");
22:          return;
23:      }
24:      else
25:      {
26:          printf("%d\n", n);
27:          (countdown(n - 1));
28:      }
29: }
```

■ 실행결과

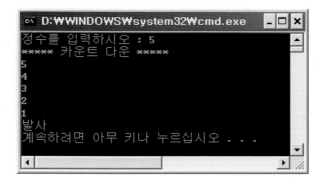

● 17번째 줄의 countdown 함수는 반환값을 갖지 않는 void 형이고, 정수형 전달 인자 한 개를 받는 함수입니다. 19번째 줄 if(n < 1)를 통해서 n의 값이 1보다 작으면 "발사"를 출력하고, 재귀적 함수의 호출에서 탈출하도록 하였습니다. n의 값이 1보다 클 경우는 26번째 줄에 현재 카운트인 n을 출력하고, 27번째 줄 countdown 함수를 다시 호출하되 전달하는 n값보다 1씩 감소시켜서 인자를 전달합니다.

___ // 잠깐 알아두세요 ___

**시간아 멈춰라! Sleep 함수**

콘솔 기반의 C언어로 카운트다운을 작성하다 보니 요즘같이 비주얼한 시대에 카운트다운이 너무 허접해 보입니다. 그나마 카운트다운이라면 1초에 카운트가 떨어지는 맛이 있어야 하는데, 예제는 카운트다운이 동시에 나와 버리니 더더군다나 멋이 없습니다. 5,4,3,2,1이 동시에 나오는 것이 아니라 1초 간격으로 나오게 할 수는 없을까요? 가능합니다. 윈도우 함수 중에 Sleep이라는 함수를 사용하면 되는데, Sleep 함수에 정수형 인자를 전달하게 되어 있습니다. 이 전달인자는 단위가 ms이므로 전달 값이 1000이면 1초를 의미합니다. 이 함수를 사용하면 현재 수행 속도를 전달 인자의 시간만큼 지연 시킬 수 있습니다. 다음은 Sleep 함수의 원형입니다.

```
VOID WINAPI Sleep( _In_ DWORD dwMilliseconds );
```

앞의 예제에서 다음과 같이 수정을 하면 카운트다운을 1초씩 감소하며 출력하는 것을 확인할 수 있습니다.

```
1:    #include <stdio.h>
2:    #include <windows.h>

            ···············중간 생략··················

17:    void countdown(int n)
18:    {
19:        if(n < 1)
20:        {
21:            printf("발사\n");
22:            return;
23:        }
24:        else
25:        {
26:            Sleep(1000);
27:            printf("%d\n", n);
28:            (countdown(n - 1));
29:        }
30:    }
```

Sleep 함수를 사용하기 위해서 windows.h를 헤더에 추가하였고, 26번째 줄에 Sleep(1000)을 추가함으로써 countdown 함수를 재귀적으로 호출할 때마다 1초씩 지연되도록 하였습니다.

■ 과제 6-1

```
1:   #include <stdio.h>
2:
3:   int Add(int i,int j);
4:   int Minus(int i, int j);
5:   int Multiple(int i, int j);
6:   int Divide(int i, int j);
7:
8:   int main(void)
9:   {
10:       int a;
11:       int b;
12:       int add, min, mul, div;
13:
14:       printf("두 개의 정수를 입력하시오 : ");
15:       scanf("%d%d",&a,&b);
16:
17:       add = Add(a, b);
18:       min = Minus(a, b);
19:       mul = Multiple(a, b);
20:       div = Divide(a, b);
21:
22:       printf("두 정수의 합은 %d 입니다.\n", add);
23:       printf("두 정수의 차는 %d 입니다.\n", min);
24:       printf("두 정수의 곱은 %d 입니다.\n", mul);
25:       printf("두 정수의 나누기는 %d 입니다.\n", div);
26:
```

```
27:          return 0;
28:     }
29:
30:     int Add(int i, int j)
31:     {
32:          return i + j;
33:     }
34:
35:     int Minus(int i, int j)
36:     {
37:          return i - j;
38:     }
39:
40:     int Multiple(int i, int j)
41:     {
42:          return i * j;
43:     }
44:
45:     int Divide(int i, int j)
46:     {
47:          return i / j;
48:     }
```

● 사칙연산 중 더하기의 기능만 있던 예제에 나머지 세 개의 기능을 더 추가하였습니다. 3번째 줄에서 6번째 줄까지 사칙연산의 함수를 선언하였습니다. 그리고 30번째 줄부터 48번째 줄까지 각 함수를 정의하되, 전달 인자로 받은 i와 j의 값을 각각 더하고, 빼고, 곱하고, 나눈 후 결과값을 int 형으로 반환하고 있습니다. 각 함수의 정의의 내용이 어려운 부분은 없으므로 더 이상 부연 설명은 필요없을 것 같습니다.

● 17번째 줄부터 20번째 줄까지는 우리가 정의한 함수를 각각 호출하고 있습니다. 각각의 함수는 자신의 연산 결과를 결과값으로 반환 받고 있으므로, 반환 받은 결과를 printf로 출력해주면 됩니다.

■ 과제 6-2

```
1:     #include <stdio.h>
2:
3:     int Compare(int i, int j);
```

```c
 4:
 5:    int main(void)
 6:    {
 7:         int a;
 8:         int b;
 9:         int result;
10:
11:         printf("두 개의 정수를 입력하시오 : ");
12:         scanf("%d%d",&a,&b);
13:
14:         result = Compare(a, b);
15:
16:         if(result > 0)
17:              printf("최대값 : %d 최소값 : %d\n", a, b);
18:         else if(result < 0)
19:              printf("최대값 : %d 최소값 : %d\n", b, a);
20:         else
21:              printf("두 값은 동일합니다.\n");
22:
23:         return 0;
24:    }
25:
26:    int Compare(int i, int j)
27:    {
28:         if(i > j)
29:              return 1;
30:         else if(i < j)
31:              return -1;
32:         else
33:              return 0;
34:    }
```

● 두 수의 대소를 비교하는 일은 우리가 앞서 배웠던 관계 연산자와 if 조건문을 통해서 매우 간단하게 구현할 수 있습니다. 26번째 줄에 Compare라는 이름의 함수를 정의하였는데, 전달인자 i, j를 입력받아 비교하여 i가 j보다 크면 양수를, j가 i보다 크면 음수를 반환합니다. 이것도 저것도 아니면 두 수가 같을 경우인데, 이 때는 0을 반환하도록 합니다. 그래서 14번째 줄에서 Compare 함수를 호출한 후 그 결과값을 판단하여 i와 j의 값 중에 어떤 값이 크고 작은지, 혹은 같은지를 판단

할 수 있습니다.

## ■ 과제 6-3

static 변수를 사용하여 작성한 코드입니다.

```
1:    #include <stdio.h>
2:    void pageCount(int n);
3:
4:    int main(void)
5:    {
6:        int page = 0;
7:        while(1)
8:        {
9:            printf("읽은 책의 페이지 수를 입력하시오 : ");
10:           scanf("%d",&page);
11:           if(page == -1)
12:           {
13:               printf("더 분발하세요.\n");
14:               break;
15:           }
16:           pageCount(page);
17:       }
18:
19:       return 0;
20:   }
21:
22:   void pageCount(int n)
23:   {
24:       static int total;
25:       total = total + n;
26:       printf("최종 누적 페이지 : %d\n", total);
27:   }
```

● 24번째 줄의 total 변수는 static 변수로 선언하여 25번째 줄의 n 값을 더하는 경우 이전의 total 변수의 메모리는 유지가 되므로 값의 누적 합산이 됩니다. total 변수의 메모리는 프로그램이 종료될 때 소멸됩니다.

전역 변수를 사용하여 작성한 코드입니다.

```c
1:    #include <stdio.h>
2:
3:    int total;
4:    void pageCount(int n);
5:
6:    int main(void)
7:    {
8:         int page = 0;
9:         while(1)
10:        {
11:             printf("읽은 책의 페이지 수를 입력하시오 : ");
12:             scanf("%d",&page);
13:             if(page == -1)
14:             {
15:                  printf("더 분발하세요.\n");
16:                  break;
17:             }
18:             pageCount(page);
19:        }
20:
21:        return 0;
22:    }
23:
24:    void pageCount(int n)
25:    {
26:        total = total + n;
27:        printf("최종 누적 페이지 : %d\n", total);
28:    }
```

● 3번째 줄의 total 변수는 main 함수 외부에 선언되어 있으므로 전역 변수입니다. total은 프로그램 전역에 모두 접근이 가능하므로 26번째 줄에서 n값을 누적 합산하고, 27번째 줄에서 누적 페이지 수를 출력하고 있습니다. total변수도 마찬가지로 프로그램 종료 시 메모리에서 소멸됩니다.

```
1:      #include <stdio.h>

2:

3:      int main(void)

4:      {

5:          int total = 0;                          배열명

6:          int array[5] = {1, 2, 3, 4, 5};

7:              데이터 갯수        5개

8:          total = array[0] + array[1] + array[2] + array[3] + array[4];

9:

10:         printf("배열 요소의 총 합은 %d 입니다.\n", total);

11:

12:         return 0;

13:     }
```

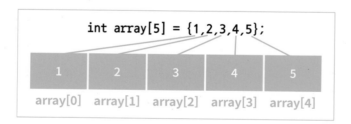

현재 array라는 변수의 길이는 5이고, 이 배열의 초기값은 각각 1,2,3,4,5로 초기화
된 형태입니다.

배열의 기본 이해 및 사용,
배열과 문자열, 2차원 배열을 다루는 방법에
대해서도 학습합니다.

# PART 7

# <데이터를 편리하게 관리하자. 배열>

int main(void)

우리가 사는 현대에는 정보의 홍수라고 할 정도로 수많은 정보들을 접하고 있고, 모든 시스템은 데이터를 기반으로 운영되고 있습니다. 최근에는 빅데이터를 활용한 많은 기법들이 활성화될 정도로 수많은 양의 데이터들을 활용하기도 하고, 또 수많은 데이터들을 생성하기도 합니다. 데이터라는 것의 본질은 결국 하나이지만 우리가 그 데이터의 사용 용도에 따라 관리되어지는 형태가 달라질 수 있습니다. 데이터의 관리 형태는 코드의 효율성과 프로그램 성능에 영향을 미칩니다. 이번 시간에 배울 배열은 큰 용량의 데이터를 더 편리하고 효율적으로 관리하기 위한 자료형이라고 할 수 있습니다. 배열을 통해 C코드를 한층 더 업그레이드해보겠습니다.

# Char CHAPTER_1 = {"배열이란"};

## Unit_1 = ("배열의 개념");

배열이란 같은 속성을 가진 그 무엇인가를 연속된 형태로 나열해놓은 것을 말하는데, 우리의 일상생활에서도 흔히 찾아볼 수 있습니다. 예를 들면, 가장 흔히 볼 수 있는 주변의 아파트가 배열의 대표적인 형태라고 할 수 있는데, 아파트 한 건물이 배열이고, 각각의 가구가 배열의 요소라고 할 수 있습니다. 또 다른 예를 들어보면 계란 한판(30개)이 있습니다. 이 때 계란 한판은 하나의 배열이고, 각각의 계란은 배열의 요소라고 할 수 있습니다.

언급한 '배열'이나 '배열의 요소'라는 단어가 아직은 익숙하지는 않을 것입니다. 아직은 걱정할 필요는 없습니다. 필자가 예를 들어서 설명한 이유는 배열의 기본 개념에 대해서 감을 익히자는 것이지, 정확한 의미를 파악하자는 것은 아닙니다. 여러분은 배열은 대충 이런 것이다 감만 우선 잡으면 될 것입니다.

앞에서 예를 든 아파트나, 계란 한판의 경우 한 가구나 계란 한 개가 배열의 요소라고 할 수 있습니다. 그렇다면 '이러한 하나의 배열 요소가 여러 개 모였을 때 그 집합을 배열'이라고 우리 스스로 추론할 수도 있습니다. 그리고 한 가지 더 생각할 수 있는 것은 아파트의 각 가구나 계란 각각은 같은 속성을 지닌 집합임을 알 수 있습니다. 계란 한판에 달걀이 아닌 타조알, 오리알이 섞여 있으면 이것은 배열이 될 수가 없는 것입니다. 또한 아파트에 동/호 수가 있듯이 배열은 순서를 가지고 있습니다. 즉, 배열은 같은 속성 여러 개가 순서대로 모여 구성된 것을 볼 수 있습니다. 자, 그럼 지금까지 설명한 속성을 정리해서 배열을 정의해 보겠습니다.

① 배열의 요소가 순서대로 여러 개가 모인 것입니다.
② 배열의 요소는 같은 속성을 지니고 있어야 합니다.

배열의 속성을 바탕으로 우리가 배열을 정의해 본다면, "같은 속성을 가진 요소가 순서대로 여러 개 모인 것"이라고 정의할 수 있습니다.

## Unit_2 = ("왜 배열을 사용해야 하나");

이제 배열을 조금 더 프로그래밍 관점에서 생각해보겠습니다. 우리는 보통 정수형 변수를 1개 선언을 어떻게 하나요?

```
int a;
```

네, 이렇게 선언하지요. 특정 타입의 변수 선언은 지금까지 우리가 알게 모르게 사용해 온 것이므로 어렵지 않을 것입니다. 그렇다면 정수형 2개를 선언한다면 어떻게 작성할까요? 너무 쉬운 질문인가요? 어떤 분은 질문에 어떤 함정이 있을지 모른다고 의심할 수도 있을 것입니다. 하지만 어떤 함정도 없고, 여러분이 생각하는 바로 그것이 맞습니다.

```
int a;
int b;
```

오케이. 여기까지는 문제없습니다. 자, 그렇다면 정수형 변수 10개를 선언해야 한다면 어떻게 작성하면 될까요? 뭐…. 이것도 그냥 10개 선언하면 될 것 같은데… 좀 번거롭다는 생각이 들 것입니다.

```
int a;
int b;
...........
int i;
int j;
```

어찌되었든 여기까지도 오케이입니다.

그런데, 만약 정수형 변수 100개를 선언해야 한다면 어떻게 작성하면 될까요? 여러분 생각은 어떤가요?

이 때 어떤 분은 앞의 방식대로 '변수 100개를 선언하면 되지 뭐'라고 생각하시는 분도 있을지 모르겠지만, 100개의 변수를 선언하다가 한 세월을 다 보낼 수도 있을 것입니다. 단순히 변수만 100개를 선언해서 해결할 문제는 아닌 것 같다는 느낌이 팍! 옵니다.

이러한 다수의 변수 선언 시 비효율적인 불편함을 보완하고자, 프로그래밍에서는 배열이라는 개념이 존재합니다. 앞서 배열의 개념에서도 언급했듯이 '같은 속성을 가진 요소들끼리 순서대로 모인 것'을 배열이라고 하였습니다. 정수형 변수 100개가 필요하다고, 변수 100개를 선언하는 것은 매우 비효율적이고, 설사 선언했다 하더라도 100개의 변수를 관리하는 것은 매우 힘듭니다.

하지만, 배열을 사용하면 변수가 100개이든 1000개이든 상관없이 간단하게 선언할 수 있고, 관리 또한 손쉽게 할 수 있습니다. 예를 들어 100개의 정수형 변수를 선언해야 한다면, 다음과 같이 선언하면 됩니다.

```
int a[100];
```

의미는 뒤에서 자세히 설명하겠지만, 이 문장 하나가 100개의 정수형 변수를 선언한 것과 똑같습니다. 100개의 정수형 변수를 나열해서 선언한 것보다는 훨씬 효율적이고, 간단해 보이지 않나요?

# Char CHAPTER_2 = {"배열의 이해와 사용"};

## Unit_1 = ("배열의 선언 구조");

앞서 잠깐 본 것처럼 배열이 선언은 매우 간단한 형태입니다. 다음은 배열의 선언 구조입니다.

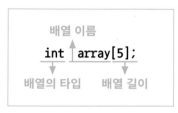

배열의 선언 구조

● 배열의 타입 : 배열을 구성하는 각각의 배열 요소들의 타입을 나타냅니다.
● 배열 이름 : 각각의 배열 요소에 접근하기 위한 배열 이름을 나타냅니다.
● 배열 길이 : 변수의 개수를 나타냅니다.

예를 든 int array[5]의 경우 배열의 타입은 int 정수형이므로 각 배열 요소들의 타입은 정수형이라는 것이고, 배열 이름은 array이므로, 각 배열 요소에 접근 시 array라는 이름을 사용할 것입니다. 그리고 배열 길이가 5라는 것은 총 5개의 정수형 변수를 선언하였다는 의미입니다. 이 개념을 바탕으로 메모리 구조는 그리면 다음과 같습니다.

배열의 메모리 구조

각각의 배열 요소는 array[0], array[1], array[2], array[3], array[4]로 표현되며, 일반 변수를 선언한 것과 동일한 개념입니다. 배열의 타입이 int 형이므로 각 배열 요소의 크기는 각각 4byte이며, 각 배열 요소에 우리가 원하는 정수형의 값을 대입할 수 있습니다. 값을 대입하는 방법은 바로 뒤에서 배울 '배열의 속성' 부분에서 자세히 살펴보도록 하겠습니다.

## Unit_2 = ("배열의 속성");

### ■ 배열의 길이는 무조건 상수 선언

배열의 길이를 선언할 때는 반드시 상수를 사용해야 한다는 속성이 있습니다. 만약 상수가 아닌 변수를 배열의 길이로 사용한다면 다음과 같이 컴파일 오류를 발생 시킵니다.

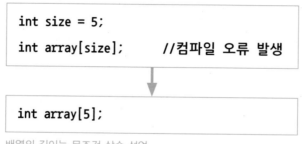

```
int size = 5;
int array[size];        //컴파일 오류 발생
```

```
int array[5];
```

배열의 길이는 무조건 상수 선언

### ■ 배열의 첫 번째 요소는 무조건 0부터

배열의 속성 중에 배열의 첫 번째 인덱스는 무조건 0부터 시작한다는 속성이 있습니다. 인덱스라 함은 배열 요소의 위치를 나타내는데, 배열은 그 위치의 시작점을 1에서 시작하지 않고, 0에서 시작합니다. 그래서 배열의 첫 번째 요소는 무조건 0입니다. 다음 코드를 보도록 하겠습니다.

```
int array[3]; //배열 선언
array[0] = 1; //배열의 첫 번째 요소 접근
array[1] = 2; //배열의 두 번째 요소 접근
array[2] = 3; //배열의 세 번째 요소 접근
```

array라는 이름의 길이가 3인 정수형 배열을 선언하였습니다. 배열의 선언 목적은 여러 개의 변수 선언의 번거로움을 간단하게 해결하기 위함이라고 하였습니다. 즉, array[3]의 의미는 정수형 변수 3개를 선언한 것과 같은 의미입니다. 그렇다면 3개의 변수 각각의 값을 대입할 수 있어야 변수라고 말할 수 있지 않을까요? 그렇습니다. 코드에서 표현했듯이 배열 이름에 index([0], [1], [2])를 붙여

주면 각 변수에 접근할 수 있습니다.

array[0], array[1], array[3] 각각 배열의 접근 요소들이고, 보다시피 첫 번째 요소의 인덱스는 무조건 0부터 시작합니다. 배열에서 할당한 메모리의 크기는 얼마인가요? 배열의 타입은 정수형이고, 배열 길이가 3이므로 4바이트(정수형 기본 단위) X 3 = 12바이트의 메모리 공간이 할당됩니다.

자, 이제 배열의 각 요소에 값을 대입해보겠습니다. 코드에서 보았듯이,

```
array[0] = 1;
array[1] = 2;
array[2] = 3;
```

은 각각의 메모리에 1, 2, 3의 값을 대입하고 있습니다. 메모리 구조를 보면 다음과 같습니다.

배열의 각 요소 값 대입 형태

자, 헷갈리지 말도록 합시다. 정리하면 배열의 인덱스 시작은 0이고, 인덱스의 마지막은 배열의 길이보다 1작은 수입니다. 위의 예에서처럼 배열의 길이가 3이면, 배열의 인덱스는 0부터 시작하여, 마지막 인덱스는 2까지라는 것입니다. 왜냐하면, 배열의 인덱스의 시작을 1에서 시작하지 않고, 0에서 시작하기 때문입니다.

오랫동안 개발해온 개발자들도 배열을 통해 메모리 할당 및 해제 시 (동적 메모리 할당은 14장에서 자세히 다룰 것입니다.) 배열의 길이와 인덱스 계산을 실수하여, 메모리 오류를 발생시키곤 합니다. 다음 예제를 통해 배열의 속성을 보다 구체적으로 이해해 보겠습니다. 학생 수만큼 배열을 선언하고, 각 학생의 성적을 입력 후 그 총점과 평균을 구하는 예제입니다. 5명의 학생 각각을 변수로 선언할 수도 있지만, 우리는 배열을 배웠으므로 간단하게 배열 선언 후 각 배열 요소에 학생의 성적을 우리가 직접 입력해보도록 하겠습니다.

```c
1:    #include <stdio.h>
2:    void main()
3:    {
4:        int total = 0;
5:        double ave = 0.0;
6:        int arrGrade[5];
7:        int i;
8:        int count = 0;
9:
10:       for(i = 0; i < sizeof(arrGrade)/sizeof(arrGrade[0]); i++)
11:       {
12:           printf("%d번째 학생 성적을 입력하세요:", i+1);
13:           scanf("%d", &arrGrade[i]);
14:           count++;
15:       }
16:
17:       for(i = 0; i < count; i++)
18:       {
19:           total += arrGrade[i];
20:       }
21:
22:       ave = total / count;
23:       printf("총점은 %d이고, 평균은 %f 입니다.\n", total, ave);
24:   }
```

■ 실행결과

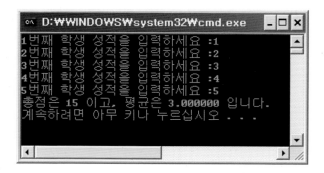

● 우선 결과를 실행해 보면 5명의 학생 성적을 입력하고, 입력이 끝나면, 총점과 평균이 출력됩니

다. 성적 입력 시 각 학생의 성적을 저장할 5개의 변수가 필요하므로 6번째 라인에서 arrGrade[5] 를 선언하였습니다.

● 10번째 라인에서 배열에 값을 입력하기 위해서 for문을 수행하고 있습니다. 이 때, 반복문의 수행은 배열의 길이만큼 하면 되는데, 배열의 길이를 5라고 바로 쓰지 않고, 배열의 길이를 구하는 공식을 사용하고 있습니다. 공식은 다음과 같습니다.

$$배열의\ 길이 = sizeof(배열)/sizeof(배열[0]);$$

sizeof 연산자를 사용하여 배열의 총 바이트 수를 배열 요소의 크기로 나누면 배열의 길이가 됩니다. 공식에 의거하여 sizeof(arrGrade)/sizeof(arrGrade[0]);를 수행하면 정수 5가 나옵니다. 그렇다면 한 가지 의문이 듭니다. 배열은 선언 시 이미 그 길이를 알고 있는데, 왜 이런 공식을 사용하는 것일까요? 상수인 배열의 길이를 바로 참조하게 되면 배열의 길이가 바뀌는 경우 반복문의 범위값을 매번 수정해야 하지만, sizeof 연산식을 사용하여 배열의 길이를 계산하면 배열의 길이 값이 변경되어도 반복문의 범위값을 수정할 필요가 없습니다.

● 13번째 라인에서 각 배열의 요소에 학생들의 성적을 scanf 함수를 통해 사용자로부터 입력받고 있습니다. 그리고, 14번째 라인에서 몇 명의 학생의 성적을 입력했는지 count 변수에 저장하고 있습니다.

● 19번째 라인에서 total 변수를 통해 학생들의 성적(각 배열의 요소값들)의 총 합을 구합니다.

● 22번째 라인에서 ave는 total(성적총합)을 count(학생수)로 나눔으로써 평균을 구하고 있습니다.


## Unit_3 = ("배열의 초기화");

배열도 변수이므로 선언과 동시에 초기화를 할 수 있습니다. 그런데, 배열 초기화 시 고려해야 할 사항은 배열은 배열 크기만큼 배열의 요소들을 모두 초기화를 해주어야 한다는 것입니다. 다음에 설명할 3가지의 경우를 살펴보도록 하겠습니다.

### ■ 배열의 길이와 초기값의 개수가 일치하는 경우
배열의 길이와 초기값이 개수가 일치하는 경우가 가장 이상적인 초기화입니다. 우선 배열 초기화의 기본 형태를 보겠습니다.

```
int array[5] = {1,2,3,4,5};
```

배열을 초기화하는 문법은 배열 선언 시 { } 안에 배열의 길이만큼 값을 지정합니다. 그리고, 배열 요소간의 구분은 ,(콤마)로 합니다. 현재 array라는 변수의 길이는 5이고, 이 배열의 초기값은 각각 1,2,3,4,5로 초기화된 형태입니다.

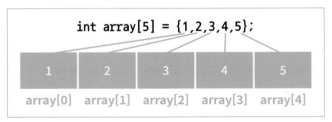

배열의 길이와 초기값의 개수가 일치하는 경우

배열의 길이와 초기값의 개수가 일치하도록 초기화하고, 각 배열의 요소를 모두 더하여 출력하는 예제를 작성해보겠습니다.

■ 예제 : 7장\7-2\7-2.c

```
1:    #include <stdio.h>
2:
3:    int main(void)
4:    {
5:        int total = 0;
6:        int array[5] = {1, 2, 3, 4, 5};
7:
8:        total = array[0] + array[1] + array[2] + array[3] + array[4];
9:
10:       printf("배열 요소의 총 합은 %d 입니다.\n", total);
11:
12:       return 0;
13:   }
```

■ 실행결과

● 6번째 줄의 배열 array은 길이가 5이고, 배열의 초기값도 5개로 일치합니다.

● 8번째 줄은 각 배열의 요소들을 모두 더하여 정수형 변수인 total에 대입하고 있습니다. 배열 요소를 나타낼 경우 가장 첫 번째 인덱스는 무조건 0부터 시작합니다. 그러므로 총 배열 요소의 개수가 5개이지만, 마지막 인덱스는 4입니다.

### ■ 배열의 길이보다 초기값의 개수가 작은 경우

이번에는 배열의 길이보다 초기값의 개수가 작은 경우를 살펴보겠습니다.

```
int array[5] = {1,2};
```

배열의 길이는 5인데, 배열의 초기값은 1과 2 두 개의 값으로만 초기화되어 있습니다. 이러한 경우 배열의 첫 번째 인덱스부터 1, 2를 채우고, 나머지 남는 3개의 배열 요소들은 차례대로 0으로 초기 값을 채우게 됩니다.

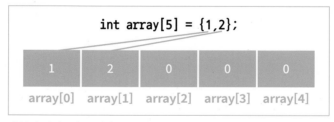

배열의 길이보다 초기값의 개수가 작은 경우

배열의 길이보다 초기값의 개수가 작도록 초기화하고, 각 배열의 요소를 모두 더하여 출력하는 예제를 작성해보겠습니다.

### ■ 예제 : 7장\7-3\7-3.c

```
1:    #include <stdio.h>
2:
3:    int main(void)
4:    {
5:        int total = 0;
6:        int array[5] = {1,2};
7:
8:        total = array[0] + array[1] + array[2] + array[3] + array[4];
```

```
9:
10:        printf("배열 요소의 총 합은 %d 입니다.\n", total);
11:
12:        return 0;
13:    }
```

■ 실행결과

● 6번째 줄의 배열 array은 길이가 5이고, 배열의 초기값은 2개로 배열의 길이보다 초기값이 더 작습니다.

● 8번째 줄은 각 배열의 요소들을 모두 더하여 정수형 변수인 total에 대입하고 있습니다. 앞에서 설명했듯이 배열의 길이보다 초기값이 작은 경우에는 초기화하고 남은 배열의 길이는 초기값이 0으로 채워진다고 하였습니다. array[0]의 값은 1, array[1]의 값은 2, 그리고 array[3], array[4], array[5] 각각은 모두 0으로 초기화 됩니다. 결국 배열의 각 요소를 더한 결과는 3이 됩니다.

■ 배열의 길이보다 초기값의 개수가 큰 경우

이번에는 앞의 상황과 반대의 경우인데, 배열의 길이보다 초기값의 개수가 큰 경우입니다.

```
int array[3] = {1,2,3,4,5};
```

배열의 길이는 3인데, 초기값은 1,2,3,4,5 이렇게 5개로 지정되어 있습니다. 3개 들어갈 용량에 5개를 넣으려고 하는 꼴입니다. 결국 용량 초과로 에러를 유발하게 됩니다. 여러분이 사용하는 비주얼 C++로 빌드하면 "이니셜라이저가 너무 많습니다."라는 메시지와 함께 컴파일 오류를 일으킬 것입니다.

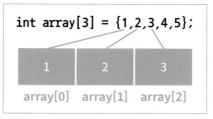

배열의 길이보다 초기값의 개수가 큰 경우

## ■ 배열의 길이가 빠져 있는 경우

이번에는 배열의 길이를 생략하는 경우인데, 실무에서 많이 사용하는 방법이기도 합니다.

```
int array[] = {1,3,5,7,9};
```

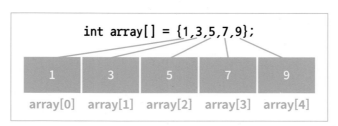

배열의 길이가 빠져 있는 경우

이러한 경우 배열의 길이는 생략되어 있지만, 초기값의 개수를 보고 컴파일러는 배열의 길이를 내부적으로 자동 계산하여 처리합니다. 위 경우는 초기값이 {1,3,5,7,9} 모두 5개 설정되어 있으므로, 배열 array의 길이는 내부적으로는 5로 설정됩니다.

배열의 길이를 생략하고 초기값만 설정한 후, 각 배열의 요소를 모두 더하여 출력하는 예제를 작성해보겠습니다.

## ■ 예제 : 7장\7-4\7-4.c

```
1:    #include <stdio.h>
2:
3:    int main(void)
4:    {
5:        int total = 0;
6:        int array[] = {1, 3, 5, 7, 9};
7:
```

```
8:          total = array[0] + array[1] + array[2] + array[3] + array[4];

9:

10:         printf("배열 요소의 총 합은 %d 입니다.\n", total);

11:

12:         return 0;

13:     }
```

■ 실행결과

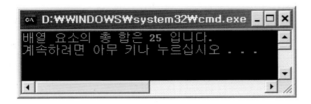

● 6번째 줄의 경우는 배열 array의 길이는 생략하고, 배열의 초기값은 5개로 설정되어 있습니다. 앞에서 설명했듯이 배열 array의 길이는 컴파일러 내부에서 배열의 초기값의 개수를 보고 배열의 길이를 판단한다고 하였습니다. 그러므로 배열 array의 길이는 5입니다.

● 8번째 줄은 각 배열의 요소들을 모두 더하여 정수형 변수인 total에 대입하고 있습니다.

데이터의 길이가 길거나 그 길이를 정확하게 알 수 없는 경우에 이런 식으로 많이 사용합니다. 특히 문자열을 배열을 통해 변수로 사용하는 경우 이런 식으로 사용합니다. 문자열과 배열에 관하여서는 뒤에서 자세히 배울 것입니다.


## Unit_4 = ("배열의 활용");

배열을 사용하기 위한 기본 속성과 특징들에 대해 알아보았습니다. 배열을 조금 더 활용하기 위한 몇 가지 특징들을 더 살펴보고 간단한 예제들을 작성해보겠습니다.


### ■ 배열의 복사

배열은 배열끼리 복사가 가능합니다. 복사하는 방법은 배열을 통째로 일반 변수 복사하듯이 복사하면 안 됩니다. 복사하려면 각 배열의 요소끼리 대입 연산자를 통해 복사해야 합니다. 예를 들어 정수형 배열 하나가 int arr1[5] = {1,2,3,4,5}와 같이 선언과 동시에 초기화되어 있고 또 다른 정수형 배열 int arr2[5]이 선언되어 있다고 하겠습니다. 이 때 배열 arr1의 값을 배열 arr2에 똑같이 복사하고 싶습니다. 이러한 경우 다음과 같은 식으로 복사하면 안 됩니다.

$$arr2 = arr1$$

이 식은 다음과 같은 에러를 유발시킵니다.

**error C2106: '=' : 왼쪽 피연산자는 l-value이어야 합니다.**

즉, 배열 이름 자체는 포인터 상수이기 때문에 값 자체를 대입 연산자를 통해 넘겨받을 수 없는 자료형입니다. 그렇다면 배열은 어떻게 복사를 해야 하나요? 배열은 다음 그림과 같이 배열의 각 요소끼리 복사를 해야 합니다.

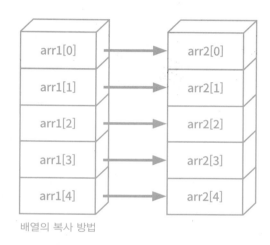

배열의 복사 방법

배열의 각 요소들 arr1[0]의 값은 arr2[0]에, arr1[1]의 값은 arr2[1]에 그리고 나머지 배열의 요소들도 인덱스에 맞추어서 복사할 수 있습니다. 배열의 각 요소들을 일반 변수 복사하듯이 복사하면 됩니다. 다음 예제를 살펴보도록 하겠습니다.

■ 예제 : 7장\7-5\7-5.c

```
1:    #include <stdio.h>
2:
3:    int main(void)
4:    {
5:        int i;
6:        int arr1[5] = {1,2,3,4,5};
7:        int arr2[5];
8:
9:        for(i = 0; i < 5; i++)
```

```
10:                arr2[i] = arr1[i];
11:
12:        for(i = 0; i < 5; i++)
13:                printf("배열 arr2[%d] = %d\n", i, arr2[i]);
14:
15:        return 0;
16:    }
```

■ 실행결과

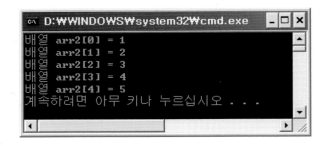

● 6번째 줄에서는 배열 arr1을 선언과 동시에 초기화하였고, 7번째 줄에서는 배열 arr2를 크기 5만큼 선언하였습니다.

● 9번째 10번째 줄에서는 for 반복문을 통해 배열 arr1의 각 요소들을 배열 arr2의 각 요소로 복사하고 있습니다. 앞의 그림 '배열의 복사 방법'의 형태로 배열 arr1의 각 요소의 값들이 배열 arr2의 각 요소로 복사됩니다.

● 12번째 줄에서는 배열 arr2의 각 요소값들을 출력해 봄으로써 배열간의 복사를 확인할 수 있습니다.

과제 7-1                                                                  해설 280p

앞에서 작성한 예제 7-5.c를 참고하여 배열 arr1의 값을 배열 arr2에 복사하되, 배열 요소를 역순으로 저장하도록 하고, 복사된 arr2의 요소값들을 출력하도록 하라.
(참고 : 다음 출력 예는 int arr1[5] = {1,2,3,4,5} 일 경우)

출력 예)

배열 arr2[0] = 5
배열 arr2[1] = 4
배열 arr2[2] = 3
배열 arr2[3] = 2
배열 arr2[4] = 1

■ 배열 요소의 교환

이번에는 배열의 모든 요소를 역순으로 교환해보도록 하겠습니다.

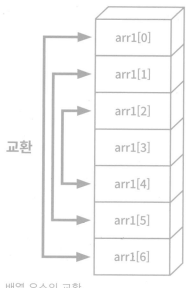

배열 요소의 교환

배열의 길이가 7인 arr1이 있다고 가정하겠습니다. 이 배열의 요소를 그림 '배열 요소의 교환'과 같이 가운데 배열 인덱스를 중심으로 배열 요소를 교환할 수 있습니다. 배열 요소의 교환 시 고려해야 할 핵심은 첫 번째로 두 변수의 교환 알고리즘을 이해하는 것이고, 두 번째로는 배열 인덱스의 관계를 이해하는 것입니다.

먼저 두 변수의 교환 알고리즘을 살펴보도록 합시다. 두 변수를 교환시 보편적으로 많이 사용하는 알고리즘이니 눈여겨 보기바랍니다.

```c
void swap(int x, int y)
{
        int temp = x;
        x = y;
        y = temp;
}
```

두 변수의 교환 알고리즘

입력한 두 변수 x와 y의 값을 서로 교환하기 위해서는 먼저, x의 값을 임시 변수 temp에 잠시 담아두고, y의 값을 x에 대입합니다. 그렇게 되면 x는 y로부터 값을 받았으므로 x입장에서는 임무를 성공한 셈이고, y에 x값만 대입해주면 됩니다. 그런데, 처음에 temp라는 임시 변수에 이미 x값을 담아두었으므로, 변수 y에 temp를 대입하게 되면 y에는 x의 값이 들어가게 됩니다. 즉, 변수 x와 변수 y의 값이 서로 바뀌게 된 것을 알 수 있습니다. 우리는 이 알고리즘을 이용하면 배열의 각 요소를 손쉽게 교환할 수 있습니다.

두 번째로는 배열의 인덱스 상관관계를 잘 살펴보아야 합니다. 그림 '배열 요소의 교환(251p)'처럼 배열의 총 길이가 7이라고 할 때, 첫 번째 인덱스 arr1[0]과 마지막 인덱스 arr1[6]을 교환하고, 그 다음은 arr1[1]과 arr1[5]를 교환, 그 다음은 arr1[2]과 arr1[4]를 교환합니다. 인덱스를 보면 일정한 규칙을 발견할 수 있습니다. arr1[i]와 arr1[6-i]와의 교환식이 성립됩니다.

```
temp = arr1[i];
arr1[i] = arr1[6-i];
arr1[6-i] = temp;
```

배열의 역순 교환 알고리즘

여기서 한 가지 주의해야 할 점은 인덱스의 첫 번째가 0부터 시작되므로 배열의 길이가 7이지만, 마지막 배열의 인덱스는 6입니다. 그래서 마지막 배열의 인덱스의 경우도 arr1[6 - i]라고 표현하였습니다. 이를 기반으로 하여 배열을 역순으로 교환한 후 출력하는 예제를 작성해 보도록 하겠습니다.

예제 : 7장\7-6\7-6.c

```
1:    #include <stdio.h>
2:
3:    int main(void)
4:    {
5:        int i;
6:        int arr1[7] = {1,2,3,4,5,6,7};
7:        int size = sizeof(arr1)/sizeof(arr1[0]);
8:
9:        for(i = 0; i < size/2; i++)
10:       {
```

```
11:            int temp = arr1[i];
12:            arr1[i] = arr1[size - i - 1];
13:            arr1[size - i - 1] = temp;
14:        }
15:
16:        for(i = 0; i < size; i++)
17:            printf("배열 arr1[%d] = %d\n", i, arr1[i]);
18:
19:        return 0;
20:    }
```

■ 실행결과

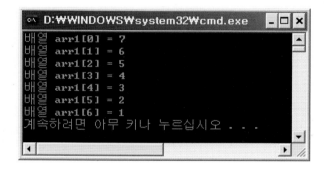

● 6번째 줄은 길이 7인 arr1 배열을 선언과 동시에 초기화하였습니다.

● 7번째 줄의 size는 배열의 길이를 구하여 대입한 변수로 sizeof(arr1)은 배열 arr1의 전체 크기를 나타냅니다. arr1의 자료형이 int형(4바이트)이고, 배열의 길이는 7이므로, arr1의 전체 크기는 4 X 7인 28의 값이 나옵니다.

그리고 sizeof(arr1[0])의 경우는 배열의 첫 번째 요소에 대한 크기를 나타냅니다. 즉, 크기는 4바이트이며 sizeof(arr1)/sizeof(arr1[0])의 값은 7이 됩니다. size의 값은 7입니다.

● 9번째 줄 size/3은 교환을 수행하는 마지막 인덱스를 나타냅니다. 교환이라는 것은 두 개가 쌍으로 이루어지는 것이기 때문에 배열 길이의 절반의 인덱스만큼만 반복문을 수행하면 됩니다.

● 11번째 줄의 배열의 첫 번째 요소인 arr1[i]의 값은 변수 temp에 대입하고, 12번째 줄의 배열의 마지막 요소인 arr1[size − Ⅰ−1]은 arr1[i]에 대입합니다. 그리고, 13번째 줄의 arr1[i]의 값을 가지고 있는 temp의 값을 배열의 마지막 요소인 arr1[size − Ⅰ−1]에 대입합니다.

출력 결과를 확인해보면 배열 arr1의 출력값이 초기값의 역순으로 출력된 것을 확인할 수 있습니다.

# Char CHAPTER_3 = {"배열과 문자열"};

## Unit_1 = ("문자열 변수란");

우리가 지금까지 다루었던 문자열들은 어떤 것들이 있나요? 가장 대표적이었던 것이 printf("Hello World");이었을 것입니다. printf 함수로 출력 시 인자로 전달되는 것이 바로 문자열입니다. 그런데 이 문자열은 그 자체로서 상수입니다. 즉, 문자열 상수라는 말입니다. 그렇다면 우리가 앞에서 언급했던 일반 상수의 특징 중에는 어떤 것들이 있었나요? 그렇습니다. 상수는 변수와 달리 이름이 없고, 그 내용을 변경할 수 없다는 특징을 가지고 있었습니다.

앞서 살펴본 printf 함수의 "Hello World" 문자열은 이름이 없습니다. 즉, 이 문자열을 받아주는 변수가 없다 보니 이 문자열 자체를 변경할 수도 없습니다. 결국 printf 함수에서 사용된 "Hello World"라는 문자열은 문자열 상수임이 증명되었습니다.

우리는 문자열 상수가 무엇인지 알았습니다. 그런데, 우리는 이 문자열을 변경하고 싶습니다. 우리가 정수형 상수를 정수형 변수에 대입하여 변경할 수 있는 변수를 생성하였듯이, 문자열 또한 문자열 상수를 문자열 변수에 대입하여 변경할 수 있는 변수를 만들고 싶은 것입니다. 이 때 배열을 사용하면 문자열 변수를 만들 수 있습니다.

char str[12] = " Hello World ";

문자열 변수를 만들 때는 char형의 배열을 선언하고 배열의 길이는 '초기화할 문자의 길이 + 1'만큼 설정합니다. 오른쪽에 선언한 "Hello World"의 문자열을 왼쪽에 있는 배열 str에 저장하라는 의미입니다. 따라서 문자열을 이루는 각각의 문자들은 왼쪽에 선언해 놓은 str 배열에 들어가게 됩니다. 이렇게 생성된 배열을 가리켜 우리는 문자열 변수라고 합니다.

문자열을 세보면 총 11개인데, 우리는 배열의 길이를 11 + 1 개로 1개를 더 설정하고 있습니다. 그 이유는 문자열의 끝에 null 문자가 추가되는데, 이에 대해서는 뒤에서 설명할 것입니다.

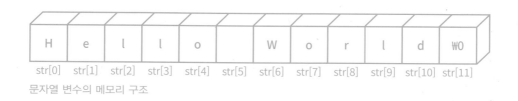

문자열 변수의 메모리 구조

위의 그림은 문자열을 이루는 각각의 문자들이 배열의 요소로 들어감에 따라 배열이 문자열 변수가 되었습니다. 이제 각각의 요소들을 다른 문자로 변경하는 것이 가능해졌습니다.

## ■ 예제 : 7장\7-7\7-7.c

```
1:      #include <stdio.h>
2:
3:      int main(void)
4:      {
5:          char str[12] = "Hello World";
6:
7:          printf("%s \n", str);
8:
9:          return 0;
10:     }
```

## ■ 실행결과

● 5번째 줄에서 오른쪽에 선언한 문자열 "Hello World"를 왼쪽에 선언한 배열 str에 저장하고 있습니다.

● printf 함수를 통해 문자열 변수 str을 출력하고 있습니다. 문자열을 출력하는 서식은 %s입니다.

배열의 초기화 방법 중 배열의 길이를 생략할 수도 있다고 하였습니다. 문자열 상수를 문자열 변수에 대입할 경우, 문자열 상수의 길이가 얼마가 될지 모르는데 배열의 선언 시 길이를 정하는 것은 조금 불편합니다. 그래서 배열의 길이를 생략할 수 있고, 대신 초기값들의 개수를 통해 컴파일러는 배열의 길이를 인지합니다. 문자열 변수 선언 및 초기화 시는 일반적으로 다음과 같이 배열의 길이를 생략하고 사용합니다.

$$\text{char str[ ] = “ Hello World ”;}$$

다음 예제를 통해 "Hello World" 문자열을 "Hello Korea" 문자열로 변경해보겠습니다.

■ 예제 : 7장\7-8\7-8.c

```
1:    #include <stdio.h>
2:
3:    int main(void)
4:    {
5:        char str[] = "Hello World";
6:
7:        printf("*** 문자열 변경 전 ***\n");
8:        printf("%s \n\n", str);
9:
10:       str[6] = 'K';
11:       str[7] = 'o';
12:       str[8] = 'r';
13:       str[9] = 'e';
14:       str[10] = 'a';
15:
16:       printf("*** 문자열 변경 후 ***\n");
17:       printf("%s \n", str);
18:
19:       return 0;
20:   }
```

■ 실행결과

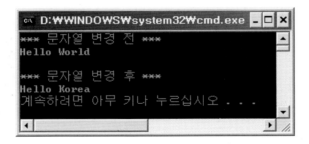

● 5번째 줄에서 오른쪽에 선언한 문자열 "Hello World"를 왼쪽에 선언한 배열 str에 저장하고 있습니다.

● 10번째 줄에서 14번째 줄까지는 문자형 배열 str의 값을 배열의 인덱스 6부터 10까지 변경하고 있습니다. 기존의 문자열 "World"를 "Korea"로 변경합니다.

---

__// 잠깐 알아두세요__

**문자열 저장의 간단한 표현**

char형은 문자형으로 문자 데이터를 초기화 시에는 정수나 실수의 배열을 초기화할 때와 같은 형식으로 초기화 합니다.

```
char str[] = { 'H', 'e', 'l', 'l', 'o', '₩0' };
```

이 방법이 문자형 배열에 데이터를 저장하는 정석적인 방법입니다. 하지만, 문자열을 저장하기 위해서 위와 같이 배열의 각 요소에 문자를 하나씩 저장한다면 매우 불편한 일이 아닐 수 없습니다. 그래서 배열에 문자열을 저장 시에는 문자열 리터럴을 사용해 다음과 같이 간단하게 사용할 수 있게 하였습니다. 이미 앞에서 우리가 문자열 변수로 배운 형태입니다.

```
char str[] = "Hello";
```

---

## Unit_2 = ("널(null)문자에 관하여");

이번에는 널 문자에 대해 알아보도록 하겠습니다. 앞서 문자열 변수인 배열을 선언할 때 배열의 길이는 입력한 문자열 길이에 + 1만큼 더한다고 하였습니다. 그 이유는 문자열의 끝에 널(null)문자가 추가되기 때문입니다. 그렇다면 널 문자는 무엇이길래 문자열 뒤에 꼭 붙어 다니는 것이며, 왜 필요한 것인가요?

### ■ 널(null) 문자의 필요성

크기가 100인 문자형 배열을 하나 선언한다고 하겠습니다. 이를테면 char str[100]과 같이 선언할 것입니다. 그러면 메모리상에는 총 100바이트(char형이 1바이트)의 공간이 확보가 됩니다. 우리는 앞서 배웠던 대로 str 자체가 변수이므로 우리가 원하는 문자열을 대입할 수 있습니다. 물론 문자열의 길이는 100바이트보다 작아야 합니다. 다음과 같이 문자열을 대입합니다.

```
char str[100] = "Beautiful";
```

대입한 "Beautiful" 문자의 수는 총 9개입니다. 문자형 배열 str의 길이는 총 100이고, 대입한 문자열의 길이는 9개입니다. 이론적으로 91개의 공간이 비어 있는 것입니다. 필자는 91개의 공간이 비었다고 표현했지만, 사실은 우리가 인위적으로 문자를 대입하지 않았을 뿐이지 100개의 공간에는 str 배열을 선언할 때 이미 의미 없는 값들로 채워져 있습니다. 우리는 이 값들을 일컬어 쓰레기(garbage) 값이라고 합니다.

그런데 사람의 눈에는 Beautiful과 같은 의미 있는 문자열과 쓰레기 값을 구분할 수 있지만, 컴퓨터 입장에서는 스스로 의미 있는 문자열과 쓰레기 값을 구분할 수 있는 능력이 없습니다. 즉, 컴퓨터 입장에서는 쓰레기 값도 하나의 문자일 뿐인 것입니다. 결국, 의미 있는 문자열의 끝을 알 수 없게 되는 문제에 봉착하게 된 것입니다.

이 문제에 대해서 C언어에서는 한 가지 대안을 내놓게 되었습니다. 문자열을 표현할 때에는 문자열의 끝에 널(null)문자 하나를 추가함으로써 문자열의 마지막을 표시하는 것입니다. 널 문자의 표시는 다음과 같습니다.

' ₩0 '

널(null) 문자는 아스키 코드 값으로는 0에 해당하는 값입니다. 아스키 코드가 0이라는 것이지, 정수 0을 말하는 것이 아닙니다. 즉, "5670abc"와 같은 문자열 상에 들어 있는 0이 널 값을 의미하는 것이 아니라는 것입니다. 헷갈리지 맙시다. 널 값을 명시할 때는 반드시 '₩0' 식으로 표기합니다. 하지만 문자열을 표시할 때는 우리가 널 값을 일부러 표기하지 않아도 자동으로 포함됩니다.

그래서 char str[100] = "Beautiful";의 경우에도 문자는 9개로 구성되어 있지만, 이 문자열의 공간은 총 10개입니다. 왜냐하면 이 문자열은 끝에 널(null) 값을 포함하고 있기 때문입니다. 예제를 통해 널 값의 특징을 알아보도록 하겠습니다.

■ 예제 : 7장\7-9\7-9.c

```
1:      #include <stdio.h>
2:
3:      int main(void)
4:      {
5:          int i;
6:          char str1[100] = "Beautiful";
7:
8:          for(i = 0; i < 10; i++)
9:              printf("%c ", str1[i]);
10:         printf("₩n");
11:
```

```
12:        printf("str1 = %s \n", str1);
13:
14:        return 0;
15:    }
```

■ 실행결과

● 6번째 줄의 경우는 배열 str1의 길이를 100으로 설정하고, 초기값으로 문자열 "Beautiful"을 대입하였습니다.

● 8, 9번째 줄에서는 str1이라는 배열이 지니고 있는 문자들을 하나씩 출력해주고 있습니다. 문자의 개수는 총 9개이고, 10번째 문자는 널(null)값인데, 실제로 널 값을 출력해보면 아무런 출력도 보이지 않는다는 것을 알 수 있습니다.

● 12번째 줄에서는 str1이라는 배열이 지니고 있는 문자열을 출력하되, 배열의 길이는 100 이지만, 널 문자 '\0'를 만날 때 까지만 출력합니다. 널 문자는 문자열 끝에 붙습니다.

또 다른 예제를 하나 더 작성해 보도록 하겠습니다. 이번에는 문자열 중간에 널(null)문자가 들어갔을 경우 어떻게 출력되는지 살펴보겠습니다.

■ 예제 : 7장\7-10\7-10.c

```
1:    #include <stdio.h>
2:
3:    int main(void)
4:    {
5:        char str1[] = "Hello\0World";
6:        printf("str1 = %s \n", str1);
7:
8:        str1[3] = '\0';
9:        printf("str1 = %s \n", str1);
10:
```

```
11:         str1[0] = '₩0';
12:         printf("str1 = %s ₩n", str1);
13:
14:         return 0;
15:   }
```

■ 실행결과

● 5번째 줄에서는 배열 str1에 문자열 "Hello₩0World"를 대입하였습니다.

● 6번째 줄에서 str1을 출력 결과를 보면 널 문자 '₩0'를 만날 때까지 출력하는 것을 확인할 수 있습니다. 문자열 "Hello"가 출력됩니다.

● 8번째 줄에서는 배열 str1의 네 번째 인덱스인 str1[3]에 널 문자 '₩0'를 대입하였습니다. 그리고 str1의 출력 결과를 보면 마찬가지로 널 문자 '₩0'를 만날 때까지 출력하는 것을 볼 수 있습니다. 문자열 "Hel"가 출력됩니다.

● 11번째 줄에서는 배열 str1의 첫 번째 인덱스인 str1[0]에 널 문자 '₩0'를 대입하였습니다. 이 경우는 문자열의 첫 번째부터 널 문자가 온 것이므로 아무것도 출력되지 않습니다.

## Char CHAPTER_4 = {"다차원 배열"};

### Unit_1 = ("2차원 배열의 이해");

큰 제목은 다차원 배열이지만, 사실 2차원 배열만 여러분이 충분히 숙지하고 있으면 그 이상의 3차원, 4차원 배열은 굳이 배울 필요없이 다차원 배열을 이해한 것입니다. 그래서 이 책에서는 2차원 배열까지만 소개하고, 그 이상은 다루지 않습니다. 사실 실무에서도 2차원 이상은 거의 사용할 일이 없습니다. 간혹 게임 프로그래밍시에 3차원 배열을 사용하는 경우가 간혹 생기기는 하지만, 가급적 코드의 가독성을 위해서 잘 사용하지 않습니다. 아무튼 2차원 배열에 대해서 살펴보도록 하겠습니다.

### ■ 2차원 배열의 메모리 구조

2차원 배열의 구조는 1차원 배열의 구조에서 기인합니다. 만약 길이가 3인 정수형 1차원 배열을 선언한다고 가정하겠습니다. 아마 int arr[3]과 같은 형태로 선언할 것입니다. 이 배열의 메모리 구조는 다음과 같습니다.

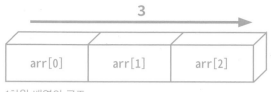

1차원 배열의 구조

배열 arr의 메모리 구조는 위의 그림과 같이 길이가 총 3인 각각 arr[0], arr[1], arr[2]의 형태로 구성되어 있습니다. 그렇다면 만약에 위의 1차원 배열과 똑 같은 메모리 구조를 갖는 녀석을 하나 더 갖고 싶다면 어떻게 할까요? 배열을 하나 더 선언하면 되겠지요. 물론 이 방법도 맞지만 현재 배열 arr의 기반에서 배열을 조금 더 효율적으로 확장할 수 있는 방법은 없을까요? 그 방법이 바로 2차원 배열인데, 만약 1차원 배열과 똑같은 구조의 메모리군을 늘리고 싶다면 아래 그림과 같이 늘릴 수 있습니다.

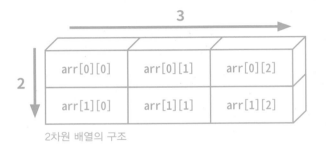

2차원 배열의 구조

1차원 배열에서 길이가 3인 배열을 또 하나 만든 것입니다. 이 메모리 구조를 표현하면 arr1[2][3]라고 할 수 있는데, 이것이 바로 2차원 배열입니다. 우리가 수학시간에 배웠던 행렬의 개념과도 비슷하고, 데이터베이스의 Row, Col 개념과도 비슷합니다. 이는 1차원 배열을 기반으로 확장된 것이며, 메모리의 개수는 2 X 3 개가 할당됩니다.

## ■ 2차원 배열의 선언
2차원 배열을 선언하는 형태는 다음과 같습니다.

$$int\ arr[i][j]$$

길이가 j인 int형 배열을 i개 모아놓은 배열을 생성하라는 의미입니다. [그림 7-16]을 보면 세로의 길이는 i이고, 가로의 길이는 j인데 j가 늘어나면 각 배열의 길이가 커지는 것이고, i가 늘어나면 배열 자체가 늘어나는 것입니다. 그래서 단위의 크기를 따져 본다면 i가 j보다 크다고 할 수 있습니다.

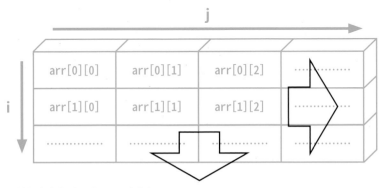

2차원 배열의 메모리 구조 일반화

2차원 배열을 사용한다고 해서 실제 메모리가 그림처럼 아파트 형태로 관리되는 것은 아닙니다. 그림의 형태는 2차원의 형태를 우리가 이해하기 쉽게 하기 위해 편의상 만든 것이고, 실제 저장되는 메모리 구조는 일자의 선형 구조로 되어 있습니다. 실제 메모리 구조인 선형 구조로 2차원 배열을 다루게 되면 매우 헷갈릴 것이기 때문에, 우리는 행과 열을 가진 2차원 형태로 표현하고 있는 것입니다.

간단한 2차원 배열의 예제를 작성해보겠습니다.

■ 예제 : 7장\7-11\7-11.c

```
1:    #include <stdio.h>
2:
3:    int main(void)
4:    {
5:        int i, j;
6:        int arr[2][3];
7:        arr[0][0] = 1;
8:        arr[0][1] = 2;
9:        arr[0][2] = 3;
10:       arr[1][0] = 4;
11:       arr[1][1] = 5;
12:       arr[1][2] = 6;
13:
14:       printf("2차원 배열 값의 출력 결과\n");
15:       printf("═══════════════════\n");
16:       for(i = 0; i < 2; i++)
17:       {
18:           for(j = 0; j < 3; j++)
19:           {
20:               printf("%d    ", arr[i][j]);
21:           }
22:           printf("\n");
23:       }
24:       printf("═══════════════════\n");
25:       return 0;
26:   }
```

### ■ 실행결과

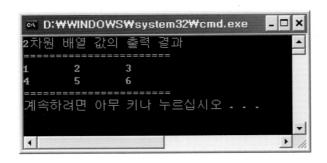

- 6번째 줄에 2차원 배열 int arr[2][3]을 선언하였습니다. 총 2 X 3 개의 메모리 공간이 생성됩니다.
- 7번째 줄부터 12번째 줄까지 값을 대입하고 있습니다.

2차원 배열의 각 요소 값 접근

arr[0][0]에는 1의 값을, arr[0][1]에는 2의 값을 arr[0][2]에는 3의 값을 각각 대입하고 있습니다. 그 다음 행도 위의 그림과 같이 각각 대입합니다.

- 16번째 줄은 2차원 배열의 행의 개수입니다. 행이 2개이므로 반복문을 2번 수행합니다.
- 18번째 줄은 2차원 배열의 열의 개수입니다. 열이 3개이므로 반복문을 3번 수행합니다. 우리가 반복문에서 구구단 출력했던 것을 기억하나요? 바깥쪽 크게 도는 반복문은 천천히 수행되고, 안쪽에서 작게 도는 반복문은 빨리 수행됩니다. 2차원 배열은 열보다는 행이 더 크게 돌고, 천천히 수행됩니다.

## Unit_2 = ("2차원 배열의 초기화");

2차원 이상 다차원 배열을 초기화하는 방법은 다음 소개하는 4가지 경우로 구분하여 살펴볼 수 있습니다. 간단한 int array[2][3] 배열을 사용하기로 하겠습니다.

■ 배열의 모든 요소들을 초기화하는 경우

배열의 길이와 초기값이 개수가 일치하는 경우가 가장 이상적인 초기화입니다. 우선 배열 초기화의 기본 형태를 보겠습니다.

```
int array[2][3] = {
        {1,2,3},
        {4,5,6}
};
```

배열을 초기화하는 문법은 배열 선언 시 { } 안에 배열의 길이만큼 값을 지정합니다. 이는 이미 1차원 배열에서 다루었습니다. 그런데, 2차원 배열의 초기화를 보면 조금 복잡해 보입니다. 중괄호 안에 중괄호가 싸여 있는 것을 볼 수 있습니다. 그런데, 이는 행과 열을 구분하여 표현하기 위해 사용한 것으로 오히려 2차원 배열의 형태를 이해하기 쉽게 구성한 것입니다.

int array[2][3]은 2행 3열이므로, 3열의 데이터가 2줄 있는 것입니다. 그러므로 값을 초기화 시 {1,2,3}가 하나의 행이 되는 것이고, 이 배열은 총 2행으로 구성되어 있으므로 {4,5,6}의 행이 추가된 형태입니다. 꼭 이러한 형태로 초기화를 해야 하는 것은 아닙니다. 1차원 배열처럼 중괄호 구분 없이 초기화해주어도 어차피 결과는 같습니다.

```
int array[2][3] = {1,2,3,4,5,6};
```

현재 2차원 배열을 선언 후 배열의 모든 요소를 초기화하였는데, 초기화 형태를 그림을 통해 살펴보도록 하겠습니다.

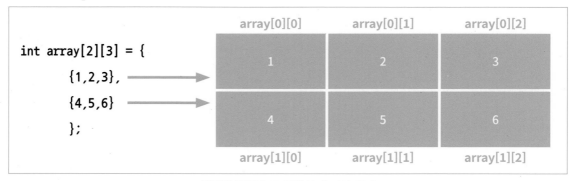

행열을 중괄호로 구분한 초기화 형태

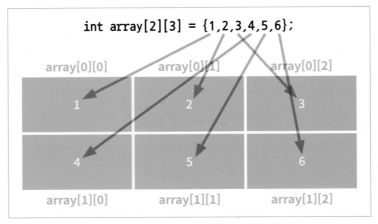

int array[2][3] = {1,2,3,4,5,6};

array[0][0] array[0][1] array[0][2]

| 1 | 2 | 3 |
| 4 | 5 | 6 |

array[1][0]　　　array[1][1]　　　array[1][2]

**행열 구분 없이 1차원 배열처럼 초기화 한 형태**

2차원 배열의 길이와 초기값의 개수가 일치하는 경우

2가지 형태의 그림을 볼 수 있는데, 아무래도 행열을 중괄호로 구분한 초기화 형태가 2차원 배열의 값의 위치를 관리하기에는 훨씬 편리합니다. 행열 구분 없이 1차원 배열처럼 초기화를 하게 되면 특정 값이 어느 위치에 있는 값인지 알아보기 힘듭니다. 예를 든 2X3 정도의 값은 6개밖에 되지 않으므로 눈으로 알 수는 있겠지만, 50 X 100 정도되는 데이터를 1차원 배열로 구분하기에는 거의 포기 수준입니다. 그래서 다차원 배열을 초기화할 때는 행열을 중괄호로 구분한 형태를 권장합니다. 2차원 배열의 길이와 초기값의 개수가 일치하도록 하고, 각 배열의 값을 출력하는 예제를 작성해 보도록 하겠습니다.

■ 예제 : 7장\7-12\7-12.c

```
1:    #include <stdio.h>
2:
3:    int main(void)
4:    {
5:        int i, j;
6:        int arr[2][3] = {
7:            {1, 2, 3},
8:            {4, 5, 6}
9:        };
10:
11:        printf("=== 2차원 배열의 출력 ===\n");
12:        for(i = 0; i < 2; i++)
13:        {
```

```
14:                  for(j = 0; j < 3; j++)
15:                       printf("arr[%d][%d] = %d\n", i, j, arr[i][j]);
16:          }
17:
18:          return 0;
19:     }
```

■ 실행결과

```
C:\ D:\WINDOWS\system32\cmd.exe        _ □ ×
==== 2차원 배열의 출력 ====
arr[0][0] = 1
arr[0][1] = 2
arr[0][2] = 3
arr[1][0] = 4
arr[1][1] = 5
arr[1][2] = 6
계속하려면 아무 키나 누르십시오 . . .
```

● 6번째 줄의 arr은 2행 3열의 2차원 배열로써 모든 요소를 초기화하고 있습니다.
● 12번째 줄과 14번째 줄 각각 for문을 사용하여 2차원 배열의 각 요소의 값을 가져오고 있습니다. 2행 3열이므로 크게 반복하는 루틴은 2행이고, 작게 반복하는 루틴은 3열입니다.

■ 배열의 길이보다 초기값의 개수가 작은 경우

이번에는 배열의 길이보다 초기값의 개수가 작은 경우를 살펴보겠습니다.

```
int array[2][3] = {
        {1,},
        {4,5,6}
};
```

1행의 경우 1열만 초기값이 존재하고, 2,3열은 생략된 형태입니다. 이처럼 특정 행의 나머지 요소들을 0으로 초기화하고 싶을 때는 굳이 0이라고 표기하지 않고 생략하면 0으로 초기화됩니다.

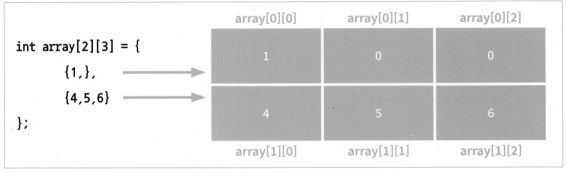

위의 그림처럼 1행의 경우 3개의 요소를 저장할 수 있는데, 1개만 초기화되어 있는 경우에는 그 행의 배열 순서대로 초기화를 하고, 나머지 이후의 요소들은 모두 0으로 초기화 됩니다. 그러므로, array[0][1]과 array[0][2] 요소의 경우 초기값이 생략되었으므로 0으로 초기화 됩니다. 그런데, 1행의 초기값 1의 끝을 보면 콤마(,)가 붙어 있는 것을 볼 수 있습니다. 이는 1 다음의 나머지 요소는 모두 0으로 초기화하겠다는 것을 분명히 표시하는 것입니다.

배열의 길이보다 초기값의 개수가 작도록 초기화하고, 각 배열의 요소를 모두 더하여 출력하는 예제를 작성해보겠습니다.

### ■ 예제 : 7장\7-13\7-13.c

```
1:      #include <stdio.h>
2:
3:      int main(void)
4:      {
5:          int i, j, total = 0;
6:          int arr[2][3] = {
7:                  {1,},
8:                  {4, 5, 6}
9:          };
10:
11:         for(i = 0; i < 2; i++)
12:         {
13:             for(j = 0; j < 3; j++)
14:                     total = total + arr[i][j];
15:         }
```

```
16:
17:         printf("배열 요소의 총 합은 = %d\n", total);
18:         return 0;
19:    }
```

■ 실행결과

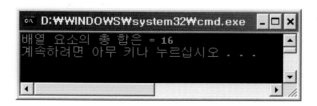

● 6번째 줄의 arr은 2행 3열의 2차원 배열로서 7번째 줄에 1행의 첫 번째 요소만 초기화하고, 나머지 요소들은 0으로 초기화하였습니다.

● 11번째 줄과 13번째 줄은 배열이 2행 3열이므로 이중 반복문을 통해 각 요소의 값을 가져오도록 하는 루틴이고, 14번째 줄은 반복문을 수행하면서 total 변수에 배열의 각 요소의 값들을 누적하여 더하고 있습니다.

■ 배열의 길이보다 초기값의 개수가 큰 경우

이번에는 앞의 상황과 반대의 경우인데, 배열의 길이보다 초기값의 개수가 큰 경우입니다.

```
int array[2][3] = {
        {1,2,3},
        {4,5,6,7}
};
```

1차원 배열에서와 마찬가지로 초기값의 개수가 크면 "이니셜라이저가 너무 많습니다."라는 메시지와 함께 컴파일 오류를 일으킬 것입니다.

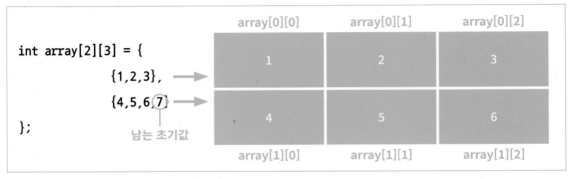

```
int array[2][3] = {
        {1,2,3},
        {4,5,6,7}
};
```

남는 초기값

array[0][0]  array[0][1]  array[0][2]
1            2            3
4            5            6
array[1][0]  array[1][1]  array[1][2]

2차원 배열의 길이보다 초기값의 개수가 남는 경우

2행의 초기값이 3개 들어가야 하는데, 마지막에 7이라는 값이 하나 더 추가됨으로써, 배열의 공간이 하나 부족한 상태입니다.

### ■ 배열의 길이가 빠져 있는 경우

2차원 배열도 1차원 배열과 같이 배열의 길이를 생략할 수 있는데, 첫 번째 첨자만 생략이 가능하며 두 번째 첨자는 반드시 써주어야 합니다.

```
int array[][3] = {
        {1,2,3},
        {4,5,6}
};
```

첫 번째 첨자의 길이를 생략해도 초기식에서 행이 두 개임이 명백하므로 컴파일러는 첫 번째 첨자의 길이가 2라는 것을 알 수 있습니다. 열의 개수를 3으로 밝혔으므로, 배열의 요소를 세 개씩 묶어보면 행의 개수가 나옵니다.

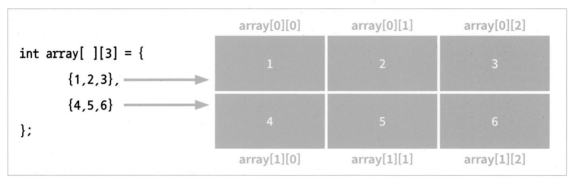

```
int array[ ][3] = {
        {1,2,3},
        {4,5,6}
};
```

array[0][0]  array[0][1]  array[0][2]
1            2            3
4            5            6
array[1][0]  array[1][1]  array[1][2]

2차원 배열의 길이를 생략한 경우

다음의 형태를 보도록 하겠습니다.

```
int array[][3] = {
        {1,2,3},
        {4,},
        {5,6},
        {7,8,9}
};
```

앞의 선언과 동일하되, 초기값의 입력이 다릅니다. 이 선언의 array 배열은 총 4행이 될 것이고, 2행의 2,3열은 각각 0으로 초기화되며, 3행의 3열 또한 0으로 초기화 될 것입니다. 그림을 통해 2차원 배열의 길이를 생략했을 경우 각 배열의 요소에 대입되는 값을 살펴보도록 하겠습니다.

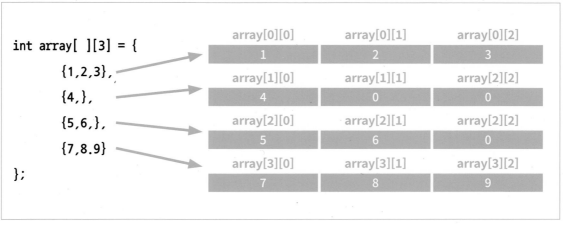

2차원 배열의 열의 요소를 생략한 경우

1차원 배열처럼 배열의 길이를 모두 생략하는 다음과 같은 형태는 가능할까요?

```
int array[][] = {
        {1,2,3},
        {4,5,6}
};
```

배열의 첨자들이 모두 생략되어 버린 형태인데, 이렇게 선언해 버리면 이 배열이 2행 3열인지, 3행

2열인지 알 수 없는 모호함이 생깁니다. 물론 사람이 눈으로 보았을 때 중괄호 형태를 보고 2행 3열이 아닌가 판단할 수도 있지만, 중괄호 자체가 사람이 구분하기 위한 표기이기 때문에, 컴파일러 입장에서는 정확한 배열의 형태를 알 수가 없습니다. 그러므로 2차원 배열 이상 다차원 배열에서는 배열을 선언과 동시에 초기화하는 경우, 배열의 길이를 모두 생략하여 사용하면 안 되고 생략하더라도 배열의 첫 번째 첨자만 생략 가능합니다.

2차원 배열의 길이를 첫 번째 첨자만 생략하고 초기값을 설정한 후, 각 배열의 요소를 모두 더하여 출력하는 예제를 작성해보겠습니다.

■ 예제 : 7장\7-14\7-14.c

```
1:    #include <stdio.h>
2:
3:    int main(void)
4:    {
5:        int i, j, aSize, index, total = 0;
6:        int arr[][3] = {
7:            {1,2,3},
8:            {4,},
9:            {5,6},
10:           {7,8,9}
11:       };
12:
13:       aSize = sizeof(arr)/sizeof(arr[0][0]);
14:       index = aSize / 3;
15:
16:       for(i = 0; i < index; i++)
17:       {
18:           for(j = 0; j < 3; j++)
19:               total = total + arr[i][j];
20:       }
21:
22:       printf("배열 요소의 총 합은 = %d\n", total);
23:       return 0;
24:   }
```

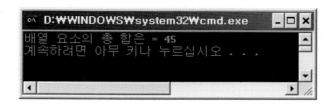

● 6번째 줄의 경우는 배열 arr의 첫 번째 첨자 길이는 생략하였고, 배열의 초기값은 1부터 9까지 4행 3열로 초기화하였습니다.

● 13번째 줄의 경우 앞에서 설명했듯이 배열 arr의 길이는 컴파일러 내부에서 배열의 초기값의 개수를 보고 배열의 길이를 판단한다고 하였습니다. 그러므로 sizeof 함수를 통해 배열 arr의 크기를 구하면 aSize는 12가 나옵니다. 즉, 배열의 할당 길이는 총 12라는 것입니다.

● 14번째 줄의 변수 index는 배열 arr의 첫 번째 길이 첨자를 나타내는 것으로 배열의 전체 길이 aSize는 배열 arr의 첫 번째 첨자와 두 번째 첨자를 곱하였을 때 나오는 결과 값입니다. 결국 첫 번째 첨자 index를 구하기 위해서는 aSize를 두 번째 첨자로 나누면 됩니다.

● 16번째 줄부터 20번째 줄까지는 각 배열의 요소들을 모두 더하여 정수형 변수인 total에 대입하고 있습니다.

**과제 7-2**                                             해설 281p

아래의 그림과 같이 int 형으로 선언과 동시에 초기화 한 2행 3열의 배열을 이용하여 이 배열의 요소값들을 int형의 3행 2열 배열에 대입하여 출력하는 프로그램을 작성하라. 참고로 2 X 3 배열의 선언은 다음과 같다.

```
int arr[2][3] = {
        {1,2,3},
        {4,5,6}
};
```

출력 예)

```
===========
1      4
2      5
3      6
===========
```

## Unit_3 = ("2차원 배열의 활용");

2차원 배열을 활용한 여러 가지 예제들을 다뤄보겠습니다. 다음은 2행 3열의 2차원 배열 arr1과 arr2의 합을 구한 후 출력하는 예제입니다.

■ 예제 : 7장\7-15\7-15.c

```c
1:    #include <stdio.h>
2:
3:    int main(void)
4:    {
5:        int i, j;
6:        int arr1[2][3] = {{1,2,3}, {4,5,6}};
7:        int arr2[2][3] = {{6,5,4}, {3,2,1}};
8:        int arr3[2][3];
9:
10:       for(i = 0; i < 2; i++)
11:       {
12:           for(j = 0; j < 3; j++)
13:           {
14:               arr3[i][j] = arr1[i][j] + arr2[i][j];
15:           }
16:       }
17:
18:       printf("==========\n");
19:       for(i = 0; i < 2; i++)
20:       {
21:           for(j = 0; j < 3; j++)
22:           {
23:               printf(" %d ", arr3[i][j]);
24:           }
25:           printf("\n");
26:       }
27:       printf("==========\n");
28:
29:       return 0;
30:   }
```

■ 실행결과

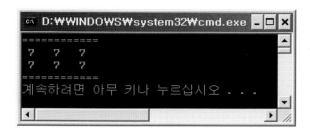

● 6, 7, 8번째 줄은 2행 3열의 2차원 배열을 각각 arr1, arr2, arr3의 이름으로 선언하고 있습니다.

● 10번째 줄부터 16번째 줄까지는 각 배열의 행과 열이 2 X 3 이기 때문에, 반복문을 통해 배열 arr1과 arr2의 각 요소를 합하여 배열 arr3에 저장하고 있습니다.

● 19번째 줄부터 26번째 줄까지 반복문을 통해 저장된 배열 arr3의 요소값을 출력하고 있습니다.

예제를 하나 더 보도록 하겠습니다. 사용자로부터 3명의 학생 영구, 맹구, 빡구의 국어, 영어, 수학 점수를 입력받아 배열에 저장하고, 각 학생의 과목 점수의 총 합과, 평균을 출력하는 예제입니다.

출력 예)

영구의 국어, 수학, 영어 점수 입력 : 50 60 70
맹구의 국어, 수학, 영어 점수 입력 : 70 80 60
빡구의 국어, 수학, 영어 점수 입력 : 40 60 80

|  | 영구 | 맹구 | 빡구 |
|---|---|---|---|
| 국어 | 50 | 70 | 40 |
| 영어 | 60 | 80 | 60 |
| 수학 | 70 | 60 | 80 |
| 총점 | 180 | 210 | 180 |
| 평균 | 60 | 70 | 60 |

```
1:    #include <stdio.h>
2:
3:    int main(void)
4:    {
5:        int i, j, total = 0, avg = 0;
6:        int arr1[3][3];
7:        int arr2[5][3];
8:        int result[2][3];
9:
10:       for(i = 0; i < 3; i++)
11:       {
12:           if(i == 0)
13:               printf("영구의 국어, 수학, 영어 점수 입력 : ");
14:           else if(i == 1)
15:               printf("맹구의 국어, 수학, 영어 점수 입력 : ");
16:           else
17:               printf("빡구의 국어, 수학, 영어 점수 입력 : ");
18:
19:           for(j = 0; j < 3; j++)
20:           {
21:               scanf("%d", &arr1[i][j]);
22:               arr2[i][j] = arr1[i][j];
23:           }
24:       }
25:
26:       for(i = 0; i < 3; i++)
27:       {
28:           for(j = 0; j < 3; j++)
29:           {
30:               total += arr1[i][j];
31:           }
32:
33:           arr2[j][i] = total;
34:           avg = arr2[j][i] / 3;
35:           arr2[j + 1][i] = avg;
36:           total = 0;
37:           avg = 0;
```

```
38:          }
39:
40:          printf("═══════════════════\n");
41:          printf("      영구 맹구 빡구\n");
42:          for(i = 0; i < 5; i++)
43:          {
44:                  if(i == 0)
45:                          printf("국어 ");
46:                  else if(i == 1)
47:                          printf("영어 ");
48:                  else if(i == 2)
49:                          printf("수학 ");
50:                  else if(i == 3)
51:                          printf("총점 ");
52:                  else if(i == 4)
53:                          printf("평균 ");
54:
55:                  for(j = 0; j < 3; j++)
56:                  {
57:                          if(i < 3)
58:                                  printf(" %d ", arr2[j][i]);
59:                          else
60:                                  printf(" %d ", arr2[i][j]);
61:                  }
62:                  printf("\n");
63:          }
64:          printf("═══════════════════\n");
65:
66:          return 0;
67:  }
```

## ■ 실행결과

```
C:\ D:\WINDOWS\system32\cmd.exe                    - □ ×
영구의 국어, 수학, 영어 점수 입력 : 50 60 70
맹구의 국어, 수학, 영어 점수 입력 : 70 80 60
빡구의 국어, 수학, 영어 점수 입력 : 40 60 80
========================
      영구 맹구 빡구
국어    50     70      40
영어    60     80      60
수학    70     60      80
총점   180    210     180
평균    60     70      60
========================
계속하려면 아무 키나 누르십시오 . . .
```

● 6번째 줄의 arr1의 경우는 사용자로부터 영구, 맹구, 빡구의 국어, 수학, 영어 점수를 입력받기 위한 2차원 배열입니다. 3과목의 점수를 각각 3명분을 받아야 하므로 3 X 3의 배열을 선언하였습니다.

● 7번째 줄의 arr2의 경우는 사용자로부터 입력한 영구, 맹구, 빡구의 각각의 국어, 영어, 수학 점수가 저장되어 있으면서, 그에 대한 각각의 총점과 평균 정보들도 같이 저장되어 있는 2차원 배열입니다. 그러므로 5 X 3의 배열을 선언하였습니다.

● 10번째 줄부터 24번째 줄까지는 사용자로부터 데이터를 입력받아 2차원 배열에 저장하는 루틴입니다. 21번째 줄에서는 arr1 배열을 통해 사용자로부터 값을 입력받아 배열 arr2에 입력하고 있습니다.

● 26번째 줄부터 38번째 줄까지는 입력한 각 데이터들의 총합과 평균을 구하여 배열 arr2에 저장하는 루틴입니다. 이 때 우리가 arr1 배열에 데이터를 저장한 행열의 순서와 총점, 평균의 데이터를 저장해야 할 행열의 순서가 다르므로 33번째 줄부터 35번째 줄까지의 arr2의 행열 순서를 보면 arr2[j][i]로 저장하는 것을 볼 수 있습니다.

● 40번째 줄부터 64번째 줄까지는 배열 arr2에 저장되어 있는 데이터를 보기 좋게 꺼내서 출력하는 루틴입니다. 배열 arr2는 5 X 2 행열을 가지고 있으므로 42번째 줄의 반복문은 5번을 수행하고, 내부의 반복문은 55번째 줄과 같이 3명에 대한 점수, 총점, 평균을 출력하는 것이므로 3번의 반복문을 수행합니다. 이 때 주의할 점은 총점과 평균 출력 시는 점수 출력할 때와 i, j가 반대라는 점입니다.

2행 3열의 2차원 배열 arr1과 3행 2열 arr2의 2차원 배열의 요소 각각의 곱을 수행하여, 배열 arr3에 그 결과값을 저장하고, 출력하는 프로그램을 작성하라.

| 1 | 2 | 3 |
|---|---|---|
| 4 | 5 | 6 |

×

| 1 | 2 |
|---|---|
| 3 | 4 |
| 5 | 6 |

=

| 1 | 6 | 15 |
|---|---|---|
| 8 | 20 | 36 |

출력 예)

```
1       6       15
8       20      36
```

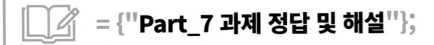 = {"**Part_7 과제 정답 및 해설**"};

■ 과제 7-1

```
1:    #include <stdio.h>
2:
3:    int main(void)
4:    {
5:        int i;
6:        int arr1[5] = {1,2,3,4,5};
7:        int arr2[5];
8:
9:        for(i = 0; i < 5; i++)
10:           arr2[i] = arr1[4 - i];
11:
12:       for(i = 0; i < 5; i++)
13:           printf("배열 arr2[%d] = %d\n", i, arr2[i]);
14:
15:       return 0;
16:   }
```

● arr1[4]의 값은 arr2[0]로 arr1[3]의 값은 arr2[1]로 이렇게 arr1의 요소가 arr2의 요소로 대입하되, 역순으로 대입해야 합니다.

● 10번째 줄에서 arr1[4 - i]의 값을 arr2[i]에 대입하고 있습니다. arr1 배열의 인덱스를 끝에서부터 1씩 감소한 값을 arr2 배열의 처음 인덱스부터 대입하고 있습니다.

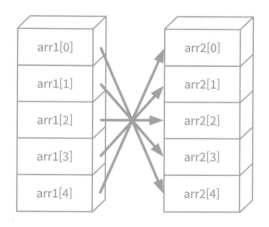

## ■ 과제 7-2

```c
1:    #include <stdio.h>
2:
3:    int main(void)
4:    {
5:         int i, j;
6:         int arr1[2][3] = {
7:                 {1,2,3},
8:                 {4,5,6}
9:         };
10:
11:        int arr2[3][2];
12:
13:        for(i = 0; i < 2; i++)
14:        {
15:             for(j = 0; j < 3; j++)
16:             {
17:                  arr2[j][i] = arr1[i][j];
18:             }
19:        }
20:
21:        for(i = 0; i < 3; i++)
22:        {
23:             for(j = 0; j < 2; j++)
24:             {
25:                  printf(" %d ", arr2[i][j]);
```

```
26:                    }
27:                    printf("\n");
28:            }
29:
30:            return 0;
31:    }
```

● 이 과제의 핵심은 행열이 다른 배열끼리 상호 대입할 수 있는지를 알아보고자 함입니다. 6번째 줄의 arr1은 2 X 3의 배열로 선언과 동시에 초기화하였습니다. 이를 11번째 줄에 선언되어 있는 3 X 2의 arr2 배열에 대입하고자 합니다. 두 배열 요소의 총 개수는 각각 6개이므로 요소의 개수는 같습니다.

● 13번째 줄부터 19번째 줄까지 arr1의 배열의 요소를 arr2 배열에 대입하고 있는데, 이 과제의 핵심 코드입니다. 두 배열 요소의 총 개수는 같으므로 배열 첨자의 i, j의 위치만 서로 바꿔서 대입해주면 됩니다.

## ■ 과제 7-3

```
1:    #include <stdio.h>
2:
3:    int main(void)
4:    {
5:            int i, j;
6:            int arr1[2][3] = {
7:                    {1,2,3},
8:                    {4,5,6}
9:            };
10:
11:            int arr2[3][2] = {
12:                    {1,2},
13:                    {3,4},
14:                    {5,6}
15:            };
16:
17:            int arr3[2][3];
18:
19:            for(i = 0; i < 2; i++)
20:            {
```

```
21:              for(j = 0; j < 3; j++)
22:              {
23:                  arr3[i][j] = arr1[i][j] * arr2[j][i];
24:              }
25:          }
26:
27:      for(i = 0; i < 2; i++)
28:      {
29:              for(j = 0; j < 3; j++)
30:              {
31:                  printf(" %d ", arr3[i][j]);
32:              }
33:          printf("₩n");
34:      }
35:
36:      return 0;
37:  }
```

● 이 과제의 핵심은 서로 행렬이 다른 배열끼리의 연산을 통해 2차원 배열을 정확하게 이해하고 능숙하게 다룰 수 있는 능력을 확인해 보는데 있습니다.

● 6번째 줄에 선언된 arr1 배열과 11번째 줄에 선언된 arr2 배열은 각각 2 X 3과 3 X 2로 행열이 다릅니다. 서로 다른 두 배열을 곱해서 17번째 줄에 선언된 arr3 배열에 저장할 것인데, 2 X 3의 형태입니다.

● 23번째 줄은 arr1 배열의 요소와 arr2 배열의 요소를 곱하여 arr3 배열의 요소에 저장하고 있습니다. 이 때 핵심은 배열의 첨자 i, j가 각각의 배열 arr1과 arr2에서 서로 반대로 설정되어 있다는 것입니다.

```
1:      #include <stdio.h>
2:
3:      int main(void)
4:      {
5:              int b = 100;          변수
6: 포인터 선언   int *pB = &b;
7:              포인터명
8:              printf("b = %d\n", b);
9:              printf("&b = %x\n", &b);
10:             printf("*pB = %d\n", *pB);
11:             printf("pB = %x\n", pB);
12:
13:             return 0;
14:     }
```

출력 결과

```
b = 100
&b = 12ff60      → 메모리 주소값
*pB = 100
pB = 12ff60      → 메모리 주소값
```

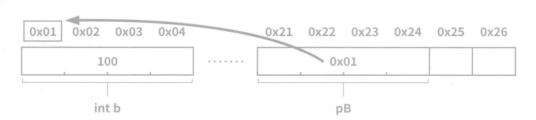

int b       pB

변수 pB는 주소값 0x01을 저장하고 있는 포인터 변수이고, 이 주소값에 해당하는 메모리를 가진 변수는 int b 이므로 변수 pB를 통해서 변수 b의 주소 및 실제값을 참조할 수 있습니다.

포인터의 개념과 원리를 정확하게
이해할 수 있도록 메모리 관점에서 학습합니다.

# #PART_8. <데이터를 원격제어하자. 포인터>

## int main(void)

C언어를 공부해본 사람이나 혹은 C언어를 공부하지 않았더라도 프로그래밍 관련 공부를 해 본 사람이라면 포인터에 대해서 한 번쯤은 들어본 적 있을 것입니다. 우리가 가진 포인터에 대한 선입관은 아마도 마의 삼각지대와 같은 한 번 빠지면 영원히 헤어나올 수 없는 복잡한 그 무엇으로 알고 있을 것입니다. 사실, 이러한 것들이 다들 포인터에서 개념을 제대로 잡지 못하고 낙오되어 떠도는 자들의 흉흉한 소문일 뿐입니다. 우리는 이미 앞서 변수 선언 시 메모리 구조에 대해 배운 바가 있으며, 포인터 또한 그러한 개념에서 크게 벗어나지 않는다는 점입니다. 오히려 배우고 나면 아무것도 아닌 것을 깨닫는 순간이 더 놀랍게 느껴질 것입니다.

물론 이론적으로 다 배운다고 해서 자유롭게 활용할 수 있는 것은 아닙니다. 실제 프로젝트에서 포인터가 어떠한 상황에 쓰이는지 만나 봐야 포인터가 어떻게 쓰이고, 어떤 점에서 유용한지를 더 절실히 깨달을 수 있을 것입니다. 이제 포인터가 어렵다는 선입관을 버리고, 그냥 소설책 읽는다 생각하고 편안한 마음으로 임해주길 바랍니다. 지금 시작해봅시다.

# Char CHAPTER_1 = {"포인터란 무엇인가"};

## Unit_1 = ("우리가 알고 있는 변수 선언 시 메모리 구조");

우리는 앞서 배웠던 것처럼 데이터가 메모리 상에 존재하는 구조에 대해 익히 알고 있습니다. 메모리는 자료형의 종류에 따라 할당되어지는 크기가 달라지는데, char형이면 메모리의 기본 단위는 1바이트이고, int형이면 4바이트, double형이면 8바이트를 할당합니다. 이렇게 자료형에 따라 할당되어지는 바이트들은 다르지만, 각각의 한 바이트마다 메모리 주소값을 가지고 있습니다.

예를 들어 우리가 내 컴퓨터에서 수많은 데이터를 저장 및 관리한다고 하였을 때 어떻게 해야 효율적으로 관리할 수 있을까요? 기본적으로 우리는 종류별로 쉽게 찾기 위한 방편으로 폴더들을 생성하여 분류할 것입니다. 해당 폴더 안에 필요에 의해서 또 다른 폴더를 만들 수도 있겠지만, 어쨌든 폴더를 생성함으로써 우리가 원하는 데이터를 쉽고 빠르게 찾을 수 있게 되었습니다.

메모리 주소라는 것 또한 마찬가지입니다. 우리가 집 주소가 없으면 찾고자 하는 집을 찾을 수 없듯이 메모리 주소도 주소를 통해 해당 메모리에 접근하여 값을 읽고 쓸 수 있는 것입니다. 만약 메모리 주소값이 없다면 그 메모리를 어떻게 알고 접근할 수 있을까요?

만약 코드 상 다음과 같은 변수 선언을 가정해보겠습니다. 이 변수들이 메모리 구조에서 어떻게 할당이 되는지 살펴보도록 하겠습니다.

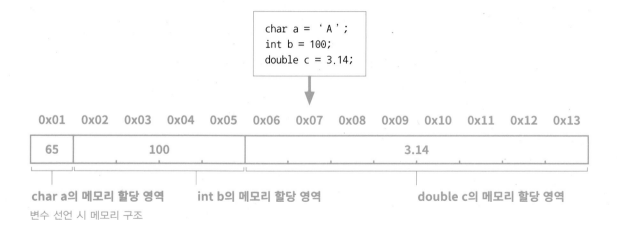

```
char a = 'A';
int b = 100;
double c = 3.14;
```

| 0x01 | 0x02 | 0x03 | 0x04 | 0x05 | 0x06 | 0x07 | 0x08 | 0x09 | 0x10 | 0x11 | 0x12 | 0x13 |
|------|------|------|------|------|------|------|------|------|------|------|------|------|
| 65 | 100 | | | | 3.14 | | | | | | | |

char a의 메모리 할당 영역     int b의 메모리 할당 영역     double c의 메모리 할당 영역

변수 선언 시 메모리 구조

각각 자료형이 다른 총 3개의 변수를 선언하였습니다. 각각 문자형, 정수형, 실수형이므로 1바이트, 4바이트, 8바이트가 메모리 상에 할당되는 것을 볼 수 있습니다. 이 형태까지는 우리가 어렵지 않게 연상할 수 있는 메모리 구조입니다. 이 때, 각 메모리의 바이트마다 0x로 시작하는 주소값을 볼 수 있는데, 이 주소를 통해 우리가 선언한 변수 값에 접근할 수 있습니다. 주소를 통해 접근하는 방법에 대해서는 포인터에서 다룰 것입니다.

자, 이 정도만 이해하고 있어도 우리가 앞으로 배울 포인터에 대해서 기본적인 지식은 충분하다고 볼 수 있습니다. 이제 본격적으로 포인터에 대해 알아보도록 하겠습니다.


## Unit_2 = ("포인터의 개념");

포인터(pointer)라는 영단어의 사전적 의미를 먼저 살펴보겠습니다. pointer는 "~를 향하게 하다"라는 의미가 있는데, C언어에서 사용하는 포인터의 의미를 보자면 어느 특정 주소를 가리키거나 향하게 하고 있다는 개념입니다.

즉, 주소를 가리키거나 향하고 있다는 말은 해당 주소값을 가지고 있다는 의미이기도 합니다. 우리가 앞서 살펴보았던 그림의 메모리 부분만 다시 한 번 살펴보도록 하겠습니다. 각각의 변수는 자료형에 맞게 메모리 할당이 되어 있습니다. 그리고 각각의 메모리에는 바이트 단위로 주소값이 지정되어 있는 것을 볼 수 있습니다.

이를 기반으로 포인터의 개념을 생각해보겠습니다. 다시 그림에서 변수 char a의 시작 주소 번지는 0x01입니다. 이 주소도 정수 값이기 때문에 변수에 저장이 가능합니다. 어떤 변수가 주소 번지값을 저장하고 있다면 이를 가리켜 "가리킨다"라고 말할 수 있으며, 주소 번지 값을 저장하고 있는 변수를 포인터 변수라고 말합니다. 정리해서 포인터를 정의하자면 다음과 같습니다.

포인터란 메모리의 번지 주소를 가리키는(저장하는) 변수입니다.

이를 그림으로 이해해보도록 하겠습니다.

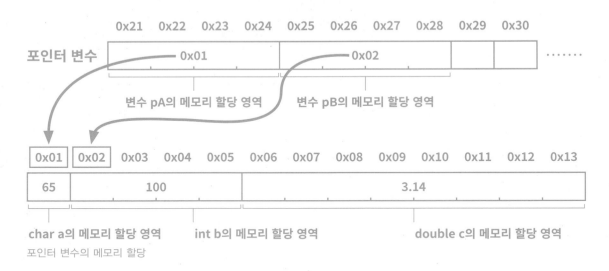

포인터 변수의 메모리 할당

위의 그림을 보면 우리가 앞서 선언 했던 세 개의 변수 a, b, c와 두 개의 포인터 변수 pA와 pB의 메모리 할당 구조를 보여주고 있습니다. 사실 메모리 구조는 위의 그림처럼 포인터 변수와 일반 변수가 물리적으로 구분되지 않고, 선형적인 형태로 이어져 있는데, 그렇게 되면 그림이 매우 길어지므로 편의상 위쪽에 포인터 변수의 메모리를 아래쪽에 일반 변수의 메모리를 표현하였습니다.

먼저 char a 변수를 보게 되면 1바이트를 차지하는 문자형 변수이고, 'A' 즉, 아스키 코드 값으로 65라는 값을 가지고 있는 변수입니다. 이 변수는 현재 0x01이라는 메모리의 시작 번지 주소를 가지고 있습니다. 이 주소 값을 pA라는 포인터 변수가 저장하고 있는데, (포인터 변수를 선언하는 방법에 대해서는 바로 다음 단계에서 배울 것입니다. 지금은 포인터 변수를 어떤 형태인지는 모르겠지만 선언했다고 가정해보겠습니다.) 이 주소값을 저장하고 있다는 것은 현재 char a 변수를 가리키고 있다는 의미입니다.

또 하나의 포인터 변수 pB가 있습니다. 이 포인터 변수는 정수형 변수인 b의 시작 번지 주소인 0x02라는 값을 가지고 있는데, 이 또한 현재 int b 변수를 가리키고 있다는 의미와 같습니다. 각각의 포인터 변수 pA와 pB는 변수 a와 b를 가리키고 있으므로, 이 변수들을 제어할 수 있게 됩니다. 이에 대해서는 뒤에서 자세히 배우도록 하겠습니다.

그림의 포인터 변수를 할당한 메모리를 보면서 한 가지 의문이 들지 않나요? 포인터 변수의 메모리 할당 범위가 각각 4바이트라는 것입니다. 일반 변수의 경우는 자료형에 따라서 메모리의 할당 범위가 각각 달랐던 것을 볼 수 있는데, 포인터 변수의 경우는 내가 가리키고 있는 변수의 자료형에 상관없이 무조건 4바이트로 할당되어 있는 것을 볼 수 있습니다. 이는 컴퓨터의 기본적인 주소 체계가 4바이트로 표현되고 있다는 것을 의미합니다.

## Unit_3 = ("**포인터의 선언 및 사용방법**");

### ■ 포인터 선언하기

포인터의 기본 개념에 대해 알았으니 실제로 포인터를 어떻게 선언하고 사용하는지 알아보도록 하겠습니다.

다음은 포인터 변수를 선언하는 형태입니다.

```
char *pA;
int *pB;
double *pC;
```

포인터 변수를 선언 시에는 변수명 앞에 *를 붙여주면 됩니다. 그렇게 되면 각각의 포인터 변수 pA, pB, pC는 주소값을 저장할 수 있는 변수가 됩니다. 포인터 변수를 보면 각각 다른 형태의 자료형이 선언되어 있는 것을 볼 수 있는데, 이는 pA의 경우는 char형 변수의 주소값을 저장하고, pB의 경우는 int형 변수의 주소값을 저장하며, pC의 경우는 double 형 변수의 주소값을 저장할 수 있다는 의미입니다.

포인터 변수도 일반 변수와 마찬가지로 선언만 하고 별도로 초기화하지 않으면 쓰레기값으로 채워집니다. 그리고 만약 포인터 변수를 초기화하고자 한다면 반드시 메모리 주소값으로 초기화해야 합니다.

### ■ 포인터 사용 방법

포인터를 선언하는 방법에 대해 알아보았으니 이제 실제로 포인터를 사용하는 방법에 대해 알아보도록 하겠습니다.

포인터를 사용하기 앞서서 우리는 변수의 주소값을 얻어오는 방법에 대해 먼저 생각해볼 필요가 있습니다. 어떤 방법이 있었는지 혹시 기억하나요? 바로 & 연산자를 해당 변수 앞에 사용하면 변수의 주소값을 얻어올 수 있습니다.

우리가 scanf를 사용할 때 해당 변수의 주소값에 접근하기 위해 & 연산자를 사용했던 것을 기억합니다. 물론 &는 논리 연산자로써 사용되기도 합니다. 아무튼 & 연산자를 이용하여 변수의 주소값을 얻어오는 형태는 다음과 같습니다.

```
int b = 100;
int *pB = &b;
```

포인터 변수 pB는 정수형이므로 정수형 변수의 메모리 주소값만 저장할 수 있는 변수입니다. 초기값 100을 가지고 있는 정수형 변수 b는 & 연산자를 사용하여 주소값을 얻은 후 포인터 변수 pB에 저장하였습니다. 만약 주소값이 0x02였다면 포인터 변수 pB에 0x02 주소값이 저장되어 있는 것입니다. 이러한 상황을 "포인터 변수 pB가 변수 b를 가리킨다."라고 말합니다.

주소값을 저장한 포인터 변수를 어떻게 사용하는지 다음 예제를 통해 살펴보도록 하겠습니다.

■ 예제 : 8장\8-1\8-1.c

```
1:     #include <stdio.h>
2:
3:     int main(void)
4:     {
5:          int b = 100;
6:          int *pB = &b;
7:
8:          printf("b = %d\n", b);
9:          printf("&b = %x\n", &b);
10:         printf("*pB = %d\n", *pB);
11:         printf("pB = %x\n", pB);
12:
13:         return 0;
14:     }
```

● 5, 6번째 줄은 정수형 변수 b를 선언과 동시에 100으로 초기화하였고, 포인터 변수 pB는 변수 b의 주소값을 넘겨받고 있습니다. 즉, 메모리 구조를 보게 되면 포인터 변수 pB가 정수형 변수 b를 가리키고 있는 형태입니다.

● 정수형 변수 b와 포인터 변수 pB는 현재 같은 곳을 바라보고 있으므로, 이 두 변수가 가지고 있는 값들을 출력해보면 이 둘의 관계를 더욱 명확하게 확인해 볼 수 있습니다.

● 8번째 줄은 정수형 변수 b가 가지고 있는 값을 출력하였습니다.

● 9번째 줄은 정수형 변수 b가 할당된 메모리 번지 주소값을 & 연산자를 사용하여 출력하였습니다. 주소값 출력이므로 보기 편하게 16진수(%x)로 출력하였습니다.

● 10번째 줄은 조금 생각해보아야 할 부분인데, *는 포인터 선언 시에 사용한다는 것을 앞에서 배웠습니다. 그런데, 지금 사용한 *의 용도는 포인터 선언 용도가 아니라, 포인터가 가리키고 있는 변수의 실제값을 의미합니다. 즉, pB가 가리키고 있는 변수는 b입니다. 그런데, 엄밀하게 따지면 pB가 가리키고 있는 것은 변수 b의 주소값, 즉 b가 존재하는 위치 자체를 의미합니다. 그런데, 우리가 출력하고자 하는 *pB의 경우는 변수 b가 가지고 있는 값, 즉 100을 의미합니다.

정리하면 * 연산자는 사용 위치에 따라 의미가 달라진다는 것을 명심하고 기억해야겠습니다.

● 11번째 줄은 포인터 변수 pB의 값 자체를 출력하고 있습니다. pB는 정수형 변수 b의 주소값을 저장하고 있으므로, 주소값이 그대로 출력됩니다. 마찬가지로 주소값 출력이므로 보기 편하게 16진수(%x)로 출력하였습니다.

다음은 예제에서의 포인터 메모리 구조를 표현한 것입니다.

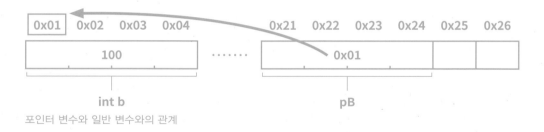

포인터 변수와 일반 변수와의 관계

위 예제의 설명을 하나의 그림으로 표현한 것입니다. 변수 pB는 주소값 0x01을 저장하고 있는 포인터 변수이고, 이 주소값에 해당하는 메모리를 가진 변수는 int b이므로 변수 pB를 통해서 변수 b의 주소 및 실제값을 참조할 수 있습니다.

이렇듯이 변수 이름인 b를 통하여 실제 값에 접근하는 경우를 직접 접근이라고 말하고, 포인터 변수 pB를 통해 *pB와 같이 실제 값에 접근하는 경우를 간접 접근이라고 말합니다.

---

### // 잠깐 알아두세요

**\* 연산자의 다양한 활용**

\* 연산자는 다음과 같은 세 가지 형태로 사용되는데, 각각 사용되는 위치에 따라 그 의미가 달라집니다. 우리나라 언어에도 밤(낮과 밤)과 밤(먹는 밤)이, 혹은 배(선박)와 배(과일) 그리고 배(사람의 신체)가 같은 단어를 사용하지만, 단어 쓰임의 위치에 따라서 그 의미가 다 다르게 사용되고 있습니다.

\* 연산자도 마찬가지로 다음 코드를 보면 \* 연산자의 쓰임에 따라 그 의미가 각각 다릅니다.

① 2 * 3
② int *pA;
③ printf("*pA = %d", *pA);

①의 문장을 보면 \* 연산자의 기능은 두 수의 곱하기입니다. 곱하기 기능은 워낙에 일반적이어서 더 말할 나위도 없습니다. ②의 문장에서의 \* 연산자는 포인터 변수 선언 시 이 변수가 포인터 변수임을 표시하는 용도로 사용합니다. 즉, 변수 앞에 \* 표시가 있으면 주소값만 저장하는 포인터 변수라는 것을 의미하는 것입니다. ③의 문장에서는 pA라는 포인터 변수를 출력문을 통해 출력하고 있습니다. 이 때 변수에 사용한 \* 연산자는 포인터 변수 선언의 의미가 아니라 이 포인터 변수가 가리키는 변수의 실제값을 나타냅니다. 즉, 포인터의 경우 \* 연산자는 선언문에서 사용하는 경우를 제외하고는 사용하는 의미가 모두 포인터 변수가 가리키는 변수의 실제값을 나타내는 경우입니다.

## Char CHAPTER_2 = {"포인터의 연산"};

우리는 포인터의 가장 기본적인 형태에 대해서 알아보았습니다. 포인터는 주소값을 다루는 독특한 변수이기 때문에 일반 산술 연산과는 조금 다른 규칙들이 적용됩니다. 다음 소개하는 규칙들에 대해서 외우려 하지 말고, 앞서 그렸던 메모리 구조를 기반으로 그림으로 그려서 따져보면 매우 상식적으로 이해할 수 있습니다.

### ■ 포인터끼리 더할 수 없다.

어떠한 자료형이든 더하기 연산은 가장 기본적인 연산입니다. 그러나 포인터에서는 포인터끼리의 더하기 연산은 허용하지 않습니다. 이렇게만 말하면 잘 납득되지 않지만 포인터 변수는 주소값을 저장하고 있고, 메모리 구조를 그림으로 그려서 생각해보면 왜 포인터끼리 더할 수 없는지 쉽게 알 수 있습니다.

예를 들어서, 다음과 같이 두 정수형 변수의 주소값을 두 개의 포인터 변수에 대입하고, 각 포인터 변수끼리 더하기 연산을 해보겠습니다.

```
int a = 10;
int b = 20;
int *pA = &a;
int *pB = &b;
int *pC;

pC = pA + pB
```

문장으로 보자면 위의 코드가 문제없어 보입니다. 하지만, pA에는 주소값이 들어 있고, pB에도 주소값이 들어있습니다. 두 개의 주소값을 더하였을 때, 과연 합한 주소값의 결과는 어떤 의미가 있을까요? pA의 메모리 주소값을 100이라고 가정하고, pB의 메모리 주소값을 200이라고 가정해보겠습니다. 두 메모리 주소값을 합하면 300인데, pA + pB를 합하여 나온 결과인 300이라는 메모리 주소가 가리키고 있는 변수가 우리가 원하는 결과일까요? 우리에게 아무런 의미가 없는 결과입니다. 왜 그런지 그림을 통해 살펴보겠습니다.

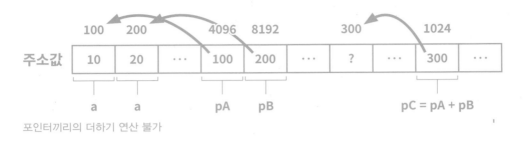

포인터끼리의 더하기 연산 불가

변수 a와 b의 주소값은 각각 100과 200이고,(주소값은 원래 정수이므로 설명하기 편하게 100과 200으로 가정하였습니다.) 이 주소값을 포인터 변수 pA와 pB가 가리키고 있습니다. 이 때 포인터 변수 pA와 pB를 더한다면, 각각의 두 주소값 100과 200을 더하게 되는 것입니다. 결국 메모리 주소값 300이라는 결과가 나오게 되는데, 주소값 300이 가리키는(포인터 pC가 가리키는) 메모리의 값은 우리가 원하는 결과와 아무런 상관이 없습니다.

그러므로 이러한 포인터끼리의 연산이 이루어질 경우에 컴파일 시 에러로 간주하고 에러 메시지를 출력합니다.

### ■ 포인터끼리 뺄 수는 있다.

포인터끼리 더한 값은 의미가 없지만 뺀 값은 의미가 있습니다. 왜냐하면 두 요소를 뺀 값은 두 요소간의 상대적인 거리이기 때문입니다. 그런데 여기에 한 가지 제약 조건이 있습니다. 두 포인터는 타입이 같고 같은 배열 내의 다른 요소를 가리키고 있어야 한다는 점입니다. 즉, 생뚱맞게 아무 연관성 없는 포인터끼리의 뺄셈 또한 의미는 없습니다.

다음 예제를 살펴보겠습니다. 두 포인터의 차를 계산하여 두 포인터 사이에 할당된 메모리의 크기를 구하는 예제입니다.

### ■ 예제 : 8장\8-2\8-2.c

```
1:    #include <stdio.h>
2:
3:    int main(void)
4:    {
```

```
5:          char str[] = "Programming";
6:          char *ptr1, *ptr2;
7:
8:          ptr1 = &str[0];
9:          ptr2 = &str[7];
10:
11:         printf("두 포인터 간의 차는 %d입니다.\n", ptr2 - ptr1);
12:
13:         return 0;
14:    }
```

■ 실행결과

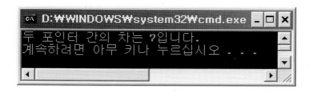

● 5번째 줄에서 str의 이름으로 배열을 선언하고, 문자열을 대입하였습니다. 즉, 임의의 메모리 배열의 각 요소에 문자가 하나씩 대입되는 상황입니다.

● 6번째 줄에서는 두 개의 포인터 변수를 선언하였습니다.

● 8, 9번째 줄에서 str 배열의 1번째 요소와 8번째 요소의 주소값을 각각 ptr1과 ptr2에 대입하고 있습니다. 각각 포인터 변수이므로 str 변수의 앞에 & 연산자를 붙여주었습니다.

● 11번째 줄에서 두 포인터 간의 차를 출력하고 있습니다. 이는 같은 배열 공간에서의 포인터 간의 차이이므로 두 포인터간의 거리라고도 할 수 있습니다. 출력 결과는 7이 나오는데, 실제 두 포인터 간의 메모리 크기를 구하고자 한다면 7 * sizeof(char)입니다. char형의 자료형의 크기는 1바이트이므로 두 포인터 간의 메모리 크기는 7바이트입니다.

다음은 예제에서의 두 포인터 간의 차를 메모리 구조로 표현한 것입니다.

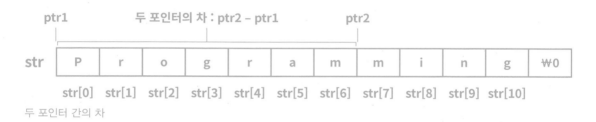

배열의 가장 첫 번째 요소인 str[0]을 가리키는 포인터는 ptr1이고, 배열의 8번째 요소를 가리키는 포인터는 ptr2입니다. 이 때, 두 포인터끼리 뺄셈을 하면 두 포인터 간의 거리 또는 두 포인터 간의 차가 됩니다.

## ■ 포인터에 정수를 더하거나 뺄 수 있다.

앞서 설명했듯이 포인터끼리는 더할 수 없다고 하였습니다. 왜냐하면 포인터 + 포인터는 주소값끼리의 합이므로 그 결과의 의미 자체가 없기 때문입니다. 그러나 포인터에 정수를 더하거나 빼는 것은 가능한데, 그것은 의미가 있습니다.

앞서 우리는 포인터끼리의 뺄셈을 살펴 본적 있습니다. 이 결과값은 포인터간의 차이 또는 포인터간의 거리라고 하였습니다. 이와 같은 맥락으로 살펴보면 포인터에 정수를 더한다는 것은 현재 포인터로부터 정수값의 거리만큼 이동한 주소의 위치라고 할 수 있습니다. 설명이 좀 어렵게 느껴지나요? 간단한 예제를 통해 이해를 더해보도록 하겠습니다.

## ■ 예제 : 8장\8-3\8-3.c

```
1:    #include <stdio.h>
2:
3:    int main(void)
4:    {
5:        char str[] = "Programming";
6:        char *ptr1;
7:
8:        ptr1 = &str[0];
9:
10:       printf("%x\n", ptr1);
11:       printf("%x\n", ptr1 + 1);
12:       printf("%c\n", *(ptr1 + 1));
13:
14:       printf("%x\n", ptr1 + 3);
15:       printf("%c\n", *(ptr1 + 3));
16:
17:       return 0;
18:    }
```

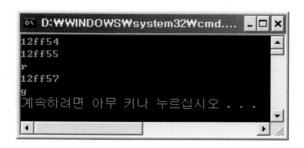

● 5, 6번째 줄은 각각 배열 str은 선언과 동시에 초기화하였고, 포인터 ptr1은 선언만 하였습니다.

● 8번째 줄은 배열 str의 첫 번째 주소값을 포인터 변수 ptr1에 넘겨주고 있습니다. ptr1은 배열 str의 첫 번째 주소값을 가지고 있습니다.

● 10번째 줄은 ptr1의 주소값을 출력하고 있습니다. 12ff54라는 주소값이 출력된 것을 볼 수 있습니다. 우리가 보려고 하는 것은 값 자체가 아니라 포인터 이동 시 값의 차이를 보고자 하는 것입니다.

● 11번째 줄은 ptr1 + 1의 주소값을 출력하고 있습니다. 결과를 보면 12ff55가 출력된 것을 볼 수 있습니다. 앞서 ptr1의 주소값과 비교해보면 주소값이 1 증가한 것을 볼 수 있습니다. 이는 기준 주소 위치에서 그 다음 주소 위치로 이동한 것입니다. 포인터의 자료형이 char라서 1바이트 이동했지만, 만약 int였다면 4바이트 이동했을 것입니다.

● 12번째 줄은 포인터가 이동한 위치의 실제 값을 출력하고 있습니다. 포인터가 가리키고 있는 변수의 값을 출력하고자 할 때는 *를 사용한다고 하였습니다. *(ptr1 + 1)을 출력하면 해당 위치의 값이 출력됩니다. 결과는 'r'이 나옵니다.

● 14, 15번째 줄은 ptr1에서 3만큼 떨어진 포인터 위치를 나타냅니다. 그리고 그 위치의 값을 출력하고 있습니다. 출력된 주소값을 보면 12ff57인데, ptr1의 주소값 12ff54와 3만큼 차이나는 것을 알 수 있습니다. 그리고, 해당 위치의 값을 *(ptr1 + 3)으로 출력해 보면 결과는 'g'가 나오는 것을 확인할 수 있습니다.

앞의 예제를 참고하여 그림을 이해해 보도록 하겠습니다.

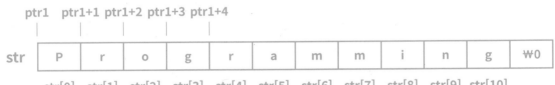

포인터와 정수의 연산

위의 그림은 str이라는 배열을 포인터 주소를 통해 포인터의 위치를 이동할 수 있음을 보여주고 있습니다. 이 배열의 가장 첫 번째 주소인 str[0]의 주소값을 포인터 변수 ptr1에 대입하였습니다. ptr1에 정수값을 더하게 되면 실제 주소값에 메모리 단위만큼 연산을 하게 되는데, ptr + 1은 ptr의 다음 요소로 이동되는 것을 볼 수 있습니다. 즉, ptr + 1은 ptr의 다음 요소인 'r'의 위치로, ptr1 + 2는 ptr1에서 두 번째 떨어진 'o'의 위치로, ptr1 + 3은 ptr1에서 세 번째 떨어진 'g'의 위치를 가리킵니다. 즉, 주소값 + 정수는 해당 주소값을 기준으로 정수 * sizeof(포인터 변수의 자료형) 만큼의 이동거리를 갖습니다.

포인터에 정수를 더하거나 뺀 값 역시 포인터이므로, 그 결과 또한 포인터에 대입하는 것도 가능합니다. 예를 들면 다음과 같이 할 수 있습니다.

```
char* ptr1, ptr2, ptr3;
·········· 생략 ··········
ptr2 = ptr1 + 5;
ptr3 = ptr2 - 3;
```

ptr1 + 5의 값의 결과 역시 포인터의 위치를 이동한 주소값이므로 다른 포인터 ptr2에 저장할 수 있고, ptr2 - 3 또한 포인터의 위치만 이동한 주소값이므로 또 다른 포인터 ptr3에 저장할 수 있습니다.

 과제 8-1                                    해설 303p

자료형이 정수형 int이고 크기가 5인 배열 arr이 있다. 그리고 포인터 ptr이 있는데, 이 배열의 첫 번째 요소의 주소값을 가지고 있다. 포인터를 이용하여 이 배열의 가운데로 이동한 후 그 요소의 값을 출력하는 프로그램을 작성하라.

Char CHAPTER_3 = {"**포인터에 여러 가지 자료형이 있는 이유**"};

포인터에 대한 예제들을 다루면서 아마도 여러분은 이미 포인터에 여러 가지 자료형이 있는 이유를 눈치 챘을지도 모릅니다. 눈치 채신 분들은 아마도 천재에 가까운 분들일 것입니다. 필자도 포인터를 배우면서 이 이유에 대해 깨닫는데 한참의 시간이 걸렸던 것 같습니다. 아무튼 포인터에 여러 가지 자료형이 있는 이유에 대해 알아보도록 하겠습니다.

■ 예제 : 8장\8-4\8-4.c

```
1:    #include <stdio.h>
2:
3:    int main(void)
4:    {
5:        char a = 'A';
6:        char *pA = &a;
7:
8:        int b = 100;
9:        int *pB = &b;
10:
11:        double c = 3.14;
12:        double *pC = &c;
13:
14:        printf("pA의 크기 : %dbyte\n", sizeof(pA));
15:        printf("pB의 크기 : %dbyte\n", sizeof(pB));
16:        printf("pC의 크기 : %dbyte\n\n", sizeof(pC));
17:
18:        printf("*pA의 크기 : %dbyte\n", sizeof(*pA));
19:        printf("*pB의 크기 : %dbyte\n", sizeof(*pB));
20:        printf("*pC의 크기 : %dbyte\n", sizeof(*pC));
```

```
21:
22:        return 0;
23:    }
```

■ 실행결과

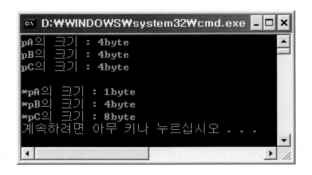

● 5, 6번째 줄은 char형의 변수 a를 선언과 동시에 초기화하고, 이 변수의 주소값을 포인터 변수 pA에 대입하고 있습니다.

● 8, 9번째 줄은 int형의 변수 b를 선언과 동시에 초기화하고, 이 변수의 주소값을 포인터 변수 pB에 대입하고 있습니다.

● 11, 12번째 줄은 double형의 변수 c를 선언과 동시에 초기화하고, 이 변수의 주소값을 포인터 변수 pC에 대입하고 있습니다.

● 14, 15, 16번째 줄은 각각의 포인터 변수인 pA, pB, pC의 크기를 sizeof 연산자를 통해 출력하고 있습니다. 출력 결과 얼마의 값이 나오나요? 세 개의 포인터 변수 모두 4 바이트가 출력되는 것을 확인할 수 있습니다. 앞에서도 설명했지만, 주소값을 저장하는 포인터 변수는 무조건 4바이트가 할당된다고 하였습니다. 그런데 조금 이상하지 않나요? 이 세 개의 포인터 변수 모두 각각 다른 자료형을 가지고 있습니다. 그런데, 각각 변수의 크기는 모두 4바이트로 출력된 것입니다. 즉, 이 사실로 내릴 수 있는 결론은 포인터 변수에 선언된 자료형은 포인터 변수의 메모리 할당 크기에 전혀 영향을 주지 않는다는 것입니다.

● 18, 19, 20번째 줄은 각각의 포인터 변수가 가리키고 있는 변수의 값을 출력하고 있습니다. *pA, *pB, *pC는 각각 변수 a, b, c를 의미합니다. 그래서 각각 변수의 크기를 sizeof 연산자를 통해 출력하고 있습니다. 출력 결과 얼마의 값이 나오나요? 각각 1바이트, 4바이트, 8바이트가 출력되는 것을 확인할 수 있습니다.

이제서야 우리는 포인터에 왜 자료형이 필요한지 알 것 같습니다. 포인터 변수가 가리키고 있는 변수의 값을 참조하기 위해서 포인터 변수 선언 시 자료형이 필요했던 것입니다. 역으로 생각해보면 포인터 변수에 자료형이 존재하지 않는다면, 포인터를 이용하여 변수를 참조하는 경우 몇 바이트를 읽어들여야 할지 알 수 없습니다. 결국, 포인터의 자료형은 포인터가 가리키고 있는 변수의 메모리를 참조하는 방법에 대해 알려주는 역할을 합니다.

다음은 예제에서의 포인터 변수와 일반 변수와의 관계를 통해 포인터에 여러 가지 자료형이 존재하는 이유를 메모리 구조로 표현한 것입니다.

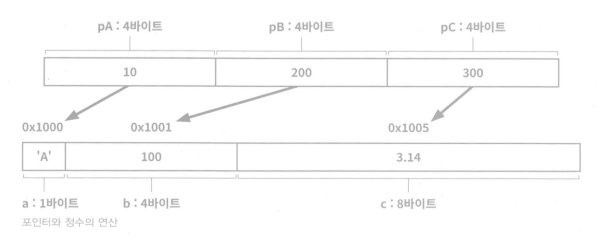

포인터와 정수의 연산

우리가 포인터의 기본적인 개념을 익히면서 그려왔던 익히 알고 있는 메모리 구조입니다. 하지만, 같은 메모리 구조를 자료형의 관점에서 관찰해보면 왜 포인터에 자료형이 필요한지 이해할 수 있습니다. 주소값을 저장하는 각각의 포인터 변수 pA, pB, pC는 각각 변수 a, b, c를 가리키고 있음을 볼 수 있습니다. 이 때, 우리가 알고 싶었던 것은 저장 공간이 4바이트로 동일한 포인터 변수들이 왜 pA는 char형, pB는 int형, pC는 double형으로 나누어 선언되는 것일까? 입니다. 그 이유는 그림에서도 나타나듯이 각각의 포인터들이 가리키고 있는 변수들의 실제값을 참조하기 위해 자료형이 필요했던 것입니다.

char형 변수 a, int형 변수 b, double형 변수 c를 선언과 동시에 각각 'C', 10, 3.14로 초기화
한다. 그리고 각각의 포인터 변수를 선언하되 char형 변수 pA는 변수 a를, int형 변수 pB는 변수 b를,
double형 변수 pC는 변수 c를 가리키게 한다. 이 때, 각각의 포인터 변수 pA, pB, pC를 이용하여, 변수
a, b, c의 값을 1증가 시킨다. 그리고 a, b, c의 값을 출력해보자.

변수 선언 및 초기화의 예)

```
char a = 'C';
int b = 10;
double c = 3.14;

char *pA = &a;
int *pB = &b;
double *pC = &c;
```

= {"**Part_8 과제 정답 및 해설**"};

■ 과제 8-1

```
1:    #include <stdio.h>
2:
3:    int main(void)
4:    {
5:        int arr[] = {1,2,3,4,5};
6:        int *ptr1, *ptr2;
7:
8:        ptr1 = &arr[0];
9:        ptr2 = ptr1 + ((ptr1 + 4) - ptr1)/2;
10:
11:       printf("결과 : %d\n", *ptr2);
12:
13:       return 0;
14:   }
```

● 이 과제는 포인터의 기본 개념을 이해함으로 기본적인 포인터 제어를 활용할 수 있는지 확인해 봅니다.

● 9번째 줄의 코드가 핵심인데, 우리가 눈으로 배열 arr을 보면 금방 어디가 중간인지 확인할 수 있습니다. 그러나 문제의 의도는 오직 포인터로만으로 조작을 해야 함으로 ptr1이 배열의 가장 첫 번째 주소를 넘겨주고, ptr1만을 가지고 가운데 요소를 확인할 수 있습니다. 배열의 길이가 5이므로 배열의 가장 끝 요소인 ptr1 + 4에서 배열의 가장 첫 번째 요소인 ptr1의 차이를 구하여 배열의 길이를 구합니다. 그리고, 이 길이를 2로 나눔으로써 길이의 가운데 지점을 구할 수 있습니다. 마지막으로 ptr1에 이 길이를 더함으로써, 실제 배열의 가운데 요소로 이동하고, 그 요소의 값을 출력할 수 있습니다.

```
1:    #include <stdio.h>
2:
3:    int main(void)
4:    {
5:          char a = 'C';
6:          int b = 10;
7:          double c = 3.14;
8:
9:          char *pA = &a;
10:         int *pB = &b;
11:         double *pC = &c;
12:
13:         (*pA)++;
14:         (*pB)++;
15:         (*pC)++;
16:
17:         printf("a의 1 증가 결과 : %c\n", a);
18:         printf("b의 1 증가 결과 : %d\n", b);
19:         printf("c의 1 증가 결과 : %f\n", c);
20:
21:         return 0;
22:    }
```

● 이 과제는 포인터의 속성을 이해하고 포인터를 이용하여 자신이 가리키고 있는 변수에 대한 간접 참조를 할 수 있는지 확인해 보기 위함입니다.

● 13, 14, 15번째 줄을 보면 포인터를 통해 가리키고 있는 변수의 값을 먼저 참조한 후 증가해야 하므로 *를 통해 포인터가 가리키고 있는 값을 참조한 후 ++ 연산자를 통해 값을 1씩 증가합니다. 즉, *를 통한 값의 참조가 먼저 이루어지고 있으므로, ++시 포인터 주소의 증가가 아니라, 포인터 주소가 가리키고 있는 값의 증가의 수행이 이루어지는 것을 확인할 수 있습니다.

## 1. c언어 초보 절단기 포인터.

C언어 초보자들이 가장 많이 포기하는
포인터에 대해 알아보자.

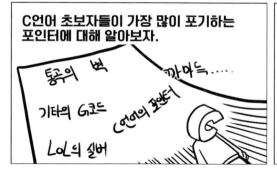

포인터는 쉽게 말하자면 '집의 주소'입니다.

각각의 데이터는 저장 공간에
자기만의 구역을 가지고 있는데

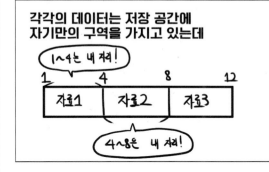

포인터는 자료의 위치를
집의 주소처럼 쉽게 찾아갈 수 있도록
도와주는 주소록 같은 것입니다.

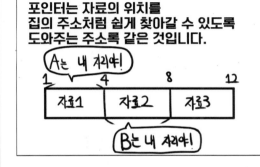

## 2. 왜 포인터를 사용해야 하는가?

포인터를 이용하면
대량의 데이터를 쉽게 다룰 수 있습니다.

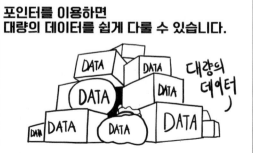

친구에게 맛집(데이터)을 추천한다면

친구 앞에 맛집(데이터)을
대령할 수 도 있지만 (기존 방식)

친구에게 주소(포인터)를 알려주고
직접 찾아가라고 할 수 도 있습니다.
(포인터 방식)

```
1:     #include <stdio.h>
2:
3:     int main(void)
4:     {
5:          char *pArr[] = {"C언어", "자바", "베이직"};  ──→  포인터 배열 선언
6:          int i;  포인터명
7:
8:          for(i = 0; i < 3; i++)
9:          {   for 반복문 참조
10:              printf("%s\n", pArr[i]);
11:         }
12:         return 0;
13:    }
```

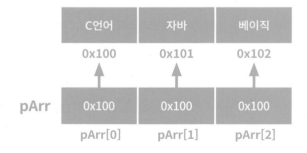

포인터 배열 pArr은 쉽게 말해 세 개의 포인터 변수라고 생각하면 됩니다. 각각의 포인터 변수는 pArr[0], pArr[1], pArr[2]이고, 각각 해당하는 문자열 상수인 "C언어", "자바", "베이직"의 주소값을 가리키고 있습니다.

포인터와 배열이 서로 어떤 관계인지 살펴봅니다. 그리고 포인터 배열과 배열 포인터가 무엇인지 학습합니다.

# #PART_9.

## <너희 둘은 도대체 무슨 관계니? 배열과 포인터>

int main(void)

우리는 앞서서 배열에 관하여 배웠고, 또한 포인터의 기본 개념에 대해서도 배웠습니다. 배열이라는 것은 굉장히 명시적이고, 직설적입니다. 내가 원하는 메모리 크기를 지정하고, 원하는 데이터를 그 위치에 넣으면 됩니다. 반면 포인터의 경우는 굉장히 소극적이고 간접적입니다. 자신이 데이터를 들고 있지 않고, 남이 가지고 있는 데이터의 주소 번지만 가지고 있는 형태입니다. 마치 배열이 행동대장이라면 포인터는 그 뒤에서 조종만 하는 배후 조종자와 같은 느낌입니다. 필자가 이 두 개를 마치 상극의 특징처럼 말은 했지만, 사실 둘은 매우 밀접한 관계를 가지고 있습니다. 정말 뗄래야 뗄 수 없는 관계입니다. 마치 연인이나 부부가 본능적으로 비슷한 성격보다는 다른 성격의 사람을 찾는 것처럼, 또한 닮아가는 것처럼, 배열과 포인터도 처음 접하게 되면 "둘이 무슨 관계가 있지?"하는 의문이 들지만, 배워가면서 점차 닮은 점을 발견할 수 있을 것입니다. 이번 시간 배열과 포인터가 어떠한 관계인지 차근차근 알아가 보도록 하겠습니다.

# Char CHAPTER_1 = {"포인터와 배열의 관계"};

포인터와 배열은 매우 밀접한 관계를 가지고 있습니다. 이번 시간에는 포인터와 배열의 관계에 대해 살펴보도록 하겠습니다.

## Unit_1 = ("포인터와 배열의 관계");

배열은 같은 종류의 변수를 여러 개 선언할 때 사용하는 형식입니다. 각 요소의 메모리에 각 주소가 할당되고, 각 요소의 값을 참조할 수 있습니다. 여기까지는 우리가 배열에 대해 일반적으로 알고 있는 사실입니다. 그런데 주목해야 할 부분은 배열의 이름만으로도 의미가 있는데, 배열 이름은 해당 배열의 첫 번째 요소의 주소값을 갖습니다. 이것은 지금 우리가 새롭게 알아야 할 개념입니다. 다음의 예제를 통해 확인해보도록 하겠습니다.

■ 예제 : 9장\9-1\9-1.c

```
1:    #include <stdio.h>
2:
3:    int main(void)
4:    {
5:        int arr[] = {1, 2, 3, 4, 5};
6:        int i;
7:
8:        printf("배열의 요소 출력 : ");
9:        for(i = 0; i < 5; i++)
10:       {
11:           printf("%d ", arr[i]);
12:       }
13:       printf("\n\n");
```

```
14:
15:        printf("배열의 주소 출력 : ");
16:        for(i = 0; i < 5; i++)
17:        {
18:              printf("%d ", &arr[i]);
19:        }
20:        printf("₩n₩n");
21:
22:        printf("배열의 이름 출력 : %d₩n", arr);
23:
24:        return 0;
25:    }
```

■ 실행결과

● 9-12번째 줄은 배열 arr의 모든 요소값을 출력하고 있습니다.

● 16-19번째 줄은 배열 arr의 모든 요소의 주소값을 출력하고 있습니다. 각 요소간 4바이트 차이가 나는 것을 확인할 수 있습니다. 이는 배열의 자료형이 int형이기 때문에, 각 요소는 4바이트를 차지하고 있는 것입니다.

● 22번째 줄을 보면 배열의 요소도 아닌, 그렇다고 배열 요소의 주소값도 아닌 그냥 배열의 이름을 출력하고 있는데, 출력 결과를 보면 배열의 첫 번째 요소와 같은 주소임을 확인할 수 있습니다. 이 결과가 우리에게 주는 의미는 매우 큽니다. 왜냐하면 이 개념이 배열과 포인터와의 관계에 있어서 핵심 열쇠가 되기 때문입니다.

자, 그렇다면 배열의 이름이 배열의 첫 번째 주소값과 같은 결과를 출력한 것이 의미하는 바는 무엇인가요? 배열의 이름은 이 배열의 첫 번째 요소의 주소값을 가리키는 포인터라고 할 수 있습니다. 그림을 통해 살펴보도록 하겠습니다.

배열 이름의 의미

위의 그림은 배열 arr이 어떻게 메모리 공간에 할당되는지, 그리고 배열의 이름이 배열에서 어떤 의미를 가지고 있는지 보여주고 있습니다. 그림에서 보듯이, 배열의 이름 arr은 이 배열을 가리키고 있는 포인터임을 알 수 있습니다. 다시 말하면, arr은 &arr[0]과 값이 일치한다고 할 수 있습니다.

배열의 이름이 포인터라고 하지만 우리가 알고 있는 포인터와 딱 한 가지 결정적인 차이점이 있습니다. 다음과 같은 int *pTemp와 같은 일반적인 포인터는 모두 변수이지만, 배열의 이름인 arr과 같은 포인터는 상수입니다. 왜냐하면 상수의 특성은 값을 변경할 수 없다는 점인데, 배열의 이름의 경우 상수이므로 가리키고 있는 배열의 주소를 변경할 수 없습니다. 즉, 배열의 이름이 가리키고 있는 대상을 프로그램이 종료될 때까지 절대로 변경할 수 없습니다. 그래서 우리가 엄밀하게 구분하자면, 일반 포인터와 같은 포인터는 포인터 변수라고 말하고, 배열의 이름과 같은 포인터는 포인터 상수라고 말합니다.

배열의 이름은 포인터이면서도 포인터 변수와 같이 사용하면 다음과 같이 오류가 발생합니다.

```
int arr[] = {1, 2, 3, 4, 5};
int temp = 10;


arr = temp; //오류 발생
```

arr은 변수가 아니라 상수이므로 좌변에 오게 되면 오류를 발생합니다. 정리를 하면 배열의 이름은 주소를 가리키는 포인터이면서 상수이므로 가리키고 있는 주소값을 변경할 수 없습니다.

## Unit_2 = ("배열의 이름을 포인터처럼 사용");

배열의 이름을 포인터라고 하였습니다. 그러므로 배열을 포인터처럼 사용할 수 있는 것은 당연합니다. 다음 예제를 통해 배열을 포인터처럼 사용하는 방법을 살펴보겠습니다.

■ 예제 : 9장\9-2\9-2.c

```c
1:    #include <stdio.h>
2:
3:    int main(void)
4:    {
5:        int arr[] = {1, 2, 3, 4, 5};
6:        int i;
7:
8:        printf("배열의 요소 출력 : ");
9:        for(i = 0; i < 5; i++)
10:       {
11:           printf("%d ", arr[i]);
12:       }
13:       printf("\n");
14:
15:       printf("배열 이름을 이용한 배열 요소 출력 : ");
16:       for(i = 0; i < 5; i++)
17:       {
18:           printf("%d ", *(arr + i));
19:       }
20:       printf("\n\n");
21:
22:       return 0;
23:    }
```

■ 실행결과

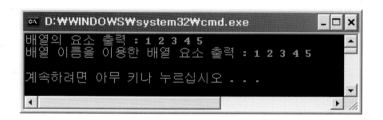

● 9-12번째 줄을 보면 초기화 한 배열의 요소 값을 반복문을 통해 그대로 출력하고 있음을 볼 수 있습니다.

● 16-19번째 줄은 배열의 이름 arr을 포인터의 형태로 사용하여 요소의 값을 출력하고 있음을 볼 수 있는데, arr은 배열의 첫 번째 요소의 주소값을 나타내므로 반복문을 통해 1씩 증가시키면 다음 요소의 주소값으로 넘어가고, * 연산자가 붙어 있으므로 해당 배열의 요소값을 읽어들이게 됩니다.

배열의 이름을 포인터의 형태로 사용하는 메모리 구조를 그림으로 나타내면 다음과 같습니다.

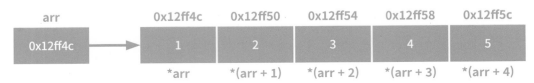

배열 이름을 포인터 형태로 사용

## Unit_3 = ("**포인터를 배열의 이름처럼 사용**");

앞서 우리가 살펴본 것은 배열의 이름을 포인터처럼 사용할 수 있다는 것이었습니다. 그런데, 그 역도 성립이 됩니다. 포인터를 배열의 이름처럼 사용할 수 있습니다. 선언 형태나 특징이 조금 다를 뿐 본질적으로 포인터라는 점에서는 공통적이므로 사용방법을 공유할 수 있습니다. 다음 예제를 통하여 포인터를 배열의 이름처럼 사용하는 방법을 살펴보도록 하겠습니다.

■ 예제 : 9장\9-3\9-3.c

```
1:    #include <stdio.h>
2:
3:    int main(void)
4:    {
5:        int arr[] = {1, 2, 3, 4, 5};
6:        int *pTemp;
7:        int i;
8:
9:        pTemp = arr;
10:
11:        printf("배열의 요소 출력 : ");
12:        for(i = 0; i < 5; i++)
13:        {
14:            printf("%d ", pTemp[i]);
```

```
15:        }
16:        printf("\n");
17:
18:        return 0;
19:    }
```

■ 실행결과

● 9번째 줄은 배열의 이름 arr을 포인터 pTemp에 넘기고 있는데, 배열의 이름은 배열의 첫 번째 요소의 주소값을 나타내므로, pTemp는 배열의 첫 번째 요소를 가리키게 됩니다.

● 12-15번째 줄은 포인터 pTemp를 통해 마치 배열의 이름인 양 각 배열의 요소의 값을 반복문을 통해 출력하고 있습니다. 즉, 포인터와 배열의 이름은 변수와 상수의 차이점을 제외하고는 포인터라는 점에서 공통적인 속성을 가지고 있으므로 pTemp 포인터를 배열처럼 사용할 수 있는 것입니다.

이를 그림으로 표현하면 다음과 같습니다.

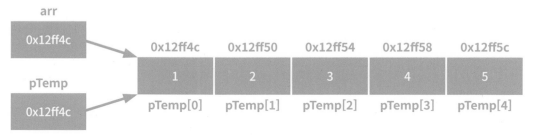

포인터를 배열의 이름처럼 사용

## Char CHAPTER_2 = {"**문자열 상수와 포인터**"};

상수라는 것은 변하지 않는 고정되어 있는 수를 말합니다. 우리가 정수형 상수를 표현하는 경우에는 100, 200과 같은 아라비아 숫자를 사용하였고, 문자 상수의 경우는 'a', 'b'와 같은 형태로 표현하였습니다. 그렇다면 문자열 상수의 경우는 어떻게 표현할까요? 우리는 이미 알고 있습니다. "CProgramming"과 같은 형태로 표현합니다.

## Unit_1 = ("**문자열의 표현 방식**");

앞서 문자열 상수를 "CProgramming"식으로 표현한다고 하였는데, 엄밀하게 따지면 문자열 변수도 동일하게 표현합니다. 즉, 문자열을 표현한다면, 무조건 겹따옴표("")안에서 사용하면 된다는 뜻입니다.

우리가 C언어에서 문자열을 표현하는 방식은 두 가지가 있습니다. 하나는 문자열 변수로 표현하는 방식이고, 또 하나는 문자열 상수로 표현하는 방식입니다. 다음 예제를 통해서 그 의미를 살펴보도록 하겠습니다.

■ 예제 : 9장\9-4\9-4.c

```
1:    #include <stdio.h>
2:
3:    int main(void)
4:    {
5:        char str[] = "love";
6:        char *pStr = "you";
7:
8:        printf("str의 출력 : %s\n", str);
9:        printf("pStr의 출력 : %s\n", pStr);
10:
```

```
11:        return 0;
12:    }
```

■ 실행결과

● 5번째 줄의 str은 문자형 배열로써 "love"라는 문자열로 초기화하고 있습니다. 이 때 배열 str이 저장하고 있는 문자열은 변수가 됩니다.

● 6번째 줄의 pStr은 문자형 포인터로써 "you"라는 문자열로 초기화하고 있습니다. 이 때 포인터 pStr은 주소값을 저장하는 변수로써 문자열 상수 "you"의 주소값을 저장하고 있습니다. 즉 실제로 pStr은 문자열 상수 "you"의 주소값을 가리키고 있는 것입니다.

그림을 통해 문자열 변수와 문자열 상수를 비교해 보겠습니다.

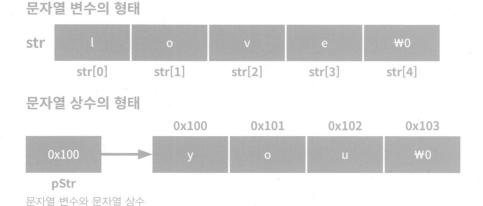

문자열 변수와 문자열 상수

위의 그림에서 보듯이 배열 str은 문자열 전체를 배열의 요소에 저장하고 있는 형태이고, 포인터 pStr은 단순히 메모리 상에 저장되어 있는 문자열 상수 "you"의 첫 번째 요소의 주소값을 가지고 있습니다. 즉, 주소값을 가리키고 있는 것이지요. 코드상으로 얼핏 보기에는 비슷한 것처럼 보이지만, 내부의 메모리 구조를 보면 확연히 다릅니다. 변수와 상수의 차이는 기존의 데이터를 변경할 수 있느냐, 없느냐의 차이입니다. 즉, 문자열 변수와 문자열 상수의 차이는 각각 저장하고 있거나 가리키고 있는 문자열을 변경할 수 있으면 문자열 변수이고, 변경할 수 없으면 문자열 상수입니다.

앞의 예제를 기반으로 배열 str과 포인터 pStr의 첫 번째 요소값을 변경해보겠습니다. 앞의 예제에 9번째 줄 이후로 다음과 같은 코드를 추가로 입력해보겠습니다.

```
str[0] = 'r';
pStr[0] = 'T'  // 이 코드는 주석으로 막고, 풀고 테스트

printf("str의 출력 : %s\n", str);
printf("pStr의 출력 : %s\n", pStr);
```

아마 빌드는 문제없이 되겠지만 실행 시 문제가 발생할 것입니다. 문제가 일어나는 지점은 바로 2 번째 줄의 pStr[0]부분입니다. 1번째 줄과 2번째 줄을 살펴보도록 하겠습니다.

배열 str은 문자열 변수로써 배열의 각 요소에 'l', 'o', 'v', 'e'가 저장되어 있습니다. 각각의 문자형 요소들이므로 1번째 줄처럼 str 배열의 첫 번째 요소인 str[0]의 값을 'r'로 변경하고자 할 때 변경이 가능합니다. 즉, 문자열 변수인 것입니다.

이번에는 2번째 줄 포인터 pStr이 가리키고 있는 문자열 상수의 요소값을 변경하고자 합니다. 사실, 필자가 이렇게 말하고 있지만, 문자열 상수의 요소값을 변경한다는 말 자체가 성립이 안 되는 말이긴 합니다. 아무튼 우리는 안 되는 이유를 증명해야 하므로, 포인터를 활용해 값의 요소를 변경해 보도록 시도해 보도록 하겠습니다. 앞서 우리가 배웠던 배열과 포인터의 관계를 통해 포인터를 배열의 형태로 사용할 수 있음을 알고 있습니다. 즉, 포인터 pStr의 첫 번째 요소인 pStr[0]을 다른 문자인 'T'로 변경하고자 합니다. 하지만, 포인터 pStr 자체가 가리키고 있는 문자열 자체가 상수이므로 변경이 불가능합니다. 즉, 정상적으로 수행하지 못하고, 메모리 접근 오류를 발생 시킬 것입니다.

## Unit_2 = ("문자열 상수의 리턴 값은 메모리 주소");

우리는 문자열 상수에 조금 더 집중해 보도록 하겠습니다. 앞서 예제에서 살펴보았던 문자열 상수의 선언 형태는 다음과 같습니다.

char *pStr = " you ";

포인터 pStr은 포인터 변수이므로 주소값을 저장해야 합니다. 우리가 지금까지 포인터에 대해 배우면서 포인터에 주소값을 넘길 때는 변수명 앞에 & 연산자를 붙여서 주소값을 넘겨 왔습니다. 그

런데 지금 앞의 문장을 보면 우리가 알던 형태와 조금 달라 보여서 마음이 불편합니다. 주소값을 넘겨주어야 할 포인터의 우변에 왠 문자열이라니…

자, 여기서 한 가지 알아두어야 할 사실이 있습니다. 문자열 상수는 메모리 공간에 저장이 되는 순간, 문자열 상수의 주소값을 리턴합니다. 즉, 포인터 pStr의 우변에 "you"라는 문자열이 있어서 겉보기에는 실제 문자열이 넘어가는 것처럼 보이지만, 내부적으로는 문자열 상수 "you"의 메모리 주소값, 더 정확하게는 문자 'y'의 메모리 주소값이 포인터 pStr에 저장되는 것입니다.

그림을 통해 이해해보도록 하겠습니다.

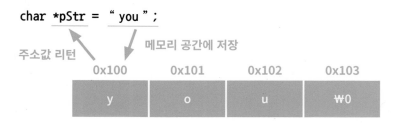

문자열 상수를 리턴받는 포인터

위의 그림을 통해 보듯이 포인터 변수 pStr에는 실제 문자열 상수인 "you" 자체가 저장되는 것이 아닙니다. 문자열 상수는 문자열을 메모리 공간에 저장하고, 메모리 주소값을 리턴하므로 포인터 변수 pStr은 실질적으로 문자열 상수의 주소값을 가지고 있는 것입니다.

## Char CHAPTER_3 = {"포인터 배열"};

이번에는 포인터 배열에 대해 알아보도록 하겠습니다. 포인터도 변수라고 하였습니다. 변수를 배열의 형식으로 사용하는 것은 당연히 가능하고, 배열을 사용하는 목적은 여러 개의 변수를 사용하기 위함입니다. 즉, 포인터 배열은 포인터 변수를 여러 개 사용하겠다는 의미입니다. 주소값을 저장하고 있는 변수들이 배열의 형식으로 선언되는 것입니다. 포인터 배열을 선언하는 형식은 다음과 같습니다.

```
int *pArr[5];
```

이 포인터 배열은 *가 앞쪽에 있으므로 pArr은 정수형 포인터가 되고 [ ]가 있으므로 정수형 포인터가 배열 형태로 5개 선언되어 있다는 것입니다. 쉽게 말하면 pArr[0] ~ pArr[4]까지 각 배열의 요소들을 가지고 있는 것이며, 이 배열은 각각 주소값을 갖는 포인터 변수라는 것입니다.

지금까지 우리는 포인터 변수를 하나씩 선언했다면 포인터 배열은 포인터 변수가 다발로 존재하는 것이라 할 수 있습니다.

포인터 배열이 사용되는 경우는 주로 문자형 포인터 배열인데, 문자형의 포인터 변수 하나가 문자열을 표현할 수 있으므로 문자형 포인터 배열은 여러 개의 문자열을 저장할 수 있습니다. 다음은 문자형 포인터 배열을 선언과 동시에 초기화한 후에 이를 포인터 배열을 통해 출력하는 예제입니다.

■ 예제 : 9장\9-5\9-5.c

```
1:    #include <stdio.h>
2:
3:    int main(void)
4:    {
```

```
5:         char *pArr[] = {"C언어", "자바", "베이직"};
6:         int i;

7:
8:         for(i = 0; i < 3; i++)
9:         {
10:                printf("%s\n", pArr[i]);
11:        }
12:        return 0;
13:    }
```

■ 실행결과

● 5번째 줄은 pArr이라는 포인터 배열에 세 개의 문자열로 초기화하고 있습니다. 초기식에 사용한 문자열 "C언어", "자바", "베이직"과 같은 문자열 상수는 문자열의 시작 번지를 가리키는 포인터 상수인데, pArr의 각 요소들은 이 문자열 상수의 메모리 주소값으로 초기화된 것입니다.
● 8-11번째 줄은 반복문을 돌면서 pArr[i]의 값을 %s 서식으로 출력하고 있다. pArr[i]는 해당 문자열 상수의 주소값을 가지고 있으므로, 출력 결과와 같이 해당 문자열을 출력하게 됩니다.

포인터 배열 pArr이 메모리에 구현된 형태를 보면 다음과 같습니다.

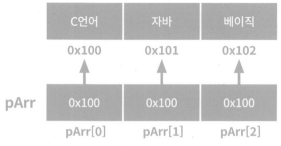

포인터 배열의 메모리 구조

위의 그림을 참고하여 말하자면 포인터 배열 pArr은 쉽게 말해 세 개의 포인터 변수라고 생각하면 됩니다. 각각의 포인터 변수는 pArr[0], pArr[1], pArr[2]이고, 각각 해당하는 문자열 상수인 "C언어", "자바", "베이직"의 주소값을 가리키고 있습니다. 각 문자열들은 메모리상에 다르게 흩어져 존재하지만, 이 문자열들의 메모리 주소값을 배열로 관리하고 있으므로 상관없습니다.

// 번외_ 잠시 쉬어가기

물음표에 들어갈 숫자는?

$$
\begin{matrix}
 & & 1 & & \\
 & 3 & & 4 & \\
 2 & & 3 & & 3 \\
 4 & 2 & & 5 & ?
\end{matrix}
$$

Good job, Buddy!

# Char CHAPTER_4 = {"배열 포인터"};

이번에는 배열 포인터에 대해 살펴보도록 하겠습니다. 앞서 배웠던 포인터 배열과 용어 자체가 비슷하여 헷갈리기는 하지만 개념은 완전히 다릅니다. 포인터 배열은 포인터 변수가 배열 형태로 존재하는 것이었다면, 배열 포인터는 배열의 번지를 담고 있는 포인터를 의미합니다. 포인터가 가리키는 대상은 배열 형태로 구성되어 있고, 포인터가 가리키는 배열의 요소는 임의의 자료형을 갖습니다.

조금 혼란스러운가요? 쉽게 이해하는 방법을 알려드리겠습니다. 두 단어를 합친 용어의 경우, 앞 단어는 특징이라고 보면 되고, 뒷 단어는 실체라고 이해하면 될 것 같습니다. 그래서 앞서 배웠던 포인터 배열의 경우 앞 단어인 포인터는 변수가 가진 특징이라고 생각하면 되고, 이 자료형의 실체는 바로 배열이라는 것입니다. 여러분은 포인터 배열은 결국 "아, 배열이구나"라고 생각하면 됩니다.
이와 같은 맥락으로 배열 포인터의 경우도 마찬가지로 변수의 특징은 배열이고, 그 실체는 결국 포인터라는 것입니다. 배열 포인터는 "아, 포인터구나"라고 생각하면 됩니다.

자, 그럼 배열 포인터에 대해서 조금 더 알아보겠습니다. 배열 포인터는 배열의 번지를 담고 있는 포인터를 의미한다고 하였습니다. 이를 다시 생각해보면 포인터를 배열로 변환이 가능하므로, 배열의 배열로 생각할 수도 있습니다. 결국, 2차원 배열 또는 그 이상이면 다차원 배열의 형식이 되는 것입니다. 2차원 배열의 원리만 잘 이해하고 있으면 그 이상의 차원에 대해서는 적용이 가능하므로 우리 책에서는 2차원까지만 다루고 있습니다.

배열 포인터를 선언하는 형식은 다음과 같습니다.

```
char (*pStr)[10];
```

우리가 지금껏 사용했던 형태와 비교해 보았을 때 사뭇 낯설게 느껴집니다. 어느 부분이 더 그렇게 느껴지나요? 그렇습니다. 포인터 선언 변수를 괄호로 묶어주고 있는 부분이 그럴 것입니다. 사실 이 괄호가 있고 없고가 매우 중요합니다. 괄호를 생략해버리면 우리가 앞서 배웠던 포인터 배열이 되어 버립니다. 변수의 개념 자체가 달라지는 것입니다. 그런데 왜 괄호를 사용하였는지 곰곰히 생각해보면, 배열 포인터를 쉽게 이해할 수 있습니다. 우리가 지금까지 괄호를 사용했던 이유는 우선순위의 문제를 해결하고자 함이었습니다. 여기에서 사용된 포인터의 괄호의 의미는 우선순위보다는 상위의 개념으로 이해하면 될 것 같습니다. 실체는 포인터인데 [10]이라는 배열을 포함하고 있는 포인터라고나 할까요?

2차원 배열을 다시 한 번 살펴보도록 하겠습니다. 앞의 배열 포인터를 2차원 배열로 표현하면 다음과 같습니다.

char str[3][10];

str이라는 이름의 2차원 배열은 3 x 10 형태를 가지고 있습니다. 말하자면 최대 길이 10바이트의 문자열을 총 3개까지 저장할 수 있는 메모리를 선언한 것입니다. 여기에서 str[0], str[1], str[2]가 각각 문자열을 가리키고 있는 포인터이며, 배열 포인터의 pStr과 같은 개념입니다. 배열 포인터의 경우는 2차원 배열처럼 1차 첨자 [3]과 같이 크기를 밝힐 필요는 없고 (*포인터명)의 형태로 사용하면 됩니다.

다음은 배열 포인터를 사용하는 간단한 예제입니다.

■ 예제 : 9장\9-6\9-6.c

```
1:      #include <stdio.h>
2:
3:      int main(void)
4:      {
5:          char str[3][10] = {"C언어", "자바", "베이직"};
6:          char (*pStr)[10];
7:          int i;
8:
9:          pStr = str;
10:
```

```
11:        for(i = 0; i < 3; i++)
12:        {
13:                printf("%s\n", *(pStr + i));
14:        }
15:        return 0;
16:    }
```

■ 실행결과

● 5번째 줄 str은 2차원 문자형 배열로 선언되어 있으며, 각 부분의 배열은 문자열로 초기화되어 있습니다. 배열의 1차 첨자는 3으로 총 3개의 문자열을 저장할 수 있습니다. 2차 첨자는 10으로 입력될 문자열의 최대 길이를 나타냅니다.

● 6번째 줄 char (*pStr)[10]은 배열 포인터로써, 포인터 pStr이 가리킬 대상체(문자형 배열)의 크기가 10바이트라는 의미입니다.

● 9번째 줄은 2차원 배열 str을 배열 포인터 pStr에 대입하고 있습니다. 즉, str의 메모리 주소값을 pStr에 넘기는 것입니다.

● 11-14번째 줄까지는 *pStr을 읽으면 크기가 10인 문자형 배열, 즉, 문자열을 읽게 되고, *(pStr + 1)과 같이 주소값을 1증가하고 * 연산자로 읽으면 10바이트만큼 이동한 주소값에 해당하는 문자열을 읽어들이게 됩니다. 반복문을 사용하여 배열 포인터 pStr에 i만큼을 더하고, *연산자를 통해 값을 출력하고 있습니다.

앞의 예제를 기반으로 한 메모리 구조를 그려보면 다음과 같습니다.

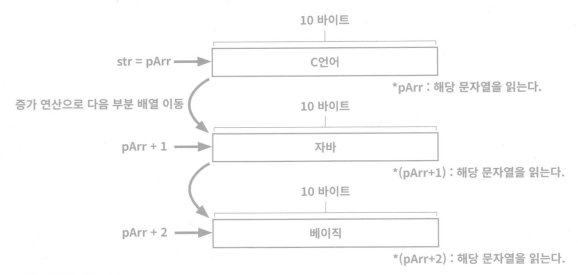

10 바이트

str = pArr → C언어

\*pArr : 해당 문자열을 읽는다.

증가 연산으로 다음 부분 배열 이동

10 바이트

pArr + 1 → 자바

\*(pArr+1) : 해당 문자열을 읽는다.

10 바이트

pArr + 2 → 베이직

\*(pArr+2) : 해당 문자열을 읽는다.

배열 포인터의 메모리 구조

\*pStr은 해당 문자형 배열(문자열)을 읽어들입니다. 그래서 \*pStr은 "C언어"를 출력합니다. pStr + i의 증가 연산은 다음 부분 배열로 이동하게 되고, \*(pStr + i) 연산에 의해 "자바", "베이직"을 출력하게 됩니다.

## 1. 배열과 포인터 요약.

배열과 포인터의 관계는
메타버스의 개념과 비슷합니다.

회사에서 아바타로 회의도 하고

백화점에서 아바타로 쇼핑도 합니다.

아바타(배열)는 행동대장이고
나(포인터)는 조종자라고 볼 수 있습니다.

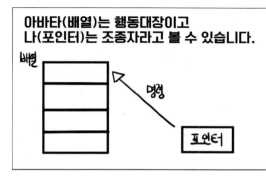

## 2. 배열 포인터? 포인터 배열?

배열 포인터와 포인터 배열은
단어의 유사성 때문에 헷갈릴 수 있습니다.

배열 포인터　　　　포인터 배열

하지만 단어의 뒷말을 중심으로 생각하면
쉽습니다.

배열 포인터　　　　포인터 배열

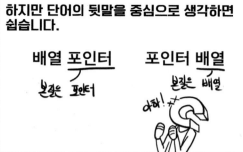

포인터 배열은 배열의 요소에
메모리 주소값이 저장된 형태입니다.

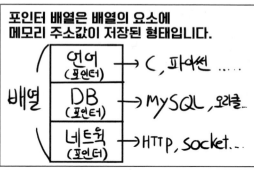

배열 포인터는 배열을 가르키는
포인터 변수입니다.

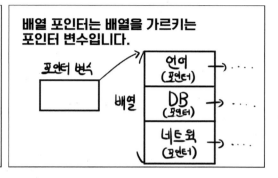

```
1:      #include <stdio.h>
2:
3:      void callValue(int b);
4:
5:      int main(void)
6:      {
7:          int a = 1;
8:          callValue(a);
9:          printf("실인수 a의 출력 : %d\n", a);
10:
11:         return 0;
12:     }
13:
14:     void callValue(int b)
15:     {
16:         b = b + 3;
17:         printf("형식인수 b의 출력 : %d\n", b);
18:     }
```

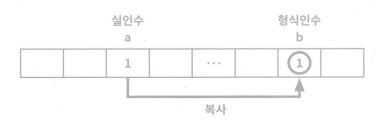

실인수          형식인수
a              b

복사

메모리 상의 실인수 a의 값을 함수의 형식인수 b로 넘겨받으면서, 별도의 메모리 상에 복사가 일어납니다. 변수 a의 값이 변수 b로 복사가 되는 형태입니다.

함수와 포인터 간의 관계에 대해 살펴봅니다. 그리고 값 호출 방식과 참조 호출 방식에 대해 학습합니다.

현대 사회는 정말 스피드한 사회가 되었습니다. 정보화의 영향도 있지만, 정보화 시대에 도래하기 전부터 우리나라에서 자랑할 만한 것은 바로 배달 문화입니다. 배달의 대표는 자장면이 거의 시초이고, 요즘은 피자, 치킨 등의 먹거리 배달은 거의 일반화되었습니다. 또한 쇼핑도 인터넷 온라인 쇼핑몰에서 클릭 몇 번이면 집으로 총알 배송이 가능합니다. 이러한 물건들이 우리집으로 올 수 있는 것은 내가 각 상점에 우리집 주소를 알려 주었기 때문입니다. 즉, 포인터의 개념으로 말하자면, '상점들은 우리집 주소를 가리키고 있습니다.'라고 말할 수 있습니다. OK~. 여기까지는 우리가 이해하고 있는 포인터의 개념입니다. 그런데, 이번에는 조금 더 스케일이 큰 물건, 다량의 물건을 주문하고 싶습니다. 예를 들면, 피자 100판, 치킨 100마리, 자장면 200그릇 등… 다량의 물건을 담으려면 아마 배열과 같은 커다란 철가방이 필요할테고, 커다란 철가방은 우리집 주소를 찾아 도착하게 될 것입니다. 이번 시간에는 함수의 매개변수로 이 큰 철가방, 즉 배열을 넘기고 받는 방법에 대해 배워보도록 하겠습니다.

# Char CHAPTER_1 = {"배열을 함수의 인자로 전달하기"};

이번 시간에는 배열을 함수의 인자로 전달하는 방법에 대해 살펴보도록 하겠습니다. 우리는 이전에 함수에 대해 배우면서 전달 인자를 함수에 전달하고, 그 결과를 리턴하는 형태에 대해 배웠습니다. 전달 인자와 리턴값을 갖는 형태가 함수의 가장 기본적인 형태이며, 함수를 이해하는데 있어서, 메모리 상에 전달 인자와 리턴값이 어떻게 존재하고 있는지 파악하는 것이 중요합니다. 먼저, 기본적으로 함수가 인자를 전달하고 받는 기본 과정을 살펴보도록 하겠습니다.

## Unit_1 = ("기본적인 함수의 인자 전달 형태");

우리가 배웠던 함수의 전달 인자의 전달 형태는 기본적으로 복사 형태입니다. 이게 무슨 말인가 하니, 우리가 값을 넘겨준다고 했을 때, 넘겨준다는 의미는 A에서 B로 복사된다는 것을 뜻합니다. 즉, A의 값을 B로 넘겼을 때는 A에도 값이 존재하고, B에도 값이 존재하고 있는 것입니다. 예를 들면 이렇습니다.

```
int main(void)
{
        int a = 10;
        Temp( a );
}                   복사

void Temp(int b )
{
}
```

변수 a에 있는 10의 값이 함수 Temp의 매개변수 b에 전달이 되는데, 이 때 a의 값 10이 b로 복사가 되는 것입니다. 메모리 상의 형태를 보면 다음과 같습니다.

기본적인 함수 인자 전달 메모리 구조

우리는 얼핏 생각해 보았을 때 변수 a를 b에 전달했으니까 일심 동체가 되었다고 착각할 수 있습니다. 이에 대해 복사라는 말이 매우 중요한 의미를 가지고 있는데, 위의 그림에서처럼 a와 b는 서로 다른 메모리 공간을 가지고 있으므로 변수 a의 변경이 b에 영향을 줄 수 없고, 반대로 b의 변경이 a에 영향을 줄 수 없다는 사실을 알 수 있습니다. 이 때 전달하고자 하는 인수인 a를 실인수라고 하고, 전달 받고자 하는 인수인 b를 형식인수라고 합니다.


## Unit_2 = ("배열형의 인자는 포인터형으로");

우리는 함수의 전달 인자로 1개 또는 2개 정도 선언하였습니다. 보통 실무에서도 함수의 전달 인자를 쓴다 하면 5-6개 정도 사용하기도 합니다. 그 이상도 사용할 수는 있지만 그렇게 되면 함수의 형태가 매우 난잡해 보일 것입니다.

우리가 사용하는 자료형의 형태 중에 배열이 있습니다. 배열을 사용하는 이유는 같은 자료형의 변수를 다량으로 선언 시 간단하게 선언하기 위함입니다. 함수에서도 이러한 다량의 변수를 배열의 형태인 전달인자로 받아야 하는 경우가 발생합니다. 어떻게 배열을 전달하고 받을까요? 먼저 답을 말하자면 포인터로 받을 수 있습니다. 왜냐하면, 우리는 앞서 "배열의 이름은 포인터이다."라는 것을 배운 적이 있습니다. 배열과 포인터는 형태만 다를 뿐 서로 참조할 수 있기 때문에 매우 밀접한 관계를 가지고 있습니다. 눈에는 눈, 이에는 이, 배열에는 포인터입니다.

다음은 배열의 이름을 실인수로 함수에 넘기고, 함수에서는 형식인수로 포인터를 넘겨받는 예제입니다.

```
1:    #include <stdio.h>
2:
3:    void func(int *pArr);
4:
5:    int main(void)
6:    {
7:          int arr []= {1,2,3,4,5};
8:          int i;
9:
10:         func(arr);
11:         for(i = 0; i < 5; i++)
12:         {
13:               printf("배열의 요소 출력 : %d\n", arr[i]);
14:         }
15:         return 0;
16:   }
17:
18:   void func(int *pArr)
19:   {
20:         int i;
21:         for(i = 0; i < 5; i++)
22:         {
23:               printf("함수 안에서 배열의 요소* 출력 : %d\n", *(pArr + i));
24:         }
25:         printf("\n");
26:   }
```

```
D:\WINDOWS\system32\cmd.exe
함수 안에서 배열의 요소* 출력 : 1
함수 안에서 배열의 요소* 출력 : 2
함수 안에서 배열의 요소* 출력 : 3
함수 안에서 배열의 요소* 출력 : 4
함수 안에서 배열의 요소* 출력 : 5

배열의 요소 출력 : 1
배열의 요소 출력 : 2
배열의 요소 출력 : 3
배열의 요소 출력 : 4
배열의 요소 출력 : 5
계속하려면 아무 키나 누르십시오 . . .
```

● 7번째 줄에서는 배열 arr을 선언과 동시에 초기화하고 있습니다.

● 10번째 주은 func 함수의 전달인자로 배열 arr을 넘기고 있습니다. 엄밀하게 말하면 배열을 넘기는 것이 아니라, 배열의 이름을 넘기고 있습니다. 우리는 앞에서 배열과 포인터의 관계에 대해서 배울 때 배열의 이름은 무엇이라고 했나요? 그렇습니다. 포인터라고 하였습니다. 배열의 이름은 배열의 첫 번째 요소의 주소값을 가지고 있는 상수 포인터입니다. 즉, 함수의 전달인자 arr은 주소값을 넘기고 있는 것입니다.

● 18번째 줄의 func 함수의 정의를 보면 형식인수의 형태가 int *pArr 임을 볼 수 있습니다. 왜냐하면 실인수를 정수형으로 배열의 이름을 넘겨주고 있으므로 주소값을 넘겨받기 위해서는 정수형 포인터 형태로 받아야하기 때문입니다. 그러므로 형식인수의 자료형은 정수형 포인터 (int*)입니다.

● 18-26번째 줄의 func함수의 기능은 넘겨받은 배열의 주소값을 포인터 변수 pArr로 받아서 pArr을 통해 배열의 요소값들을 차례대로 출력하는 것입니다. pArr 자체가 배열의 첫 번째 요소의 주소값을 가리키고 있으므로, 반복문을 통한 변수 i의 1씩 증가로 인해 주소를 이동하고 있습니다. (pArr + i)와 이동한 주소의 요소값을 출력하기 위해서 * 연산자를 사용하고 있습니다.

예제에서의 배열을 함수의 인자로 전달하는 과정을 메모리 구조로 확인해보겠습니다.

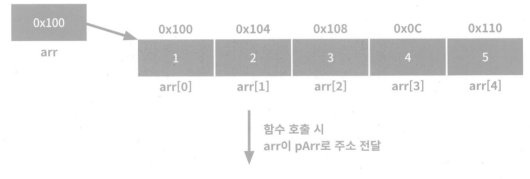

함수 호출 전

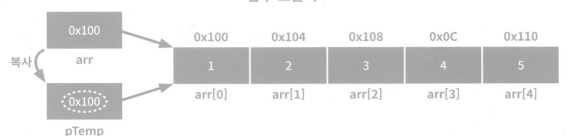

함수 호출 후

배열을 함수의 인자로 전달

위의 그림을 통해 보듯이 함수를 호출 시 arr의 가지고 있는 주소값을 pArr이 받아주고 있으므로, 서로 같은 주소값을 같게 됩니다. 즉, 배열은 하나인데, 이 배열을 가리키고 있는 포인터는 두 개가 되는 것입니다. 그러므로, 배열 요소에의 접근은 arr을 통해서이든, pArr을 통해서이든 모두 가능합니다.

이번에는 앞의 예제를 기반으로 함수 func의 기능을 배열의 모든 요소의 합을 리턴하는 함수로 변경하여 보겠습니다.

■ 예제 : 10장\10-2\10-2.c

```
1:    #include <stdio.h>
2:
3:    int func(int *pArr, int size);
4:
5:    int main(void)
6:    {
7:        int arr []= {1,2,3,4,5};
8:        int sumArr, sizeArr;
```

```
9:
10:          sizeArr = sizeof(arr)/sizeof(int);
11:          sumArr = func(arr, sizeArr);
12:          printf("배열의 총 합은 : %d\n", sumArr);
13:
14:          return 0;
15:    }
16:
17:    int func(int *pArr, int size)
18:    {
19:          int i, sum = 0;
20:          for(i = 0; i < size; i++)
21:          {
22:                sum += *(pArr + i);
23:          }
24:          return sum;
25:    }
```

■ 실행결과

● 10번째 줄은 배열의 크기를 구하고 있습니다. 왜냐하면 배열 요소의 누적합을 계산하려면 배열 요소의 개수를 알고 있어야하기 때문입니다.

sizeof 연산자를 통해서 arr의 크기를 구하면 현재 배열에 할당된 크기가 바이트 단위로 나올 것입니다. 배열 arr의 경우는 총 20바이트가 나옵니다. 우리가 알고 싶은 것은 요소의 개수이므로, 각 요소의 자료형 단위 크기로 나누게 되면 요소의 개수가 나옵니다. 배열 요소의 자료형 단위 크기는 sizeof(자료형)으로 구할 수 있습니다.

● 11번째 줄은 func 함수에 인자를 전달하고 있는데, 첫 번째 인자에는 배열의 이름이 전달되고, 두 번째 인자에는 배열의 크기가 전달됩니다. 함수의 수행이 끝나면 배열 요소들의 누적 합을 리턴하게 되고, 정수형 변수 sumArr이 그 값을 받게 됩니다.

● 17-25번째 줄은 func 함수의 기능에 대한 정의를 하고 있습니다.

첫 번째 형식인수 pArr은 주소값을 저장하는 포인터로써, 배열 요소의 첫 번째 주소값을 넘겨받고 있습니다.

두 번째 형식인수 size는 배열 요소의 개수를 넘겨받습니다. 배열의 요소만큼 반복문을 수행하면서, sum이라는 정수형 변수에 배열의 요소 값을 누적 합산하고 있습니다.

주의 깊게 볼 부분은 22번째 줄의 *(pArr + i)를 통해 배열의 각 요소의 값에 접근하고 있다는 점과, 24번째 줄에서 합산한 변수 sum을 리턴하고 있다는 점입니다.

예제의 메모리 구조를 그림으로 살펴보도록 하겠습니다.

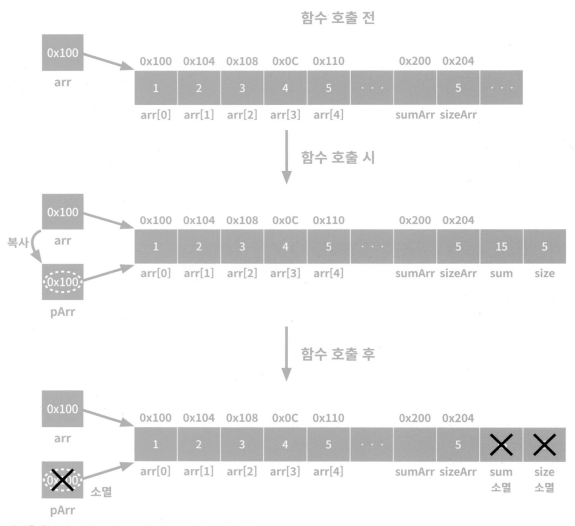

배열을 함수의 인자로 전달 및 배열의 모든 요소 합 리턴

## Unit_3 = ("배열형의 인자는 배열형으로 받는다");

앞에서 배열형의 인자는 포인터형으로 받는다는 것을 알았습니다. 그런데, 반드시 형식인수가 꼭 포인터가 아니여도 됩니다. 배열형의 인자를 포인터가 아닌 또 다른 방법이 있는데 바로 배열형으로 받을 수 있습니다. 배열형이라는 것은 [ ]배열 표시가 있는 형태를 말합니다.

앞의 예제를 기반으로 함수의 형식인수만 변경하여 다시 한 번 살펴보도록 하겠습니다.

■ 예제 : 10장\10-3\10-3.c

```c
1:    #include <stdio.h>
2:
3:    int func(int pArr[], int size);
4:
5:    int main(void)
6:    {
7:        int arr []= {1,2,3,4,5};
8:        int sumArr, sizeArr;
9:
10:       sizeArr = sizeof(arr)/sizeof(int);
11:       sumArr = func(arr, sizeArr);
12:       printf("배열의 총 합은 : %d\n", sumArr);
13:
14:       return 0;
15:   }
16:
17:   int func(int pArr[], int size)
18:   {
19:       int i, sum = 0;
20:       for(i = 0; i < size; i++)
21:       {
22:           sum += pArr[i];
23:       }
24:       return sum;
25:   }
```

앞의 예제와 비교하여 결과가 어떻습니까? 동일하게 출력되는 것을 확인할 수 있습니다. 이 예제가 앞의 예제와의 유일한 차이라면 함수의 첫 번째 형식인수만 int *pArr에서 int pArr[ ]로 변경되었다는 사실입니다. 이는 배열의 이름 arr을 int pArr[ ]로 받겠다는 의미인데, int pArr[ ]는 무엇인가요? [ ]의 표시는 이 변수가 배열이라는 의미입니다. 배열은 포인터 상수라고 하였습니다. 즉, pArr이 배열이라면 포인터 변수가 아닌 포인터 상수라는 말이 됩니다.

하지만, 우리의 이러한 논리적인 추리는 모두 틀렸습니다. 왜냐하면, pArr은 다른 주소값을 저장할 수 있기 때문입니다. 다른 말로, 다른 메모리 주소를 가리킬 수 있다는 말입니다. 다시 말하면, pArr은 포인터 상수가 아니라 포인터 변수라는 것입니다. 갑자기 우리의 상식선의 추리가 무너지면서 머릿속이 복잡해지기 시작합니다. 하지만, 그럴 필요없습니다. 이를 증명할 코드를 작성해볼 것인데, 앞의 func 함수를 다음과 같이 추가 수정해 보겠습니다.

■ 예제 : 10장\10-4\10-4.c

```
1:     #include <stdio.h>
2:
3:     int func(int pArr[], int size);
4:
5:     int main(void)
6:     {
7:         int arr []= {1,2,3,4,5};
8:         int sumArr, sizeArr;
9:         sizeArr = sizeof(arr)/sizeof(int);
10:        sumArr = func(arr, sizeArr);
11:        printf("배열의 총 합은 : %d\n", sumArr);
12:
13:        return 0;
14:
15:    }
```

```
16:
17:    int func(int pArr[], int size)
18:    {
19:        int i, sum = 0;
20:        int temp = 100;
21:        for(i = 0; i < size; i++)
22:        {
23:            sum += pArr[i];
24:        }
25:        pArr = &temp;
26:        return sum;
27:    }
```

● 우리의 논리대로라면 25번째 줄에서 빌드 에러가 발생해야 정상입니다. 왜냐하면 우리는 pArr 이 포인터 상수라고 생각하고 있었기 때문입니다. 그러나 이 코드를 빌드를 해보면 빌드 에러가 발생하지 않습니다.

● 20번째 줄의 정수형 변수 temp는 100이라는 값을 가지고 있습니다. pArr에 임의의 주소값을 할당하기 위해 임시로 선언한 변수입니다.

● 25번째 줄을 보면 선언한 temp 변수의 주소값을 pArr 변수에 넘겨주고 있습니다. 만약 pArr이 포인터 상수였다면 분명 빌드 오류가 발생했을 것인데, 오류가 발생하지 않는 것으로 보아 포인터 변수라는 것을 입증하고 있습니다.

결론을 말하면 int *pArr과 int pArr[ ]은 같은 표현이라는 것입니다. 함수의 매개변수에서 배열이 넘어온다는 것을 명시하기 위한 표시로 int pArr[ ]을 허용하고 있는 것입니다.

여러분이 마지막으로 한 가지 주의해야 할 것이 있는데, 함수의 매개변수에서 int pArr[ ]이 허용된다고 하여 배열 선언 시 int pArr[ ]만 사용해서는 안 됩니다. 알다시피 선언과 동시에 초기화를 해준다면, 초기값의 개수에 의해 크기가 결정되겠지만, 선언만 하는 경우 [ ]에 크기를 입력해주지 않는다면, 크기를 알 수 없어 스택 메모리에 할당할 수 없으므로 오류가 발생하게 됩니다. 즉, int pArr[ ]과 같은 배열형의 형태는 함수의 매개변수에서만 사용하기를 바랍니다.

# Char CHAPTER_2 = {"값 호출(call-by-value) 방식과 참조 호출(call-by-reference) 방식"};

이제 배열을 함수의 인자로 전달할 때 포인터로 받아야 한다는 것을 알게 되었습니다. 이쯤에서 아껴왔던 전달 인자의 호출 방식들에 대해 논해도 될 시기가 온 것 같습니다. 함수에 일을 시키기 위한 재료로써 우리는 임의의 전달 인자를 제공하는데, 어떻게 전달하느냐에 따라 값 호출(call-by-value) 방식과 참조 호출(call-by-reference) 방식이 있습니다.


## Unit_1 = ("값 호출 (call-by-value) 방식 ");

값 호출 방식이란 실인수의 값이 형식 인수로 전달되는 방식입니다. 즉, 값을 전달하고자 하는 인수인 실인수의 메모리와 값을 전달 받고자 하는 형식 인수의 메모리는 각각 별개이고, 실인수의 값이 형식 인수로 복사가 되는 형태입니다. 같은 값을 지닌 변수가 서로 다른 메모리 공간에 두 개 존재하게 되는 것입니다.

간단한 예제를 통해 값 호출 방식에 대해 알아보도록 하겠습니다.


■ 예제 : 10장\10-5\10-5.c

```
1:    #include <stdio.h>
2:
3:    void callValue(int b);
4:
5:    int main(void)
6:    {
7:        int a = 1;
8:        callValue(a);
9:        printf("실인수 a의 출력 : %d\n", a);
10:
11:       return 0;
```

```
12:     }
13:
14:     void callValue(int b)
15:     {
16:          b = b + 3;
17:          printf("형식인수 b의 출력 : %d\n", b);
18:     }
```

■ 실행결과

● 7번째 줄에 정수형 변수 a를 선언하고 초기값 1을 대입하였습니다.

● 8번째 줄에서 callValue라는 함수를 호출하고 있습니다. 이 함수는 14번째줄에 정의되어 있는데 형식 인수 b로 받은 값에 3을 더해서 b의 값을 화면에 출력하는 기능을 하고 있습니다. 실인수 a의 값이 1이므로 형식인수 b에 1의 값이 복사됩니다. 함수 내에서 b + 3은 1 + 3과 같은 연산이므로, 변수 b의 값은 4를 출력합니다.

● 9번째 줄에서 실인수 a의 값을 그대로 출력하고 있습니다. a의 출력값은 1입니다. 출력 전에 callValue라는 함수를 통해 a의 값을 b에 전달하고 있지만, 이는 각각의 다른 메모리상에서 값만 복사하는 것이기 때문에 변수 b의 변화가 변수 a에 어떠한 영향을 미치지 못합니다.

예제의 값 호출 메모리 구조를 그림을 통해 살펴보도록 하겠습니다.

값 호출 시 메모리 구조

메모리 상의 실인수 a의 값을 함수의 형식인수 b로 넘겨받으면서, 별도의 메모리 상에 복사가 일어납니다. 변수 a의 값이 변수 b로 복사가 되는 형태입니다.

값 호출에 관련된 예를 하나 더 알아보도록 하겠습니다. 값 호출 관련해서 단골로 나오는 코드 중 하나가 바로 두 개의 값을 바꾸는 예제입니다.

## ■ 예제 : 10장\10-6\10-6.c

```c
1:    #include <stdio.h>
2:
3:    void Swap(int a, int b);
4:
5:    int main(void)
6:    {
7:        int x = 10, y = 20;
8:        printf("초기값 x = %d, y = %d\n", x, y);
9:        Swap(x, y);
10:       printf("함수 밖에서 변경 후 x = %d, y = %d\n", x, y);
11:
12:       return 0;
13:   }
14:
15:   void Swap(int a, int b)
16:   {
17:       int temp;
18:       temp = a;
19:       a = b;
20:       b = temp;
21:       printf("함수 안에서 변경 후 a = %d, b = %d\n", a, b);
22:   }
```

## ■ 실행결과

● 두 개의 값을 바꾸는 기능은 매우 간단한 알고리즘입니다. 15번째 줄 Swap 함수는 두 개의 값을 입력받아서 값을 서로 바꾸어주는 기능을 합니다. 쉽게 생각하면 우리 일상에서 물건 옮겨 담을

때를 생각하면 쉽습니다.

사과와 배를 각각 하나씩만 담을 수 있는 상자가 있다고 해보겠습니다. 이 때 각각의 상자는 그대로 두고, 사과와 배를 서로 바꾸고 싶습니다. 그런데, 각 상자는 과일 한 개만 보관할 수 있는 공간이기 때문에 서로 바꾸려면 과일 하나 (예를 들어 사과)를 임시 저장소에 옮겨놓고, 배를 사과의 상자에, 임시 저장소에 있는 사과를 배의 상자에 옮겨 놓으면 과일 교환은 끝입니다.

이러한 원리로 두 상자 a, b를 교환하기 위해서 임시 저장소인 temp 변수를 선언하였고, 먼저 a를 temp에 b의 값을 a에, temp의 값을 b에 옮겨 놓았습니다. 원리 자체는 이해하는데 그리 어렵지 않습니다.

● 7번째 줄을 보면 변수 x와 y에 선언과 동시에 초기값 10과 20을 할당하였습니다.

● 8번째 줄에서 x, y의 초기값을 출력하면, 10과 20이 그대로 출력되는 것을 확인할 수 있습니다.

● 9번째 줄에서 Swap 함수를 호출하되, 실인수 x와 y의 값을 형식인수 a와 b에 넘겨주고 있습니다.

● 21번째 줄에서는 두 개의 형식인수 a와 b를 교환한 후 그 결과를 출력하고 있습니다. 결과는 어떻습니까? a = 20, b = 10으로 형식인수의 값들이 교환된 것을 확인할 수 있습니다.

● 10번째 줄은 Swap 함수를 빠져 나온 후의 x, y의 값을 그대로 출력하고 있습니다. 결과는 어떻습니까? x = 10, y = 20이 출력되는 것을 확인할 수 있습니다. 우리가 기대했던 결과인가요? 아닙니다. 우리는 21번째 줄에서 출력한 a = 20, b = 10처럼 x = 20, y = 10이 출력되기를 바랐을 것입니다. 왜냐하면 실인수 x, y가 형식인수 a, b에 그대로 복사된 후에 Swap 함수의 교환이 이루어졌기 때문에 우리는 같은 결과를 기대했을 것입니다. 그러나 출력 결과는 우리의 기대를 무참히 깨버리고 있습니다.

자, 이 예제에서 실행결과를 보면서 결과가 우리의 바람대로 나오지 않은 원인을 파악할 수 있겠습니까? 우리는 값 호출에 대한 방식의 원리를 앞에서 이미 배운 바 있으므로 어렵지 않게 파악이 가능하리라 생각합니다.

실인수 x, y는 각각의 형식인수 a, b에 값이 복사됩니다. 결국 정수형 4바이트 메모리가 4개 할당되는 것입니다. 이 중에 변수 a와 b는 Swap 함수 안에서 서로 교환이 되지만, 그렇다고 변수 x와 y가 교환되는 것은 아닙니다. 즉, 변수 x, y와 a, b는 각각 값만 복사했을 뿐이지, 서로 무관한 독립적인 메모리를 가진 변수일 뿐입니다. 그래서 결과적으로 Swap 함수 안에서 변수 a와 b가 서로 교환되었을지라도, 이후에 출력되는 변수 x와 y에는 어떠한 영향을 미치지 않으므로 값의 변화가 없는 것입니다.

이 예제를 메모리 구조를 통해 이해를 더해보도록 하겠습니다.

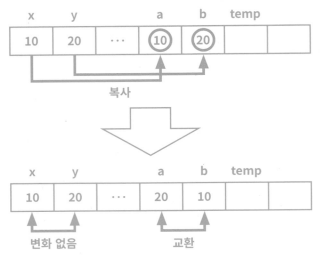

Swap 함수 동작 시 메모리 구조

그림에서 보듯이 변수 x, y, a, b는 각각의 메모리 공간을 가지고 있으며, x, y의 값을 각각 a, b에 복사하고 있습니다. 서로 독립적인 메모리 공간을 가지고 있으므로, a와 b의 값을 서로 교환했을지라도 x, y에는 전혀 영향을 미치지 않음을 확인할 수 있습니다.

## Unit_2 = ("참조 호출 (call-by-reference) 방식 ");

이번에는 참조 호출 방식에 대해 알아보도록 하겠습니다.

참조 호출 방식은 함수를 호출 시 전달 인자로 메모리의 접근에 사용되는 주소값을 전달합니다. 전달 인자로 왜 주소값을 전달하나요? 어떤 점이 유리한가요? 우리가 앞서 살펴보았던 값 호출 방식의 경우 문제점이 무엇이었나요?

Swap 함수의 수행 후 실인수의 결과값이 우리가 기대했던 바대로 교환되지 않고 출력되었음을 확인할 수 있었습니다. 이러한 문제는 지금 살펴볼 참조 호출 방식을 통해서 해결할 수 있습니다.

예제를 통해서 참조 호출은 어떻게 하는지 그 형태를 살펴보도록 하겠습니다.

■ 예제 : 10장\10-7\10-7.c

```
1:    #include <stdio.h>
2:
3:    void callReference(int* b);
```

```
4:
5:      int main(void)
6:      {
7:              int a = 1;
8:              callReference(&a);
9:              printf("실인수 a의 출력 : %d\n", a);
10:
11:             return 0;
12:     }
13:
14:     void callReference(int* b)
15:     {
16:             *b = *b + 3;
17:             printf("형식인수 *b의 출력 : %d\n", *b);
18:     }
```

■ 실행결과

● 실행결과를 보면 실인수의 출력결과와 형식인수의 출력결과가 동일함을 알 수 있습니다.

● 7번째 줄의 변수 a는 초기값 1을 갖고 있고, 8번째 줄의 callReference 함수를 통해 a의 주소값이 전달되고 있습니다.

● 14-18번째 줄에서는 실인수 a의 주소값을 형식인수 b가 포인터 형태로 주소값을 받은 후, 포인터 b가 가리키고 있는 변수의 값에 3을 더합니다. 즉, 16번째 줄의 *b = *b + 3의 식을 수행합니다. b가 가리키는 변수의 주소값은 a이고, *b는 a에 저장되어 있는 실제 값을 의미합니다. *b는 *b + 3의 연산식에 의해 4라는 결과값이 나오고, 결국, a의 값이 4가 되는 것입니다.

● 9번째 줄에서 a의 값을 출력 시 결과값은 1이 아닌 4가 출력되는 것을 확인할 수 있습니다.

다음은 예제에서의 참조 호출 메모리 구조입니다.

실인수 a · · · 형식인수 b

1 · · · 0x10

0x100 ← 가리킨다

참조 호출시 메모리 구조

참조 호출 관련하여 한 가지 예제를 더 보도록 하겠습니다. 우리가 앞서 값 호출에 대해 공부하면서 Swap 함수를 다룬적이 있었습니다. 이 때, 값 호출을 이용한 Swap의 기능은 우리의 기대에 부응하지 못했음을 경험한 적 있습니다. 우리가 방금 살펴본 참조 호출을 이용하면 Swap 예제의 문제를 해결할 수 있습니다.

다음과 같이 Swap 예제를 참조 호출 형태로 작성해보겠습니다.

■ 예제 : 10장\10-8\10-8.c

```
1:    #include <stdio.h>
2:
3:    void Swap(int *a, int *b);
4:
5:    int main(void)
6:    {
7:          int x = 10, y = 20;
8:          printf("초기값 x = %d, y = %d\n", x, y);
9:          Swap(&x, &y);
10:         printf("함수 밖에서 변경 후 x = %d, y = %d\n", x, y);
11:
12:         return 0;
13:   }
14:
15:   void Swap(int *a, int *b)
16:   {
17:         int temp;
18:         temp = *a;
19:         *a = *b;
20:         *b = temp;
21:         printf("함수 안에서 변경 후 *a = %d, *b = %d\n", *a, *b);
```

```
22:    }
```

■ **실행결과**

● 실행결과를 보면 전달인자로 넘긴 값을 Swap 함수로 넘겨받았을 때, Swap 함수의 형식인수 a, b의 교환이 결국 Swap 함수를 빠져나간 후의 실인수 x, y에도 영향을 미치고 있음을 확인할 수 있습니다.

● 7번째 줄에서 정수형 변수 x, y를 선언과 동시에 각각 10과 20으로 초기화하고 있습니다.

● 9번째 줄에서 Swap 함수를 호출하면서 실인수로 x와 y의 값을 대입하되, &연산자를 사용하여 주소값을 넘겨주고 있습니다.

● 15-22번째 줄까지는 Swap 함수의 구현부입니다. 실인수에서 주소값을 넘겨주었으므로 형식 인수 a와 b는 포인터 형태로 넘겨받습니다. 포인터 형태로 넘겨받았으므로 포인터가 가리키고 있는 실제 값을 가져오려면 포인터 주소 앞에 * 연산자를 사용해야 합니다. 그러므로 a, b 각각의 실제값을 넘겨줄 때는 *a, *b를 사용하였습니다. 값의 교환이 끝나고 출력문을 통해 *a, *b를 각각 출력해보면 값이 서로 교환된 것을 확인할 수 있습니다.

● 10번째 줄에서 출력문을 통해 x, y의 값을 출력해보면 서로의 초기값과 다르게 서로의 값이 교환되어 있음을 확인할 수 있습니다. 왜냐하면, Swap 함수 호출 시 실인수 x, y의 주소값을 넘겨주었으므로 그것을 넘겨받은 형식 인수 a와 b의 주소는 실인수 x와 y의 주소값과 같기 때문입니다.

참조 호출을 통해 Swap 함수의 기능을 수행하는 과정을 메모리 구조로 확인해보겠습니다.

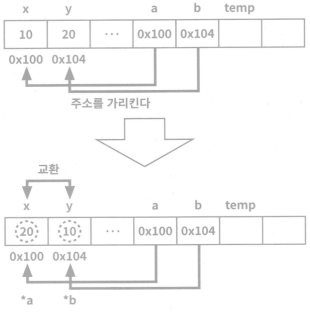

참조 호출을 통한 Swap 함수의 메모리 구조

참조 호출 시 x와 y의 값을 a와 b에 넘길 때 주소값 &x, &y를 넘기기 때문에 포인터 변수 a와 b에는 주소값이 대입이 됩니다.(결코, 값이 복사되지 않습니다.) 즉, 포인터 변수 a와 b는 변수 x와 y의 값을 가리킵니다.

이후 Swap 함수 내에서 *a와 *b의 값을 교환하게 되는데, 실제 *a는 포인터 변수 a가 가리키고 있는 변수의 실제 값을 나타내므로 x의 값인 10을 나타내고, *b는 포인터 변수 b가 가리키고 있는 변수의 실제 값을 나타내므로 y의 값인 20을 나타냅니다. 이 두 변수를 임시 저장 변수 temp를 이용하여 값 호출 방식에서처럼 교환이 가능합니다.


## Unit_3 = ("scanf 함수 사용 시 변수 앞에 &을 붙이는 이유");

우리는 C언어 초반에 기본적으로 화면을 통해 출력하는 법과 키보드를 통해 입력하는 법을 배웠습니다. 이 때 대표적으로 배웠던 표준 함수가 바로 printf와 scanf였는데, 필자는 초보였을 때 scanf 사용 시 변수명 앞에 &가 왜 붙어야 하는지 그 이유를 알 수 없었습니다.

당시에는 그냥 문법이니까 그렇게 쓰는가보다 하고 넘어갔었고, 이 후로 scanf 함수를 사용하면서 간혹 정신줄 놓고 코딩할 때 scanf 함수를 사용하다 보면 원인 모를 이상한 결과나 오류에 휩싸이곤 했는데, 그 원인은 바로 scanf를 사용 시 변수명 앞에 &를 붙이지 않는 경우였습니다.

우리는 포인터를 배웠고, 참조 호출에 대해서도 배웠으므로 이제는 scanf의 변수명 앞에 왜 &를 붙여야 하는지 말할 수 있을 것 같습니다.

다음 예제를 보겠습니다.

■ 예제 : 10장\10-9\10-9.c

```
1:    #include <stdio.h>
2:
3:    int main(void)
4:    {
5:        int a;
6:        scanf("%d", &a);
7:        return 0;
8:    }
```

자, 차근차근 한번 따져보겠습니다.

5번째 줄을 보면 정수형 변수 a가 선언되어 있습니다. 즉, 메모리 상에 4바이트 공간을 확보하고 있는 것입니다. 그 다음 줄을 보면 scanf 함수를 수행하고 있는데 키보드로부터 입력받은 데이터를 정수형 변수 a에 채워주는 역할을 하고 있습니다.

그런데, 데이터를 변수 a의 메모리 상에 채우기 위해서는 변수 a의 메모리 번지 주소를 알아야 거기를 찾아갈 수 있지 않을까요? 그래서 변수명 앞에 &를 붙여줌으로써 데이터를 채울 변수 a의 주소를 찾아 입력 데이터를 채우는 것입니다. 결국은 참조 호출입니다.

우리가 scanf 함수에 대한 내부 구조를 추측해보면 scanf 함수 내에 키보드에서 입력받은 입력 스트림에 대한 코드가 내부에 구현되어 있고, 그에 따라 입력 스트림으로부터 받은 데이터를 변수 a로 리턴하고 있는 구조라는 것을 알 수 있습니다.

과제 10-1                                                                해설 349p

사용자로부터 두 수를 입력받아 두 수의 합과 곱을 구하는 프로그램을 작성하라. 두 수의 합과 곱의 기능은 별도의 함수로 구현하며, 한 개의 함수 안에서 함수의 합과 곱의 연산이 이루어져야 한다. 이 문제를 해결하기 위해서는 참조 호출(call-by-reference) 방식을 사용해야 한다.

출력 예)
두 수를 입력하시오 : 10 20
합 : 30
곱 : 200

사용자로부터 정수를 하나 입력받는다. 그리고 Factorial이라는 이름의 함수를 만든 후, 사용자로부터 입력받은 정수를 전달 인자로 전달한다. Factorial이라는 함수는 수학에서의 팩토리얼과 똑같은 기능을 하는데, 예를 들어 3!이면 3*2*1의 결과값이 나와야 하고, 5!이면 5*4*3*2*1의 결과값이 나와야 한다. 결과값의 경우는 Factorial 함수의 두 번째 전달인자에 포인터 형태로 전달하며, 함수의 동작 후 참조호출에 의해 결과 값이 전달인자로 리턴되도록 한다.

출력 예)
두 수를 입력하시오 : 10 20
합 : 30
곱 : 200

# = {"**Part_10 과제 정답 및 해설**"};

■ 과제 10-1

```
1:    #include <stdio.h>
2:
3:    void PlusMul(int* pA, int* pB, int* pSum, int* pMul);
4:
5:    int main(void)
6:    {
7:         int a, b;
8:         int pHap, pGop;
9:
10:        printf("두 수를 입력하시오 : ");
11:        scanf("%d %d", &a, &b);
12:
13:        PlusMul(&a, &b, &pHap, &pGop);
14:        printf("합 : %d\n", pHap);
15:        printf("곱 : %d\n", pGop);
16:        return 0;
17:    }
18:
19:    void PlusMul(int* pA, int* pB, int* pSum, int* pMul)
20:    {
21:         *pSum = *pA + *pB;
22:         *pMul = *pA * *pB;
23:    }
```

● 이 문제는 참조 호출 방식을 정확하게 이해하고 있는지와 scanf 함수를 사용할 때 변수명 앞에 &연산자를 붙여주는 이유를 이해하고 있는지, 그리고, 함수의 실인수와 형식인수간에 주소값 전달

형식을 정확하게 이해하고 있는지 확인하고 있습니다.

● PlusMul이라는 이름의 함수는 총 4개의 인수를 가지고 있는데, 모두 포인터 변수입니다. 즉, 입력하는 데이터의 실인수가 모두 주소값이라는 것을 반증합니다. 참조 호출 방식을 사용하고 있으므로, 각각의 실인수와 형식인수는 같은 데이터를 참조하고 있습니다.

### ■ 과제 10-2

```
1:     #include <stdio.h>
2:
3:     void Factorial(int b, int* pRet);
4:
5:     int main(void)
6:     {
7:         int a, result;
8:
9:         printf("정수를 입력하시오 : ");
10:         scanf("%d", &a);
11:
12:         Factorial(a, &result);
13:         printf("결과 : %d\n", result);
14:         return 0;
15:     }
16:
17:     void Factorial(int b, int* pRet)
18:     {
19:         int i;
20:         *pRet = 1;
21:
22:         for(i = 1; i < (b + 1); i++)
23:         {
24:             *pRet *= i;
25:         }
26:     }
```

● 이 문제는 값 호출 방식과 참조 호출 방식을 정확하게 이해하고, 응용할 수 있는지 확인하고 있습니다.

● 12번째 줄에서 Factorial 함수를 호출하는데, 첫 번째 인수는 사용자로부터 입력받은 변수의 값

을 대입하고, 두 번째 인수는 변수값에 대한 팩토리얼 결과값을 받습니다. 주소값을 이용한 참조 호출이므로 변수명 앞에 &을 붙입니다.

● 17번째 줄에서 Factorial 함수의 첫 번째 인수 b는 a의 값을 그대로 복사하여 받고, 두 번째 인수 pRet는 포인터 변수로써 result의 주소값을 받습니다.

● 22−25번째 줄까지는 b의 값에 대한 팩토리얼 계산을 하고, 그에 대한 결과값은 포인터 변수 *pRet에 저장합니다. pRet는 결국 &result와 같은 주소값을 참조하고 있으므로, *pRet는 변수 result의 값을 나타내는 것입니다.

```
 1:     #include <stdio.h>
 2:
 3:     int main(void)
 4:     {
 5:         int a;
 6:         int *p;  포인터
 7:         int **pp;  이중 포인터
 8:
 9:         a = 100;
10:         p = &a;   p=a의 주소값
11:         pp = &p;  pp=p의 주소값     주소값이란 것을 명심하자!
12:
13:         printf("a의 주소값 &a : %x\n", &a);
14:         printf("p의 값 : %x\n", p);
15:         printf("*p의 값 : %d\n\n", *p);
16:
17:         printf("pp의 값 : %x\n", pp);
18:         printf("*pp의 값 : %x\n", *pp);
19:         printf("**pp의 값 : %d\n", **pp);
20:
21:         return 0;
22:     }
```

```
a의 주소값 &a : 12ff60
p의 값 : 12ff60
*p의 값 : 100

pp의 값 : 12ff54
*pp의 값 : 12ff60
**pp의 값 : 100
```

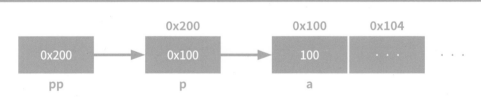

변수 a를 100으로 초기화 하였고, 초기화한 변수 a의 주소값을 포인터 변수 p에 대입하고 있습니다.
그리고, 포인터 변수 p의 주소값을 다시 이중 포인터 변수 pp에 대입합니다.

포인터의 여러 가지 쓰임에 대해 살펴봅니다.
포인터의 포인터, void형 포인터, 함수 포인터,
NULL 포인터 등에 대해 학습합니다.

# #PART_11. <다양한 형태로 사용되며 열일하는 여러 가지 포인터>

int main(void)

이 세상의 모든 기본적인 사물들은 다양한 형태를 가지고 다양한 역할을 하고 있습니다. 예를 들면 물의 경우는 우리가 먹을 기본적인 양식입니다. 그리고 모든 자연의 양분이 되고 인간이 삶에 있어서 농업, 공업, 어업 등에 핵심적인 자원의 역할을 합니다. 반면에, 홍수와 쓰나미 같은 자연 재해에 있어서는 물이라는 존재가 수많은 인명 피해와 재산 피해를 발생시키기도 합니다. 즉, 이렇게 물이라는 하나의 사물만 봐도 형태와 쓰이는 역할이 다양합니다. 우리는 지금까지 포인터라는 하나의 개념에 대해서 쭉 살펴보고 있습니다. 포인터라는 중요한 개념을 중심으로 함수와 배열이라는 별개라고 생각했던 개념을 연관지어서 포인터와 접목시켰습니다. 이번 시간에는 포인터의 다양한 형태를 살펴보고자 합니다. 즉, 여러 가지 형태의 포인터에 대해 알아볼 것입니다. 앞에서 배운 포인터의 기본 개념만 확실하게 이해하고 있으면, 오히려 이 장은 게임의 확장팩과 같은 느낌으로 포인터의 강력한 무기를 더욱 견고하게 장착하게 될 것입니다.

## Char CHAPTER_1 = {"**포인터의 포인터**"};

제목에서는 조금 쉽게 형상화하기 위해 포인터의 포인터라는 용어를 사용하였는데, 이를 우리는 이중 포인터 혹은 더블 포인터라는 용어로 다르게 말할 수 있습니다. 우리는 포인터의 포인터라는 용어가 이해하기는 쉬우나 반복적으로 사용하기에는 조금 번거로운 점이 있으므로 간편하게 이중 포인터라는 용어로 대신 사용하기로 하겠습니다. 지금부터 이중 포인터에 대해서 알아보기로 하겠습니다.

## Unit_1 = ("**이중 포인터란**");

사실 포인터의 개념조차도 어렵다고 생각하는 마당에 포인터의 포인터를 이야기 한다면 완전 멘붕 상태에 빠질 수 있습니다. 하지만, 포인터의 개념에 대해 정확하게 알고 있다면 아무리 포인터의 포인터 혹은 포인터의 사촌이 오더라도 걱정할 것이 없습니다. 그래서 어떠한 학문이든 원리의 이해가 중요한 것입니다. 이중 포인터의 선언 형태를 보도록 하겠습니다.

### ■ 이중 포인터의 선언

이중 포인터의 선언 형태는 다음과 같습니다.

```
int **pp;
```

포인터 변수 pp 앞에 * 연산자가 평소보다 한 개 더 붙어 있는 것을 볼 수 있습니다. 그래서 이중 포인터인 것입니다. 그렇다면 이중 포인터 변수의 정체는 무엇인가요? 그렇습니다. 이름에 포인터 변수라는 말이 있습니다. 말 그대로 포인터 변수입니다.

* 연산자가 한 개 붙어 있든 두 개 붙어 있든 상관없이 무조건 *가 붙어 있으면 포인터 변수인 것입니다. 그렇다면 포인터 변수이므로 주소값을 저장할 것인데 어떤 주소값을 저장할까요? 우리가

사용해오던 단일 포인터(편의상 ＊ 한 개 사용한 포인터를 단일 포인터라고 하겠습니다.)의 주소값을 저장하게 됩니다.

우리는 잠시 이중 포인터는 접어두고 단일 포인터의 개념으로 다시 돌아가서 차근차근 생각해보도록 하겠습니다.

```
int a = 5;
int *p;
p = &a;
```

이 식의 경우는 우리가 쉽게 생각할 수 있습니다.

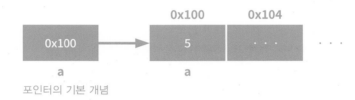

포인터의 기본 개념

a라는 정수형 변수는 4바이트의 메모리를 할당 받고, 5라는 정수값을 대입 받습니다. 그리고 정수형 포인터 p를 선언하여, 변수 a의 주소값을 포인터 변수 p에 대입하고 있습니다. 이는 무엇을 의미할까요? 포인터 p가 변수 a의 주소를 가리키고 있다는 것입니다. 여기까지는 우리가 앞에서 배운 포인터의 기본 개념이므로 충분히 이해하고 있습니다. 그렇다면 이를 기반으로 다음의 이중 포인터 예제를 살펴보도록 하겠습니다.

■ 예제 : 11장\11-1\11-1.c

```
1:     #include <stdio.h>
2:
3:     int main(void)
4:     {
5:         int a;
6:         int *p;
7:         int **pp;
8:
9:         a = 100;
```

```
10:        p = &a;

11:        pp = &p;

12:

13:        printf("a의 주소값 &a : %x\n", &a);

14:        printf("p의 값 : %x\n", p);

15:        printf("*p의 값 : %d\n\n", *p);

16:

17:        printf("pp의 값 : %x\n", pp);

18:        printf("*pp의 값 : %x\n", *pp);

19:        printf("**pp의 값 : %d\n", **pp);

20:

21:        return 0;

22:    }
```

■ 실행결과

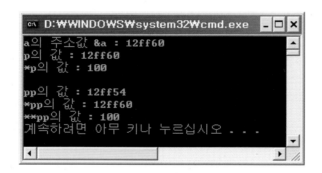

● 5-7번째 줄은 정수형 변수, 정수형 포인터변수, 정수형 이중 포인터 변수를 각각 a, *p, **pp 라고 선언하였습니다.

● 9-11번째 줄에서는 변수 a를 100으로 초기화하였고, 초기화한 변수 a의 주소값을 포인터 변수 p에 대입하고 있습니다. 그리고, 포인터 변수 p의 주소값을 다시 이중 포인터 변수 pp에 대입합니다. 구조를 보면 다음과 같습니다.

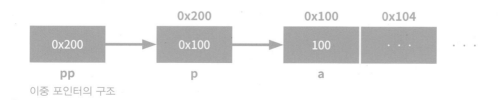

이중 포인터의 구조

이 그림의 구조를 이해하고 있으면 pp를 통해서도 변수 a의 값을 읽어낼 수 있습니다. 변수 a의 주소값 0x100의 값은 포인터 변수 p가 가지고 있는데, 이를 우리는 '가리킨다'라고 표현합니다.

포인터 변수 p도 주소값을 가지고 있는 메모리이므로 분명 자기 자신의 주소값이 존재합니다. 그것이 바로 0x200이라는 주소값이고, 이 주소값을 pp라는 이중 포인터 변수가 가리키고 있습니다.

요약하면, a의 주소값은 p가 가리키고, p의 주소값은 pp가 가리킵니다. 이것이 이중 포인터의 구조입니다.

● 13-15번째 줄에서는 a의 주소값인 &a, 포인터 변수 p와 *p의 값을 각각 출력하고 있습니다. 이 출력 결과를 통해 무엇을 알 수 있을까요? 포인터 변수 p는 변수 a의 주소값을 가리키고 있다는 것과 *p는 변수 a의 값을 참조하고 있다는 사실입니다.

● 17-19번째 줄에서는 이중 포인터 변수인 pp, *pp, **pp이 값을 각각 출력하고 있습니다. 이 출력 결과를 통해 무엇을 알 수 있을까요? 이중 포인터 변수 pp는 포인터 변수 p의 주소값을 가리키고 있다는 사실을 알 수 있습니다. 이미 주소값을 가리키고 있다면 게임 끝입니다. 왜냐하면 포인터 변수 p가 변수 a의 주소값을 가리키고 있으므로 변수 a의 값에 접근할 수 있었습니다. 그러므로, p의 주소값을 가리키는 pp 또한 변수 a의 값에 접근할 수 있다는 논리가 성립됩니다. 결국, **pp의 출력 결과를 보면 100이 출력되는 것을 확인할 수 있습니다.

## Unit_2 = ("함수 매개변수의 이중 포인터 사용");

우리는 이중 포인터가 무엇인지에 대한 개념을 알게 되었고, 어떻게 사용하는지에 대해서 배웠습니다. 그런데, 정작 왜 이중 포인터를 사용해야 하는지에 대한 이유에 대해서는 아직 알기 힘듭니다. 이중 포인터를 사용하는 경우는 사실 우리가 앞에서 다룬 예제에서처럼 main 함수에서 포인터를 선언하여 사용하기보다는 주로 함수의 매개변수로 받을 때 사용됩니다.

대표적으로 Swap 함수의 기능을 통해 이중 포인터의 존재 이유를 알 수 있는데, 우리는 이미 앞서 값에 의한 호출과 참조에 의한 호출에 의해 Swap 함수의 기능에 대해 다룬 적이 있습니다. 이전의 Swap 함수의 코드를 기반으로 이중 포인터와의 연관 관계를 살펴보도록 하겠습니다.

■ 예제 : 11장\11-2\11-2.c

```
1:    #include <stdio.h>
2:
3:    void Swap(int *a, int *b);
4:
5:    int main(void)
6:    {
7:        int x = 10, y = 20;
```

```
8:          int *pX, *pY;
9:
10:         pX = &x;
11:         pY = &y;
12:
13:         printf("초기값 x = %d, y = %d\n", x, y);
14:         Swap(pX, pY);
15:         printf("함수 밖에서 변경 후 *pX = %d, *pY = %d\n", *pX, *pY);
16:
17:         return 0;
18:     }
19:
20:     void Swap(int *a, int *b)
21:     {
22:         int *temp;
23:         temp = a;
24:         a = b;
25:         b = temp;
26:         printf("함수 안에서 변경 후 *a = %d, *b = %d\n", *a, *b);
27:     }
```

■ 실행결과

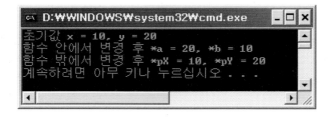

● 8번째 줄에서는 두 개의 포인터 변수 pX, pY를 선언하였습니다. 이는 변수 x와 y의 주소값을 대입하기 위한 포인터 변수입니다.

● 14번째 줄에서는 Swap 함수를 호출하고 있습니다. 이 때 3번째 줄의 Swap 함수의 선언을 보면 두 개의 매개변수를 가지고 있고, 각각 주소값을 저장하기 위한 포인터 변수들입니다. 그래서 Swap 함수 호출 시 주소값이 저장되어 있는 포인터 변수 pX와 pY를 대입하였습니다.

● 20-27번째 줄까지는 Swap 함수의 정의부입니다. 포인터 변수 a와 b를 매개변수로 받아서 서로 값을 교환하고 있습니다. 그리고, 함수 안에서 교환된 주소가 가리키고 있는 변수의 값을 출력하고 있습니다.

● 15번째 줄에서 Swap 함수를 빠져나온 후 각각의 포인터 변수가 가리키고 있는 변수의 값을 출력하고 있습니다. 결과는 우리가 예상했던 값의 교환이 이루어지지 않은 것을 확인할 수 있습니다.

우리는 앞에서도 배웠듯이 참조에 의한 호출일 경우에는 분명 주소값을 넘기기 때문에 함수 밖에서도 값의 교환이 이루어져야 한다고 알고 있습니다. 예제의 Swap 함수에서 포인터 변수를 넘기고 있음에도 불구하고, 우리의 예상과는 달리 값의 교환이 이루어지지 않고 있습니다. 무엇이 문제일까요? 다음 그림을 보고 그 이유를 생각해보겠습니다.

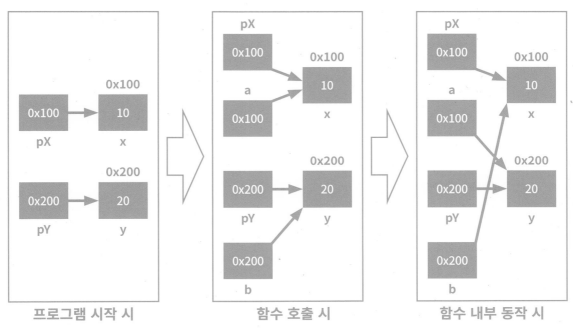

Swap 함수 호출 및 내부 동작 시 메모리 구조

위 그림의 핵심은 Swap 함수의 호출부에 있습니다. 실인수 pX, pY는 분명 주소값을 가진 변수입니다. 그래서 참조에 의한 호출이 맞습니다. 그렇다면, 무엇이 문제일까요? 형식인수인 포인터 변수 a와 b에서 문제점을 찾을 수 있습니다. 즉, 이러한 경우 실인수와 같은 메모리를 공유하는 것이 아니라 메모리를 별도로 할당하여 주소값만 복사하게 됩니다.

겉으로는 참조에 의한 호출처럼 보이지만 사실은 값에 의한 호출의 형태가 되는 것입니다. 값의 본질이 주소값이라는 것만 다르지 결국 값을 복사하고 있는 것입니다. 그래서, 결국 포인터 변수 pX와 a는 변수 x의 주소값을 가리키고 포인터 변수 pY와 b는 변수 y의 주소값을 가리키게 됩니다. Swap 함수의 내부에서 포인터 변수 a와 b의 값의 교환은 이루어지지만 별도의 메모리 공간을 갖고 있는 pX와 pY에는 전혀 영향을 미치지 못합니다. 그래서 함수를 빠져나온 후 포인터 변수 pX, pY가 각각 가리키는 변수인 *pX, *pY를 출력해도 값이 교환된 형태로 출력되지 않는 것입니다.

이번에는 이 문제에 대한 해결책으로 이중 포인터를 이용하여 예제를 수정해보겠습니다.

■ 예제 : 11장\11-3\11-3.c

```c
1:    #include <stdio.h>
2:
3:    void Swap(int **a, int **b);
4:
5:    int main(void)
6:    {
7:         int x = 10, y = 20;
8:         int *pX, *pY;
9:
10:        pX = &x;
11:        pY = &y;
12:
13:        printf("초기값 x = %d, y = %d\n", x, y);
14:        Swap(&pX, &pY);
15:        printf("함수 밖에서 변경 후 *pX = %d, *pY = %d\n", *pX, *pY);
16:
17:        return 0;
18:    }
19:
20:    void Swap(int **a, int **b)
21:    {
22:         int *temp;
23:         temp = *a;
24:         *a = *b;
25:         *b = temp;
26:         printf("함수 안에서 변경 후 **a = %d, **b = %d\n", **a, **b);
27:    }
```

■ 실행결과

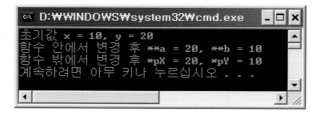

● 14번째 줄을 보면 Swap 함수 호출 시 포인터 변수 pX, pY의 주소값을 넘겨주고 있습니다. 즉, 포인터 변수의 주소값을 말합니다. 이 때 3번째 줄의 Swap 함수의 선언부를 보면 매개변수를 각각 이중 포인터 int **a, int **b로 선언한 것을 확인할 수 있습니다.

상식적으로 생각해보면 주소값의 주소값을 넘겨주고 있으므로, ** 연산자가 쓰이는 것은 논리적으로 타당합니다.

● 20번째 줄에서 Swap 함수의 형식인수를 보면 이중 포인터 형태로 받고 있습니다. 구체적으로 말하자면 이중 포인터 변수 a는 포인터 변수 pX의 주소값을, 이중 포인터 변수 b는 포인터 변수 pY의 주소값을 받게 됩니다.

● 22-25번째 줄까지 *a와 *b 값의 교환이 이루어지고 있습니다. 실질적으로 *a는 포인터 pX를 가리키고, *b는 포인터 pY를 가리키고 있습니다.

● 26번째 줄에서의 값의 결과와 15번째 줄에서의 값의 결과를 비교해 보면 어떤가요? 함수 내에서의 교환이 함수 밖에서도 교환되어 있는 것을 확인할 수 있습니다. 우리가 예상한 결과와 부합한다고 볼 수 있습니다.

코드만 살펴보아서는 설명한 것들이 무슨 뜻인지 머릿속에 구체적으로 개념이 잘 잡히지 않을 것입니다. 예제의 내용을 그림을 통해서 살펴보면 무슨 의미인지 충분히 이해가 갈 것입니다.

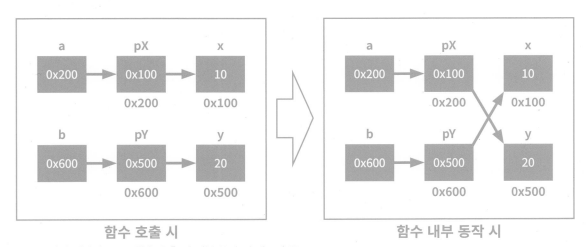

이중 포인터 기반의 Swap 함수 호출 및 내부 동작 시 메모리 구조

포인터 변수 a와 b는 포인터 변수 pX와 pY의 주소값을 가리키고 있는 형태입니다. 한마디로 참조하고 있는 것입니다. 결국 a와 b를 통해서 pX와 pY의 주소값에 접근하여 주소값을 상호간에 교환하였습니다. 주소값을 교환하였다는 의미는 가리키는 곳을 서로 바꾸었다는 의미도 됩니다.

## Char CHAPTER_2 = {"void형 포인터"};

## Unit_1 = ("void형 포인터의 기본 개념");

우리가 알고 있는 void형의 개념은 함수의 리턴값이 없는 경우 자료형을 void형으로 선언하는 정도였습니다. 예를 들면 main 함수의 경우도 리턴할 값이 없으면 자료형을 void형으로 사용할 수 있습니다.

```
void main()
{
}
```

그렇다면 void형도 자료형인가요? 자료형이라면 일반 자료형과 같이 변수를 선언할 수 있을까요? 다음 예제를 빌드해보겠습니다.

■ 예제 : 11장\11-4\11-4.c

```
1:    int main(void)
2:    {
3:        void a;
4:        return 0;
5:    }
```

■ 실행결과

```
error C2182: 'a' : 'void' 형식을 잘못 사용했습니다.
```

3번째 줄의 void a; 문장은 성립하지 않습니다. 우리가 알고 있는 상식선에서 생각해보아도 알 수 있을 것입니다. 왜냐하면 void형이라는 것은 정수형이나 실수형처럼 각각 4바이트나 8바이트와 같이 단위의 크기를 가지고 있는 자료형이 아니다 보니 void형으로 변수 a를 선언 시 컴파일러는 a라는 변수를 메모리 상에서 얼마의 크기로 할당 할지를 알지 못합니다. 만약 int a;라고 선언했다면 a라는 변수는 정수형이므로 메모리 4바이트를 할당받는 명시적인 크기를 갖습니다.

그렇다면 void형 포인터의 다음과 같은 형태의 예제를 한 번 보도록 하겠습니다.

■ 예제 : 11장\11-5\11-5.c

```
1:     int main(void)
2:     {
3:         void* a;
4:         return 0;
5:     }
```

이 예제를 빌드해보면 아무런 오류도 뜨지 않음을 알 수 있습니다. 아마도 우리는 앞에서 void a의 문장 오류에 void* a 문장 또한 오류가 날 것이라는 막연한 예상을 했을 것입니다. 하지만, 두 문장은 겉보기에는 *연산자 하나가 있고 없고의 차이지만, 개념상으로는 큰 차이가 있습니다.
void형 포인터의 경우는 메모리를 저장하기 위한 포인터형입니다. 그러나 정수형, 실수형, 문자형과 같은 자료형이 정해져 있는 포인터가 아니다 보니 가리키는 대상체에 몇 바이트만큼 읽어올 수 있을지는 아직 모르겠지만, 분명한 사실은 주소값을 갖는 포인터형이라는 사실입니다.
그렇다 보니 void *a 문장의 경우는 가리키는 대상체에 대해서 굳이 지금 결정할 필요는 없는 것이고, 포인터 변수의 경우는 어떠한 자료형이든 4바이트만큼 할당되므로 포인터 변수 a의 경우는 4바이트만큼의 메모리가 할당됩니다. 절대 헷갈리면 안 됩니다.
a가 할당 받은 4바이트는 포인터 주소값을 저장하기 위한 메모리인거고, 여기서 말하는 void의 의미는 포인터 변수 a가 가리키는 대상체에 대한 자료형을 나타내는 것입니다. 즉, void이므로 아직 정해지지 않았다는 의미입니다. 어떠한 대상체든 올 수 있습니다.


## Unit_2 = ("void형 포인터의 사용 형태");

다음의 예제를 통해 void*형에 임의의 대상체를 대입하고 출력해보겠습니다.

```
1:    #include <stdio.h>
2:
3:    int main(void)
4:    {
5:        void *a;
6:        int b = 1234;
7:
8:        a = &b;
9:        printf("%d\n", *a);
10:
11:        return 0;
12:    }
```

■ 실행결과

**error C2100: 간접 참조가 잘못되었습니다.**

자, 이 예제를 실행해보면 컴파일 에러가 발생합니다. 문제가 발생하는 이유는 무엇일까요?
void형 포인터인 a가 정수형 변수 b의 주소값을 받고 있습니다. 그렇다면 변수 a는 마치 자신이 정
수형이 되었을 거라는 착각을 할 수 있는데, 실상은 정수형 변수 b의 주소값만 넘겨받았을 뿐이지
변수 a는 이 주소값만 가지고는 정수형인지 문자형인지 알 수가 없습니다. 그렇다 보니 *a를 출력
하게 되면 a의 입장에서는 몇 바이트의 메모리만큼을 읽어 들여야 할지 알 수가 없는 것이지요.

이 문제를 해결한 다음 예제를 살펴보겠습니다.

■ 예제 : 11장\11-7\11-7.c

```
1:    #include <stdio.h>
2:
3:    int main(void)
4:    {
5:        void *a;
6:        int b = 1234;
7:
```

```
8:          a = &b;
9:          printf("%d\n", *(int*)a);
10:
11:         return 0;
12:     }
```

■ 실행결과

앞의 예제와 차이점이라면 *a 출력 시 *(int*)a로 변경하였다는 점입니다. 언뜻 보면 매우 복잡해 보이지만, 설명을 들어보면 저렇게 표현한 것이 당연하다고 느껴질 것입니다.

앞의 예제에서의 문제점은 무엇이었나요? 그렇습니다. void형 포인터 변수 a가 가리키고 있는 변수에 대한 자료형을 알 수 없었으므로 변수의 값 참조 시 얼만큼의 메모리를 할당할지를 알 수 없었던 문제였습니다.

문제의 해결 방법은 먼저 포인터형 변수 a의 자료형을 형변환하는 것입니다. 참조하는 변수 b가 정수형이므로 같은 정수형으로 맞추어주되 포인터형이므로 형변환할 자료형은 int*로 합니다. 그리고, 우리는 a가 가리키고 있는 변수의 값을 참조하고자 하는 것이므로 변수명 앞에 * 연산자를 붙이면 변수의 값을 참조할 수 있습니다.

과제 11-1                                                          해설 376p

> void형 포인터 변수와 double형의 변수를 각각 선언하고, double형 변수를 void형 포인터 변수가
> 가리키게 한다. 그리고 void형 포인터 변수를 통해서 가리키고 있는 변수를 화면에 출력하도록 하자.
>
> 선언 예)
> void *a;
> double b = 3.14;

void형 포인터는 증감 연산자를 사용할 수도 있는데, 반드시 형변환을 하여 사용해야만 가능합니다. 다음은 포인터 주소에 1을 증가 시킨 후 이동한 포인터 주소가 참조하고 있는 값을 출력하는 예제입니다. 이 예제도 마찬가지로 void형 포인터이므로 참조하고자 하는 자료형의 크기를 알 수 없

다는 문제가 있습니다. 예제상에서 어떻게 이 문제를 풀어나가는지 살펴보겠습니다.

## ■ 예제 : 11장\11-8\11-8.c

```
1:     #include <stdio.h>
2:
3:     int main(void)
4:     {
5:         int arr[] = {1,2,3};
6:         void *pA;
7:
8:         pA = arr;
9:         pA = (int*)pA + 1;
10:
11:        printf("이동한 *pA의 출력 : %d\n", *(int*)pA);
12:
13:        return 0;
14:     }
```

## ■ 실행결과

● 5번째 줄은 주소값 이동을 보기 위해서 배열 arr을 선언하였습니다. 배열 arr은 최초 1의 값을 가리키고 주소값의 이동에 따라 2, 3을 가리키게 됩니다. 정수형 배열이므로 주소값이 1씩 이동할 때마다 메모리는 4바이트씩 이동합니다.

● 9번째 줄의 코드가 이 예제의 핵심입니다. pA라는 void형 포인터는 arr이라는 배열이 주소값을 가지고 있습니다. 말 그대로 주소값만 가지고 있으므로 그에 대한 자료형이 정수형이라는 것은 알지 못합니다. 그런데, pA의 주소에 +1을 하였습니다. 이 의미인 즉슨, pA의 주소값을 한 단위 이동시키겠다는 뜻인데, 주소값에 1을 더한다는 의미는 1바이트가 증가한다는 의미가 아니라 포인터 변수가 가리키는 자료형의 단위만큼 이동한다는 의미입니다.

그러나 pA만으로는 가리키고 있는 변수의 자료형을 알지 못하므로 명시적으로 (int*) 형변환을 한 후 +1의 연산을 수행하고 있습니다. 결국, 정수형이므로 pA의 주소값 기준으로 메모리상에 4바이트만큼 이동 후 다시 pA가 가리키게 됩니다.

● 11번째 줄에서 이동한 pA를 이용하여 pA가 현재 가리키고 있는 변수의 값을 출력하고 있습니다.

# Char CHAPTER_3 = {"함수 포인터"};

함수라는 것도 엄밀하게 생각해보면 포인터임을 알 수 있습니다. 자, 우리가 지금껏 무심코 사용해 왔던 함수의 구조를 생각해보겠습니다. 함수는 크게 선언, 정의, 호출로 나눌 수 있는데 우리가 함수를 호출한다는 의미는 말 그대로 함수가 정의되어 있는 메모리 주소를 찾아서 호출한다는 의미입니다. 즉, 함수의 내용은 내가 호출하고자 하는 코드의 위치에 있는 것이 아니라, 어딘가에 정의되어 있고, 필요할 때 그 위치를 참조(함수의 호출)하는 것입니다.

## Unit_1 = ("함수 포인터의 선언");
함수 포인터의 선언 방법은 다음과 같습니다.

---

### 자료형(*함수 포인터 이름)(인자 목록)

---

일반 자료형 기반의 포인터 변수를 선언할 때 변수명 앞에 *만 붙여주면 포인터 변수가 되었습니다. 마찬가지로 함수 포인터의 경우에도 함수명 앞에 *만 붙여준 형태라고 생각하면 이해하기 편합니다. 예를 들어 정수형 인자 1개를 갖는 리턴형이 정수형인 함수 포인터를 선언한다고 해보겠습니다. 다음과 같이 선언할 수 있습니다.

---

```
Int (*func)(int a);
```

---

정수형 인자 a를 갖고 정수형 리턴형을 갖습니다. 일반 함수의 선언과 차이점이라고 한다면 함수명을 사이로 괄호()와 함께 함수명 앞에 *연산자가 붙는다는 것입니다. 즉, 함수 자체를 포인터의 형태로 사용하겠다는 의미입니다.

## Unit_2 = ("함수 포인터의 활용");

함수 포인터도 포인터이므로 주소값을 저장하게 됩니다. 그러면 어떻게 주소값을 저장할 수 있을까요? 선언한 함수 포인터의 우변에 함수명을 대입하면 함수 포인터는 해당 함수의 주소값을 갖게 되고 그 함수를 참조하게 됩니다.

다음은 함수 포인터를 활용한 예제입니다. 함수 포인터의 특징을 잘 살린 예제이므로 작성하면서 꼼꼼하게 살펴보도록 하겠습니다.

### ■ 예제 : 11장\11-9\11-9.c

```
1:      #include <stdio.h>
2:
3:      int Add(int a, int b);
4:      int Min(int a, int b);
5:
6:      int main(void)
7:      {
8:          int a, b, sel, result;
9:          int (*fPtr)(int a, int b);
10:
11:         while(1)
12:         {
13:             printf("다음 중 선택하시오 (1.덧셈 2.뺄셈 3.종료) :");
14:             scanf("%d", &sel);
15:
16:             switch(sel)
17:             {
18:             case 1:
19:                 fPtr = Add;
20:                 break;
21:             case 2:
22:                 fPtr = Min;
23:                 break;
24:             case 3:
25:                 return 0;
26:             default:
27:                 break;
```

```
28:             }
29:
30:             printf("두 정수를 입력하시오 :");
31:             scanf("%d %d", &a, &b);
32:             result = fPtr(a, b);
33:             printf("결과 : %d\n", result);
34:         }
35:
36:     return 0;
37: }
38: int Add(int a, int b)
39: {
40:     return a + b;
41: }
42: int Min(int a, int b)
43: {
44:     return a - b;
45: }
```

■ 실행결과

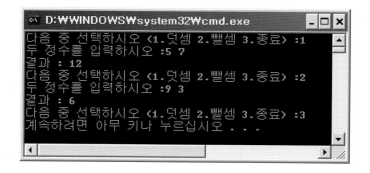

● 이 예제는 Add와 Min이라는 두 함수를 함수 포인터를 통해서 동적으로 호출할 수 있도록 하였습니다.

● 3-4번째 줄은 Add와 Min이라는 두 개의 함수를 선언하였습니다. 두 함수 모두 두 개의 정수형 매개변수를 갖고, 정수형의 리턴값을 갖습니다. Add 함수는 입력한 두 매개변수의 합을 리턴하고, Min 함수는 입력한 두 매개변수의 차를 리턴합니다.

● 9번째 줄은 fPtr이라는 이름으로 함수 포인터를 선언하였습니다. Add와 Min 함수를 참조하기 위해서 두 개의 정수형 매개변수를 갖습니다.

● 11-34번째 줄까지는 반복문을 통해 반복적으로 사용자로부터 데이터를 입력받고, 해당 입력에 따라 함수 포인터에 입력되는 함수가 달라집니다.

● 19번째 줄은 사용자로부터 1의 값을 입력받았을 때, 함수 Add를 함수 포인터 fPtr에 대입하고 있습니다. 즉, 현재의 함수 포인터는 Add 함수의 주소값을 가지고 있으므로, Add 함수를 수행하게 됩니다. break문을 만나 switch-case문을 빠져 나갑니다.

● 32번째 줄에서는 사용자로부터 입력받은 두 정수의 값을 실인수로 입력하여 fPtr 함수 포인터를 호출하고 있습니다. fPtr 함수 포인터는 현재 Add 함수의 주소값을 가리키고 있으므로 Add 함수를 호출하는 효과와 똑같습니다. 함수의 리턴값은 result 변수로 리턴합니다.

● 33번째 줄에서는 결과값 result를 출력하고, 다시 11번째 줄인 while문으로 돌아갑니다. 그리고 실행 메뉴부터 다시 사용자로부터 입력받습니다. 이번에는 2번을 입력받아 Min이라는 함수가 함수 포인터 fPtr에 대입되도록 합니다. 이후의 수행은 앞에서 했던 수행 흐름의 반복이므로 설명은 생략하도록 하겠습니다.


## Unit_3 = ("함수 포인터의 사용 이유");

'함수 포인터가 이렇다'라는 것은 대충 파악이 되었습니다. 그런데, 도대체 함수 포인터라는 놈을 굳이 쓸 필요가 있을까요? 그냥 직접 함수를 호출하면 되지 굳이 이렇게 복잡하게 사용할 필요가 있는가 하는 의문이 들 수 있습니다.

일반적으로 우리가 코드를 컴파일하게 되면, 코드의 변수와 함수들은 컴파일 타임에 메모리의 크기와 위치가 결정됩니다. 메모리 위치(주소)는 이 때 정해지기 때문에 함수의 경우 함수 호출 시 매번 같은 주소를 참조하게 됩니다. 우리는 이를 정적 바인딩이라고 합니다. 그런데 이와 반대로 컴파일 타임이 아닌 프로그램이 실행 시 메모리가 할당되는 경우가 있습니다. 이러한 경우를 런타임이라고 하고, 이를 동적 바인딩이라고 합니다.

사실, 지금 말하고 있는 컴파일 타임, 런타임, 정적 바인딩, 동적 바인딩에 대한 용어 자체는 잘 몰라도 됩니다. 다만, 필자가 설명하고 싶은 것은 프로그램이 실행되기 전에 이미 메모리 공간을 잡고 시작하는 경우가 있는 반면, 프로그래밍이 실행된 후에 상황에 따라 메모리를 할당하는 경우도 있다는 것입니다.

가장 대표적인 예로 이클립스와 같은 저작도구에서 많이 사용하는 플러그인과 같은 경우가 이에 해당됩니다. 플러그인의 모듈만 설치하면 플러그인을 호출하는 프로그램을 다시 컴파일할 필요가 없습니다. 왜냐하면 호출하는 함수를 함수 포인터를 이용하여 동적 바인딩을 하기 때문입니다. 즉, 실행 시 해당 플러그인 모듈을 열어서 호출하고자 하는 함수를 함수 포인터를 통해 동적으로 호출하는 것입니다.

만약, 함수 포인터를 사용하지 않았다면, 플러그인에 새로운 함수가 추가될 때마다 매번 프로그램을 다시 컴파일해야 하는 비효율적인 상황이 발생합니다. 결국, 함수 포인터를 사용하는 이유는 프로그램의 확장성과 유용성을 위함이라고 볼 수 있습니다.

// 번외_ 잠시 쉬어가기

물음표에 들어갈 숫자는?

$$5 + 3 = 28$$
$$9 + 1 = 810$$
$$8 + 6 = 214$$
$$5 + 4 = 19$$
$$7 + 3 = ?$$

NULL 포인터란 아무것도 가리키지 않는 포인터를 말합니다. 포인터 변수에 주소값이 저장이 되면 해당 주소값을 가리킨다고 표현하였습니다. 그렇다면 아무것도 가리키지 않는다는 의미는 무엇일까요? 포인터 변수에 아무런 주소값도 저장되어 있지 않다는 뜻입니다. 그래서 포인터 변수에 주소값 대신 0을 넣으면 이것을 아무것도 가리키지 않는다고 간주하고 NULL 포인터라고 명명합니다. 포인터를 리턴하는 대부분의 함수는 에러가 발생하면 NULL값을 리턴합니다. 즉, NULL은 아무것도 가리키지 않는다는 의미를 가지고 있지만, 실전에서는 함수의 동작 에러 체크 용도로 주로 사용되고 있습니다. 함수를 호출할 때 리턴값이 NULL인지 아닌지 항상 체크를 하고 NULL로 간주되면 에러로 해석하여 그에 따른 적절한 처리를 할 필요가 있습니다. NULL을 통해 에러를 체크하는 형태는 다음과 같습니다.

```c
char *p = Func();
if(p == NULL)
{
        //에러 처리
}
else
{
        //수행 처리
}
```

Func라는 함수의 리턴값 p가 NULL인지 아닌지 체크를 하는데, NULL이면 에러를 처리하는 구문을 타게 되고, 에러가 아닌 경우는 하고자 하는 일을 수행 처리하면 됩니다.

만약 이러한 NULL 체크를 하지 않는다면 Func 함수에서 에러로 인해 NULL을 리턴했을 때 리턴 받은 포인터 p는 NULL(0번지를 가리키고 있다)값을 가지고 있으므로 이후 수행 처리 시 포인터 변수 p를 사용하게 되면 치명적인 메모리 오류가 발생합니다.

그러므로, 포인터를 리턴하는 함수의 경우는 반드시 NULL 체크를 해주는 것이 중요합니다.

___ // 잠깐 알아두세요 ___

**0번지에 관하여**
포인터 변수에 0이 들어가면 아무것도 가리키지 않는다고 통상 그렇게 말하지만, 엄밀하게 따지면 0번지를 가리킨다 라고도 할 수 있습니다. 사실상, 0번지는 시스템 영역이므로 우리가 접근할 수 없는 영역입니다. 그러므로, 이 영역을 접근하려고 하면 오류가 발생합니다.

다음은 포인터를 리턴하는 함수를 안전하게 NULL 체크 해주는 예제입니다.

■ 예제 : 11장\11-10\11-10.c

```
1:     #include <stdio.h>
2:     #include <string.h>
3:
4:     int main(void)
5:     {
6:         char str[] = "Love";
7:         char *p;
8:
9:         p = strchr(str, 'v');
10:
11:        if(p != NULL)
12:        {
13:            *p = 'b';
14:            printf("변경 결과 : %s\n", str);
15:        }
16:        else
17:        {
18:            printf("NULL을 리턴하였습니다.\n");
19:        }
20:
21:        return 0;
22:    }
```

● 6번째 줄은 배열 str을 선언과 동시에 "Love"라는 초기값을 할당하였습니다.

● 7번째 줄은 함수의 리턴값을 받을 포인터 변수 p를 선언하였습니다.

● 9번째 줄은 strchr라는 문자열 표준 함수를 사용하고 있는데, 첫 번째 전달인자인 문자열 str에서, 두 번째 전달인자인 문자 'v'를 검색하여, 그 위치 주소값을 리턴하고 있습니다. 리턴받은 값은 포인터 변수 p에 저장됩니다.

● 11번째 줄은 포인터 변수 p의 값을 NULL 체크하고 있는데, p가 NULL이 아니면, 즉, 문자열에서 'v'라는 문자를 찾았다면, 그 위치의 값을 'b'로 변경하고, p가 NULL이면 else문 이하로 가서 "NULL을 리턴하였습니다."라는 메시지를 출력하고 프로그램을 종료합니다.

만약 NULL을 점검하지 않은 채로 *p를 'b'로 변경하려 했다면, 만약 'v'라는 문자가 문자열 상에 존재하지 않았을 때 잘못된 포인터 접근으로 이해 메모리 관련 오류를 발생시키게 됩니다.

= {"**Part_11 과제 정답 및 해설**"};

■ 과제 11-1

```
1:    #include <stdio.h>
2:
3:    int main(void)
4:    {
5:        void *a;
6:        double b = 3.14;
7:
8:        a = &b;
9:        printf("%lf\n", *(double*)a);
10:
11:       return 0;
12:   }
```

● 이 예제는 void형 포인터 변수를 여러 형태의 자료형으로 형변환하여 사용할 수 있는지 확인하고자 함입니다.

● 9번째 줄에서 void형 포인터 변수 a를 출력 시 출력하고자 하는 변수의 자료형이 double 형이므로 double*로 형변환 하였습니다.

# MEMO

```
1:    #include <stdio.h>
2:    #include <string.h>
3:
4:    int main(void)
5:    {
6:        char str1[10] = "Beautiful";
7:
8:        strcpy(str1, "dirty");
9:        puts(str1);
10:
11:        return 0;
12:   }
```

// strcpy 함수란

strcpy(문자열 변수, "문자 내용";

문자 내용을 문자열 변수에 넣는다.

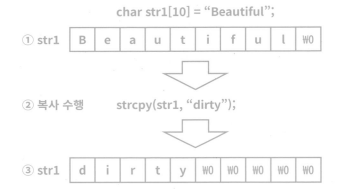

char str1[10] = "Beautiful";

① str1 | B | e | a | u | t | i | f | u | l | W0

② 복사 수행     strcpy(str1, "dirty");

③ str1 | d | i | r | t | y | W0 | W0 | W0 | W0 | W0

strcpy 함수를 사용하여 새로운 문자열인 " dirty " 를 str1에 복사합니다.
메모리 구조를 보면 복사가 메모리의 처음 위치부터 적용이 되므로 기존에 입력된
" Beautiful " 의 내용은 사라지고, 새로운 문자열인 " dirty " 로 각 메모리 영역에
채워집니다.

문자열 입출력 함수들, 제어 함수들,
그 밖에 문자열 관련 여러 함수들에 대해
학습합니다.

# #PART_12. <글자들의 모임. 문자열>

## int main(void)

컴퓨터가 인식할 수 있는 가장 기본 단위는 숫자입니다. 엄밀하게 말하면 이진수의 기계어만을 인식할 수 있습니다. 반면 인간이 소통하고 이해하기 편한 단위는 문자입니다. 물론 숫자는 셈을 할 때 사용하지만, 기본적인 소통은 문자를 사용합니다. 우리가 컴퓨터와 대화하기 위해 기계어를 배워서 대화할 수는 없는 노릇이고, 그렇다고 반대로 컴퓨터에게 우리말을 한다고 해서 알아먹을 수도 없습니다. 그래서 우리는 그 중간 매개체인 프로그래밍 언어를 배우고 사용하는데 이 때 문자열을 사용하지 않을 수 없습니다. 문자열은 컴퓨터보다는 인간이 보기 편하라고 사용하는 것이기 때문에 C언어에서는 기본 자료형처럼 +, -, *, /와 같은 기본 연산 자체가 지원되지 않습니다. 기본 연산에서 지원 안한다고 기능 자체를 지원하지 않으면 매우 불편합니다. C언어에서는 문자열을 입출력하고 제어할 수 있는 표준 함수들이 제공되는데 이번 시간에 이 함수들에 대해 알아보도록 하겠습니다.

## Char CHAPTER_1 = {"**문자열 입출력함수**"};

## Unit_1 = ("**문자열 출력 함수** ");

문자열을 출력하는데 제공되는 문자열 출력 전용 함수가 있습니다. 바로 puts 함수와 fputs 함수입니다. 물론 우리가 익히 알고 있는 printf 함수에 서식 문자를 사용하면 문자열도 출력이 가능합니다. 하지만, printf 함수는 모든 서식을 다 지원하는 함수이므로 함수 자체가 무겁습니다. 반면 문자열 출력 함수는 문자열만 출력하는 전용 함수이므로 비교적 가볍습니다. 그러므로, 문자열을 출력 시에는 가급적 문자열 출력 함수를 사용하는 것이 좋습니다.

### ■ 문자열 출력 함수의 원형
다음은 문자열 출력 함수의 원형입니다.

```
int     puts(const char* s);
int     fputs(const char* s, FILE* stream);
```

● puts 함수는 문자열을 표준 출력 스트림(stdout)으로 출력하는 함수입니다. 전달 인자 s는 문자열을 가리키는 포인터이며, 이 함수를 수행하면 문자열이 표준 출력 스트림을 통해 문자열이 출력됩니다.

● fputs 함수는 puts와 동일한 기능을 갖습니다. 차이가 있다면 함수명 앞에 f가 붙어 있습니다. 이는 file의 약자입니다. 즉, fputs 함수는 문자열을 표준 출력 스트림(stdout) 뿐만 아니라 파일과 같은 다른 출력 스트림을 선택할 수 있습니다. 첫 번째 전달 인자 s는 문자열을 가리키는 포인터이고, 두 번째 전달 인자는 출력할 스트림을 지정합니다.

● puts 함수와 fputs 함수의 또 다른 차이는 puts 함수의 경우 출력한 다음 자동으로 줄바꿈을 해주지만, fputs 함수는 자동으로 줄바꿈을 하지 않습니다.

문자열 출력 함수 puts와 fputs에 대한 간단한 예제를 통해 사용법을 알아보겠습니다.

■ 예제 : 12장\12-1\12-1.c

```
1:      #include<stdio.h>
2:
3:      int main(void)
4:      {
5:          char str[] = "Have a nice day";
6:
7:          puts(str);
8:
9:          fputs(str, stdout);
10:         fputs("₩n", stdout);
11:
12:         return 0;
13:     }
```

■ 실행결과

● 7번째 줄에서 문자열 출력 함수인 puts 함수를 통해 문자열을 출력하고 있습니다. 이 때 문자열 출력 후 별도의 개행 문자를 쓰지 않았음에도 불구하고, 한 줄 개행된 것을 볼 수 있습니다.

● 9번째 줄에서는 fputs 함수의 두 번째 인수가 stdout, 즉, 표준 출력 스트림으로 지정되어 있는 것을 볼 수 있습니다. 즉, 첫 번째 인수에 전달된 문자열을 표준 출력 스트림(stdout)을 통해서 출력하라는 의미입니다.

● fputs 함수는 문자열 출력 후 자동 개행되지 않으므로 10번째 줄에서 별도의 개행 문자("₩n")를 표준 출력 스트림(stdout)을 통해 출력하였음을 볼 수 있습니다.

# Unit_2 = ("문자열 입력 함수");

문자열을 입력받을 때 전용으로 사용하는 함수가 제공되는데 바로 gets 함수와 fgets 함수입니다. 물론 사용자로부터 입력받는 함수로는 대표적으로 scanf 함수가 있습니다. 물론 문자열 또한 scanf 함수로 입력받을 수 있지만, scanf 함수는 여러 가지 서식을 모두 지원하기 때문에 함수 자체가 무겁습니다. 반면, 문자열 입력을 전용으로 하는 함수의 경우는 문자열만 입력을 지원하기 때문에 비교적 가볍다고 할 수 있습니다.

## ■ 문자열 입력 함수의 원형

다음은 문자열 입력 함수의 원형입니다.

```
char* gets( char* s);
char* fgets(char* s, int n, FILE* stream);
```

● 먼저 gets 함수를 보겠습니다. gets 함수는 문자열을 입력받는 함수입니다. 먼저 문자열을 입력받을 충분한 메모리 공간을 확보하기 위해 배열로 선언을 하고, 함수의 첫 번째 전달 인자에 배열의 시작 주소(배열의 이름)를 입력하게 되면, 표준 입력 스트림(키보드)로부터 데이터를 입력받을 수 있습니다.

● 다음은 fgets 함수를 보겠습니다. gets 함수와 동일한 기능을 하되, 차이가 있다면, 이 함수는 두 번째 전달 인자 n과 세 번째 전달 인자 stream이 추가되어 있다는 것입니다. n은 입력받을 수 있는 최대 문자열의 길이를 나타냅니다. 그러므로 문자열을 입력받을 배열의 길이를 인자로 전달함으로써, 그 이상의 문자를 읽어들이는 일은 발생하지 않습니다. stream의 경우는 입력받을 스트림을 지정하기 위해 사용합니다.

● 생각해보면 gets 함수는 헛점이 하나 있습니다. 표준 입력 스트림을 통해 입력되는 문자열이 정해져 있는 데이터가 아니기 때문에 어떠한 크기의 문자열이 들어 올지 알 수 없습니다. 그러므로 gets 함수를 통해 입력받은 문자열이 미리 할당한 메모리 공간인 배열의 크기보다 크게 되면 메모리 오버플로우의 문제가 발생합니다. gets 함수는 이러한 잠재적인 문제를 가지고 있으므로 가급적 이 함수의 사용은 자제해야 합니다.

문자열 입력 함수 gets와 fgets에 대한 간단한 예제를 통해 사용법을 알아보겠습니다.

```
1:    #include<stdio.h>
2:
3:    int main(void)
4:    {
5:         char str[10];
6:
7:         fputs("gets 문자열 입력 : ", stdout);
8:         gets(str);
9:         puts(str);
10:
11:        fputs("fgets 문자열 입력 : ", stdout);
12:        fgets(str, sizeof(str), stdin);
13:        puts(str);
14:        return 0;
15:   }
```

■ 실행결과

– gets 함수를 통해 문자열 입력 시 배열의 범위(10바이트)를 넘긴 경우

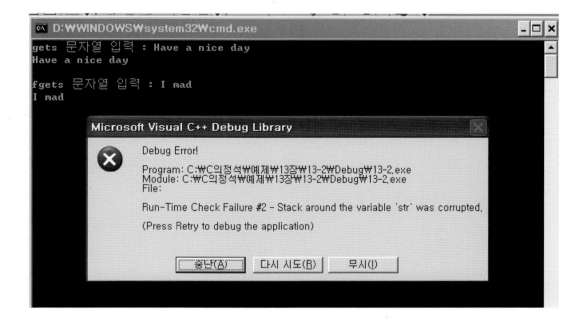

– gets 함수를 통해 문자열 입력 시 배열의 범위(10바이트)를 안 넘긴 경우

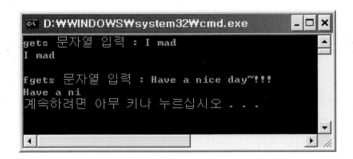

● 첫 번째 실행 결과를 보면 gets 함수를 사용 시 크기를 10으로 할당한 배열의 크기보다 입력을 더 많이 하였을 경우입니다. 앞서도 말했듯이 gets 함수는 데이터 입력에 대한 메모리 오버플로우의 발생 문제를 안고 있다고 하였습니다. 그러므로 결과에서 보듯이 메모리 오버플로우에 대한 오류가 발생합니다.

● 두 번째 실행 결과를 보면 gets 함수를 사용 시 배열의 할당 크기보다 입력을 작게 하였을 경우인데, gets는 사용자가 메모리 오버플로우를 인위적으로 피했다 치는데, fgets의 함수의 경우는 12번째 줄처럼 sizeof 연산자를 이용하여 입력한 문자열의 크기를 구하여 입력 문자의 제한을 할 수 있습니다. 그러므로 fgets 함수의 사용은 메모리 오버플로우와 같은 문제를 발생시키지 않습니다.

# Char CHAPTER_2 = {"문자열 제어 함수들"};

C언어의 문자열은 기본 자료형에 포함되지 않습니다. 그러므로, 우리가 기본 자료형에서 사용하는 +, −, *, /, == 등의 연산을 문자열에서는 사용할 수 없습니다. 예를 들면, 다음과 같이 문자형 배열 선언 후 문자열 상수를 대입하게 되면 오류가 발생합니다.

```
char str1[10];
str1 = " Beautiful ";
```

이러한 경우 문자형 배열 str1을 선언과 동시에 초기화를 해주었다면 대입이 가능합니다. 그러나 위의 경우는 이미 str1의 10개 메모리 공간은 선언과 동시에 쓰레기 값으로 채워진 상태이고, 새로운 문자열을 str1에 마치 기본 자료형을 대입하듯이 = 연산자를 사용하여 대입하려 하였으므로 문제가 발생한 것입니다. 그렇다면 이러한 경우 문자열을 어떻게 제어할까요?

C언어에서는 문자열 제어 함수들을 제공함으로써 문자열 제어를 지원하고 있습니다. 방금 우리가 살펴본 상황은 문자열 대입에 관해서만 보았지만, 문자열 검색, 연결, 비교 등을 할 수 있는 다양한 문자열 함수들을 제공합니다. 문자열 제어 함수들을 사용하기 위해서는 string.h를 추가해 주어야 합니다. 문자열 제어 함수 대부분이 이 헤더 파일에 정의되어 있기 때문입니다.

## Unit_1 = ("문자열 길이");

먼저, 문자열 길이를 구하는 함수에 대해 알아볼 것인데, 앞으로 우리가 문자열을 다루면서 문자열의 길이 정보를 알아야 할 경우가 많이 생깁니다. 이 때 지금 배울 문자열 길이 함수를 사용하여 정보를 얻으면 됩니다.

■ 문자열 길이 함수의 원형

다음은 문자열 길이 함수의 원형입니다.

size_t strlen( const char* str);

● 전달 인자 str은 우리가 구하고자 하는 문자열입니다. 문자열의 길이는 문자열의 시작부터 널 문자('₩0') 직전까지의 문자의 개수를 셉니다. 즉, 널 문자는 포함하지 않습니다.

● 문자열의 길이를 문자열의 크기로 착각하여 생각하는 경우가 있는데, 문자열의 크기를 구하는 경우에는 sizeof 연산자를 사용하면 됩니다.

간단한 예제를 통해 strlen 함수의 활용 방법을 알아보도록 하겠습니다.

■ 예제 : 12장\12-3\12-3.c

```c
1:    #include<stdio.h>
2:    #include<string.h>
3:
4:    int main(void)
5:    {
6:        char str[100] = "Have a nice day";
7:        int len = 0;
8:
9:        len = strlen(str);
10:
11:       printf("문자열의 길이는 %d 입니다.₩n", len);
12:
13:       return 0;
14:   }
```

■ 실행결과

● 6번째 줄 배열 str은 100 바이트의 메모리를 할당하고, 16바이트의 문자열 "Have a nice day"를 대입하고 있습니다.

● 9번째 줄에서 strlen 함수를 통해 str의 문자열 길이를 구합니다. 잘못 이해하면 배열 str의 할당 크기가 100 바이트이므로 문자열 길이도 100이 나오지 않을까 착각할 수 있는데, 실행 결과를 보면 15가 나오는 것을 확인할 수 있습니다. 15라는 결과는 문자열의 끝인 널 문자를 제외한 순수 문자의 개수입니다.

## Unit_2 = ("문자열 복사");

이번에는 문자열 복사하는 함수에 대해 알아보도록 하겠습니다.

### ■ 문자열 복사 함수의 원형

다음은 문자열 복사 함수의 원형입니다.

```
char* strcpy(char* dest, const char* src);
char* strncpy(char* dest, const char* src, size_t count);
```

● 이 함수는 새로운 문자열 src를 dest에 복사하는 함수입니다. 우리가 앞서 보았던 대입 연산자 '='와 같은 기능으로, 문자열은 기본 연산자가 아니므로 대입 연산자를 사용하였을 때 오류가 발생하는 것을 확인한 바 있습니다. 우리가 대입 연산자를 사용할 때 우변을 좌변으로 대입하듯이 이 함수 또한 src의 문자열을 dest로 대입하는 역할을 합니다.

● dest에 문자열 src를 복사하고자 할 때, 내가 복사하고자 하는 문자열 개수를 지정할 수 있습니다. 바로 strncpy 함수의 세 번째 인수인 count입니다. 문자열 src의 전체를 dest에 복사하는 것이 아니라, src의 문자열을 지정한 count의 개수만큼 dest에 복사합니다.

● 우리는 strcpy 함수를 "스트링 카피"라고 읽습니다. 그리고 strncpy 함수는 "스트링 앤 카피"라고 읽습니다. 함수 이름 자체가 명시적이여서 숙지하기도 용이합니다.

다음의 상황을 보도록 하겠습니다.

① char str1[10] = "Beautiful";
   str1 = "dirty";

② char str1[10] = "Beautiful";
   strcpy(str1, "dirty");

문자열 복사의 예

우리는 앞서 ①번과 같은 상황을 경험한 적이 있습니다. 문자형 배열 str1은 선언과 동시에 초기화하고 있습니다. 여기까지는 문제없습니다. 문제는 str1에 "dirty"라는 문자열을 대입하되, 대입 연산자 '='를 통해서 대입하려고 하고 있습니다. 이는 오류를 발생시킵니다. 이러한 경우를 위해서 문자열 복사 함수가 필요합니다.

②번의 경우를 보겠습니다. ①과 마찬가지로 str1을 선언과 동시에 초기화하였습니다. 그런데, str1에 "dirty"라는 문자열 대입 시 대입 연산자를 사용하지 않고, strcpy 문자열 복사 함수를 사용하였습니다. 이 경우 str1에 문자열 "dirty"가 문제없이 복사가 됩니다. 문자열이 복사되는 과정을 메모리 구조를 통해 살펴보겠습니다.

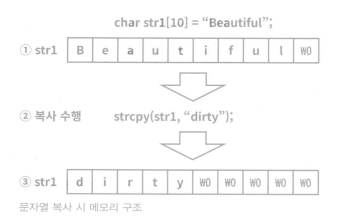

문자열 복사 시 메모리 구조

문자형 변수 str1의 경우 총 10 바이트의 메모리를 할당 받은 후 "Beautiful"이라는 문자열로 각 메모리가 채워져 있고, 마지막에는 문자열의 끝을 나타내는 널('\0') 문자가 있습니다. 이 때, strcpy 함수를 사용하여 새로운 문자열인 "dirty"를 str1에 복사합니다. 메모리 구조를 보면 복사가 메모리의 처음 위치부터 적용이 되므로 기존에 입력된 "Beautiful"의 내용은 사라지고, 새로운 문자열인 "dirty"로 각 메모리 영역에 채워집니다. 그리고 str1은 10 바이트의 메모리를 차지하고 있으나 문자열 "dirty"는 총 6바이트만 필요하므로 나머지 남는 메모리는 널('\0') 값으로 채워집니다.

간단한 예제를 통해 strcpy 함수의 실제 활용 방법을 알아보도록 하겠습니다.

■ 예제 : 12장\12-4\12-4.c

```
1:    #include <stdio.h>
2:    #include <string.h>
3:
4:    int main(void)
```

```
5:    {
6:        char str1[10] = "Beautiful";
7:
8:        strcpy(str1, "dirty");
9:        puts(str1);
10:
11:       return 0;
12:   }
```

■ 실행결과

이번에는 이미 초기화된 문자형 변수(str1)를 새로운 문자형 변수(str2)에 복사하는 경우를 살펴보도록 하겠습니다.

■ 예제 : 12장\12-5\12-5.c

```
1:    #include<stdio.h>
2:    #include<string.h>
3:
4:    int main(void)
5:    {
6:        char str1[] = "CProgramming";
7:        char str2[20];
8:
9:        strcpy(str2, str1);
10:       puts(str2);
11:
12:       return 0;
13:   }
```

■ 실행결과

● 이 경우 str1의 모든 문자열들이 널('₩0') 문자열을 포함하여 그대로 복사됩니다. 결국 str1과 str2의 내용은 같아집니다.

● strcpy 함수의 전달 인자로 주어진 각 배열은 배열의 끝을 체크하지 않으므로 배열의 크기를 알수 없습니다. 그러므로 문자열이 복사될 dest는 복사할 소스인 src의 문자열이 복사될 수 있도록 충분한 크기를 갖도록 해야 합니다. 물론 널 종료 문자열도 dest 배열 크기를 고려해야 합니다.

이번에는 dest의 배열 크기가 복사될 때 공간이 부족한 경우를 보도록 하겠습니다.

■ 예제 : 12장\12-6\12-6.c

```c
1:    #include<stdio.h>
2:    #include<string.h>
3:
4:    int main(void)
5:    {
6:        char str1[5];
7:
8:        strcpy(str1, "Beautiful");
9:        puts(str1);
10:
11:        return 0;
12:    }
```

■ 실행결과

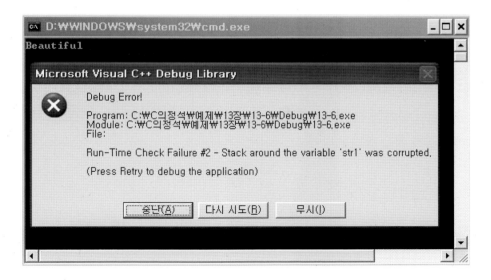

● 배열의 할당 공간이 부족하여 빌드 오류가 날 것으로 예상 했지만, 빌드도 잘 되고, 실행하면 문자열도 잘 출력됩니다. 물론 메모리의 부족으로 인해 "Stack around the variable 'str1' was corrupted"이라는 오류 메시지 창이 나타납니다. 이론적인 예상 결과는 "Beau"까지만 출력을 예상했었습니다. 그런데 문자열이 str1에 저장되어 온전하게 출력되는 이유는 부족한 메모리 공간을 str1의 메모리에 인접한 변수의 메모리를 침범하여 사용하였기 때문입니다.

● str1은 5바이트의 메모리 공간을 할당하고 있는데, "Beautiful" 문자열을 대입하기에는 5바이트가 부족합니다. 그래도 str1에 복사를 하되, str1이 할당한 인접 메모리를 침범하여 문자열을 복사하게 됩니다.

이것은 컴파일러에서 오류로 잡지 않았다 하더라도 엄연히 잠재적인 오류이며, 침범한 메모리가 프로그램 또는 시스템의 중요한 역할을 하는 메모리였다면 매우 심각한 문제를 야기할 수 있습니다. 다음 그림을 통해 이 경우의 메모리 구조를 살펴보겠습니다.

문자열 복사 시 대상 메모리가 부족한 경우

메모리 구조상 str1은 5바이트 메모리 공간을 가지므로 경계선을 기점으로 왼쪽 메모리에 문자열의 일부만 복사됩니다. 그리고 공간 부족으로 복사가 되지 않은 나머지 문자열들은 경계선의 오른쪽으로 인접한 메모리를 침범하여 데이터를 복사하고 있습니다.

strcpy 함수는 src 문자열 전체를 널 종료 문자를 만날 때까지 dest로 복사합니다. 즉, 문자열 전체를 복사하는 형태입니다. 그런데, 문자열 복사 시 전체를 복사하지 않고 지정한 길이만큼만 복사할 수도 있습니다. 이미 함수의 원형으로 보았던 strncpy 함수인데, strcpy 함수와의 차이라면 함수의 이름 가운데 n이 들어간다는 점과 세 번째 인수에 복사할 문자열의 개수를 지정할 수 있다는 점입니다. 예제를 통해 사용 방법을 알아보도록 하겠습니다.

■ 예제 : 12장\12-7\12-7.c

```c
1:    #include<stdio.h>
2:    #include<string.h>
3:
4:    int main(void)
5:    {
6:        char str1[11] = "SmartPhone";
7:        char str2[11] = "InterPhone";
8:
9:        strncpy(str2, str1, 5);
10:       puts(str2);
11:
12:       return 0;
13:   }
```

■ 실행결과

● 문자열 str1을 str2에 복사를 하되, str1의 문자열 중 처음부터 5개의 문자만 잘라서 복사하라는 의미입니다. 메모리 구조를 살펴보도록 하겠습니다.

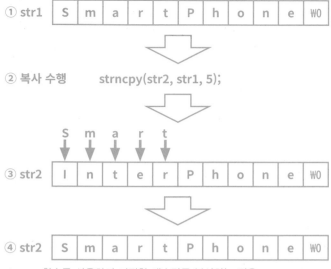

① str1 | S | m | a | r | t | P | h | o | n | e | ₩0

② 복사 수행　　strncpy(str2, str1, 5);

S m a r t

③ str2 | I | n | t | e | r | P | h | o | n | e | ₩0

④ str2 | S | m | a | r | t | P | h | o | n | e | ₩0

strncpy 함수를 사용하여 지정한 개수만큼 복사하는 경우

문자열 str1과 str2는 각각 11바이트의 메모리 공간을 할당하고 있습니다. 그리고 ②에 의거하여 str2 문자형 배열에 str1의 문자열을 5만큼 복사합니다. 이 때 str1의 문자열은 처음부터 5만큼이므로 5글자 "Smart"가 복사될 것이고, 그 이하의 메모리 "Phone"은 그대로 유지됩니다. 그래서 str2를 출력해보면 "SmartPhone"이 출력되는 것을 볼 수 있습니다.


## Unit_3 = ("문자열 연결");

문자열 연결이란 기존의 문자열 끝에 다른 문자열을 덧붙이는 것입니다. 예를 들어 기존 문자열 "abcd"의 끝에 다른 문자열 "efgh"를 덧붙인다면, "abcdefgh"가 되는 것이고, 이것을 가리켜 문자열을 연결했다고 합니다. 이러한 기능은 C언어의 표준 함수에서 지원합니다.

### ■ 문자열 연결 함수의 원형
다음은 문자열 연결 함수의 원형입니다.

```
char* strcat(char* dest, const char* src);
char* strncat(char* dest, const char* src, size_t count);
```

● 인수 dest는 기존에 존재하는 문자열이고, 인수 src는 문자열 dest의 끝에 연결할 문자열입니다.
● 기존 문자열 dest에 새로 문자열 src를 붙이고자 할 때, 내가 추가하고자 하는 문자열의 개수를 지정할 수 있습니다. 바로 strncat 함수의 세 번째 인수인 count입니다. 문자열 src의 전체를 dest의

끝에 붙이는 것이 아니라, src의 문자열을 지정한 count의 개수만큼 잘라서 dest의 끝에 붙입니다.

● 앞서 배웠던 strcpy와 strncpy 함수처럼 문자열 연결 함수 또한 strcat와 strncat 두 함수를 지원하고 있습니다. 두 함수의 차이는 함수 이름 중간에 n이 붙어 있느냐 없느냐와 세 번째 인수 count를 지정하느냐 안하느냐로 구분합니다.

간단한 예제를 통해 strcat 함수의 활용 방법을 알아보도록 하겠습니다.

### ■ 예제 : 12장\12-8\12-8.c

```c
1:      #include <stdio.h>
2:      #include<string.h>
3:
4:      int main(void)
5:      {
6:          char dest[15] = " I am ";
7:          char src[] = " a student ";
8:
9:          strcat(dest, src);
10:         puts(dest);
11:
12:         return 0;
13:     }
```

### ■ 실행결과

● 출력 결과를 보면 문자열 dest의 끝에 src 문자열이 붙여져서 결국 dest 문자열이 완전한 문자열 "I am a student"로 출력되는 것을 볼 수 있습니다.

● 각 문자열 dest와 src의 문자열 연결 과정의 메모리 구조는 다음과 같습니다.

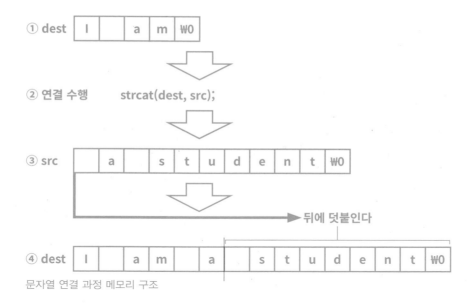

문자열 연결 과정 메모리 구조

④의 과정과 같이 문자열 dest의 끝에 있던 널 종료 문자의 자리에 문자열 src가 추가됩니다. dest의 널 종료 문자는 삭제되지만, src가 그 뒤에 바로 추가되어 결국 널 종료 문자로 끝이 나므로 dest는 완전한 문자열이 됩니다.

이번에는 strncat 함수에 관하여 살펴보겠습니다.

■ 예제 : 12장\12-9\12-9.c

```
1:    #include <stdio.h>
2:    #include<string.h>
3:
4:    int main(void)
5:    {
6:        char dest[100] = "I am";
7:        char src1[] = " not a student";
8:        char src2[] = " a nice guy";
9:
10:       strncat(dest, src1, 4);
11:       puts(dest);
12:       strcat(dest, src2);
13:       puts(dest);
14:
15:       return 0;
```

```
16:    }
```

## ■ 실행결과

● 최종 출력 결과는 "I am not a nice guy"입니다. 10번째 줄을 보면 strncat 함수를 사용하여 src1 문자열을 세 번째 인수에서 지정한 개수 4만큼 dest에 붙이고 있습니다. 문자열 출력 결과는 "I am not"이 됩니다. 즉, 문자열 src1에서 처음 4개의 문자만을 잘라낸 것입니다.

● 12번째 줄을 보면 strcat 함수를 사용하여 문자열 dest에 문자열 src2를 붙이고 있습니다. 이는 앞의 예제와 같이 기존 문자열 끝에 새로운 문자열을 통째로 붙이는 형태이므로 기존 문자열인 "I am not"에 "a nice guy"가 합쳐지게 됩니다.

● dest와 src1, src2의 문자열 연결 과정을 메모리 구조로 나타내면 다음과 같습니다.

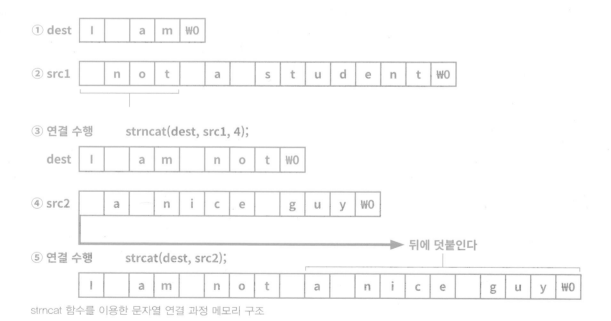

strncat 함수를 이용한 문자열 연결 과정 메모리 구조

③의 경우 strncat 함수에 의해 src1의 메모리의 처음 4개만 대상이 되는 dest 문자열 끝에 연결됩니다. 그래서 형성되는 dest 문자열은 "I am not"이 되는 것입니다. 이 완성형 문자열에 ⑤의 과정을 수행하게 되면 src2의 문자열 전체가 dest 문자열 끝에 연결되므로 최종 문자열은 "I am not a nice guy"가 됩니다.

## Unit_4 = ("문자열 비교");

이번에는 문자열 비교하는 함수에 대해 알아보겠습니다. 다음은 문자열 비교하는 함수의 원형입니다.

### ■ 문자열 비교 함수의 원형

다음은 문자열 비교 함수의 원형입니다.

```
int strcmp(const char* s1, const char* s2);
int strncmp(const char* s1, const char* s2, size_t count);
```

● 이 함수는 두 문자열이 같은지 아니면 다른지 만약 다르다면 어떤 문자열이 더 크고, 작은지를 비교합니다.

● strcmp 함수의 이름은 string compare의 약자로 문자열 비교의 의미를 가지고 있습니다. 함수는 2개의 인수를 전달 받으며, 각각 const char*의 자료형을 기반으로 합니다.

● 문자열 s1과 s2를 비교하여 두 문자열이 같으면 정수 0을 리턴하고, s1이 s2보다 크면 0보다 큰 양수를, s1이 s2보다 작으면 0보다 작은 음수를 리턴합니다.

● 문자열의 비교 원리는 두 문자열의 대응되는 문자열을 차례대로 비교를 해 나가는데 (아스키 코드 값을 기반으로 문자를 비교), 비교 중에 처음으로 서로 다른 문자가 발견되면, 두 문자의 아스키 코드 값을 비교하여 결과값을 리턴합니다.

간단한 예제를 통해 strcmp 함수의 원리 및 활용 방법을 알아보겠습니다.

### ■ 예제 : 12장\12-10\12-10.c

```
1:    #include<stdio.h>
2:    #include<string.h>
3:
4:    int main(void)
5:    {
6:        int ret1, ret2, ret3;
7:        char s1[] = "ABC";
```

```
 8:        char s2[] = "ABC";

 9:        char s3[] = "ABB";

10:        char s4[] = "ABD";

11:

12:        ret1 = strcmp(s1, s2);

13:        ret2 = strcmp(s1, s3);

14:        ret3 = strcmp(s1, s4);

15:

16:        printf("ret1의 결과값 : %d\n", ret1);

17:        printf("ret2의 결과값 : %d\n", ret2);

18:        printf("ret3의 결과값 : %d\n", ret3);

19:

20:        return 0;

21:    }
```

■ 실행결과

● 문자열 s1을 기준으로 문자열 s2, s3, s4를 각각 비교합니다. 이 때 strcmp 함수를 사용하며, 12번째 줄에서 s1과 s2를 비교하는데, 문자열 각각은 "ABC"로 동일하므로 16번째 줄에서 리턴 값인 ret1을 출력해보면 0이 출력되는 것을 확인할 수 있습니다.

● 13번째 줄에서는 s1과 s3를 비교하는데, s3의 문자열은 "ABB"입니다. s1과 s3의 문자열의 두 번째 문자까지는 AB로 동일합니다. 그런데, 세 번째 문자가 각각 C와 B로 다릅니다. 앞서 설명했듯이 최초로 서로 다른 문자가 발견되면, 각각의 아스키 코드를 비교하여 문자열 전체의 대소를 비교한다고 하였습니다. C는 아스키 코드로 67이고, B는 66이므로 C가 더 큽니다. 즉, 문자열 "ABC"가 "ABB"보다 크며, s1이 s3보다 크다는 의미이므로, 17번째 줄 ret2는 양수를 리턴합니다.

● 14번째 줄에서는 s1과 s4를 비교하는데, s4의 문자열은 "ABD"입니다. s1과 s4의 문자열의 두 번째 문자까지는 AB로 동일합니다. 앞에서와 마찬가지로, 이 문자열 또한 세 번째 문자가 각각 C와 D로 다릅니다. 이 경우 또한 각 문자의 아스키 코드 값을 통해 대소를 비교합니다. C의 아스키 코드는 67이고 D의 아스키 코드는 68입니다. C가 D보다 작습니다. 즉, 문자열 "ABC"는 "ABD"보다 작으며, s1은 s4보다 작다는 의미이므로, 18번째 줄 ret3는 음수를 리턴합니다.

예제의 동작 원리를 그림으로 이해해 보도록 하겠습니다.

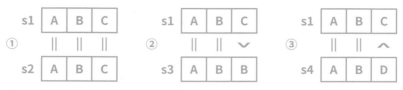

strcmp 함수를 이용한 문자열 비교 원리

그림에서 ①의 경우는 문자열 s1의 문자 요소들과 s2의 문자 요소들이 모두 일치 하므로 s1과 s2는 같습니다.

②의 경우는 문자열 s1의 문자 요소들과 s3의 문자 요소들을 비교하는데, 세 번째 문자 비교 시 s1의 'C'가 s3의 'B'보다 크므로 문자열 s1이 s3보다 크다고 할 수 있습니다. ③의 경우는 문자열 s1의 문자 요소들과 s4의 문자 요소들을 비교하는데, 세 번째 문자 비교 시 s1의 'C'가 s4의 'D'보다 작으므로 문자열 s1이 s4보다 작다고 할 수 있습니다.

일반적으로는 문자열 비교 시 서로 같다 아니면 다르다의 표시가 의미 있지 어떤 문자열이 더 큰지 작은지는 사실 많이 쓰이지 않을 뿐더러 의미 또한 없습니다. 또 다른 예제를 하나 더 보도록 하겠습니다.

### ■ 예제 : 12장\12-11\12-11.c

```
1:    #include<stdio.h>
2:    #include<string.h>
3:
4:    int main(void)
5:    {
6:        char str[20];
7:        puts("퀴즈 : 세상에서 가장 멋진 사람은?");
8:        gets(str);
9:
10:        if(!strcmp(str, "나"))
11:        {
12:            printf("정답입니다. 건방지시네요.\n");
13:        }
14:        else
15:        {
```

```
16:            printf("오답입니다. 겸손하시군요.\n");
17:        }
18:        return 0;
19:    }
```

■ 실행결과

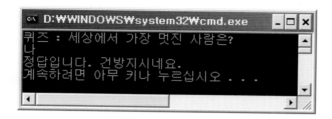

● 8번째 줄 문자열 str을 사용자로부터 입력받습니다. 10번째 줄에서 "나"라는 문자열을 입력한 문자열 str과 strcmp 함수로 같은지 다른지 비교하고 있습니다. 같으면 0을 리턴하고, 다르면 0이 아닌 값을 리턴하게 됩니다.

● 문자열 str에 "나"를 입력하면 12번째 줄의 출력문을 수행하고, "나"가 아닌 다른 문자열이 입력되면 16번째 줄의 출력문을 수행하게 됩니다.

문자열 비교 함수도 다른 문자열 제어 함수들과 마찬가지로 문자열의 일부만 지정하여 비교할 수 있는 함수가 제공되는데, 바로 strncmp 함수입니다. 문자열 복사, 문자열 연결 함수 등과 패턴은 비슷하기 때문에 이해하는데 크게 어려움은 없습니다. 다음 예제를 보겠습니다.

■ 예제 : 12장\12-12\12-12.c

```
1:    #include<stdio.h>
2:    #include<string.h>
3:
4:    int main(void)
5:    {
6:        int i;
7:        char* arr[] = {"김맹구", "이영구", "박빠꾸", "김삼룡", "변강쇠"};
8:        puts("회사에서 김씨성을 가진 사람만 출력하시오");
9:
10:        for(i = 0; i < 5; i++)
11:        {
```

```
12:            if(!strncmp(arr[i], "김", 1))
13:            {
14:                    printf("%s\n", arr[i]);
15:            }
16:        }
17:        return 0;
18:    }
```

■ 실행결과

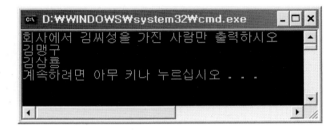

● 이 예제는 여러 사람의 이름 중 성만 추출하여 비교한 후 일치하면 출력하도록 하였습니다.

● 7번째 줄에 이차원 배열 arr을 선언하고, 5명의 이름으로 초기화하였습니다. 우리가 원하는 것은 이름의 비교가 아니라, 이름 중에 가장 앞의 성만 비교하는 것입니다.

● 12번째 줄에서 strncmp 함수를 이용하여 arr[i]와 문자열 "김"을 비교하되, 세 번째 인수에서 지정한 개수만큼 비교할 수 있습니다. 우리는 arr[i]의 가장 첫 번째 문자만 비교하면 되므로 지정한 개수는 1입니다.

___ // 잠깐 알아두세요 ___

**대소문자를 구분하지 않는 문자열 비교 함수**
영문에는 대소문자라는 것이 존재합니다. 아스키 코드표를 보게 되면 대문자와 소문자의 값이 분리되어 있는 것을 확인할 수 있습니다. 컴퓨터는 문자를 아스키 코드표를 기반으로 문자를 인식하기 때문에, 같은 영단어라도 대소문자에 따라서 다르게 인식하게 됩니다. 예를 들어 "BOY" 문자열과 "boy" 문자열은 같은 의미의 영단어이지만, 대소문자가 다르므로 다른 문자열로 인식합니다. 아무래도 소문자가 아스키 코드표에서 큰 수에 해당하므로 굳이 대소를 비교하자면 "BOY"보다는 "boy"가 더 크다고 할 수 있습니다. 그런데 굳이 문자열 간에 대소문자를 구분하지 않고 무시하고 싶다면, 다음의 함수를 사용하면 됩니다.

```
int stricmp(const char* s1, const char* s2);
int strnicmp(const char* s1, const char* s2, size_t count);
```

우리가 앞서 배웠던 문자열 비교함수와 차이가 있다면 함수 이름 중간에 i가 추가되었다는 점입니다. i는 'ignore'의 의미를 나타내는데, 이는 대소문자의 구성을 무시하고 비교한다는 뜻입니다.

# Unit_5 = ("문자열 검색");

이번에는 문자열 검색하는 함수에 대해 알아보겠습니다. 문자열 검색 함수는 문자열 중 특정 문자나 특정 부분의 문자열의 위치를 찾아 주는 기능을 가지고 있습니다. 다음은 문자열을 검색하는 함수의 원형들입니다.

## ■ 문자열 검색 함수의 원형

다음은 문자열을 검색하는 함수들의 원형입니다.

```
char* strchr(const char* string, int c);
char* strrchr(const char* string, int c);
char* strstr(const char* string, const char* strSearch);
char* strpbrk(const char* string, const char* strCharSet);
char* strtok(char* strToken, const char* strDelimit);
```

● 먼저 strchr 함수의 기능을 보겠습니다. 이 함수는 첫 번째 인수에 검색의 대상이 되는 문자열을 대입하고, 두 번째 인수에 검색하고자 하는 문자 상수를 대입합니다. 그리고 문자열에서 검색하고자 하는 문자가 검색되었을 경우 그에 해당하는 위치의 포인터를 리턴합니다. 만약 문자열 상에서 검색하고자 하는 문자가 검색되지 않았다면 NULL을 리턴합니다.

● strrchr 함수는 strchr 함수와 기능은 동일하되, 문자열 처음부터 검색하는 것이 아니라, 문자열 끝에서부터 검색한다는 차이가 있습니다. 즉, 함수 이름의 중간에 'r'은 'rear'의 약자로 뒤에서부터 검색하겠다는 의미로 사용됩니다.

● strstr 함수는 문자열 내에서 부분 문자열을 검색하는 기능을 합니다. 그래서 첫 번째 인수는 검색의 대상이 되는 문자열을 대입하고, 두 번째 인수에는 검색하고자 하는 문자열을 대입합니다. 문자열이 검색이 되면, 검색한 문자열이 시작되는 시작 번지를 리턴하고, 일치하는 문자열이 없다면 NULL을 리턴합니다.

● strpbrk 함수는 첫 번째 인수에 검색의 대상이 되는 문자열을 대입하고, 두 번째 인수에는 문자열을 대입하되, 이 문자열은 strstr 함수처럼 검색하고자 하는 문자열을 대입하는 것이 아니라, 문자열 안에 있는 문자 중 가장 먼저 발견된 문자를 찾아 그 번지를 리턴합니다. 이게 무슨 소리인지 한 번에 감이 잘 안올 것입니다. 다음 예를 보겠습니다.

char str[] = " I am a student ";

$$\text{char* ptr = strpbrk(str, "at");}$$

이를 테면 "I am a student"라는 문장에서 'a'나 't'의 단어가 먼저 나오는 대로 무조건 그에 해당하는 포인터를 리턴하는 것입니다. 이 경우는 'a'와 't' 중 가장 먼저 나오는 단어가 "I am"의 'a'이므로, str[2]의 'a'의 포인터가 리턴될 것입니다. 문자열 검색 함수 중 사용빈도도 가장 낮은 편이지만, 여러 번 반복 검색을 해야 하는 경우에 간단하게 사용할 수 있으므로 유용합니다.

● strtok 함수는 문자열을 토큰으로 잘라냅니다. 예를 들어 "I am a teacher, and, you are a student."라는 문장을 "," 구분자로 나눈다면 각각 "I am a teacher", "and", "you are a student."로 나눌 수 있습니다.

이 함수의 첫 번째 인수에 검색의 대상이 되는 문자열을 대입하고, 두 번째 인수에는 구분하고자 하는 구분자를 대입하되, 구분자는 문자열 형태로 1개 이상 대입할 수 있습니다. 방금의 예는 "," 하나만으로 구분했지만, ",;/"와 같이 한꺼번에 여러 개여 구분자를 문자열 형태로 지정할 수도 있습니다.

먼저 간단한 예제를 통해 strchr 함수와 strrchr 함수의 활용 방법을 알아보겠습니다.

■ 예제 : 12장\12-13\12-13.c

```
1:     #include<stdio.h>
2:     #include<string.h>
3:
4:     int main(void)
5:     {
6:         char str[]= "applepie";
7:         int count = 0;
8:         char *ptr;
9:         char *rptr;
10:        int i;
11:
12:        ptr = strchr(str, 'e');
13:        rptr = strrchr(str, 'e');
14:        if(ptr == NULL)
15:        {
16:            printf("문자 'e' 를 찾을 수 없습니다.");
17:        }
```

```
18:        else
19:        {
20:            printf("strchar : 문자 'e'를 %d번째 위치에서 찾았습니다.\n", (ptr - str) + 1 );
21:            printf("strrchr : 문자 'e'를 %d번째 위치에서 찾았습니다.\n", (rptr - str) + 1 );
22:        }
23:
24:        return 0;
25:    }
```

■ 실행결과

● 12번째 줄의 strchr 함수는 문자열 str을 기반으로 문자 'e'를 문자열 처음부터 검색하여, 검색이 되면 해당 위치의 포인터를 리턴합니다. 검색하고자 하는 문자 'e'가 str[4]에 해당되므로 ptr에 해당 포인터가 리턴됩니다.

● 13번째 줄의 strrchr 함수는 문자열 str을 기반으로 문자 'e'를 문자열의 끝에서부터 검색하여 검색이 되면 해당 위치의 포인터를 리턴합니다. 이 함수에서는 검색하고자 하는 문자 'e'가 str[7]에 해당되므로 rptr에 해당 포인터가 리턴됩니다.

● 20번째 줄과 22번째 줄은 ptr과 rptr 포인터를 이용하여 문자 'e'를 발견한 위치가 기반 문자열에서 몇 번째인지 출력하고 있습니다. 문자열의 앞에서부터 문자 'e'의 발견은 5번째이고 문자열의 뒤에서부터 문자 'e'의 발견은 8번째에 해당합니다.

● 그림을 통해 메모리 상의 검색 과정을 살펴보겠습니다.

strchr과 strrchr 함수를 통한 문자 검색 과정

다음은 부분 문자열을 검색하는 strstr 함수의 활용 방법을 알아보겠습니다.

```
1:    #include <stdio.h>
2:    #include <string.h>
3:
4:    int main( )
5:    {
6:        char str[] = "우리는 이에 우리 조선이 독립한 나라임과\
7:        조선 사람이 자주적인 민족임을 선언한다. 이로써 세계 만국에\
8:        알리어 인류 평등의 큰 도의를 분명히 하는 바이며, \
9:        이로써 자손만대에 깨우쳐 일러 민족의 독자적 생존의\
10:        정당한 권리를 영원히 누려 가지게 하는 바이다.";
11:
12:        char strSearch[100];
13:        fputs("검색할 문자열을 입력하세요 : ", stdout);
14:        gets(strSearch);
15:
16:        if(strstr(str, strSearch))
17:            puts("문자열을 찾았습니다.");
18:        else
19:            puts("문자열을 찾을 수 없습니다.");
20:
21:        return 0;
22:    }
```

■ 실행결과

● 6번째 줄의 문자열 str에서 우리가 찾고자 하는 문자열을 입력하여 검색합니다. 참고로 str의 문장은 1919년 3월 1일에 우리나라의 독립을 위해 민족대표 33인이 선언한 기미 독립 선언서입니다.

● 12번째 줄은 우리가 검색할 문자열을 입력받기 위해 선언한 배열입니다. 14번째 줄은 gets 함수를 통해 검색할 문자열을 입력받고 있습니다.

● 16번째 줄은 문자열 검색 함수인 strstr을 사용하여 원하는 문자열을 검색합니다. 첫 번째 인수

는 검색 대상이 되는 문장인 str이 대입하고 두 번째 인수는 검색하고자 하는 문자열을 대입합니다.

예를 들어 strSearch에 "독립"이라는 문자열을 대입했다면, str 문장에서 첫 번째 줄 중간에 "독립"이라는 문장이 포함되어 있으므로 찾은 그 위치의 포인터를 리턴합니다. 즉, 조건문 상에서 NULL이 아니므로 17번째 줄의 출력문을 수행합니다.

● 그림을 통해 메모리 상의 검색 과정을 살펴보겠습니다.

strstr 함수를 이용한 문자열 검색 과정

다음은 strpbrk 함수의 예제를 통해 함수의 사용법을 익혀보도록 하겠습니다.

■ 예제 : 12장\12-15\12-15.c

```
1:      #include <stdio.h>
2:      #include <string.h>
3:
4:      int main( )
5:      {
6:          char string[] = "f(x)=a+b*c%d-f";
7:          char strSeparate[] = "%=+-*";
8:          char *strPos = string;
9:
10:         do
11:         {
12:             strPos = strpbrk( strPos, strSeparate );
13:
14:             if( strPos != NULL )
15:             {
16:                 printf( "%s\n", strPos );
17:                 ++strPos;
18:             }
19:         }
20:     while( strPos != NULL );
```

```
21:
22:      return 0;
23:   }
```

■ **실행결과**

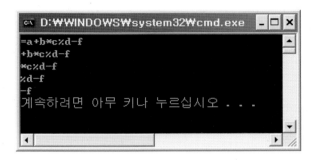

● strpbrk 함수는 첫 번째 인수로 주어진 문자열에서 두 번째 인수로 주어진 문자열에 속해 있는 문자 중 가장 먼저 발견된 문자를 찾아 그 번지를 리턴하는 기능을 한다고 하였습니다.

● 8번째 줄은 검색의 대상이 되는 문자열 string을 문자형 포인터 strPos에 주소값을 넘기고 있습니다.

● 12번째 줄은 strPos가 가리키는 문자열에 strSeparate의 문자열에 속해 있는 문자들이 발견이 되는지를 검사하고 발견된 문자의 번지를 strPos에 넘겨줍니다.

● 14번째 줄부터 18번째 줄까지는 strPos의 값이 NULL이 아닌 경우에 strPos의 포인터 위치에 해당하는 문자열을 출력하고, 그 이후에 strPos의 포인터 위치를 1 만큼 이동합니다. 이 과정을 strPos가 NULL이 될 때까지 반복합니다.

● 그림을 통해 메모리 상의 검색 과정을 살펴보겠습니다.

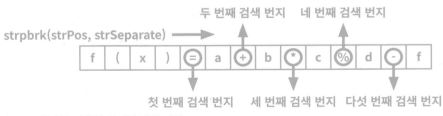

strpbrk 함수를 이용한 문자열 검색 과정

strSeparate 문자열에 속해 있는 문자 중 검색되는 문자의 검색 번지를 리턴하는데 해당 번지를 출력하게 되면 그 번지에서부터 문자열을 출력하게 됩니다.

위 그림의 경우는 검색의 과정이 여러 번 반복되므로 동그라미 표시해 놓은 지점이 리턴하는 검색 번지들입니다.

다음은 토큰 단위로 문자열을 분리하는 strtok 함수에 대해 알아보도록 하겠습니다.

## ■ 예제 : 12장\12-16\12-16.c

```c
1:    #include <stdio.h>
2:    #include <string.h>
3:
4:    int main( )
5:    {
6:        char string[] = "사자/호랭이/곰/토끼/기린/코끼리/낙타";
7:        char strSeparate[] = "/";
8:        char *strPos;
9:
10:       strPos = strtok( string, strSeparate );
11:       while( strPos != NULL )
12:       {
13:           puts(strPos);
14:           strPos = strtok(NULL, strSeparate);
15:       }
16:       return 0;
17:   }
```

## ■ 실행결과

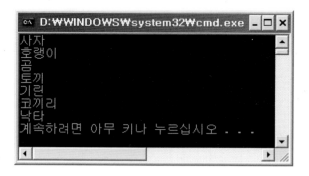

● 이 함수는 문자열을 토큰으로 잘라냅니다. 예제에서는 "/"이라는 토큰 구분자를 줌으로써 "/"를 기준으로 문자열을 분할하였습니다. 구분자는 꼭 하나만 지정할 수 있는 것이 아니라, 여러 개를 한꺼번에 지정할 수도 있습니다. 예제에서는 "/" 하나만 사용하였지만, "/ ,;"와 같이 공백, 쉼표, 세미콜론 등을 추가할 수도 있습니다. 그렇게 되면 이들 구분자들에 대해 대상 문자열을 모두 구분하게 됩니다.

● 10번째 줄에서 strtok 함수는 최초에 호출 시 문자열의 첫 번째 토큰을 찾고, 11번째 줄의 while 반복문을 수행합니다. 그리고 14번째 줄에서 두 번째 토큰 위치를 NULL 문자로 만든 후 토큰의 포인터를 리턴합니다. 검색한 토큰을 널 종료 문자열로 만들어 주므로 strtok가 리턴하는 포인터를 바로 출력하면 분리된 토큰을 얻을 수 있습니다. 그리고 검색을 계속 하려면 첫 번째 인수를 NULL 로 전달하면 됩니다. 더 이상의 토큰이 발견되지 않으면 NULL을 리턴하므로 strtok(NULL, strSeparate)를 반복적으로 호출하면 문자열을 구성하는 모든 토큰을 찾을 수 있습니다.

# Char CHAPTER_3 = {"그 밖의 여러 가지 문자열 관련 함수들"};

문자열 관련 함수는 우리가 앞에서 배운 것보다 훨씬 많은 양의 관련 함수들이 존재합니다. 하지만, 책에서는 이 모든 함수를 다룰 수는 없습니다. 만약 다루게 되면 아마 집필 자체를 끝낼 수 없을 정도로 수백, 수천 페이지의 책이 될 것이며, 여러분들은 그러한 책을 사서 보지도 않을 것입니다.

그런데, 문자열 함수들을 패턴을 보아서 알겠지만 함수의 기능 자체가 이름만 보아도 직관적이고, 함수의 패턴 또한 서로 비슷하므로 굳이 다 알지 못해도 대충 촉과 감으로 "아, 이런 기능의 함수 찾아보면 있겠구나", "이런 기능의 함수의 이름은 대충 이런 것이겠구나."라고 알 수 있을 것입니다. 이러한 경우에 필요한 것이 함수를 참고할 수 있는 레퍼런스(Reference) 문서입니다. Visual Studio를 사용하게 되면 MSDN이 가장 효율적인 레퍼런스 문서가 될 것입니다.

프로그래밍은 암기하는 학문이 아닙니다. 사실 어떠한 학문도 마찬가지로 암기할 필요가 없지만 말입니다.(필자는 암기라는 것이 우리나라 교육 방식의 근본적인 폐해라고 생각합니다.) 모든 학문은 원리를 이해를 하면 자동으로 머릿속에 남게 됩니다. 오히려 원리를 이해하지 못하고 억지로 머릿속에 집어넣으려고 하는 것은 머릿속에서 금방 지워지게 됩니다. 프로그래밍 초보 때에는 수많은 함수들을 많이 외우고 알고 있으면 프로그래밍을 잘 하는 것인 줄 알았습니다. 하지만 그것은 비효율적이고 시간만 낭비하는 꼴이 됩니다. 프로그래밍의 원리를 잘 이해하고, 함수의 패턴만 한 두 개 잘 이해하고 있으면 나머지 함수들은 필요할 때 레퍼런스 문서를 참조하여 사용하면 됩니다. 잘 검색하고 찾아서 이용하는 것도 실력입니다.

## Unit_1 = ("수와 문자열");

문자열이 꼭 알파벳과 한글에서만 쓰이는 것이 아닙니다. 숫자도 문자열이 됩니다. 예를 들면 "123"과 같은 경우 우리 눈에 숫자로 보이지만 문자열입니다. 정수 123과 문자열 "123"은 개념도 다르고 메모리 저장 방식 자체도 다릅니다. 정수 123은 숫자로써 4바이트의 메모리에 저장되는 형태이고 문자열 "123"은 문자 '1', '2', '3'이 각각 1바이트씩 연속적으로 배치되어 있는 형태이지 산술적인 의미를 가지고 있지는 않습니다.

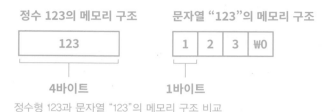

정수형 123과 문자열 "123"의 메모리 구조 비교

정수와 문자열은 형식이 이렇게 완전 다르다 보니 서로 대입 및 연산이 불가능합니다. 또한 출력 함수 사용시에도 그 형식에 맞게 사용해야 합니다. 예를 들어서 문자열 출력 함수 puts를 이용하여 정수 123을 출력할 수 없는 것이고, 문자열을 가지고 다음과 같은 "123" + "123" 덧셈 연산도 불가능합니다.

그런데 프로그래밍을 하다 보면 데이터를 문자열로 받아서 숫자로 변경해야 하는 경우도 생기고 숫자를 문자열로 변경하여 출력해야 하는 경우도 생깁니다. 특히나 윈도우 프로그래밍과 같은 GUI 기반에서는 이러한 경우가 비일비재합니다. C언어에서는 정수와 문자열간의 상호 변환 표준 함수를 제공하고 있습니다.

먼저 문자열을 수로 변환하는 함수를 알아보겠습니다.

## ■ 문자열을 수로 변환하는 함수의 원형
다음의 함수들은 stdlib.h 헤더 파일에 정의되어 있습니다. 아래의 함수를 사용하기 위해서는 코드에 #include ⟨stdlib.h⟩가 추가되어야 합니다.

```
int atoi(char* ptr);
int atol(char* ptr);
double atof(char* ptr);
```

● 먼저 atoi함수를 보겠습니다. 문자열을 정수로 변환 시 가장 많이 사용되는 함수로 전달 인자 ptr에 문자열을 가리키는 포인터를 대입하면 해당 문자열이 연산 가능한 정수형 데이터로 변환되어 리턴합니다.
atoi 함수 이름의 약자는 Ascii to integer인데 문자열을 정수형으로 변환하겠다는 직관적인 의미의 이름입니다.

● 함수 atol은 atoi함수와 똑같은 기능을 하는데 다만 리턴형이 long 형이므로 함수의 이름을 atol 이라고 하였습니다.

● 함수 atof 또한 리턴하는 자료형만 atoi와 다를 뿐 함수의 기본 기능은 같다고 할 수 있습니다. 이 함수는 문자열을 실수형(double)으로 리턴하는데, 함수 이름의 f는 float의 약자입니다. 실무에서는 문자열 자체를 실수형으로 변환하여 사용할 일이 극히 드물며 잘 사용하지 않는 함수입니다. 이러한 함수가 있다는 것만 알아두세요.

문자열을 정수로 변환하는 함수의 간단한 예제를 작성해보겠습니다.

### ■ 예제 : 12장\12-17\12-17.c

```
1:    #include <stdio.h>
2:    #include <stdlib.h>
3:    #include <string.h>
4:
5:    int main( )
6:    {
7:        char str1[] = "1024";
8:        char str2[10];
9:        int total = 0;
10:
11:       fputs("정수를 입력하세요 : ", stdout);
12:       gets(str2);
13:       total = atoi(str1) + atoi(str2);
14:
15:       printf("두 수의 합은 %d 입니다.\n", total);
16:
17:       return 0;
18:   }
```

### ■ 실행결과

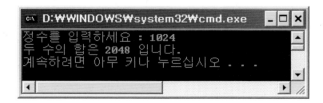

● 문자열 str1은 "1024"로 초기화하였고, str2는 gets 함수를 통해 사용자로부터 정수형태의 문자열을 입력받습니다.

● 13번째 줄을 보면 각 문자열을 atoi 함수를 사용하여 각각 정수형으로 변환하고 있습니다. 그리고 변환한 두 결과를 서로 더하여 정수형 변수인 total에 넘겨주고 그 결과값을 15번째 줄에서 출력합니다.

● atoi 함수를 이용하여 문자열 형태의 데이터가 정수형으로 변환되어 리턴되는 것을 확인할 수 있었습니다.

이번에는 반대로 수를 문자열로 변환하는 함수에 대해 알아보겠습니다.

### ■ 수를 문자열로 변환하는 함수의 원형

다음은 수를 문자열로 변환하는 함수의 원형입니다.

```
char* itoa(int value, char* string, int radix);
char* ltoa(long value, char* string, int radix);
char* fcvt(double value, int count, int *dec, int *sign);
```

● Itoa 함수와 ltoa 함수는 모두 정수를 문자열로 변환하는 함수들입니다. 두 함수의 차이라면 입력하는 정수의 타입이 int 이냐 long이냐의 차이입니다. 어차피 32비트 환경에서는 long와 int의 크기가 같기 때문에 사실상 두 함수는 같은 함수라고 봐도 무방합니다. 통상 주로 itoa 함수를 많이 사용합니다. itoa 함수의 이름은 integer to Ascii의 약자로 정수를 문자열로 바꾸겠다는 직관적인 의미의 이름입니다.

첫 번째 인수 value는 변환하고자 하는 정수값을 나타내고 두 번째 인수 string은 변환된 문자열 배열을 나타냅니다. 세 번째 인수 radix는 진법을 나타내는데 일반적으로는 10진법을 사용하므로 radix값을 10이라고 주면 됩니다. 혹여, 2진법, 8진법, 16진법으로 바꾸고 싶으면 radix를 각각 2, 8, 16으로 지정하면 됩니다.

● 함수 fcvt는 실수를 문자열로 변환하는 함수입니다. 첫 번째 인수 value는 변환될 실수값을 나타내고 두 번째 인수 count는 소수점 이하 몇자리까지 문자열로 변환할지를 지정하며 세 번째 인수 dec는 변환된 문자열의 몇 번째가 소수점의 위치인가를 표시합니다. 그리고 마지막 네 번째 인수 sign은 0 이면 양수값, 1이면 음수값으로 변환합니다.

정수를 문자열로 변환하는 함수의 간단한 예제를 작성해보겠습니다.

## ■ 예제 : 12장\12-18\12-18.c

```c
1:     #include <stdio.h>
2:     #include <stdlib.h>
3:
4:     int main( )
5:     {
6:          int value = 70;
7:          char string[100];
8:          int radix = 10;
9:
10:         itoa(value, string, radix);
11:         printf("변환된 문자열은 %s 입니다.\n", string);
12:
13:         value = -50;
14:         itoa(value, string, radix);
15:         printf("변환된 문자열은 %s 입니다.\n", string);
16:
17:         return 0;
18:     }
```

## ■ 실행결과

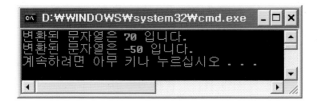

● 6번째 줄에 선언한 정수 value를 문자열로 변경하고자 합니다. 10번째 줄에서 itoa 함수를 사용하여 정수를 문자열로 변경하고 있습니다. value는 정수형으로 70이라는 수를 대입 받았고 itoa 함수는 변환된 문자열 "70"을 두 번째 인수인 string으로 리턴합니다. 세 번째 인수는 진법을 설정하도록 되어 있는데 radix는 10을 대입하였으므로 10진법 기반으로 변환됩니다.

● 13번째 줄은 value에 −50의 값을 대입하였습니다. 이 때 음수의 값도 itoa 함수 내부에서 문자열 그대로 두 번째 인수인 string으로 리턴합니다. 이 때 radix의 값은 10으로 변동 없으므로 10진

법 기반으로 변환됩니다.

이번에는 실수를 문자열로 변환하는 간단한 예제를 작성해보겠습니다.

■ 예제 : 12장\12-19\12-19.c

```
1:    #include <stdio.h>
2:    #include <stdlib.h>
3:
4:    int main( )
5:    {
6:        double value = 314.159265;
7:        char* pStr;
8:        int dec, sign;
9:
10:       pStr = fcvt(value, 4, &dec, &sign);
11:       printf("변환된 문자열은 %s 입니다.\n", pStr);
12:       printf("소수점 위치는 %d, 부호는 %d 입니다.\n", dec, sign);
13:
14:       value = -314.159265;
15:       pStr = fcvt(value, 6, &dec, &sign);
16:       printf("변환된 문자열은 %s 입니다.\n", pStr);
17:       printf("소수점 위치는 %d, 부호는 %d 입니다.\n", dec, sign);
18:
19:       return 0;
20:   }
```

■ 실행결과

● 실수는 정수에 비해 고려해야 할 사항들이 조금 많습니다. 가장 큰 특징은 소수점이 있으므로 소수점에 따라 변환 및 출력을 고려해야 합니다.

● 6번째 줄의 double형의 value는 314.159265라는 값으로 초기화되었고, 10번째 줄에서 fcvt 함수를 이용하여 실수를 문자열로 변환합니다. 이 때 두 번째 인수는 소수점 이하로 몇 자리까지 출력할 것인지를 설정하는 수이고, 세 번째 인수 dec는 소수점의 위치, 네 번째 인수 sign은 실수의 부호를 나타냅니다. 양의 실수이므로 sign은 0이 대입됩니다. 세 번째, 네 번째 인수는 사용자가 대입하는 인수가 아니라 함수의 수행으로 인해 리턴되는 값입니다.

● 14번째 줄의 value에 −314.159265라는 음수의 값으로 다시 대입하였습니다. 그리고 15번째 줄의 fcvt 함수를 이용하여 음수의 실수를 문자열로 변환합니다. 음수의 형태이더라도 이 함수는 문자열로 그대로 변환하며 마찬가지로 dec는 소수점의 위치, sign은 실수의 부호를 나타내는데 음수이므로 sign은 1이 대입되는 것을 볼 수 있습니다.


## Unit_2 = ("sprintf");

앞서 수를 문자열로 변경하는 표준 함수들에 대해 알아보았습니다. 그런데 굳이 수를 문자열로 변경하는 표준 함수를 사용하지 않아도 변경할 수 있는 함수가 있습니다. 바로 지금 배울 sprintf라는 함수인데, 우리가 알고 있는 printf 함수와 기능이 매우 유사합니다.

### ■ sprintf 함수의 원형
다음은 sprintf 함수의 원형입니다.

```
int sprintf(char* buffer, const char* format, …)
```

● printf 함수의 원형과 비교해 보았을 때 거의 유사하고, 차이가 있다면 첫 번째 인수의 buffer가 추가되어 있다는 것입니다. printf가 결과값을 콘솔 화면에 출력했다면, sprintf는 결과값을 buffer에 출력합니다.

● printf 함수는 다양한 서식을 지원함으로써, 정수, 실수, 문자열 등의 자료형에 구분 없이 모두 출력이 가능하였습니다. sprintf 함수의 경우도 마찬가지로 다양한 서식에 따라 출력이 가능하므로, 정수 또는 실수를 출력하고자 할 때 그 결과값을 buffer에 대입함으로 문자열로 변환이 가능합니다.

예제를 통해 sprintf 함수의 사용방법을 알아보겠습니다.

```
1:    #include <stdio.h>
2:
3:    int main( )
4:    {
5:         char str[100];
6:         int i = 10;
7:         double d = 3.14;
8:
9:         sprintf(str, "%d", i);
10:        printf("정수를 문자열로 변환 : %s\n", str);
11:
12:        sprintf(str, "%.2f", d);
13:        printf("실수를 문자열로 변환 : %s\n", str);
14:
15:        return 0;
16:   }
```

■ 실행결과

● 6, 7번째 줄에 정수형 변수 i와 실수형 변수 d를 각각 선언하였고, 각각의 초기값을 10과 3.14를 대입하였습니다.

● 9번째 줄의 정수형 변수 i를 %d 서식으로 받아 str에 출력을 하면 정수 i의 값이 문자열 str로 변환되는 형태가 됩니다.

● 12번째 줄 또한 마찬가지로 실수형 변수 d를 %f 서식으로 받아 str에 출력을 하면 실수 d의 값이 문자열 str로 변환되는 형태가 됩니다. 우리는 소수점 이하 둘째 자리까지만 출력하고자 하므로 서식을 %.2f라고 하였습니다.

사실, sprinitf 함수 하나만 있어도 대부분의 수를 문자열로 변환이 가능합니다. 기존 printf 출력 함수와 서식 또한 큰 차이가 없어서 익숙한 면도 장점으로 작용합니다. 하지만, printf 함수에서도 설명했던 바대로 많은 서식을 지원하는 만큼 함수는 무거울 수밖에 없습니다. 특정 기능에 대해 전용함수가 존재한다면 굳이 sprintf 함수를 사용하는 것보다는 itoa나 fcvt와 같은 전용 함수를 사용하는 것이 프로그램 성능면에서는 낫다고 할 수 있습니다.

## Unit_3 = ("대소문자 변환 함수");

영문에는 대문자 소문자가 분리되어 있다 보니 같은 의미를 나타내는 "BOY"와 "boy"의 단어일지라도 C언어에서는 다른 것으로 취급합니다. 이런 식이면 프로그램을 사용하는 사용자 입장에서 매우 불편할 수밖에 없습니다. 같은 의미임에도 불구하고, 대소문자가 달라서 다르게 처리한다면 문제가 될 수밖에 없습니다. 예를 들어 이러한 문장을 보겠습니다.

"맞으면 'y' 혹은 'Y'를, 틀리면 'n' 혹은 'N'을 눌러주세요."

이러한 처리를 하기 위해서는 'y', 'Y', 'n', 'N'의 모든 경우에 대해서 고려해야 합니다. 하지만 대소문자간의 변환이 가능하다면 처리 루틴의 공수를 절반으로 줄일 수 있습니다.

■ **대문자는 소문자로 소문자는 대문자로 변환하는 함수의 원형**

다음은 대문자를 소문자로, 소문자는 대문자로 변환하는 함수의 원형입니다.

```
int toupper(int c);
int tolower(int c);
```

● toupper 함수는 전달 인자 c의 문자가 소문자라면 대문자로 변환합니다. 함수의 이름처럼 upper(위쪽의)로 변환 즉, 대문자로 변환한다는 의미입니다. 만약 c가 영문자가 아니라면 아무런 동작을 하지 않으며 c를 그대로 리턴합니다.

● tolower 함수는 toupper 함수와 반대로 전달 인자 c의 문자가 대문자라면 소문자로 변환하는

기능을 합니다. 함수의 이름처럼 lower(아래쪽의)로 변환즉, 소문자로 변환한다는 의미입니다. 마찬가지로 c가 영문자가 아니라면 아무런 동작을 하지 않으며 c를 그대로 리턴합니다.

● 대소문자 변환 함수는 ctype.h 헤더 파일에 정의되어 있으므로 함수 사용시 반드시 ctype.h 헤더를 선언해 주어야 합니다.

먼저 대소문자 변환을 사용하지 않고, 한 가지 예를 들어보도록 하겠습니다. 경우에 따라 'y' 또는 'Y'를 아니면 'n' 또는 'N'을 입력하는 경우인데, 사용자로 하여금 키보드로부터 입력을 받습니다.

■ 예제 : 12장\12-21\12-21.c

```
1:    #include <stdio.h>
2:    #include <stdlib.h>
3:
4:    int main(void)
5:    {
6:        char ch;
7:        fputs("맞으면 'y' 또는 'Y' 를, 틀리면 'n' 또는 'N' 을 눌러주세요 : ", stdout);
8:        scanf("%c", &ch);
9:
10:       switch(ch)
11:       {
12:       case 'Y':
13:       case 'y':
14:           puts("승인되었습니다.");
15:           break;
16:       case 'N':
17:       case 'n':
18:           puts("취소하였습니다.");
19:           break;
20:       }
21:
22:       return 0;
23:   }
```

## ■ 실행결과

```
┌─────────────────────────────────────────────────────────────┐
│ ⌐ D:₩₩WINDOWS₩system32₩cmd.exe                    _ □ ✕ │
├─────────────────────────────────────────────────────────────┤
│ 맞으면 'y' 또는 'Y' 를, 틀리면 'n' 또는 'N' 을 눌러주세요 : Y │
│ 승인되었습니다.                                              │
│ 계속하려면 아무 키나 누르십시오 . . .                         │
│                                                             │
│ ◄                                                      ► │
└─────────────────────────────────────────────────────────────┘
```

● 13, 14번째 줄은 'Y'와 'y'의 경우의 처리 루틴이 공통적입니다. 마찬가지로 17, 18번째 줄 또한 'N'과 'n'의 경우 처리 루틴이 공통적입니다.

코드에 대한 설명을 굳이 더 하지 않아도 여러분이 가독하는데 문제는 없을 것 같습니다. 사실 case문을 위와 같이 여러 번 사용하여 처리하는 것도 하나의 방법이긴 하지만, 그다지 코드에 대한 깔끔한 느낌은 들지 않습니다.

앞의 예제와 동일하되, 이번에는 대소문자 변환 함수를 사용한 예제입니다.

## ■ 예제 : 12장\12-22\12-22.c

```c
1:    #include <stdio.h>
2:    #include <stdlib.h>
3:    #include <ctype.h>
4:
5:    int main(void)
6:    {
7:         char ch;
8:         fputs("맞으면 'y' 혹은 'Y' 를, 틀리면 'n' 혹은 'N' 을 눌러주세요 : ", stdout);
9:         scanf("%c", &ch);
10:
11:        switch(tolower(ch))
12:        {
13:        case 'y':
14:             puts("승인 되었습니다.");
15:             break;
16:        case 'n':
17:             puts("취소 하였습니다.");
18:             break;
```

```
19:          }
20:
21:          return 0;
22:    }
```

■ 실행결과

● 예제 12-21과의 차이점은 12번째 줄의 switch문에 입력 문자를 대입 시 tolower 함수를 거치게 되어 있습니다. 그러므로 ch에 들어오는 모든 문자는 소문자일 때 그대로 리턴하고, 대문자일 때 무조건 소문자로 변환하여 리턴합니다.

● 14, 17번째 줄의 case문은 소문자만 체크하고 있습니다. 왜냐하면 tolower 함수에 의해 들어오는 모든 대문자는 소문자로 변환하기 때문입니다.

아무래도 예제 12-21에 비해 코드가 간결하고, 가독성도 더 높아 보입니다. 또한 성능면에서도 더 효율적이고 메모리도 적게 차지합니다.

과제 12-1                                                                해설 423p

문자열을 사용자로부터 입력받는다. 그리고, 입력받은 문자열을 첫 번째 줄에서는 한글자 출력, 두
번째 줄에서는 두 글자 출력, 세 번째 줄에서는 세 글자 출력… 문자열이 끝나는 지점(NULL을 만날
때 까지)까지 출력하는 프로그램을 작성하라.(참고, 입력한 문자열의 길이를 구할 때는 strlen 함수를
사용하고, 문자열 복사 및 연결은 각각 strcpy, strncat 함수를 사용한다.)

출력 예)
문자열을 입력하시오 : Hello
H
He
Hel
Hell
Hello

과제 12-2 해설 424p

사용자로부터 적당한 길이의 영문 문자열을 두 개 입력받는다. 입력받은 두 개의 문자열을 비교하는
프로그램을 작성하라.

출력 예)
첫 번째 문자열을 입력하시오 : abcd
두 번째 문자열을 입력하시오 : abce
두 번째 입력 문자열이 큽니다.

 과제 12-3 해설 425p

정수 형태의 문자열을 사용자로부터 입력받는다. 입력 시 각 숫자와 숫자 사이에 공백(spacebar)을
넣어 주도록 한다. 입력이 끝나면 입력받은 각 단위의 숫자를 합하여 그 결과값을 출력하는
프로그램을 작성하라.

출력 예)
문자열을 입력하시오 : 5 4 3 2 1
각 자리수의 총합은 15입니다.

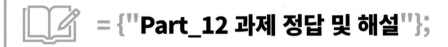

# = {"**Part_12 과제 정답 및 해설**"};

■ 과제 12-1

```
1:    #include <stdio.h>
2:    #include <string.h>
3:
4:    int main(void)
5:    {
6:         char str1[20];
7:         char str2[20];
8:         int len, i;
9:
10:         fputs("문자열을 입력하시오 : ", stdout);
11:         fgets(str1, sizeof(str1), stdin);
12:         len = strlen(str1);
13:
14:         for(i = 0; i < len; i++)
15:         {
16:              strcpy(str2, "");
17:              strncat(str2, str1, i);
18:              puts(str2);
19:         }
20:
21:         return 0;
22:    }
```

● 이 과제는 문자열 제어 함수의 사용을 과제 안에서 효과적으로 사용할 수 있는지 여부를 알아보기 위함입니다.

- 12번째 줄의 strlen 함수를 통해 입력한 문자열의 길이를 얻을 수 있고, 16번째 줄의 strcpy 함수를 통해 문자열을 복사하는 기능을 사용합니다. 그런데, 여기서는 공백 문자열을 str2에 복사하고 있는데, 이는 사실상 str2의 버퍼를 초기화하는 역할을 하고 있습니다.
- 13번째 줄의 strncat 함수는 str1의 문자열을 i만큼 str2 버퍼에 연결하겠다는 것입니다.

## ■ 과제 12-2

```
1:    #include <stdio.h>
2:    #include <string.h>
3:
4:    int main(void)
5:    {
6:        char str1[100];
7:        char str2[100];
8:        int result;
9:
10:       fputs("첫 번째 문자열을 입력하시오 : ", stdout);
11:       fgets(str1, sizeof(str1), stdin);
12:       fputs("두 번째 문자열을 입력하시오 : ", stdout);
13:       fgets(str2, sizeof(str2), stdin);
14:
15:       result = strcmp(str1, str2);
16:
17:       if(result > 0)
18:       {
19:           puts("첫 번째 입력 문자열이 큽니다.");
20:       }
21:       else if(result < 0)
22:       {
23:           puts("두 번째 입력 문자열이 큽니다.");
24:       }
25:       else
26:       {
27:           puts("두 문자열이 같습니다.");
28:       }
29:
30:       return 0;
31:    }
```

● 이번 과제는 문자열 비교함수 strcmp 함수를 이용하여 문자열 비교를 할 수 있는지 알아보기 위함입니다.

■ 과제 12-3

```
1:    #include <stdio.h>
2:    #include <stdlib.h>
3:    #include <string.h>
4:
5:    int main(void)
6:    {
7:          char str1[100];
8:          char* strPos;
9:          int i, len, total = 0;
10:
11:         fputs("문자열을 입력하시오 : ", stdout);
12:         fgets(str1, sizeof(str1), stdin);
13:         len = strlen(str1);
14:
15:         strPos = strtok(str1, " ");
16:
17:         while(strPos != NULL)
18:         {
19:               total = total + atoi(strPos);
20:               strPos = strtok(NULL, " ");
21:         }
22:
23:         printf("각 자리수의 총합은 %d입니다.\n", total);
24:         return 0;
25:    }
```

● 이번 과제는 입력한 문자열을 토큰자를 이용하여 분리할 수 있는지 그리고 문자열을 정수형으로 변환하는 함수를 사용할 수 있는지 알아보기 위함입니다.

● 15, 20번째 줄에 strtok 함수를 통하여 " "을 기준으로 문자열 분리를 하고 있습니다.

● 19번째 줄에서는 분리한 문자열 strPos를 atoi 함수를 사용하여 정수로 변환한 후 total에 누적 합산하고 있습니다.

```
struct student
{
        char name[10];
        int age;          구조체 선언
        int height;
};


Int main(void)
{
        struct student st1;    student 구조체 그룹명 = st1
        struct student st2;    student 구조체 그룹명 = st1
        ..........................                .
                                                  .
                                                  .
}
```

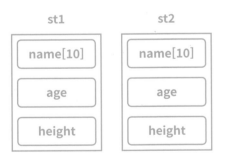

각각의 구조체 변수 st1, st2는 각각 3개의 변수로 구성되어 있음을 볼 수 있습니다. 이렇듯 student 구조체 변수를 하나 선언하면 실제로는 name[10], age, height 변수가 모두 선언되는 것과 같은 것입니다.

사용자 정의 자료형인 구조체의 개념과 활용에 대해 살펴보고, 공용체 및 열거형에 대해서도 학습합니다.

# #PART_13. <자료형을 내가 직접 만들 수 있다고. 구조체와 공용체>

int main(void)

우리의 일상은 늘 똑 같은 일상을 반복하는 정형화된 삶을 살고 있습니다. 늘 정해진 식사, 학교의 등하교, 직장의 출근 및 퇴근 등등…. 우리에게는 일탈을 꿈꾸지만 말처럼 쉽지는 않습니다. 내 인생은 내가 개척해나가는 것이기 때문에 내가 모든 것을 결정할 수 있고 내가 만들어 갈 수 있어야 합니다. 우리는 C언어를 배우면서 int, double, char와 같은 이미 정해진 정형화된 자료형만 사용해 왔습니다. 내가 직접 원하는 자료형을 만들 수는 없을까요? 이러한 고민을 혹시라도 했다면 여러분은 이미 객체지향에 대한 선구자적인 필요성을 느낀 사람입니다. 이번 시간에 배울 구조체가 바로 내가 원하는 자료형을 직접 만든 사용자 정의 자료형입니다. 객체 지향 기반이 되는 class의 개념과 연계되므로 이번 시간 구조체의 개념을 잘 정리하길 바라겠습니다.

# Char CHAPTER_1 = {"**구조체란 무엇인가요?**"};

## Unit_1 = ("**구조체의 정의**");

구조체란 하나 이상의 서로 다른 종류의 변수들을 묶어서 새로운 자료형을 정의하는 것입니다. 구조체의 그룹 안에는 배열이나 포인터와 같은 자료형도 포함될 수 있습니다.

구조체 그룹

정수형

문자형    실수형

포인터    배열

구조체의 정의

## Unit_2 = ("**구조체를 사용하는 이유**");

연관된 변수들을 하나로 묶어서 관리함으로써 데이터 관리에 매우 유용하기 때문입니다. 예를 들어, 학생의 정보를 관리한다고 하였을 때 기본적으로 이름, 나이, 성별 등의 정보들이 들어갈 것입니다. 이 때 이름의 경우는 자료형이 문자형이 될 것이고, 나이는 정수형, 성별은 문자형이 될 것입니다. 이러한 변수들을 각각 따로 관리하는 것보다 학생의 정보라는 공통점이 있으므로 묶어서 관리하는 것이 더 효율적입니다. 그래서 이 세 개의 변수를 하나로 묶은 새로운 사용자 정의 자료형이 탄생하게 되는데 바로 구조체입니다.

이러한 연관성의 이유로 구조체를 사용하기도 하지만, 만약에 구조체가 아닌 각각의 변수로 학생들을 관리한다면 학생이 늘어남에 따라 선언해야 하는 변수의 수도 비례하여 늘어나게 됩니다. 2-3명의 학생을 선언한다면 변수의 총 개수가 6개 혹은 9개로써 큰 무리가 없지만 만약 학생수가 100명, 200명 늘어나게 되면 변수가 워낙 많아져 선언조차하기 힘들게 됩니다. 이러한 경우 구조체를 사용하면 매우 편리합니다.

## Char CHAPTER_2 = {"**구조체 사용하기**"};

구조체라는 것이 무엇인지 그리고 왜 필요한지 아직은 글로만 배웠습니다. 본격적으로 구조체를 어떻게 선언하고, 정의하고, 사용하는지에 대해서 알아보겠습니다.

## Unit_1 = ("**구조체 정의하기**");

다음은 구조체를 정의하는 기본적인 형태입니다. 앞에서 이야기한 학생 관리의 자료를 예를 들어 보았을 때 다음과 같이 student라는 이름의 구조체를 선언하되, 구조체 멤버로는 간단하게 이름, 나이, 키만 추가하도록 합니다.

```
struct student
{
        char name[10];
        int age;
        int height;
};
```

struct 키워드는 구조체라는 자료형을 정의하겠다는 의미이고, student는 내가 만들 구조체의 이름을 의미합니다. 그리고 중괄호 { } 사이에는 student 구조체를 이루는 변수들을 선언합니다. 즉, student라는 이름의 구조체는 문자형 배열 name과 정수형 변수 age, 정수형 변수 height로 이루어져 있습니다.

구조체는 사용자가 정의한 새로운 자료형입니다. 그러므로 student는 하나의 자료형이며 구조체를 이루고 있는 두 개의 변수의 기본 자료형들을 묶어서 새로운 자료형을 만든 것입니다. 우리는 이러한 구조체를 "사용자 정의 자료형"이라고 하며 구조체를 이루고 있는 멤버 변수들 즉, name, age, height 등을 가리켜 "구조체 멤버"라고 합니다.

구조체 멤버가 될 수 있는 자료형에는 전혀 제한이 없습니다. 우리가 선언한 문자형, 정수형과 같은 기본 자료형은 물론이고, 포인터형, 배열형, 구조체형 등의 형태도 구조체 멤버로 포함될 수 있습니다.

## Unit_2 = ("구조체 선언하기");

우리는 구조체라는 새로운 자료형을 만드는 방법을 방금 배웠습니다. 만든 것을 사용할 수 있어야 합니다. 자료형을 사용하기 위한 첫 번째 과정은 자료형의 선언으로 구조체를 선언하는 방법은 우리가 흔하게 사용하는 int나 char와 같은 기본 자료형의 선언 방법과 동일합니다. 다음과 같이 선언하면 됩니다.

```
struct student
{
        char name[10];
        int age;
        int height;
};


Int main(void)
{
        struct student st1;
        struct student st2;
        ........................
}
```

앞에 구조체 예약어인 struct를 붙여주는 것 말고는 기본 자료형을 사용하듯이 선언하였습니다. 그런데 구조체는 사용자가 정의하는 형태이므로, 굳이 정의와 선언을 따로 분리할 필요없이 정의와 동시에 선언할 수도 있습니다.

```
struct student
{
        char name[10];
        int age;
        int height;
}st1, st2;
```

앞서 정의한 형태와 비교해 보았을 때 구조체의 정의와 동시에 변수 st1, st2를 선언하고 있습니다. 두 형태 모두 맞는 문법이고, 구조체의 정의와 변수 선언을 동시에 하느냐 따로 하느냐의 차이만 있을 뿐 특이한 사항은 없습니다. 이는 개발자가 자신에게 편한 방식이나 상황에 맞는 방식을 선택해서 사용하면 될 것 같습니다.

선언된 구조체 변수의 모습을 그림으로 살펴보겠습니다.

구조체 변수의 선언

각각의 구조체 변수 st1, st2는 각각 3개의 변수로 구성되어 있음을 볼 수 있습니다. 이렇듯 student 구조체 변수를 하나 선언하면 실제로는 name[10], age, height 변수가 모두 선언되는 것과 같은 것입니다.

___ // 잠깐 알아두세요 ___

**구조체 선언문 끝에 세미콜론을 붙이자**
구조체 선언문도 하나의 문장이므로 끝에 세미콜론(;) 붙이는 것을 잊지 말아야 합니다. 초보자 뿐 만 아니라 숙련자들도 세미콜론을 빼먹는 실수를 종종 하곤 합니다.

## Unit_3 = ("구조체 변수에 접근하기");

### ■ 일반적인 구조체 멤버 접근

보통 배열의 경우는 같은 자료형의 데이터 집합이므로 배열의 요소를 참조할 때 인덱스를 순서대로 0, 1, 2, 3 … 이런 식으로 순서대로 접근하면 데이터를 가져올 수 있었습니다. 왜냐하면 하나의 배열은 배열의 데이터 요소들이 같은 자료형이므로 크기가 일정하고 모두 인접한 메모리에 존재하고 있기 때문입니다. 예를 들어서,

$$int\ arr[5] = \{1,2,3,4,5\};$$

라는 배열의 선언은 총 20바이트의 메모리를 할당하게 되고, 배열의 각 초기값은 인접한 메모리에 순서대로 대입된다는 것입니다. 그래서 각 배열의 요소를 참조하는 것은 인덱스의 순서대로 접근하는 것이 가능합니다.

그러나 구조체의 경우는 조금 다른 상황입니다. 구조체 멤버들은 배열처럼 같은 자료형이 아닌 제각각 다른 자료형을 가지고 있으며, 크기도 제각각입니다. 그러므로 구조체 멤버의 값을 읽고자 한다면 배열처럼 순차적으로 첫 번째 요소, 두 번째 요소로 읽어들일 수 없고, 구조체 변수를 통해 구조체 멤버의 값을 참조해야 합니다.

구조체 멤버를 참조하는 형식은 다음과 같습니다.

### [구조체 변수명].[구조체 멤버]
### ex) st1.name, st1.age, st1.height

구조체 멤버를 읽을 때 구조체 멤버를 참조하기 위한 연산자는 바로 점(.)입니다. 예를 들어 구조체 student의 구조체 변수인 st1을 통해 구조체 멤버 name, age, height에 접근하기 위해서는 점(.)을 사용하여 접근할 수 있습니다. 이렇게 접근하는 방법을 우리는 직접 접근 방법이라고 합니다. 구조체 멤버에 접근하는 가장 일반적인 형태입니다.

구조체 멤버에 접근하는 간단한 예제를 살펴보겠습니다.

```
1:    #include <stdio.h>
2:    #include <string.h>
3:
4:    struct student
5:    {
6:          char name[10];
7:          int age;
8:          int height;
9:    }st1;
10:
11:   int main(void)
12:   {
13:          strcpy(st1.name, "이창현");
14:          st1.age = 25;
15:          st1.height = 178;
16:
17:          printf("이름 = %s, 나이 = %d, 키 = %d\n", st1.name, st1.age,
18:          st1.height);
19:
20:          return 0;
21:   }
```

■ 실행결과

● 구조체는 통상 main 함수 바깥쪽에 선언합니다. 왜냐하면 구조체는 사용자가 정의한 자료형이기 때문에 main이 시작하기 전에 선언되어야 이 자료형을 인식하므로 사용할 수 있는 것입니다.

● 4−9번째 줄까지는 구조체를 정의 및 선언하고 있습니다. 구조체 멤버로는 문자형 배열 name과 정수형 age, height가 있습니다. 그리고 구조체 변수로는 st1을 선언하였습니다.

● 13번째 줄을 살펴보자면 구조체 멤버 name은 문자형 배열이므로 문자열을 대입할 수 있습니다. name은 구조체 변수 st1의 멤버이므로 st1.name의 형태로 사용할 수 있으며, strcpy 함수를 통해

서 문자열 "이창현"을 st1.name에 복사하고 있습니다.

● 14번째 줄은 구조체 멤버 age도 구조체 변수 st1의 멤버이므로 st1.age의 형태로 사용할 수 있으며, 25라는 정수값을 st1.age에 대입하고 있습니다.

● 15번째 줄도 마찬가지로 구조체 멤버 height가 구조체 변수 st1의 멤버이므로 st1.height의 형태로 사용할 수 있으며, 178이라는 정수값을 st1.height에 대입하고 있습니다.

● 17번째 줄은 구조체 변수를 통해 접근한 멤버의 값들을 출력하고 있습니다.

student 구조체 멤버의 총 크기는 얼마일까요? 변수 name의 경우는 문자형이고, 10개의 배열 요소를 가지고 있으므로 10바이트가 할당될 것입니다. 그리고 변수 age와 height의 경우는 정수형이므로 각각 4바이트씩 할당될 것입니다. 그러므로 이 구조체가 할당되는 메모리의 총 크기는 18바이트입니다.

구조체의 메모리 구조를 살펴보겠습니다.

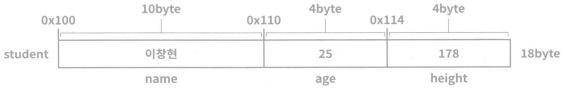

구조체의 메모리 구조

컴파일러는 구조체가 선언될 때 각 멤버의 옵셋과 자료형을 기억합니다. 그리고, 그 멤버를 만나게 되면 구조체의 시작 번지에서 옵셋을 더한 만큼 이동한 후 그 위치에서 멤버의 크기만큼 값을 읽습니다. name의 옵셋은 0이고, age의 옵셋은 10입니다. 그리고, height의 옵셋은 14입니다. 그 이유는 문자형 배열인 name의 크기가 10byte이기 때문이고, age는 10의 옵셋에서부터 크기가 4byte, height는 14의 옵셋에서부터 크기가 4byte 크기만큼의 메모리를 차지하게 됩니다.

### ■ 포인터 변수의 구조체 멤버 접근
구조체는 사용자가 정의한 자료형이라고 하였습니다. 그렇지만 일반 기본 자료형의 속성과 비슷합니다. 어쨌든 구조체는 자료형이므로 포인터형으로도 선언할 수 있습니다. 기본 자료형에서도 늘 그랬듯이 포인터 변수 선언은 변수 앞에 *만 붙여주면 됩니다.

포인터라는 것은 독자적으로 주소값을 할당하고, 사용할 수는 없습니다. 즉, 포인터는 자신이 가리킬 주소 대상이 있어야 합니다. 우리가 배웠던 포인터 사용의 기본 과정은 다음과 같습니다.

$$int\ a,\ *pA;$$

$$pA = \&a;$$

구조체도 마찬가지로 구조체 변수를 포인터로 사용하게 되면, 포인터가 가리켜야 할 주소의 대상이 있어야 합니다. 그러므로, 일반 구조체 변수를 먼저 생성해서 포인터 구조체 변수에 주소값을 넘겨주어야 합니다. 다음 예제를 통해 살펴보겠습니다.

■ 예제 : 13장\13-2\13-2.c

```
1:    #include <stdio.h>
2:    #include <string.h>
3:
4:    struct student
5:    {
6:        char name[10];
7:        int age;
8:        int height;
9:    }st, *pSt;
10:
11:   int main(void)
12:   {
13:       pSt = &st;
14:       strcpy(pSt->name, "이창현");
15:       pSt->age = 25;
16:       pSt->height = 178;
17:
18:       printf("이름 = %s, 나이 = %d, 키 = %d\n", pSt->name, pSt->age,
19:       pSt->height);
20:       return 0;
21:   }
```

■ 실행결과

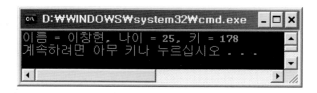

```
이름 = 이창현, 나이 = 25, 키 = 178
계속하려면 아무 키나 누르십시오 . . .
```

- 9번째 줄의 구조체 변수 선언을 보면 일반 변수 st와 포인터 변수 pSt가 선언되어 있는 것을 볼 수 있습니다.
- 13번째 줄은 st의 주소값을 pSt에 넘겨주고 있습니다. 즉, pSt는 st의 메모리를 가리키고 있는 것입니다. 그러므로 포인터 pSt를 통해서 구조체 멤버를 참조할 수 있습니다.
- 14번째 줄의 pSt->name의 표현은 (*pSt).name과 같은 표현이며 st.name과 같습니다.
- 15번째 줄의 pSt->age의 표현은 (*pSt).age와 같은 표현이며, st.age와 같습니다.
- 16번째 줄의 pSt->height의 표현은 (*pSt).height와 같은 표현이며, st.height와 같습니다.
- 18번째 줄에서는 pSt 포인터 변수를 통해 멤버에 입력된 값들을 참조하여 출력하고 있습니다.

포인터 변수에서 구조체 멤버를 참조할 시 ->를 사용하였는데 이는 포인터의 간접 참조 연산자를 의미합니다. 아무래도 (*pSt).age와 같은 표현보다는 pSt->age가 더 깔끔해 보이고 직관적입니다. 그래서 포인터를 이용하여 참조시에는 -> 연산자를 대체로 사용합니다. -> 모양이 화살표 모양이라서 Arrow(애로우)라고 부르기도 합니다.

포인터 변수로 동작하는 메모리 구조를 보면 다음과 같습니다.

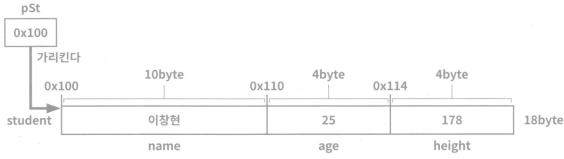

구조체의 포인터 변수 메모리 접근 구조

pSt는 st의 주소값을 가지고 있으며 pSt를 통해 멤버를 간접 참조하는 경우 해당 변수의 옵셋 위치로 이동합니다.

우리가 우체국에서 물건을 어디론가 보낼 때, 물건의 종류, 무게, 높이 등의 정보를 입력한다. 우리는 이러한 정보들을 갖고 있는 물건에 대한 구조체를 만들어보자. 구조체 이름은 object라고 하고 구조체 멤버로는 이름(name), 높이(height), 무게(weight)를 갖는다. 구조체 변수를 하나 선언하고, 구조체 변수를 통해 각각의 멤버에 값을 대입한다. 대입하는 값은 사용자로부터 입력받으며 입력이 끝나면 대입한 멤버의 값을 화면에 출력하도록 프로그램을 작성하라.

출력 예)
물건의 이름 : 책
물건의 높이(cm) : 30
물건의 무게(kg) : 2

보낼 물건의 정보 : 책, 30cm, 2kg

## Unit_4 = ("구조체 변수 초기화하기");

우리는 지금까지 구조체형의 변수를 선언하면서 선언과 동시에 초기화해준 적이 없습니다. 사실 구조체 내부에 선언되어 있는 구조체 멤버들은 기본 자료형의 일반 변수들이므로, 다음과 같은 형태로 값을 대입할 수 있습니다.

**[구조체 변수].[구조체 멤버] = 데이터 값**

우리가 앞에서 다루었던 예제에서도 값을 대입할 경우 이와 같은 방식을 사용하였습니다. 그런데 이렇게 매번 멤버에 값을 대입하는 방법은 사실 매우 비효율적입니다. 또한 코드의 양도 변수의 개수에 비례해서 늘어나기 마련입니다. C언어 개발자들이 이러한 비효율성을 가만 놔둘리 없습니다. 구조체도 기본 자료형과 마찬가지로 선언과 동시에 초기화하는 방법이 있습니다. 우리가 앞서 배웠던 배열의 초기화 방법과 매우 유사한 형태입니다.

다음은 student 구조체를 초기화하는 형태입니다.

```
struct student
{
        char name[10];

        int age;               또는 student st = { " 이창현 ", 25, 178};

        int height;
```

```
}st = { " 이창현 ", 25, 178};
```

name 멤버에 "이창현"이라는 문자열이 복사되고, age에는 25이, height에는 178가 대입이 될 것입니다. 초기값이 없는 멤버는 자동으로 0으로 초기화 됩니다. 구조체의 초기값은 대응되는 멤버와 자료형이 일치해야 합니다. 그리고, name과 같은 배열처럼 길이가 제한되어 있는 경우 초기값의 길이가 초과해서는 안 됩니다.

구조체 멤버를 초기화하는 간단한 예제를 작성해보겠습니다.

■ 예제 : 13장\13-3\13-3.c

```
1:     #include <stdio.h>
2:
3:     struct student
4:     {
5:           char name[10];
6:           int age;
7:           int height;
8:     }st = {"이창현", 25, 178};
9:
10:    int main(void)
11:    {
12:          printf("이름 = %s, 나이 = %d, 키 = %d\n", st.name, st.age, st.height);
13:
14:          return 0;
15:    }
```

■ 실행결과

● 8번째 줄의 구조체 변수 st는 선언과 동시에 세 개의 멤버 모두 각각 "이창현", 25, 178로 초기화하고 있습니다.

● 12번째 줄에서 바로 변수 st의 멤버를 출력하고 있습니다. 초기화 데이터들이 그대로 출력되는 것을 확인할 수 있습니다.

구조체 변수의 초기화하는 관계를 그림으로 살펴보겠습니다.

```
struct student
{
        char name[10];
        int age;
        int height;
}st = {"이창현", 25, 178};
```

구조체의 변수의 초기화 관계

## Char CHAPTER_3 = {"구조체의 배열과 포인터"};

## Unit_1 = ("구조체와 배열");

구조체는 자료형이므로 배열형으로도 선언할 수 있습니다. 지금까지 우리는 구조체를 선언하여 한 사람의 정보만 관리하였습니다. 만약 여러 사람의 정보를 관리하고 싶다면 어떻게 할까요? 구조체 변수를 배열로 선언하면 됩니다.

```
struct student
{
        char name[10];
        int age;                 또는 student st[5];
        int height;
}st [5];
```

구조체를 구성하는 멤버들은 다르지만 구조체 변수는 student라는 같은 타입의 구조체이므로 배열이 될 수 있습니다. 다음 예제를 통해 구조체 배열을 사용하는 형태를 살펴보겠습니다.

■ 예제 : 13장\13-4\13-4.c

```
1:     #include <stdio.h>
2:
3:     struct student
4:     {
5:          char name[10];
6:          int age;
7:          double height;
8:     }st[5] = { {"이창현", 25, 178.5},
```

```
9:                    {"이주성", 8, 125.8},
10:                   {"송유흠", 11, 145.5},
11:                   {"김민준", 11, 146},
12:                   {"김민성", 11, 146.3}};
13:
14:    int main(void)
15:    {
16:        int i;
17:
18:        printf("st[i] 구조체 멤버의 초기값 출력\n");
19:        for(i = 0; i <5; i++)
20:        {
21:            printf("이름 = %s, 나이 = %d, 키 = %.2f\n", st[i].name, st[i].age,
                   st[i].height);
22:        }
23:        //구조체 데이터 변경
24:        st[2].height = 146;
25:        printf("\nst[2] 구조체 멤버의 데이터 변경\n");
26:        printf("이름 = %s, 나이 = %d, 키 = %.2f\n", st[2].name, st[2].age, st[2].height);
27:
28:        return 0;
29:    }
```

■ 실행결과

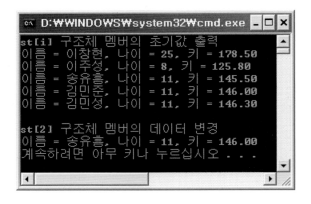

● 8번째 줄을 보면 구조체 변수를 길이가 5인 배열로 선언하였고, 각각의 배열의 요소들은 하나의
구조체이므로, 초기값을 name, age, height에 맞춰서 입력하였습니다. 한마디로 구조체 변수 5개
가 선언되어 초기화된 셈입니다.

● 19~23번째 줄은 구조체 변수 st의 각 배열의 요소를 통해 각각의 구조체 멤버의 값을 출력하고 있습니다. 각 배열의 요소들이 구조체 변수이므로 구조체 멤버에 접근하기 위해서 st[0].name, st[0].age, st[0].height와 같은 형태로 멤버에 접근하였습니다.

● 25번째 줄은 세 번째 배열의 요소인 st[2] 구조체 변수의 height 멤버의 값을 초기값 145.5에서 146으로 변경하고 있습니다.

● 27번째 줄은 변경한 구조체 변수의 멤버값을 출력하고 있습니다. St[2]의 이름과 나이의 값은 변경사항이 없으므로 초기값 그대로 출력되고, 키는 변경한 값으로 출력됩니다.

예제에서 살펴본 구조체 배열의 메모리 구조를 그림을 통해 살펴보겠습니다.

| | name | age | height |
|---|---|---|---|
| st[0] | 이창현 | 25 | 178.5 |
| st[1] | 이주성 | 8 | 125.8 |
| st[2] | 송유흠 | 11 | 145.5 |
| st[3] | 김민준 | 11 | 146 |
| st[4] | 김민성 | 11 | 146.3 |

구조체 배열의 메모리 구조

메모리 구조의 형태를 보면 마치 2차원 배열스럽습니다. 전체적으로는 배열이고 그 안에는 각각의 구조체들이, 그리고 각 구조체 속에는 멤버들이 들어 있습니다. 2차원 배열스러워 보이는 이유는 배열 안에 구조체가 들어 있기 때문입니다.

## Unit_2 = ("구조체와 포인터");

이번에는 구조체와 포인터의 관계에 대해서 이야기해보도록 하겠습니다. 우리는 이미 앞에서 수차례 포인터에 관하여 다루었으므로 포인터가 낯설지는 않을 것입니다. 포인터라는 것은 기본 자료형에서 주소값을 저장하기 위한 변수입니다. 구조체는 사용자가 정의한 자료형이라고 했습니다. 어쨌든 구조체도 자료형이기 때문에 포인터 형태로 선언하고 사용할 수 있습니다. 즉, 정의해 놓은 구조체로 구조체 변수를 선언할 수 있듯이 구조체 포인터 변수도 선언이 가능합니다. 예를 들어 앞에서 사용했던 student 구조체가 정의되어 있다면 다음과 같이 구조체 포인터를 선언할 수 있습니다.

```
struct student *pSt;
```

이렇게 선언된 포인터 pSt는 student의 구조체 변수를 가리킬 수 있게 됩니다. 다음은 앞의 예제를 기반으로 구조체 포인터의 코드를 추가하여 어떻게 활용되는지 작성해보겠습니다.

## ■ 예제 : 13장\13-5\13-5.c

```
1:     #include <stdio.h>
2:
3:     struct student
4:     {
5:         char name[10];
6:         int age;
7:         double height;
8:     }st[5] = { {"이창현", 25, 178.5},
9:                {"이주성", 8, 125.8},
10:               {"송유흠", 11, 145.5},
11:               {"김민준", 11, 146},
12:               {"김민성", 11, 146.3}};
13:
14:    int main(void)
15:    {
16:        int i;
17:        struct student *pSt;
18:        pSt = st;
19:
20:        printf("st[i] 구조체 멤버의 초기값 출력\n");
21:        for(i = 0; i <5; i++)
22:        {
23:            printf("이름 = %s, 나이 = %d, 키 = %.2f\n", st[i].name,
24:            st[i].age, st[i].height);
25:        }
26:
27:        //구조체 포인터를 이용한 출력
28:        printf("\n구조체 포인터를 이용한 출력\n");
29:        for(i = 0; i <5; i++)
30:        {
```

```
31:            printf("이름 = %s, 나이 = %d, 키 = %.2f\n", (pSt + i)->name,
32:            (pSt + i)->age, (pSt + i)->height);
33:        }
34:
35:        return 0;
36:    }
```

■ 실행결과

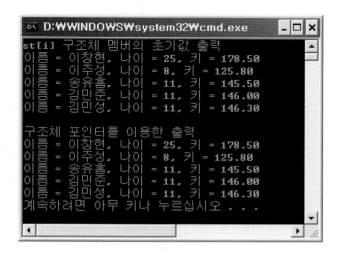

● 17번째 줄을 보면 구조체 student의 포인터 변수 *pSt의 선언을 볼 수 있습니다. student라는 구조체의 포인터형 변수를 선언한 것입니다. 즉, 구조체 변수의 주소값을 저장하기 위한 포인터 변수입니다.

● 18번째 줄은 구조체 포인터 변수 pSt에 구조체 배열 st를 대입하고 있습니다. 우리가 앞에서 배웠듯이 배열의 이름은 포인터입니다. 즉, 주소값을 의미합니다. 그래서 pSt = st의 식이 성립할 수 있습니다.

● 21-25번째 줄은 구조체 배열 st의 변수를 통해 구조체 멤버의 값들을 반복문을 사용하여 출력하고 있습니다. 이 코드는 앞의 예제에서 이미 설명한 방식이므로 따로 언급하지는 않겠습니다.

● 29-33번째 줄의 코드가 이 예제에서 구조체 포인터를 이해해야 할 핵심입니다. 포인터 변수 pSt는 st의 주소값을 가지고 있습니다. 즉, 가장 최상위 위치의 주소값입니다. 여기서 pSt + i와 같이 포인터 주소에 정수값이 더해지면, 구조체 배열의 요소(구조체 변수)가 이동하는 것과 같습니다. i가 0일 때는 첫 번째 구조체 변수의 주소값을 가리키며, i가 1일 때는 두 번째 구조체 변수를, i가 2일 때는 세 번째 구조체 변수를 가리킵니다. 각각의 구조체 변수를 통해 그에 해당하는 멤버의 값을 읽을 수 있습니다.

예제의 메모리 구조를 그림을 통해 살펴보도록 하겠습니다.

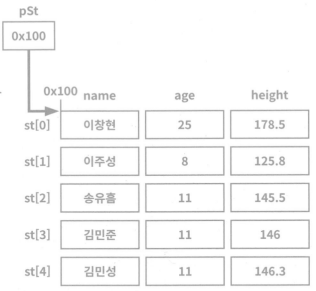

구조체 포인터의 메모리 구조

## Unit_1 = ("**공용체와 구조체의 비교**");

공용체는 구조체와 마찬가지로 사용자 정의 자료형이며, 구조체와 비교해보았을 때 정의하는 방법이나 선언하는 방법 및 사용하는 방법 모두 동일합니다. 차이가 있다면 공용체에 속한 멤버들이 각각 별도의 메모리 공간을 갖는 것이 아니라, 메모리를 공유하고 있다는 점입니다. 메모리를 공유한다는 개념 자체가 한 번에 잘 이해가 가지 않을 것입니다. 다음 구조체의 공용체 정의와 선언의 형태를 비교하고, 메모리를 공유한다는 의미를 이해해 보도록 하겠습니다.

| 구조체 | 공용체 |
|---|---|
| ```
struct stTemp
{
        char a;
        int b;
        double c;
}st ;
``` | ```
union unTemp
{
        char a;
        int b;
        double c;
}un ;
``` |

구조체와 공용체의 정의 형태를 비교해보면 선언 키워드만 struct와 union으로 차이만 있을 뿐, 멤버를 선언하거나 구조체 변수 또는 공용체 변수를 선언하는 형태는 동일합니다. 결국, 이 두 개는 메모리를 할당하는 형태가 다릅니다. 그림을 통해 메모리의 형태를 살펴보도록 하겠습니다.

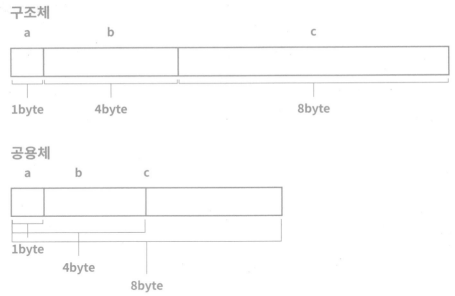

구조체와 공용체의 메모리 형태 비교

구조체의 메모리 구조를 보면 선언된 멤버가 순서대로 배치되며 문자형 a가 1바이트, 정수형 b가 4바이트, 실수형 c가 8바이트를 차지합니다. 구조체 메모리 크기는 모든 멤버의 크기의 총합이므로 13바이트가 됩니다. 반면, 공용체의 메모리 구조를 보면 선언된 멤버들은 메모리 공간을 공유하고 있는데, 모든 멤버의 메모리 공간의 시작은 메모리의 선두 번지에 배치되며, 문자형 a, 정수형 b, 실수형 c 모두 메모리의 같은 시작 번지를 가지고 있습니다. 즉, 메모리의 크기는 멤버 중에서 가장 큰 자료형인 double 형 메모리의 크기가 됩니다.

## Unit_2 = ("공용체의 사용법");

공용체는 메모리를 공유한다는 것을 알 수 있었습니다. 공용체에 대한 간단한 예제를 작성해보고, 공용체의 메모리 구조를 확인해보겠습니다.

■ 예제 : 13장\13-6\13-6.c

```
1:    #include <stdio.h>
2:
3:    union unTemp
4:    {
5:        char a;
6:        int b;
7:        double c;
```

```
8:      }un;

9:

10:     int main(void)

11:     {

12:         printf("문자형 a의 주소와 크기 : %x, %d\n", &un.a, sizeof(un.a));

13:         printf("정수형 b의 주소와 크기 : %x, %d\n", &un.b, sizeof(un.b));

14:         printf("실수형 c의 주소와 크기 : %x, %d\n", &un.c, sizeof(un.c));

15:

16:         un.a = 'A';

17:         printf("문자형 a의 값 : %c\n", un.a);

18:         un.b = 100;

19:         printf("정수형 b의 값 : %d\n", un.b);

20:         un.c = 3.14;

21:         printf("실수형 c의 값 : %.2f\n", un.c);

22:         printf("문자형 a의 값 : %c\n", un.a);

23:

24:         return 0;

25:     }
```

■ 실행결과

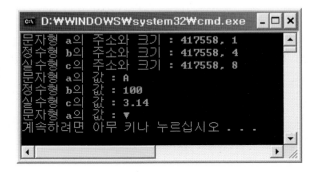

● 3-8번째 줄은 공용체의 정의 및 선언을 하고 있습니다. 정의 형식은 구조체와 똑같다고 보면 됩니다. 공용체의 변수는 un으로 선언하였습니다.

● 12-14번째 줄은 공용체 각 멤버의 시작 주소값과 크기를 출력하고 있습니다. 실행 결과에서 보았듯이 세 멤버의 시작 주소값은 모두 같은 주소값임을 확인할 수 있습니다.

그리고, 각각의 멤버의 크기를 구해 보면, 문자형은 1바이트, 정수형은 4바이트, 실수형은 8바이트가 출력되는 것을 확인하였습니다. 이를 통해 알 수 있는 사실은 무엇일까요? 핵심 포인트는 세 멤버의 주소가 모두 같다는 점입니다. 즉, 시작 주소가 같으므로 메모리를 공유하고 있다는 것을 증명하고 있습니다.

● 16-17번째 줄은 공용체의 멤버 a에 'A'라는 값을 대입하고, 화면에 출력하였습니다. 결과는 'A'가 출력되었습니다.

공용체의 메모리는 멤버 중 가장 큰 메모리를 공유한다고 하였으므로, double형인 8바이트의 메모리를 공유합니다. 이 메모리의 1바이트만큼의 공간에 'A' 데이터가 쓰여진 것입니다.

● 18-19번째 줄은 공용체의 멤버 b에 100이라는 값을 대입하고, 화면에 출력하였습니다. 결과는 100 이 출력되었습니다.

마찬가지로 8바이트의 공유 메모리에서 4바이트만큼의 공간에 100이라는 데이터가 쓰여진 것입니다.

● 20-21번째 줄은 공용체의 멤버 c에 3.14라는 값을 대입하고, 화면에 출력하였습니다. 결과는 3.14가 출력되었습니다.

이 데이터는 자신의 자료형의 크기인 8바이트를 할당하고 있었으므로 이 메모리에 3.14 데이터가 쓰여진 것입니다.

● 22번째 줄은 앞서 출력했던 문자형 데이터 a의 값을 다시 출력하고 있습니다. 결과가 어떻게 나오나요? 17번째 줄의 결과와 다르게 쓰레기값이 출력되는 것을 볼 수 있습니다. 그 이유는 무엇일까요? 이것이 바로 메모리를 공유함으로 인해 발생한 데이터의 변질입니다.

최종적으로 메모리에 입력된 값은 20번째 줄의 3.14입니다. 그러므로 현재 8바이트의 메모리 상에는 3.14가 저장되어 있습니다. 그런데, 여기에서 un.a를 출력하라는 것은 3.14가 저장되어 있는 8바이트의 메모리 상에서 1바이트만 출력하겠다는 의미입니다. 즉, 이전의 'A'값은 보존되지 않으므로 쓰레기 값이 출력되는 것입니다.

예제의 공용체 메모리 구조를 그림을 통해 알아보겠습니다.

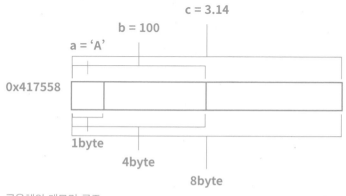

공용체의 메모리 구조

위 도표에서 보듯이 3개의 변수를 가지고 있지만, 전체 메모리 크기는 3개의 변수 중 가장 큰 double형 변수 c의 크기가 됩니다. 그리고 변수들의 시작 주소가 모두 동일합니다.

구조체와 결과를 비교하고 싶다면 예제의 3번째 줄의 union을 struct로 변경한 후 빌드하여 결과를 확인해보면 됩니다. 아마 각 멤버의 시작 주소가 각각 다르게 나타나는 것을 확인할 수 있을 것입니다.


## Unit_3 = ("공용체의 특징");

### ■ 공용체의 사용 이유

공용체를 사용하는 가장 기본적인 이유는 메모리를 절약하기 위해서입니다.

예를 들어 우리가 화장실을 사용한다 했을 때 보통 각 가정집마다 화장실이 하나씩 있습니다. 우리집 화장실에 옆집이나 앞집 사람들이 와서 사용하지는 않습니다. 모두 다 자기집 화장실을 사용합니다. 그런데 공원 같은데 나가보면 공중 화장실이 있습니다. 공중 화장실의 경우는 어떠한 사람이든 누구나 같이 사용할 수 있습니다.(같은 칸에 여럿이 같이 들어간다는 말이 아닙니다. -.-;;) 화장실이라는 공간 자체를 누구나 다 같이 사용할 수 있도록 공유하고 있다는 의미입니다.

마치, 구조체의 경우는 개인 화장실을 사용하는 것과 같이 각 구조체 멤버들은 각각의 공간을 갖고 있지만 공용체의 경우는 공중 화장실을 사용하는 것처럼 각 공용체 멤버들은 공간 자체를 서로 공유하고 있는 형태입니다.


### ■ 공용체의 초기화

공용체의 경우 3개의 변수를 모두 초기화할 수 없습니다. 왜냐하면 메모리 공간을 공유하고 있으므로 모든 공용체 멤버의 초기화가 불가능하며 가장 첫 번째 멤버만 초기화합니다. 예를 들면 이러한 형태입니다.

```
union unTemp{
        char a;
        int b;
        double c;
}un = { 'A' };
```

## ■ 공용체 사용시 유의 사항

예제에서도 확인했지만, 공용체의 멤버는 동시에 사용하게 되면 데이터가 변질될 우려가 있으므로 따로 따로 사용해야 합니다.

## Char CHAPTER_5 = {"열거형"};

### Unit_1 = ("열거형이란");

열거형은 enumeration의 약자로, enum(이넘)이라고 읽습니다. 잘못 말하면, 이놈, 저놈하는 욕처럼 들릴 수 있습니다. 열거형은 말 그대로 메모리 상에 저장될 데이터들을 열거한 집합이라고 보면 되는데, 컴파일러는 열거형의 멤버들을 정수형 상수로 취급합니다.

열거형은 우리의 일상생활에서도 흔히 찾아 볼 수 있습니다. 연관된 여러 가지 사물들의 집합들이 열거형이 될 수 있을 것입니다. 예를 들면, 냉장고 안에 들어 있는 과일의 종류를 열거하자면 사과, 수박, 참외, 복숭아, 오렌지 등이 있을 수 있고, 세계 각국의 나라 이름을 열거 하자면 한국, 중국, 미국, 브라질, 코스타리카, 네덜란드 등을 들 수 있습니다.

### Unit_2 = ("열거형의 사용법");

열거형 또한 구조체와 매우 유사한 형태로 정의할 수 있습니다. 키워드는 enum을 사용하여 다음과 같이 정의합니다.

```
enum Week
{
        sun = 0,
        mon,
        tue,
        wed,
        thu,
        fri,
        sat
};
```

키워드는 구조체의 struct를 사용했던 것처럼 대신 enum을 사용하였고 열거형의 이름은 Week라고 정의하였습니다. 열거형의 멤버들은 각 요일을 나타내며 첫 번째 멤버 sum을 0으로 설정하였으면 그 다음 멤버인 mon은 1씩 증가하여 1이 되고, 그 다음 멤버 tue는 2, wed는 3 …… sat는 6이 됩니다. 즉, 멤버에 값을 따로 설정해주지 않으면 자동으로 1씩 증가하게 됩니다. 그렇다고 멤버의 값을 변경할 수는 없는 것은 아닙니다. 다음과 같이 사용할 수도 있습니다.

```
enum Week
{
        sun = 0,
        mon,
        tue = 5,
        wed,
        thu,
        fri = 100,
        sat
};
```

처음에 보았던 열거형의 정의와는 다르게 중간 중간에 멤버의 값이 설정되어 잇는 것을 볼 수 있습니다. 이러한 경우는 값의 설정이 sun이 0이므로 mon은 1이 되는 것은 당연한 일입니다.

그런데, tue의 경우처럼 5의 값이 설정되어 있으면 다음 멤버인 wed는 5에 1을 더한 6의 값이 설정되고, thu도 6에 1을 더해진 7의 값이 설정됩니다. fri의 경우는 100의 값이 설정되어 있으므로, sat는 101이 설정됩니다.

열거형의 사용법과 특징들에 관하여 알아보았으므로, 이를 기반으로 간단한 예제를 작성해보겠습니다.

■ 예제 : 13장\13-7\13-7.c

```
1:    #include <stdio.h>
2:
3:    enum Week
4:    {
5:            sun = 1,
```

```
 6:          mon,
 7:          tue,
 8:          wed,
 9:          thu,
10:          fri,
11:          sat
12:     };
13:
14:     int main(void)
15:     {
16:          int day;
17:          printf("요일을 입력하세요(1.일 2.월 3.화 4.수 5.목 6.금 7.토) : ");
18:          scanf("%d", &day);
19:
20:          switch(day)
21:          {
22:          case sun:
23:               printf("일요일엔 짜파땡땡₩n");
24:               break;
25:          case mon:
26:               printf("월요일엔 스트레스₩n");
27:               break;
28:          case tue:
29:               printf("화요일에 만나요₩n");
30:               break;
31:          case wed:
32:               printf("수요일엔 빨간 장미를₩n");
33:               break;
34:          case thu:
35:               printf("목요일엔 뭐하지?₩n");
36:               break;
37:          case fri:
38:               printf("금요일엔 달걀 후라이₩n");
39:               break;
40:          case sat:
41:               printf("토요일엔 나들이₩n");
42:               break;
43:          default:
```

```
44:            printf("잘못 입력하셨습니다.\n");
45:        }
46:
47:        return 0;
48:    }
```

■ 실행결과

● 3-12번째 줄까지 enum형을 Week라는 이름으로 정의하고 있습니다. 열거형의 첫 번째 멤버 sum의 값은 1로 설정하였으므로, 이후의 멤버값들은 각각 1씩 증가하며 자동 설정됩니다. mon은 2, tue는 3 … sat은 7이 됩니다.

● 18번째 줄에서는 요일의 값을 사용자로부터 정수값으로 입력받되, 해당 요일의 정수값을 입력 하도록 합니다. 요일의 범위는 1부터 7까지입니다.

● 20-45번째 줄까지는 switch ~ case문이며 사용자로부터 입력받은 day의 값을 switch에 입력 하고, 각 case문에 열거형 멤버를 통해 비교하고 있습니다. 아무래도 입력한 정수형을 그대로 노출 하여 정수값 1,2,3,4,5,6,7로 비교하는 것보다는 열거형 멤버인 sum, mon, tue, wed, thu, fri, sat으로 비교하는 것이 훨씬 명시적입니다. 입력한 값의 범위가 1부터 7 이외의 값이면 default로 넘어가서 "잘못 입력하셨습니다."라는 문구를 출력합니다.

__// 잠깐 알아두세요_

**열거형의 사용**

열거형의 경우는 의외로 사용 빈도가 높고 대부분의 프로그래밍 언어에서 지원하는 기본 타입이므로 최소한 코드를 가 독할 수는 있어야 합니다. 주로 연속된 종류의 데이터를 정의할 때 열거형을 많이 사용합니다.

= {"**Part_13 과제 정답 및 해설**"};

■ **과제 13-1**

```
1:    #include <stdio.h>
2:    #include <string.h>
3:
4:    struct object
5:    {
6:         char name[10];
7:         int weight;
8:         int height;
9:    }obj;
10:
11:   int main(void)
12:   {
13:        printf("물건의 이름 : ");
14:        gets(obj.name);
15:        printf("물건의 높이(cm) : ");
16:        scanf("%d", &obj.height);
17:        printf("물건의 무게(kg) : ");
18:        scanf("%d", &obj.weight);
19:
20:        printf("\n보낼 물건의 정보 : %s, %dcm, %dkg\n", obj.name, obj.height, obj.weight);
21:
22:        return 0;
23:   }
```

● 이 과제는 요구하는 구조체를 선언할 수 있는지, 그리고 구조체 멤버에 접근하는 방법에 대해 숙지하고 있는지 확인하고자 함입니다.

● 4–9번째 줄까지는 object라는 이름의 구조체를 정의하되, name, weight, height 3개의 구조체 멤버를 가지고 있습니다. 그리고, 구조체 변수로는 obj라고 선언하였습니다.

● 14번째 줄은 사용자로부터 물건의 이름을 문자열로 입력받아, obj.name에 저장합니다. 문자열 입력 함수로 gets를 사용하였습니다.

● 16번째 줄은 사용자로부터 물건의 높이를 정수로 입력받아 obj.height에 저장합니다.

● 18번째 줄은 사용자로부터 물건의 무게를 정수로 입력받아 obj.weight에 저장합니다.

## 1. 구조체 요약

구조체는 자료를 편리하게 관리하기 위해 사용합니다.

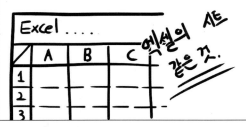

구조체는 다른 종류의 변수를 묶어서 새로운 자료형으로 정의합니다.

예를 들면 학생의 정보 같은 경우에는

이름  C양
나이  17세
성별  여성

구조체를 이용하여 하나의 자료형으로 묶어서 관리하는 것이 편리합니다.

```
struct student
    이름
    나이     ) 자료형
    성별
```

## 2. 구조체 선언과 사용법

구조체의 선언 방법은 아래와 같습니다.

```
struct student          구조체명
{
    char name [10]:
    int age:              ) 자료
    int height:
}st1, st2;
         구조체  변수
```

구조체 사용법은 아래와 같습니다.

```
struct student
{
    char name [10]:        구조체
    int age:               선언 흑
     int height:
}st1, st2;
      구조체 변수

int main(void)        구조체 변수
{
    struct(st1, name, "이창현");     자료형을
    st1, age = 25;                   정의한다.
    st1 height =178;
}
```

```
8:
9:          fputs("학생수를 입력하세요 : ", stdout);
10:         scanf("%d", &num);
11:
12:         student = (int*)malloc(sizeof(int) * num);
13:
14:         if(student == NULL)
15:         {
16:                 printf("메모리가 부족하여 메모리를 할당할 수 없습니다.\n");
17:                 return 0;
18:         }
19:
20:         printf("할당된 메모리의 크기는 %d 입니다\n", sizeof(int) * num);
21:
```

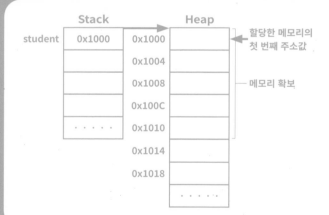

힙 메모리 영역에 20바이트의 메모리를 할당하고, 할당한 메모리의 첫 번째 주소값을 student 포인터에 넘겨주고 있습니다.
이 때 student 포인터 변수는 함수 내에 선언된 하나의 지역 변수이므로 stack 메모리 영역에 존재합니다.

코드의 기본 동작 원리인 메모리 구조를 살펴보고 동적 메모리의 사용 방법 및 메모리 관련 함수들에 대해 학습합니다.

프로그래머가 메모리를 제어할 수 있다는 것은 하나님께서 인간에게 자유의지를 부여한 것만큼 프로그래머 입장에서는 큰 권한을 얻은 것입니다. 하지만 역으로 많은 권한을 부여 받은 만큼의 책임과 수고를 감내해야 합니다. 즉, 메모리를 직접 관리해야 하는 것입니다. 메모리를 잘못 관리하게 되면 시스템 다운의 주범이 되므로 프로그래머는 자신이 할당한 메모리는 철저하게 관리해야 합니다. 그렇다고 미리 겁먹을 필요는 없습니다. 메모리 구조를 잘 파악하고, 메모리 관련 함수들을 잘 사용한다면 상대적으로 쉬운 내용이 될 수도 있습니다. 이번 시간에는 기본적인 메모리 구조를 먼저 파악하고, 우리가 할당할 수 있는 메모리가 무엇인지 그리고 어떻게 사용하는지에 대해서 알아보도록 하겠습니다.

## Char CHAPTER_1 = {"메모리의 구조"};

### Unit_1 = ("메모리 영역");

우리는 배열과 포인터를 배우면서 메모리 영역을 기반으로 이해하였습니다. 지금까지 우리가 배운 메모리 영역은 스택 영역 기반의 메모리가 대부분이었으므로 이번 시간 동적 메모리에 대해 알아 보면서 메모리에 대한 정리를 명확하게 하고 시작하도록 하겠습니다.

메모리에는 크게 코드 영역, 스택 영역, 힙 영역, 데이터 영역 총 4가지 영역으로 구분합니다.

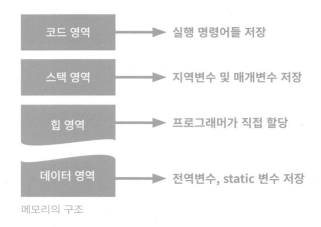

메모리의 구조

각 메모리 영역의 특징들에 대해 알아보도록 하겠습니다.

### ■ 코드(Code) 영역

코드 영역은 소스코드가 저장되는 영역으로, 컴퓨터가 실행해야 할 명령어들이 순서대로 쌓이는 메모리 영역입니다. 우리가 코딩한 것을 실행시키면 CPU가 알아서 코드 영역에 저장된 명령어들을 하나씩 가져가 처리하는 방식으로, 컴퓨터가 알아서 처리하기 때문에 우리가 따로 신경 쓸 필요가 없는 영역입니다.

### ■ 스택(Stack) 영역

스택이란 모든 원소들의 삽입 삭제를 리스트의 한쪽 방향에서만 수행되도록 하는 제한 조건을 가진 선형 자료구조입니다. 한마디로 출입구가 한 군데라서 데이터가 들어온 곳으로부터 다시 나가는 구조입니다. 자료구조에서 이러한 방식을 후입 선출 방식(LIFO)이라고 합니다.

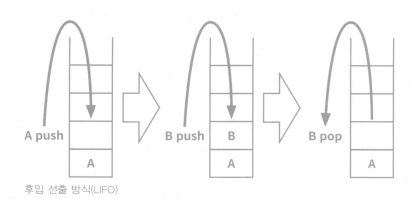

후입 선출 방식(LIFO)

위 그림과 같이 스택 메모리에 최초 A라는 값을 저장하고, 그 후에 B라는 값을 메모리에 추가로 저장하였습니다. 이후 저장한 메모리를 삭제할 경우 스택의 경우는 나중에 들어온 B의 메모리를 먼저 삭제하게 됩니다. 즉, 후입 선출 방식으로 나중에 들어온 녀석이 먼저 빠져 나가게 됩니다.

쉽게 잘 연상이 안 된다면 뷔페에 가서 음식 먹을 때 쌓여 있는 접시들을 연상해보십시오. 그 쌓인 접시의 구조가 바로 이 스택 구조입니다. 여러분은 음식을 먹기 위해 쌓여 있는 접시를 집으며 이렇게 한마디씩 외쳐 보십시오. "스택!!!"

그렇다면 스택이란 영역의 메모리를 어디서 사용할까요? 우리가 지금껏 함수 안에서 사용했던 지역 변수나 매개 변수 등은 모두 스택 메모리 영역을 사용하였습니다.

예를 들어서, 다음과 같은 함수를 하나 정의했다고 하겠습니다.

```
void Test(int a)
{
        char b = 'A';
        int c = 1;
        double d = 3.14;
}
```

Test라는 함수 내부의 지역변수와 매개변수들을 살펴보면, 가장 먼저 int a라는 매개변수가 선언되고, 그 이후로 char b, int c, double d 등의 지역 변수가 선언되는 것을 볼 수 있습니다. 다음은 이러한 매개변수 및 지역변수가 스택 메모리에서 어떠한 구조로 저장되는지 그림으로 살펴보겠습니다.

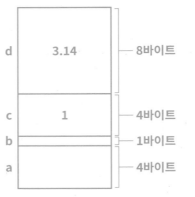

스택에서의 매개변수 및 지역변수의 저장 구조

매개변수 int a는 Test라는 함수의 가장 처음에 선언된 변수이므로, 스택 메모리 상에서 가장 먼저 쌓이게 됩니다. 정수형이므로 4바이트만큼 메모리 영역을 차지하게 됩니다. 두 번째 선언 변수인 char b는 1바이트이므로 a 다음의 위치에 1바이트만큼의 영역을 차지하고, 세 번째, 네 번째 선언 변수인 int c, double d 또한 각각 4바이트, 8바이트만큼 스택 메모리에 쌓이게 됩니다. 만약, 이 Test 함수를 벗어날 시에는 이 스택 메모리는 소멸되며, 소멸되는 순서는 선언 순서의 반대인, d, c, b, a 순서로 소멸될 것입니다.

## ■ 힙(Heap) 영역

힙은 컴퓨터 메모리의 일부가 할당되었다가 회수되는 일들이 반복되는 것을 말합니다.

프로그래머(사용자)가 필요에 의해서 그 즉시 메모리를 할당하다 보니, 블록의 크기나 요구 및 횟수 순서가 일정한 규칙이 없다는 점이 특징입니다. 즉, 힙은 코드의 컴파일 시에 할당하는 메모리가 아니라 프로그램 실행 시에 사용자로부터 할당하고자 하는 메모리를 입력받는 것이므로 이 영역은 미리 메모리 공간을 예측할 수 없습니다.

메모리 공간 중에 가장 특이한 영역이라고 할 수 있습니다. 이번 장에서는 동적으로 힙 영역에 메모리를 할당하고 해제하는 방법에 대해 알아볼 것입니다.

## ■ 데이터 영역

데이터 영역은 전역 변수와 static 변수들이 저장되는 메모리 영역입니다.

전역 변수의 경우 선언 위치가 어디인가요? 함수 외부에 선언되어 있는 것을 볼 수 있습니다.

static 변수의 경우는 어떤가요? 선언 위치는 지역 변수처럼 선언되지만, static의 속성상 함수가 종료되어도 소멸되지 않는다는 특징을 가지고 있습니다. 자, 그러면 앞에서 설명했던 전역 변수와 static 변수의 공통점을 잠깐 생각해본다면 어떤 것이 있을까요? 함수 영역에 전혀 구애 받지 않는 다는 것입니다.

전역 변수의 경우는 함수 외부에 선언되어 있으므로 프로그램이 시작할 때 생성되고, 프로그램이 끝날 때 소멸됩니다. static 변수의 경우는 선언한 위치에서 메모리가 생성되고, 메모리의 소멸은 전역 변수와 마찬가지로 프로그램이 끝날 때 소멸됩니다.

이러한 변수들은 함수에 종속적이지 않고, 프로그램의 필요에 따라 언제든 호출이 가능해야 하므로 메모리를 구분하여 데이터 영역이라는 곳에 저장하고 사용합니다.

## Unit_2 = ("메모리의 흐름");

다음은 우리가 쉽게 가독할 수 있는 간단한 예제를 보도록 하겠습니다. 이 간단한 예제를 보는 이유 는 바로 메모리의 흐름을 파악해 보기 위함입니다. 우리는 앞에서 숱하게 많은 예제를 다루면서 문 법에 맞게 사용할 줄만 알았지 메모리 관점에서 그 흐름을 생각해 본적은 없을 것입니다. 예제를 통 해 메모리의 흐름을 파악해보겠습니다.

■ 예제 : 14장\14-1\14-1.c

```
1:     #include <stdio.h>
2:
3:     int g_a;
4:     int g_b;
5:
6:     int f1(int c);
7:     int f2(int d);
8:
9:     int main(void)
10:    {
11:        int h = 10;
12:        g_a = f1(h);
13:        g_b = f2(h);
14:
15:        printf("g_a = %d, g_b = %d\n", g_a, g_b);
16:        return 0;
17:
```

```
18:     }
19:
20:     int f1(int c)
21:     {
22:         int e = 10;
23:         return e + c;
24:     }
25:
26:     int f2(int d)
27:     {
28:         int f = 20;
29:         return f + d;
30:     }
```

■ 실행결과

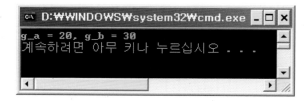

위 예제를 통한 메모리의 흐름은 다음과 같이 5단계에 걸쳐서 살펴볼 수 있습니다.

● 프로그램의 시작과 전역 변수의 저장

우리는 '프로그램의 시작은 언제나 main 함수에서부터이다.'라고 생각하고 있습니다. 하지만, 사실은 main 부터가 아니라 그 이전의 전역 변수가 데이터 영역에 올라가는 일이 main 함수의 호출보다 먼저 진행됩니다. 예제에서는 3, 4번째 줄 g_a와 g_b를 선언함으로써 프로그램 시작 시 데이터 영역에 저장하게 됩니다.

● main함수의 시작

9에서 11번째 줄에 main 함수의 시작과 함께 정수형 변수 int h를 선언하고 있습니다. 그러면 스택 메모리에 가장 먼저 변수 h가 올라가게 됩니다.

● f1 함수의 호출 및 완료

main 함수 내에서 13번째 줄에 f1함수를 호출하되, 매개변수로 h의 값을 넣고 있습니다. 함수를 호출 시 해당 함수 f1으로 점프하여 수행합니다. 20번째 줄 f1함수 내에서는 다시 스택 메모리를 사용하게 되는데 앞서 스택에 저장한 변수 h 위에 매개 변수 int c가 올라가고 22번째 줄에 선언한 정수형 변수 int e가 스택 메모리에 올라가게 됩니다. 23, 24번째 줄에서 값을 리턴하고 f1함수를 종료함으로써 스택 메모리에 방금 올라갔던 변수 c와 e는 소멸됩니다.

● f2 함수의 호출 및 완료

main 함수 내에서는 f1함수의 호출이 종료되고, 13번째 줄에 다시 f2함수를 호출하게 되는데, f1과 마찬가지로 매개변수와 선언한 지역변수가 스택 메모리에 올라가게 됩니다. 26, 28번째 줄에 각각 매개변수 int d와 지역변수 int f가 스택 메모리에 올라가고, 29, 30번째 줄에 값의 리턴과 함께 f2 함수를 종료하게 되면, 변수 d와 f는 메모리에서 소멸됩니다.

● main 함수의 종료 및 프로그램의 종료

15번째 줄에서 printf를 통해 전역 변수의 값을 출력합니다. 이 때, f1과 f2안에서 선언하였던 모든 매개변수 및 지역변수들은 소멸된 상태이며, main 함수 내에서 선언한 변수 h와 전역 변수 g_a, g_b만 유효합니다. 이제 main 함수를 종료합니다. 이 때 변수 h는 스택 메모리에서 소멸되고 전역 변수만 저장되어 있는 데이터 영역은 그대로 유지됩니다. 데이터 영역은 프로그램이 종료되어야만 비로소 비워지게 됩니다.

다음 그림은 위의 메모리 흐름의 과정입니다.

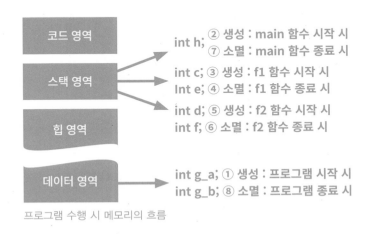

프로그램 수행 시 메모리의 흐름

## Char CHAPTER_2 = {"동적 메모리 할당"};

### Unit_1 = ("동적으로 메모리를 할당하는 이유");

컴퓨터에서는 어떠한 프로그램이든 수행하기 위해서는 메모리가 필요합니다. 일반적으로 우리가 사용하는 어플리케이션 수행부터 그 내부에 구현되어 있는 함수 및 선언한 변수들 모두 메모리 상에 적재되어 수행되는 요소들입니다. 메모리 상에 적재되는 가장 기본적인 변수의 형태는 다음과 같습니다.

```
int a;
double b;
```

변수 a는 정수형이므로 메모리 4바이트가 할당될 것이고, 변수 b는 실수형이므로 메모리 8바이트 할당될 것입니다. 이런 식으로 코드 작성 시 미리 메모리의 필요량을 알려주는 할당을 정적 할당 (Static Allocation)이라고 합니다. 이것은 컴파일을 하는 컴파일 타임(Compile-Time)에 이루어 집니다.

자, 이번에는 배열을 사용하는 경우를 살펴보도록 하겠습니다.

우리는 같은 형태의 수많은 자료를 한꺼번에 관리하기 위해 배열을 사용하였습니다. 예를 들어, 전교생이 10명인 학교의 경우 학생 수를 관리하는 배열을 선언한다고 해보겠습니다. 아마 우리가 하던 방식대로 int student[10]; 이런 식으로 선언을 하겠지요. 그런데 만약 학생들이 학교에 전학을 오고 가게 되면 배열의 공간에 변화를 줄 수밖에 없습니다. 학생 수가 줄어드는 것은 문제가 되지 않지만, 학생 수가 늘어나게 되면 메모리 공간이 부족해지므로 문제가 될 수 있습니다. 이러한 경우 int student[100]이라고 선언하여 메모리 공간을 여유롭게 할당할 수도 있습니다. 그러나 이것은 미봉책에 불과합니다. 어떤 학교는 학생수가 1000명 이상이 될 수도 있을 것입니다. 이러한 경우에는 이 배열의 크기를 적용할 수 없습니다. 결국 이 시스템은 학생 수가 유동적이므로 미리 고정하지 말고 실행 시에 정하는 것이 좋을 것 같습니다.

위와 같은 논리에 의해 다음의 코드를 한 번 보도록 하겠습니다.

```
int num;
fputs("학생수를 입력하세요 : ", stdout);
scanf("%d", &num);
int student[num];
```

우리가 아는 범위 내에서 생각해 보았을 때 위와 같이 학생 수를 사용자로부터 입력받아 배열 선언 시 학생 수를 배열의 길이에 포함시키면 될 것 같습니다.

그런데 이 코드를 눈으로 살펴보았을 때는 문제없어 보이지만, 막상 작성하여 컴파일해보면 문제가 발생하는 것을 볼 수 있습니다. 어느 부분이 문제가 있을까요? 그렇습니다 배열 선언 시 배열의 첨자는 무조건 상수를 사용해야 한다고 하였습니다. 그런데 첨자에 변수가 들어가 있으니 문제가 되는 것입니다. 그런데 좀 이상한 생각이 들지 않나요? 우리가 사용자로부터 학생 수를 입력받은 후에 그 값이 배열의 길이로 입력되는 것인데 이것이 무슨 문제일까요? 자, 이 경우는 시점에 문제가 있습니다.

scanf로 입력받는 시점은 언제인가요? 바로 프로그램 실행 시입니다. 그러면 배열 student를 선언하는 시점은 언제인가요? 바로 컴파일할 때입니다. 두 시점 중 어느 것이 더 빠른가요? 당연히 컴파일 시점입니다. 즉, 배열 student의 선언은 컴파일 시점에 결정되고, scanf로 num변수의 값을 입력받는 시점은 실행 시점이므로 수행의 순서가 맞지 않습니다. 결국 배열의 선언 부분에서 문제가 발생합니다.

위와 같이 실행 중에 학생 수를 알아야 하는 경우, 즉, 동적으로 필요한 메모리를 할당해야 하는 경우에는 다음에 배울 동적 메모리 할당 기법을 통해 문제를 해결할 수 있습니다.

___ // 잠깐 알아두세요 ___

**컴파일 타임과 런 타임**
컴파일하는 시점과 실행하는 시점이 다르다는 것을 알았습니다. 이 때 컴파일하는 과정의 시간을 우리는 컴파일 타임 (Compile-Time)이라고 하고, 실행하는 과정의 시간을 런 타임(Run-Time)이라고 합니다.

# Unit_2 = ("메모리 할당 및 해제");

## ■ 동적 메모리 할당 함수의 원형

메모리를 동적으로 할당할 때의 함수입니다. 함수의 원형을 보겠습니다.

```
void* malloc(size_t size);
```

● 메모리를 동적으로 할당하기 위해서 malloc이라는 함수를 사용합니다. 보통 이 함수를 읽을 때 '엠얼록'이라고 읽기도 하고 '말록'이라고 읽기도 합니다. 어떻게 읽으라고 정해진 규칙은 없으니 편하신 대로 읽으시면 됩니다.

이 함수를 사용하게 되면 우리가 지금까지 말로만 들었던 메모리 영역인 힙(Heap)영역에 할당하게 됩니다. 즉, 우리가 필요한 크기의 메모리를 힙 영역에 할당하겠다는 의미입니다.

● 전달 인자로는 size를 전달 받도록 되어 있는데, 실제 할당하고자 하는 데이터 크기를 바이트 단위로 입력하면 됩니다. size_t 타입은 임의의 객체가 가질 수 있는 최대 크기를 나타냅니다. 일반적으로 부호 없는 정수형인 unsigned int로 정의되어 있습니다.

● 힙에 메모리가 할당되면 메모리의 주소값을 리턴합니다. 만약 메모리의 부족으로 인해 메모리 할당에 실패한다면, NULL 포인터가 리턴되므로, 메모리 할당 후 코드 상에서 반드시 NULL 체크를 해주어야 합니다.

● malloc 함수의 리턴형이 void* 형인데 우리가 여기서 주목해야 할 부분이기도 합니다.

우리는 void 형의 의미에 대해서는 이미 알고 있습니다. 아무런 자료형도 지정하지 않은 경우 void 형이라고 합니다. 그렇다면 void* 형은 타입이 지정되지 않은 포인터형이라고 말할 수 있겠지요? 그렇다면 왜 malloc 함수는 void* 형을 리턴해야만 하는지 그 이유를 생각해보겠습니다.

만약 4바이트의 메모리가 필요해졌다고 가정해보겠습니다. 이 때, malloc 함수를 사용하여 4바이트의 메모리를 힙에 할당할 수 있습니다. 우리는 할당한 메모리를 리턴 받아서 사용하면 됩니다.

그런데, 이 때 한 가지 고려해야 할 사항이 있습니다. 이 메모리를 어떤 타입이 접근해서 사용할지 malloc 입장에서는 알 수 없기 때문입니다. 4바이트라는 할당한 메모리 크기만 보았을 때는 char, int, float 어떤 타입인지 알 수가 없습니다. 그래서 malloc 은 "난 당신이 원하는 메모리 크기만큼 할당해줄 테니, 메모리는 당신이 원하는 형태로 정해서 사용하세요."라는 의미로 void* 형을 리턴하는 것입니다.

그렇다면 void* 형을 어떻게 사용해야 할까요? 이 형태로는 사용할 수 없으므로 우리가 사용하고자 하는 자료 형태로 형 변환을 해서 사용해야 합니다. 예를 들어서 동적으로 할당한 메모리 공간에 정수형 데이터를 저장하기 위한 것이었다면 리턴되는 void*를 int*로 변환해야 합니다.

## ■ 동적 메모리 해제 함수의 원형

사용자는 필요에 의해서 동적으로 힙 영역에 메모리를 할당하였습니다. 필요에 의해 할당한 메모리이므로 사용이 끝나면 해제해 주어야 합니다. 만약 메모리를 해제하지 않는다면 메모리가 계속 누적되고 결국 메모리 부족 현상이 일어나 시스템이 다운되는 상황까지 올 것입니다. 그러므로 동적으로 할당한 메모리의 사용이 끝나면 반드시 해제해 주어야 합니다. 다음은 동적 메모리 해제 함수의 원형입니다.

```
void free(void* memblock);
```

● 메모리를 해제 시 free 함수를 사용합니다. 전달 인자로 메모리를 가리키는 포인터를 전달하면, 해당 포인터가 가리키는 메모리 공간이 해제됩니다. 전달 인자의 자료형이 void*로 선언되어 있으므로 어떠한 포인터도 인자로 전달될 수 있습니다.

동적으로 메모리를 할당하는 방법을 배웠으므로 우리가 앞서 문제시 되었던 코드를 수정하여 배열의 길이를 동적 할당하는 간단한 예제를 작성해 보도록 하겠습니다.

## ■ 예제 : 14장\14-2\14-2.c

```
1:    #include <stdio.h>
2:    #include <stdlib.h>
3:
4:    int main(void)
5:    {
6:         int num;
7:         int* student;
8:
9:         fputs("학생수를 입력하세요 : ", stdout);
10:        scanf("%d", &num);
11:
12:        student = (int*)malloc(sizeof(int) * num);
13:
```

```
14:        if(student == NULL)
15:        {
16:                printf("메모리가 부족하여 메모리를 할당할 수 없습니다.₩n");
17:                return 0;
18:        }
19:
20:        printf("할당된 메모리의 크기는 %d 입니다₩n", sizeof(int) * num);
21:
22:        free(student);
23:
24:        return 0;
25:    }
```

■ 실행결과

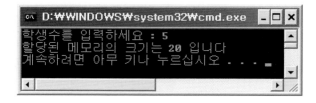

● 우리가 이 예제에서 원하는 것은 사용자로부터 학생의 수를 입력받아 학생 수를 기반으로 메모리가 동적으로 할당되는지 확인하는 것입니다.

● 10번째 줄에서 num 변수를 통해 사용자로부터 크기를 입력받습니다.

● 12번째 줄에서 드디어 우리가 동적으로 메모리를 할당하기 위해 malloc 함수를 사용합니다. 이때 malloc 함수의 전달인자로는 실제 메모리 공간을 만들 바이트 수가 입력되어야 합니다. 하지만, 자료형에 따라 바이트 수가 각각 다르므로, num에 자료형을 sizeof 연산자로 구한 크기를 곱해야만 우리가 할당하고자 하는 바이트 수가 산출됩니다.

int형은 단위 크기가 4바이트이므로 sizeof(int)는 4바이트가 될 것이고, 크기는 sizeof(int) * num이 되어 malloc 함수의 인자로 전달될 것입니다. 이 때 리턴형은 정수형 포인터 (int*)로 형변환하여 student에 리턴합니다. 앞서 말했듯이 리턴값은 할당한 메모리의 시작 번지입니다.

● 14번째 줄에서는 student 포인터의 널 체크를 합니다. 메모리가 부족하여 메모리를 할당할 수 없는 경우에는 "메모리가 부족하여 메모리를 할당할 수 없습니다."라는 메시지를 출력 후 프로그램을 종료하고, student가 널이 아닌 경우는 20번째 줄에서 할당된 메모리의 크기를 출력합니다.

● 22번째 줄은 student 포인터를 free 함수에 인자로 전달함으로써 할당된 메모리를 해제합니다.

● 이 예제와 우리가 앞서 문제로 지적했던 동적으로 배열의 크기를 지정하는 문제점과 어떤 차이가 있을까요?

배열의 첨자 크기는 무조건 상수여야만 한다는 것입니다. 즉, 배열 기반에서 사용하는 메모리는 동적으로 할당할 수 없는 스택 메모리입니다. 그래서 예제의 경우는 배열을 사용하지 않고, malloc 함수를 사용하여 동적으로 힙 메모리에 할당한 후 포인터 변수에 메모리 번지를 넘겨주고 있습니다.

결론은 사용자가 필요한 메모리를 동적으로 할당 받으려면 메모리 크기를 미리 정해야 하는 배열과 같은 스택 메모리 구조는 사용할 수 없고, malloc 함수를 통해 힙 메모리를 할당 받아 사용해야 한다는 것입니다.

다음은 예제상에서 동적으로 할당한 메모리의 구조를 그린 것입니다.

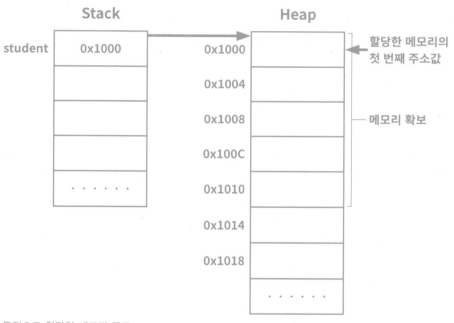

동적으로 할당한 메모리 구조

예제에서 우리는 학생 수 5를 입력하여, 총 20바이트의 메모리를 동적으로 할당하였습니다. 위의 그림처럼 힙 메모리 영역에 20바이트의 메모리를 할당하고, 할당한 메모리의 첫 번째 주소값을 student 포인터에 넘겨주고 있습니다. 이 때 student 포인터 변수는 함수 내에 선언된 하나의 지역 변수이므로 stack 메모리 영역에 존재합니다.

예제를 하나 더 작성해 보도록 하겠습니다. 이번에는 실제로 힙 영역에 할당한 메모리에 직접 데이터를 입력하고, 연산 결과를 출력해 보도록 하겠습니다.

```c
1:    #include <stdio.h>
2:    #include <stdlib.h>
3:
4:    int main(void)
5:    {
6:          int num, i, total = 0;
7:          int* student;
8:
9:          fputs("학생수를 입력하세요 : ", stdout);
10:         scanf("%d", &num);
11:
12:         student = (int*)malloc(sizeof(int) * num);
13:
14:         if(student == NULL)
15:         {
16:               printf("메모리가 부족하여 메모리를 할당할 수 없습니다.\n");
17:               return 0;
18:         }
19:
20:         for(i = 0; i < num; i++)
21:         {
22:               printf("%d번째 학생의 성적 입력 : ", i+1);
23:               scanf("%d", &student[i]);
24:         }
25:
26:         for(i = 0; i < num; i++)
27:         {
28:               total += student[i];
29:         }
30:
31:         printf("총점 : %d, 평균 : %d \n", total, total / num);
32:
33:         free(student);
34:
35:         return 0;
36:    }
```

```
D:₩WINDOWS₩system32₩cmd.exe
학생수를 입력하세요 : 5
1번째 학생의 성적 입력 : 80
2번째 학생의 성적 입력 : 90
3번째 학생의 성적 입력 : 75
4번째 학생의 성적 입력 : 95
5번째 학생의 성적 입력 : 100
총점 : 440, 평균 : 88
계속하려면 아무 키나 누르십시오 . . .
```

● 이 예제는 동적 메모리 할당의 실질적인 예제입니다. 힙 영역에 할당한 메모리에 값을 입력하고, 입력한 값들을 연산 및 출력합니다. 먼저 학생 수를 사용자로부터 입력받고, 학생 수를 기반으로 힙 영역에 메모리를 할당합니다. 할당한 메모리에 각 학생의 성적을 입력한 후 성적을 모두 더한 총점과 평균을 구하여 화면에 출력합니다.

● 10번째 줄에서 학생의 수를 입력받고, 12번째 줄에서 입력한 학생 수를 기반으로 힙 영역에 메모리를 할당합니다. 예를 들어 사용자로부터 5라는 값을 입력받았다면 학생 수가 5명이라는 뜻이고, 변수 num에는 5라는 값이 대입됩니다. 이때 실제로 할당되는 메모리의 크기는 sizeof(int) * 5가 되고, 20바이트의 메모리가 힙 영역에 할당되는 것입니다.

● 20에서 24번째 줄까지는 힙 영역에 할당한 메모리에 사용자로부터 입력받은 값을 저장하고 있습니다. 입력받는 횟수는 학생 수(num)만큼이므로, 반복문을 사용하여 num 만큼 수행하고 있습니다. 이 과정의 수행이 끝나면 우리가 동적으로 할당한 메모리에 실질적인 값들이 저장되어 있는 것입니다.

● 26에서 29번째 줄까지는 동적 메모리 상에 있는 데이터들을 student 포인터를 사용하여 읽어온 후 total 변수에 누적 합하고 있습니다. 결국 total은 메모리 상에 있는 모든 값들의 총합이 됩니다.

● 31번째 줄에서는 입력한 메모리 상의 모든 값들을 더한 총점과 총점을 num으로 나눈 평균을 출력하고 있습니다.

● 33번째 줄에서는 동적 할당 메모리의 사용이 끝났으므로 free 함수를 통해 동적으로 할당한 메모리를 해제합니다. student 포인터는 할당한 동적 메모리를 가리키고 있으므로 student를 전달함으로써 메모리 해제가 가능합니다.

다음은 예제에서 동적으로 할당한 힙 메모리에 접근하여 값을 대입하는 형태를 그림으로 표현한 것입니다.

동적으로 할당한 메모리의 데이터 입력 구조

동적으로 할당한 힙 메모리의 첫 번째 주소값을 리턴 받은 포인터 student를 이용하여 힙 메모리의 각 요소에 값을 대입할 수 있습니다.

## Unit_3 = ("메모리 재할당");

우리가 할당할 메모리의 양을 예측하기 힘들어서 사용한 것이 바로 동적 메모리 할당이었습니다. 그런데 실시간으로 메모리를 할당하여 사용한다고 하더라도 사용중에 메모리의 크기를 더 늘려야 하는 경우가 발생할 수도 있습니다. 이러한 상황에 대비하여 malloc 혹은 calloc 함수로 동적 할당된 메모리에 다시 동적으로 재할당해주는 함수가 제공되는데, 바로 realloc이라는 함수입니다.

### ■ 동적 메모리 재할당 함수의 원형
다음은 동적 메모리 재할당 함수의 원형입니다.

```
void* realloc(void* memblock, size_t size);
```

● 첫 번째 전달 인자는 확장하고자 하는 할당된 메모리의 포인터 주소값입니다. 즉, realloc 함수를 사용하기에 앞서서 malloc 혹은 calloc 함수를 통해 이미 할당되어진 메모리의 주소값을 전달

인자로 전달하면 현재 할당되어진 메모리 크기와 값의 상태는 보존하면서 늘리고 싶은 크기만큼의 메모리를 확장합니다.

● 두 번째 전달 인자는 새롭게 할당할 동적 메모리의 바이트 수입니다. 기존의 동적 메모리의 값을 모두 유지하면서 크기만 변경된 동적 메모리를 만들어 내는데, 이 크기는 결국 기존의 메모리와 새로 확장할 메모리를 모두 포함하고 있습니다.

동적 메모리를 재할당하는 예제를 작성해보겠습니다.

■ 예제 : 14장\14-4\14-4.c

```
1:    #include <stdio.h>
2:    #include <stdlib.h>
3:
4:    int main(void)
5:    {
6:        int i;
7:        int *arr = (int*)malloc(sizeof(int)*5);
8:        int *rearr;
9:
10:        for(i = 0; i < 5; i++)
11:        {
12:            arr[i] = i + 1;
13:        }
14:
15:        rearr = (int*)realloc(arr, sizeof(int)*10);
16:
17:        for(i = 5; i < 10; i++)
18:        {
19:            rearr[i] = i + 1;
20:        }
21:
22:        for(i = 0; i < 10; i++)
23:        {
24:            printf("%d\n", rearr[i]);
25:        }
26:
27:        free(rearr);
```

```
28:
29:        return 0;
30:    }
```

■ 실행결과

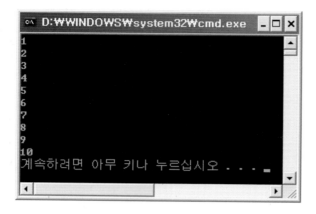

● 7번째 줄에서는 malloc 함수를 통해 총 20바이트의 메모리를 힙 영역에 할당하고 있습니다. 이때 메모리 주소값을 리턴하며, arr이 주소값을 받아 저장합니다.

● 10번째 줄에서 13번째 줄까지는 포인터 arr을 통해 할당한 힙 메모리에 값을 대입합니다. 20바이트 int형(단위 4바이트) 메모리이므로 5번의 반복문 수행을 통해 값을 저장하고 있습니다.

● 15번째 줄에서는 realloc 함수를 통해 힙 메모리를 재할당 하되, 기반이 되는 메모리는 앞서 malloc을 통해 메모리 할당한 arr이고, 할당하고자 하는 총 메모리 크기는 40바이트입니다. 앞서 malloc으로 할당한 메모리보다 2배 더 늘리겠다는 것입니다. 여기에서 realloc 함수를 통해 늘어나는 메모리 공간의 구조를 잘 생각해 보아야 합니다. 다음은 realloc 함수를 통해 늘어난 메모리의 구조입니다.

realloc 함수를 통해 늘어난 메모리 구조

위의 그림을 보면 malloc 함수로 20바이트(정수형 5개)를 힙 메모리에 할당하고, 각각의 메모리에 정수값을 각각 대입하였습니다. 이 상태에서 realloc 함수를 통해 기존에 할당한 메모리를 기반으로 20바이트(정수형 5개)를 더 늘리고 있습니다. 이 때 realloc 함수에 설정할 메모리 크기는 기존에 할당한 메모리 크기와 새로 늘어날 메모리 공간을 합한 크기라고 볼 수 있습니다.

### ■ 연속적으로 할당할 수 있는 메모리 공간이 부족한 경우

기존에 malloc 함수로 할당한 메모리를 realloc 함수로 메모리를 늘릴 경우에 앞서 살펴본 것처럼 기존 메모리에 새로 할당될 메모리 공간이 연속적으로 할당될 수 있었습니다. 그런데, 꼭 이렇게 새로 할당될 메모리 공간이 연속적이 되리라는 보장은 할 수 없습니다. 왜냐하면 처음 malloc을 통해 할당 받은 힙 영역은 메모리 확장에 대한 염두를 전혀 하지 않았기 때문에 realloc 함수를 통해 메모리 할당 공간을 확장하고자 했을 때 기존 할당된 메모리와 연속적으로 이어질 것이라는 보장을 할 수 없는 것입니다. 다음 그림을 살펴보도록 하겠습니다.

메모리 공간을 연속적으로 할당할 수 있게 새로운 위치에 할당된 경우

위의 그림의 ①의 경우를 보면 기존에 20바이트(정수형 5개)의 힙 메모리에 realloc 함수를 통해 재할당을 하고 있습니다. 여기에서 재할당하고자 하는 메모리의 크기는 총 40바이트(정수형 10개)이므로 기존 메모리에 연속적으로 메모리를 재할당하였습니다.

그런데 재할당한 메모리의 마지막 9번째와 10번째의 메모리는 이미 이전에 값을 대입하여 사용되고 있는 경우입니다. 이렇게 되면 재할당하고자 하는 메모리 40바이트가 연속적으로 할당이 되지 않고 32바이트만 할당이 되는 상황이 발생합니다.

이러한 경우에는 ②와 같이 부족한 메모리 공간을 연속으로 할당할 수 있는 새로운 공간의 메모리 위치로 옮겨서 할당합니다. 즉, 최소 40바이트(정수형 10개) 이상의 연속적인 메모리 공간을 새로 할당한다는 의미입니다. ①과 ②의 메모리 시작 번지를 보면 각각 0x01과 0x21로 다르다는 것을 알 수 있습니다.

결론은, 재할당하고자 하는 메모리가 연속적이지 않을 때는 메모리 공간을 연속적으로 할당할 수 있는 새로운 위치의 메모리 공간을 새로 할당하게 됩니다.

## Unit_4 = ("calloc 함수");

다음은 calloc 함수에 대해 알아보겠습니다. calloc 함수는 기능상 malloc 함수와 똑같은 기능을 가지고 있습니다. 그리고 malloc 함수와 마찬가지로 동적 메모리 영역인 힙을 사용합니다. 다만, 사용하는 형태가 조금 다릅니다.

### ■ calloc 함수의 원형

다음은 calloc 함수의 원형입니다.

```
void* calloc(size_t elt_count, size_t elt_size);
```

● 첫 번째 인수 elt_count는 할당하고자 하는 메모리의 개수를 의미합니다. 자료형이 문자형인지 정수형인지는 모르겠지만 10개의 메모리 공간을 할당하고 싶다면 인수에 10이라고 대입합니다.
● 두 번째 인수 elt_size는 자료형의 크기를 의미합니다. 즉, 내가 할당하고 싶은 데이터 타입의 크기를 대입합니다. 예를 들어 문자형이면 sizeof(char)를 정수형이면 sizeof(int)를 대입합니다.
● 리턴 값은 malloc과 동일하게 void* 형입니다. 즉, 리턴할 자료형은 힙 메모리를 할당할 사용자만 알고 있으므로 메모리를 동적으로 할당 시 해당 자료형으로 타입 캐스팅하여 리턴 받습니다.

### ■ calloc 함수와 malloc 함수의 비교

앞서 malloc 함수에서 사용하였던 전달 인자를 살펴보면 동적으로 할당 받을 메모리 크기였습니다. 그런데, calloc 함수의 두 개의 전달인자를 살펴보면 두 인자의 곱이 결국 할당 받을 메모리 크기가 됩니다. 한마디로 말해서 malloc과 calloc은 동일한 기능의 함수이고, 차이가 있다면 calloc 함수는 할당 받을 메모리 크기의 요소인 메모리 개수와 자료형의 크기를 각각 전달 인자로 따로 받고 있다는 점입니다. 다음 그림은 calloc 함수와 malloc 함수의 형태를 비교한 것입니다.

```
int* a = (int*)calloc(elt_count, elt_size);
```

동일

```
int* a = (int*)malloc(size * sizeof(int));
```

calloc 함수와 malloc 함수의 형태 비교

calloc 함수의 elt_count와 elt_size는 malloc 함수의 size와 sizeof(int)와 각각 동일함을 알 수 있습니다.

앞서 작성했던 malloc 함수의 예제를 이용하여 calloc 함수를 사용하는 예제를 작성해보겠습니다.

■ 예제 : 14장\14-5\14-5.c

```
1:     #include <stdio.h>
2:     #include <stdlib.h>
3:
4:     int main(void)
5:     {
6:         int num, i, total = 0;
7:         int* student;
8:
9:         fputs("학생수를 입력하세요 : ", stdout);
10:        scanf("%d", &num);
11:
12:        student = (int*)calloc(num, sizeof(int));
13:
14:        if(student == NULL)
15:        {
16:            printf("메모리가 부족하여 메모리를 할당할 수 없습니다.\n");
17:            return 0;
18:        }
19:
20:        for(i = 0; i < num; i++)
21:        {
22:            printf("%d번째 학생의 성적 입력 : ", i+1);
23:            scanf("%d", &student[i]);
```

```
24:        }
25:
26:        for(i = 0; i < num; i++)
27:        {
28:                total += student[i];
29:        }
30:
31:        printf("총점 : %d, 평균 : %d \n", total, total / num);
32:
33:        free(student);
34:
35:        return 0;
36:    }
```

■ 실행결과

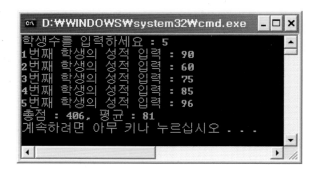

● 12번째 줄에서는 calloc 함수를 통해 첫 번째 전달 인자 num에는 할당할 메모리의 개수를 지정하고, 두 번째 전달 인자에는 sizeof(int)를 대입함으로써 자료형의 크기를 지정하였습니다.

자료형이 정수형 포인터이므로 리턴값은 int*로 받고 있습니다. 리턴 받은 포인터 student는 힙 메모리에 할당한 메모리의 주소값을 가리키고 있으므로 이 student 포인터 변수를 활용하여 힙 메모리에 접근할 수 있습니다.

● 함수의 기능은 malloc과 calloc이 동일하고 이후의 소스 내용들은 malloc에서의 예제와 동일하므로 설명은 생략하겠습니다.

# Char CHAPTER_3 = {"메모리 관련 함수"};

메모리 관련 함수들은 실무에서 많이 필요하므로 자주 사용되곤 합니다. C 표준 라이브러리에서 지원되는 메모리 관련 함수들의 사용법에 대해 알아보도록 할 것인데, 대표적으로 memset, memcpy, memmove, memcmp 등이 있습니다. 이 함수들은 모두 string.h 또는 memory.h 파일에 선언되어 있으므로, #include〈string.h〉 또는 #include〈memory.h〉를 선언해 주어야만 사용할 수 있습니다.

## Unit_1 = ("memset");

이 함수는 메모리 블록에서 모든 바이트를 특정 값으로 설정할 때 사용하는 함수입니다. 주로 배열 선언 시 초기화하지 않았거나 실행 중에 이미 값이 저장되어 있는 배열을 특정 값으로 초기화시키고자 할 때 사용합니다.

### ■ memset 함수의 원형

다음은 memset 함수의 원형입니다.

```
void* memset(void* dest, int c, size_t count);
```

● 첫 번째 인수 dest는 대상이 되는 메모리 블록을 가리킵니다.
● 두 번째 인수 c는 메모리 블록에 설정할 값을 나타냅니다. c는 int형이지만 char형으로 취급됩니다. 즉, 하위 바이트만 사용되므로 0부터 255까지의 값을 지정할 수 있습니다.
● 세 번째 인수 count는 대상이 되는 메모리 블록 dest의 처음부터 count 바이트까지의 메모리 블록 바이트 수를 나타냅니다. 즉, c의 문자를 메모리에 초기화할 크기를 나타냅니다.
● 보통은 메모리를 초기화할 때 대부분의 값은 0으로 초기화 합니다.

간단한 예제를 통해 memset 함수의 사용방법을 살펴보겠습니다.

## ■ 예제 : 14장\14-6\14-6.c

```
1:    #include <stdio.h>
2:    #include <stdlib.h>
3:    #include <memory.h>
4:
5:    int main(void)
6:    {
7:         int* arr = (int*)malloc(sizeof(int)*10);
8:         int i;
9:
10:        printf("=== 메모리 초기화 전 ===\n");
11:        for(i=0; i<10; i++)
12:        {
13:             printf("%d\n", arr[i]);
14:        }
15:
16:        memset(arr, 0, sizeof(int)*10);
17:        printf("\n=== 메모리 초기화 후 ===\n");
18:        for(i=0; i<10; i++)
19:        {
20:             printf("%d\n", arr[i]);
21:        }
22:
23:        free(arr);
24:        return 0;
25:    }
```

■ 실행결과

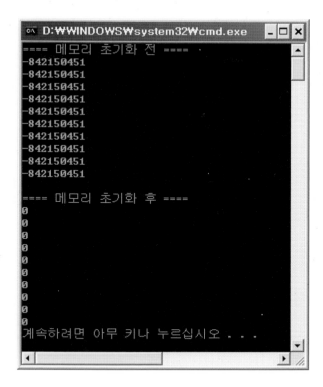

● 7번째 줄은 malloc 함수를 통해 힙 영역에 10개의 정수형 메모리 40바이트를 할당하고 있습니다. 이 때, 메모리의 값은 초기화되어 있지 않으므로, 각 메모리에는 쓰레기 값으로 채워져 있습니다.

● 10번째 줄부터 14번째 줄까지는 메모리 초기화 전 각 메모리의 값을 출력하고 있습니다.

● 16번째 줄의 memset 함수는 40바이트의 메모리 arr을 모두 0으로 채우고 있습니다.

● 17번째 줄부터 21번째 줄까지 다시 한 번 메모리 arr을 출력하고 있는데, 출력된 결과를 보면 각 메모리에 0으로 채워진 것을 확인할 수 있습니다.

● 23번째 줄에서는 할당한 동적 메모리를 해제하고 있습니다.

다음은 앞의 예제의 메모리 초기화 과정입니다.

메모리 초기화 전

| 0x01 | 0x05 | 0x06 | 0x0D | 0x11 | 0x15 | 0x19 | 0x1D | 0x21 | 0x25 |
|------|------|------|------|------|------|------|------|------|------|
| X | X | X | X | X | X | X | X | X | X |

메모리 초기화 후

| 0x01 | 0x05 | 0x06 | 0x0D | 0x11 | 0x15 | 0x19 | 0x1D | 0x21 | 0x25 |
|------|------|------|------|------|------|------|------|------|------|
| 0 | 0 | 0 | 0 | 0 | 0 | 0 | 0 | 0 | 0 |

memset 함수를 이용한 메모리 초기화 과정

메모리를 힙 영역에 총 40바이트 (4 * 10) 만큼 할당한 상태이고, 메모리 초기화 전에 각 메모리 영역에는 쓰레기 값(X로 표시)으로 채워져 있습니다. 이 때 memset 함수를 통해 메모리를 0으로 초기화하면 메모리 초기화 후의 각 메모리 영역에는 0으로 채워져 있는 것을 볼 수 있습니다.


## Unit_2 = ("memcpy");

이번에 살펴볼 memcpy함수는 메모리끼리 복사할 때 사용하는 함수입니다. 복사할 원본과 대상 그리고 복사할 메모리의 길이를 전달하면 두 메모리를 완전 똑같이 만들어 줍니다.


### ■ memcpy 함수의 원형

다음은 memcpy 함수의 원형입니다.

```
void* memcpy(void* dest, void* src, size_t count);
```

● 첫 번째 인수 dest는 복사될 대상 메모리 블록입니다.
● 두 번째 인수 src는 복사할 원본 메모리 블록입니다.
● 세 번째 인수 count는 복사할 메모리의 바이트 수를 지정합니다.

간단한 예제를 통해 memcpy 함수의 사용방법을 살펴보겠습니다.

```c
1:     #include <stdio.h>
2:     #include <stdlib.h>
3:     #include <memory.h>
4:
5:     int main(void)
6:     {
7:         int* arr1 = (int*)malloc(sizeof(int)*5);
8:         int arr2[5];
9:         int i;
10:
11:        for(i=0; i<5; i++)
12:        {
13:            arr1[i] = i + 1;
14:        }
15:
16:        memcpy(arr2, arr1, sizeof(int)*5);
17:        printf("=== 메모리 복사 출력 ===\n");
18:        for(i=0; i<5; i++)
19:        {
20:            printf("%d\n", arr2[i]);
21:        }
22:
23:        free(arr1);
24:        return 0;
25:    }
```

■ 실행결과

```
==== 메모리 복사 출력 ====
1
2
3
4
5
계속하려면 아무 키나 누르십시오 . . .
```

● 7번째 줄은 복사할 원본 메모리 arr1을 동적 메모리로 선언하였고, 8번째 줄은 복사될 대상 메모리 arr2를 스택 메모리에 선언하였습니다.

● 11에서 14번째 줄까지는 복사할 원본 arr1의 각 요소에 값을 1부터 5까지 대입하고 있습니다.

● 16번째 줄에서는 memcpy 함수를 사용하여 복사 대상이 되는 메모리 arr2에 메모리 arr1을 sizeof(int) * 5 만큼 그대로 복사하고 있습니다.

● 18에서 21번째 줄까지 복사된 arr2의 값을 출력합니다. arr1 요소값이 arr2에 그대로 복사된 것을 확인할 수 있습니다.

다음은 앞의 예제의 메모리 복사 과정의 그림입니다.

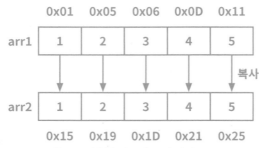

memcpy 함수를 이용한 메모리 복사 과정

memcpy는 대응되는 바이트끼리 기계적으로 복사하기 때문에, 복사할 자료형에 대해 구애받지 않습니다. 비슷한 기능을 가진 함수 중에 문자열 복사 함수인 strcpy 함수의 경우는 오로지 char* 자료형만 사용할 수 있었습니다. 그러나 memcpy의 경우는 char* 자료형 뿐 아니라 int, 배열, 구조체 등과 같은 모든 자료형에 대해 사용이 가능하므로, 훨씬 더 일반적이라고 할 수 있습니다.

## Unit_3 = ("memmove");

이번에 살펴볼 memmove함수는 메모리의 내용을 지정한 길이만큼 다른 곳으로 옮기는 기능을 하는 함수입니다. 할당된 메모리에 임의의 초기값이 들어 있는 경우 그 메모리의 중간을 우리가 원하는 만큼 뒤쪽으로 밀어서 빈 공간으로 만든 후 그 공간에 다른 내용을 삽입해 넣을 수 있습니다.

### ■ memmove 함수의 원형

다음은 memmove 함수의 원형입니다.

```
void* memmove(void* dest, void* src, size_t count);
```

● 첫 번째 인수 dest는 복사될 대상 메모리 블록입니다.

● 두 번째 인수 src는 복사할 원본 메모리 블록입니다.

● 세 번째 인수 count는 복사할 메모리의 바이트 수를 지정합니다.

● 함수의 형태 및 기능은 복사한다는 점에서 memcpy와 매우 흡사하다고 볼 수 있습니다. 다만, 차이가 있다면 memmove는 메모리가 중첩된 경우에도 올바로 동작하고, memcpy는 메모리가 중첩될 경우 오류를 발생한다는 점입니다.

간단한 예제를 통해 memmove 함수의 사용방법을 살펴보겠습니다.

■ 예제 : 14장\14-8\14-8.c

```
1:    #include <stdio.h>
2:    #include <stdlib.h>
3:    #include <string.h>
4:
5:    int main(void)
6:    {
7:        int* arr1 = (int*)malloc(sizeof(int)*15);
8:        int arr2[5] = {-1,-2,-3,-4,-5};
9:        int i;
10:
11:       for(i=0; i<10; i++)
12:       {
13:           arr1[i] = i + 1;
14:       }
15:
16:       printf("=== 메모리 이동 전 출력 ===\n");
17:       for(i=0; i<10; i++)
18:       {
19:           printf("%d ", arr1[i]);
20:       }
21:       printf("\n");
22:
23:       memmove(arr1 + 10, arr1 + 5, sizeof(int)*5);
24:       memcpy(arr1 + 5, arr2, sizeof(int)*5);
25:       printf("=== 메모리 이동 후 출력 ===\n");
```

```
26:        for(i=0; i<15; i++)
27:        {
28:            printf("%d ", arr1[i]);
29:        }
30:        printf("₩n");
31:        free(arr1);
32:
33:        return 0;
34:    }
```

■ 실행결과

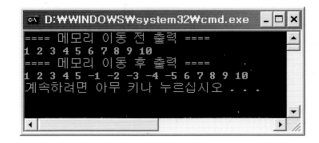

● 7번째 줄의 메모리 arr1은 동적으로 총 sizeof(int)*15 만큼 할당받고 있습니다. arr1은 복사 대상이 되는 메모리입니다.

● 8번째 줄의 메모리 arr2는 정수형으로 총 5개의 메모리를 할당과 동시에 초기화하고 있습니다.

● 11에서 14번째 줄까지 arr1의 각 요소에 값을 1부터 10까지 대입하고 있습니다.

● 17에서 20번째 줄까지 메모리 arr1의 각 요소를 출력해보면 1부터 10까지 출력되는 것을 확인할 수 있습니다.

● 23번째 줄은 memmove 함수를 사용하여 메모리를 이동하고 있습니다. arr1 + 5 메모리 주소부터 길이 sizeof(int)*5 만큼의 데이터를 arr1+10 메모리 주소로 이동하라는 의미입니다.

● 24번째 줄은 memcpy 함수를 사용하여 arr2의 데이터를 arr1 + 5의 위치에 길이 sizeof(int)*5 만큼 복사하고 있습니다.

● 26부터 29까지 메모리 이동 후의 데이터 출력 값을 보여주고 있습니다. 출력을 통해 메모리 이동 및 복사를 확인할 수 있습니다.

다음은 앞의 예제의 메모리 이동 및 복사 과정의 그림입니다.

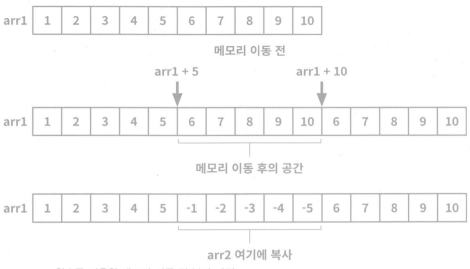

memmove 함수를 이용한 메모리 이동 및 복사 과정

arr1의 5번째 메모리 위치를 10번째 위치로 옮기게 되면 중간에 메모리의 빈 공간이 생깁니다. 이 빈 공간에 arr2 ={-1,-2,-3,-4,-5}를 복사해 넣었습니다. arr1은 중간에 삽입되는 데이터까지 고려해서 충분한 메모리 길이를 가져야 합니다.

함수의 이름이 memmove라고 이름처럼 통째로 이동하는 것 같지만 실제로는 복사되는 것입니다. memcpy 함수와 memmove 함수는 내용을 복사한다는 점에서 기능적으로 동일한 함수이지만, memcpy는 겹침을 전혀 고려하지 않고 복사하는데 비해, memmove는 겹쳐진 메모리에 대해서 원본이 파괴되지 않도록 고려하고 있습니다.

## Unit_4 = ("memcmp");

이번에 살펴볼 memcmp 함수는 두 개의 메모리에 대해 내용을 비교하여 첫 번째 인수의 메모리가 두 번째 인수의 메모리보다 큰지 작은지 같은지를 구하는 함수입니다.

### ■ memcmp 함수의 원형

다음은 memcmp 함수의 원형입니다.

```
void* memcmp(const void* ptr1, const void* ptr2, size_t num);
```

● 첫 번째 인수 ptr1이 가리키는 처음 num 바이트의 데이터와 두 번째 인수 ptr2가 가리키는 num 바이트의 데이터를 비교하여 이들이 같다면 0을 리턴하고, 다르다면 0이 아닌 값을 리턴합니다.

● 데이터 비교 시 다르다면 0이 아닌 값을 리턴한다고 하였는데, ptr1이 ptr2보다 클 경우 0보다 큰 값을, 아니면 0보다 작은 값을 리턴합니다.

● 문자열 비교함수인 strncmp와 기능적으로 흡사하나, memcmp는 문자열을 비롯하여 모든 메모리 블록을 비교할 수 있다는 점에서 더 일반적입니다.

간단한 예제를 통해 memcmp 함수의 사용방법을 살펴보겠습니다.

■ 예제 : 14장\14-9\14-9.c

```
1:    #include <stdio.h>
2:    #include <string.h>
3:
4:    int main()
5:    {
6:        int arr1[10]= {1,2,3,4,5,6,7,8,9,10};
7:        int arr2[10] = {1,2,3,4,5};
8:
9:        if(memcmp(arr1, arr2, sizeof(int)*5)==0)
10:       {
11:           printf("arr1 과 arr2 는 일치! \n");
12:       }
13:       else
14:       {
15:           printf("arr1 과 arr2 는 일치 안함 \n");
16:       }
17:       return 0;
18:   }
```

■ 실행결과

- 6번째 줄 arr1은 {1,2,3,4,5,6,7,8,9,10}로 초기화되어 있습니다.

- 7번째 줄 arr2는 {1,2,3,4,5}로 초기화되어 있습니다.

- 9번째 줄에서 memcmp 함수를 통해 두 개의 메모리를 비교합니다. 이 때 memcmp 함수의 세 번째 인수는 바이트 단위로 체크하므로 예제에서는 sizeof(int)*5라고 대입함으로써, 두 메모리의 20바이트까지 비교를 하고 있습니다. 쉽게 말하면 두 데이터의 {1,2,3,4,5}까지 비교하겠다는 의미입니다. 비교 결과가 0이면 데이터 일치를 하는 것이고, 0이 아니면 일치하지 않는 것입니다.

다음은 앞의 예제의 메모리 비교 과정의 그림입니다.

memcmp 함수를 이용한 메모리 비교 과정

arr1과 arr2를 비교 시 앞에서부터 20바이트(정수형은 4바이트 단위)만 비교하도록 하였습니다. 두 데이터 모두 20바이트인 {1,2,3,4,5}는 일치하므로 memcmp 함수는 0을 리턴할 것이며, 만약 memcmp의 세 번째 인수에 20바이트 이상의 값을 입력한다면 그 이상의 메모리는 일치하지 않으므로 0이 아닌 값을 리턴할 것입니다.

```
1:    #include<stdio.h>
2:
3:    int main(void)
4:    {
5:         FILE *file;
6:         file = fopen("c:₩₩Temp.txt", "rt");
7:
8:         if(file == NULL)
9:         {
10:                printf("파일이 존재하지 않습니다.₩n");
11:         }
12:
13:         if(file != NULL)
14:         {
15:                printf("파일이 존재합니다.₩n");
16:                fclose(file);
17:         }
18:
19:         return 0;
20:    }
```

스트림의 형성은 운영체제에서 알아서 해 주기 때문에 개발자가 버퍼를 준비하거나 관리할 필요가 없습니다.
어떤 스트림으로부터 데이터를 얼마나 쓸 것인지, 어떻게 동작할 것인지에 대한 몇 가지 정보만 주면 스트림은 운영체제가 알아서 생성합니다.

데이터를 입출력 하기 위한 파일과 스트림에 대해 살펴보고, 파일에 접근하는 방법을 학습합니다.

# PART 15

## <데이터를 읽고 쓰자. 파일입출력>

'저장한다'라는 개념은 아주 오래 전 화폐가 생기기 전에 식량을 저장하기 위한 필요성에서 비롯되었을 거라고 생각합니다. 식량이라는 것은 늘 풍족하지 않기 때문에 당시에 먹고 나서 남은 식량을 비축해 놓고 다음에 다시 꺼내 먹기 위함이었을 것입니다.

화폐가 생겨나면서 저축의 개념이 생겼습니다. 돈을 저축하는 목적은 식량과 마찬가지로 불특정한 미래에 만일의 사태를 대비하기 위함이라고 할 수 있습니다. 이러한 저축 외에도 저장의 개념으로 우리가 살아온 발자취를 남긴 사진 앨범 등이 있습니다. 출생, 성장과정, 졸업, 여행 등의 사진들을 앨범으로 보관했다가 시간이 지난 후에 꺼내 볼 수 있습니다. 이는 우리에게 추억이라는 이름으로 저장되어 있습니다.

우리의 일상에는 이렇게 수많은 저장에 대한 행위들이 이루어지고 있습니다. 컴퓨터도 마찬가지입니다. 지금까지 우리는 메모리 상에서 데이터를 다루어 왔습니다. 그런데, 메모리는 전원이 꺼지면 데이터가 사라지는 휘발성의 성향을 가지고 있습니다. 우리는 전원이 꺼진 후에도 데이터 보존이 필요합니다. 예를 들어 컴퓨터 상에서 사진 파일을 하나 다운 받아 보는데, 컴퓨터가 꺼진다고 사진 파일 자체가 없어진다면 문제가 되지 않을까요? 이러한 문제를 해결해 주는 것이 바로 파일입니다. 이번 시간에는 파일에 데이터를 어떻게 입력하고 출력하는지 알아보도록 하겠습니다.

# Char CHAPTER_1 = {"파일과 스트림"};

## Unit_1 = ("파일이란 무엇인가요?");

파일이란 컴퓨터 상에서 데이터가 저장되어 있는 기억 장소에 붙여진 이름입니다. 메모리 상에 존재하는 데이터는 컴퓨터가 꺼지면 날아가는 휘발성이지만, 파일이라는 기억 장소에 저장된 데이터들은 컴퓨터가 꺼져도 그대로 유지되는 비휘발성입니다. 파일은 보통 하드 디스크, USB 이동식 디스크등과 같은 영구 기억 장소에 저장됩니다.

## Unit_2 = ("스트림이란 무엇인가요?");

스트림(stream)이라는 단어의 사전적 의미는 '시냇가의 개울' 또는 '사람, 차량으로 계속 이어진 줄'을 의미합니다. 이 단어가 주는 느낌은 어떤 흘러가는 긴 행렬, 계속 이어지는 그 무언가를 연상케 합니다. 즉, 시냇가의 물이 흘러가듯이 데이터가 순서대로 입출력되는 논리적인 장치를 스트림(stream)이라고 합니다. 스트림은 존재하지만 키보드나 모니터처럼 유형의 사물이 아니므로 추상적인 개념입니다.

그렇다면 스트림이 왜 필요할까요? 우리는 디스크상에 저장되어 있는 파일에 접근하여 데이터를 읽거나 쓰고 싶습니다. 그러나 파일 자체는 독립적인 개체입니다. 여기에 뜬금없이 우리가 파일에 마음대로 접근하여 읽고 쓸 수는 없습니다.

예를 들어, 어떤 고립된 지역이나 섬이 있다고 가정해보겠습니다. 이때, 이 지역을 접근하기 위해서 필요한 것은 바로 다리입니다. 다리를 놓게 되면 연결 통로가 되어서 왕래를 할 수 있게 됩니다. 파일이 마치 이러한 고립된 지역과 같습니다. 이 지역을 왕래하기 위해서는 다리가 필요한데 그것이 바로 스트림입니다. 그러므로 스트림은 모든 장치에 대해 공통적인 인터페이스를 제공해야 하는데, 예를 들면, 모니터, 키보드, 프린터, 파일 등 장치마다 입출력 관련 인터페이스를 만든다면 매우 번거로울 것입니다. 어떤 장치이든 접근 방법이 동일하게 인터페이스를 만들어 놓으면 호환성 면이나 사용성에서 매우 편리할 것입니다. 이것이 바로 스트림의 역할입니다.

스트림의 형성은 운영체제에서 알아서 해주기 때문에 개발자가 버퍼를 준비하거나 관리할 필요가 없습니다. 어떤 스트림으로부터 데이터를 얼마나 쓸 것인지, 어떻게 동작할 것인지에 대한 몇 가지 정보만 주면 스트림은 운영체제가 알아서 생성합니다. 다음은 스트림의 동작 구조입니다.

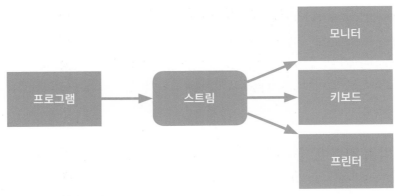

스트림의 위치와 동작 구조

# Char CHAPTER_2 = {"**파일 입출력 함수**"};

이제 본격적으로 파일을 열어서 접근하고 읽고 쓰는 방법에 대해 알아보도록 하겠습니다.

## Unit_1 = ("**파일 열기 및 닫기**");

첫 번째로는 파일 열기에 대해 알아보도록 하겠습니다. 파일을 제어하기 위해서는 가장 먼저 해주어야 할 것이 바로 파일 열기입니다. 파일을 열 때는 fopen이라는 함수를 사용하는데, fopen으로 파일을 연다는 것은 우리가 지정한 파일과 소통할 수 있도록 새로운 스트림을 만들고, 파일과 스트림 사이의 연결을 만드는 과정입니다.

### ■ 파일 열기 함수의 원형

다음은 파일 열기 함수의 원형입니다.

```
FILE *fopen(char *filename, char *mode);
```

● 첫 번째 인수 filename은 파일이 위치한 경로 및 파일명을 기재합니다. 우리가 열 파일이 현재 프로젝트와 같은 디렉토리에 존재한다면, 파일명만 기재하면 되고, 파일이 외부 다른 디렉토리에 존재하고 있다면 파일이 위치한 경로 및 파일명을 기재해야 합니다.

디렉토리 구분자로는 역슬래쉬 문자를 사용하는데, 문자열 내에서 확장열 표시에 사용되므로 반드시 ₩₩라고 기재해야 합니다. 예를 들어 "c₩dev₩ReadMe.txt" 디렉토리에 있는 파일을 열기 위해서는 filename에 "c:₩₩dev₩₩ReadMe.txt"라고 써야 합니다.

● 두 번째 인수 mode는 파일을 어떤 형태로 열 것인지, 어떤 작업을 할 것인지에 대한 지정을 하는 것입니다. 파일의 형태는 두 가지로 나눌 수 있는데, 파일이 텍스트 형태이면 t를 붙이고, 이진(Binary) 형태이면 b를 붙입니다. mode의 요소들은 파일의 형태와 조합하여 설정이 가능합니다.

다음의 mode에 대한 표를 참고해보겠습니다.

| 모드 | 설명 |
|---|---|
| r | 읽기 전용으로 파일을 엽니다. 이 모드로 연 파일은 데이터를 읽을 수만 있으며, 데이터를 쓰지는 못합니다. 파일이 없으면 에러를 리턴합니다. |
| w | 쓰기 전용으로 파일을 엽니다. 이 모드로 연 파일은 데이터를 쓰기만 할 수 있으며, 읽을 수는 없습니다. 만약 열 파일이 존재하지 않는다면, 파일을 새로 만들고 이미 존재한다면 기존 파일의 내용은 지우고 덮어 씁니다. |
| a | 데이터의 추가를 위해 파일을 엽니다. 추가한다는 것은 파일의 끝에 새로운 정보를 이어서 써 넣는다는 것입니다. 만약 열 파일이 존재하지 않는다면, 파일을 새로 만듭니다. |
| r+ | 읽고 쓰기가 모두 가능하도록 파일을 엽니다. 파일이 없는 경우 에러를 리턴합니다. |
| w+ | 읽고 쓰기가 모두 가능하도록 파일을 엽니다. 파일이 존재하지 않는다면 파일을 새로 만듭니다. |
| a+ | 읽기와 추가가 가능하도록 파일을 엽니다. 파일이 존재하지 않는다면 파일을 새로 만듭니다. |

파일 열기 함수의 mode 종류

● 파일 형태와 mode를 조합하여 사용하는 것이 일반적입니다. 다음의 파일 형태와 mode를 조합한 표를 참고해보겠습니다.

| 파일 형태와 mode의 조합 | 설명 |
|---|---|
| rt | 텍스트 파일을 읽기 전용으로 엽니다. |
| wt | 텍스트 파일을 쓰기 전용으로 엽니다. |
| r+t | 텍스트 파일을 읽기, 쓰기가 가능하도록 엽니다. |
| rb | 이진 파일을 읽기 전용으로 엽니다. |
| wb | 이진 파일을 쓰기 전용으로 엽니다. |

파일 형태와 mode의 조합

● fopen 함수는 정상적으로 열렸을 경우를 가정하면 리턴 타입이 FILE*인 파일 포인터를 리턴합니다. 이 때 파일 열기가 실패하는 경우는 널(NULL) 포인터를 리턴한다는 점을 기억하기 바랍니다. 왜냐하면 fopen 함수의 성공 또는 실패의 여부는 널(NULL) 포인터를 이용하여 비교하고 있기 때문입니다.

■ 파일 닫기 함수의 원형

이 함수는 사용한 파일을 닫는 기능을 합니다. 사용한 파일을 더 이상 사용할 필요가 없을 때 내부적으로 생성했던 FILE의 구조체를 해제하는 역할을 합니다.

다음은 파일 닫기 함수의 원형입니다.

---

int fclose(FILE *stream);

---

● 함수의 인수인 stream은 fopen 함수 성공 시 리턴 받았던 FILE 구조체 포인터입니다.

파일을 열고, 사용이 모두 끝나면 파일을 반드시 닫아주는 작업을 해야 합니다. 만일 fclose로 닫지 않는다면 스트림이 계속 살아 있게 되므로, 파일은 계속 열린 상태로 남아 있게 됩니다. 이렇게 되면 다른 프로그램이 이 파일에 접근하려 해도 접근이 불가능하게 되며, 시스템 동작에 문제를 발생시키게 됩니다. 동적 메모리 할당에서 malloc으로 메모리를 할당했다면 반드시 free를 통해 해제해주어야 했던 것처럼 fopen을 통해 파일을 열면 fclose를 통해 반드시 파일을 닫아 주도록 합니다.

파일을 열고 닫는 방법에 대해서 알아보았습니다. 즉, 스트림이 생성되고, 소멸되는 과정이라고 볼 수 있습니다. 예제를 통해서 fopen, fclose 함수를 사용하는 방법을 알아보겠습니다.

■ 예제 : 15장\15-1\15-1.c

```
1:     #include<stdio.h>
2:
3:     int main(void)
4:     {
5:         FILE *file;
6:         file = fopen("c:\\Temp.txt", "rt");
7:
8:         if(file == NULL)
9:         {
10:            printf("파일이 존재하지 않습니다.\n");
11:        }
12:
13:        if(file != NULL)
14:        {
15:            printf("파일이 존재합니다.\n");
16:            fclose(file);
17:        }
18:
```

```
19:        return 0;
20:    }
```

■ 실행결과

● 6번째 줄은 fopen 함수를 통해 Temp.txt라는 파일과의 스트림을 형성하고 있습니다. 모드는
"rt"이므로 텍스트 형태의 읽기 전용 모드입니다. 만약 c드라이브 아래에 Temp.txt라는 파일이 존
재한다면 file에는 NULL이 아닌 값이 리턴될 것이고, 파일이 존재하지 않는다면 NULL값을 리턴
할 것입니다.

● 8번째 줄은 file의 NULL 체크를 하여 파일의 존재 여부를 확인합니다. file이 NULL일 경우는
"파일이 존재하지 않습니다."라는 문자열 메시지를 화면에 출력합니다.

● 13번째 줄은 fopen 함수를 통해 열려 있는 파일을 닫기 위해 file을 NULL 체크합니다. file이
NULL이 아닌 경우에는 파일이 존재하는 것이므로 "파일이 존재합니다."라는 메시지를 화면에 출
력합니다. 그리고, fclose 함수를 통해 열려 있는 파일을 닫습니다. 만약 file이 NULL인데, fclose
로 닫으려고 하면 메모리 오류가 발생합니다. 반드시 file이 NULL이 아닐 경우에만 fclose 하도록
합니다.

## Unit_2 = ("파일에 문자 입출력 함수");

파일을 열고, 닫는 방법에 대해 배웠으면, 이제 열린 파일의 내용을 읽고, 쓰는 방법에 대해 배워야
할 차례입니다. 먼저 파일에 문자 입출력하는 방법에 대해 알아보도록 하겠습니다.

■ 파일에 문자 쓰기 함수의 원형
다음은 문자 쓰기 함수의 원형입니다.

```
int fputc ( int character, FILE * stream );
```

● 스트림에 한 문자를 쓰고, 쓰여진 문자 다음으로 위치 표시자가 이동합니다. 또 다시 하나의 문

자가 쓰여지면, 쓰여진 문자 다음으로 하나씩 위치 표시자가 이동됩니다.

● 첫 번째 인수 character는 스트림에 쓰여질 문자입니다. 이 때 문자는 int형으로 전달됩니다.
● 두 번째 인수 stream은 문자가 쓰여질 스트림의 FILE 객체를 가리키는 포인터입니다.

다음은 fputc 함수를 이용하여 파일 스트림에 A부터 Z까지 입력하는 프로그램을 작성해보겠습니다.

■ 예제 : 15장\15-2\15-2.c

```
1:      #include<stdio.h>
2:
3:      int main(void)
4:      {
5:          FILE *file;
6:          char ch;
7:
8:          file = fopen("c:\\Temp.txt", "wt");
9:
10:         if(file == NULL)
11:         {
12:             printf("파일이 존재하지 않습니다.\n");
13:         }
14:         else
15:         {
16:             printf("파일이 존재합니다.\n");
17:             for(ch = 'A'; ch <= 'Z'; ch++)
18:             {
19:                 fputc(ch, file)
20:             }
21:             fclose(file);
22:         }
23:
24:         return 0;
25:  }
```

■ 실행결과

● 문자형 char는 1바이트의 크기를 차지하는 정수라는 점을 염두해 두어야 합니다.

● 17번째 줄에서는 반복문을 통해 문자형 변수 ch에 'A'부터 'Z'까지의 알파벳이 모두 한 번씩 대입됩니다. 그것이 가능한 이유는 알파벳 문자들은 모두 아스키 코드값을 가지고 있으며, 앞 문자와 뒷 문자는 1씩의 차이를 가지고 있습니다. 예를 들면 문자 'A'는 아스키코드로 65이고, 문자 'B'는 66, 문자 'C'는 67 … 이렇게 각 문자의 사이는 1씩의 차이를 갖는 순차적인 형태이므로 반복문을 통해 모든 알파벳 대입이 가능한 것입니다.

● 19번째 줄의 fputc 함수는 반복문을 돌며 fopen으로 연 파일 스트림에 문자 ch를 대입하고 있습니다. 이 때, 파일 스트림에 문자가 쓰여지면 파일의 문자 위치는 그 다음 위치로 이동하게 됩니다.

■ 파일에 문자 읽기 함수의 원형

다음은 문자 읽기 함수의 원형입니다.

```
int fgetc ( FILE * stream );
```

● 함수의 인수 stream은 문자가 쓰여진 스트림의 FILE 객체를 가리키는 포인터입니다.

● 인자로 전달한 파일 스트림의 파일 위치가 가리키는 문자를 리턴합니다. 리턴 값은 정수형이며, 읽는 도중에 파일의 끝('\0')에 도달했다면 EOF(End-of-File)를 리턴합니다.

다음은 fgetc 함수를 이용하여 파일 스트림의 내용을 읽어서 화면에 출력하는 코드입니다.

■ 예제 : 15장\15-3\15-3.c

```c
1:    #include<stdio.h>
2:    #include<string.h>
3:
4:    int main(void)
5:    {
6:         FILE *file;
7:         char ch;
8:         char str[2] = {0,};
9:         char buf[256] = {0,};
10:
11:        file = fopen("c:₩₩Temp.txt", "rt");
12:
13:        if(file == NULL)
14:        {
15:             printf("파일이 존재하지 않습니다.₩n");
16:        }
17:        else
18:        {
19:             do{
20:                  ch = fgetc(file);
21:                  sprintf(str, "%c", ch);
22:                  strcat(buf, str);
23:             }while(ch != EOF);
24:             puts(buf);
25:             fclose(file);
26:        }
27:
28:        return 0;
29:    }
```

■ 실행결과

● 7-9번째 줄은 3개의 char 변수를 선언하되, ch는 문자 하나를 저장할 변수이고, str은 문자 하나를 문자열 형태로, buf는 문자들을 하나의 버퍼에 모을 변수입니다.

● 19-23번째 줄은 do - while 문을 사용하여 파일 스트림의 내용을 읽어오고 있습니다. 이 때 do - while문을 사용한 이유는 최초 한 번은 fgetc를 통해 스트림으로부터 문자를 읽어서 이 문자가 파일의 끝인지 아닌지 검사를 하기 위함입니다.

● 20번째 줄은 fgetc 함수를 통해 파일 스트림으로부터 한 문자를 읽은 값을 리턴 받아 ch에 대입하고 있습니다.

● 21번째 줄은 ch에 대입한 문자를 str에 문자열 형태로 대입하고 있습니다. ch의 문자들을 하나씩 모아서 버퍼에 저장한 후 한꺼번에 출력하고 싶은데, ch의 자료형은 char 형으로 결국 정수입니다. 그래서 sprintf 함수를 이용하여 각 문자를 문자열 형태인 str로 저장하고 있습니다.

● 22번째 줄은 문자가 저장되어 있는 str 문자열을 buf 버퍼에 이어서 붙여넣기를 합니다. 이 때 사용한 문자열 표준 함수가 strcat 입니다.

● 24번째 줄에서 한 문자씩 모아놓은 버퍼인 buf를 출력하고 있습니다. 이전에 Temp.txt 파일에 저장하였던 알파벳들이 그대로 출력되는 것을 확인할 수 있습니다.


## Unit_3 = ("파일에 문자열 입출력하는 함수");

파일에 문자열 단위 입출력 함수에 대해서는 이미 12장에서 다룬 적이 있습니다. 12장에서는 이 함수들을 문자열 관점에서 다룬 것이고, 이 장에서는 파일 관점에서 다루고 있으므로 다시 한 번 살펴보기 바랍니다.


### ■ 파일에 문자열 쓰기 함수의 원형

다음은 파일에 문자열 단위로 쓰는 함수의 원형입니다.

```
int fputs(const char *string, FILE *stream);
```

● 이 함수는 문자열을 파일에 쓰는 함수입니다.
● 첫 번째 인수는 파일에 쓸 문자열인데 중간에 개행문자를 만나더라도 상관없이 파일에 씁니다. 만약 중간에 '\0' 종료 문자열을 만나면 '\0' 종료 문자열 앞까지만 출력합니다.
● 두 번째 인수 stream은 우리가 개방한 스트림의 FILE 객체를 가리키는 포인터를 나타냅니다.

```
1:    #include<stdio.h>
2:
3:    int main(void)
4:    {
5:        FILE *file;
6:        char *str = "죽는 날까지 하늘을 우러러 한 점 부끄럼 없기를,₩
7:        잎새에 이는 바람에도 나는 괴로워했다.";
8:
9:        file = fopen("c:₩₩Temp.txt", "wt");
10:
11:       if(file == NULL)
12:       {
13:           printf("파일이 존재하지 않습니다.₩n");
14:       }
15:       else
16:       {
17:           fputs(str, file);
18:           printf("문자열이 파일에 쓰여졌습니다.₩n");
19:           fclose(file);
20:       }
21:
22:       return 0;
23:    }
```

■ 실행결과

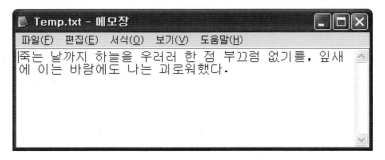

● 이 함수는 파일 스트림에 문자열을 쓰되, 앞서 살펴본 함수들과의 차이라면 문자열 단위라는 것입니다.

● 6번째 줄은 파일 스트림에 쓰고자 하는 문자열의 내용을 포인터 변수 str에 담고 있습니다.

● 17번째 줄은 fputs 함수를 통해 str에 담긴 문자열의 내용을 file에 쓰고 있습니다.

● 프로그램의 실행이 끝나면, 실제 로컬의 해당 위치에서 Temp.txt를 열어보겠습니다. 우리가 입력한 문자열이 파일에 저장되어 있는 것을 확인할 수 있습니다.

### ■ 파일에 문자열 읽기 함수의 원형

다음은 파일의 문자열 단위로 읽는 함수의 원형입니다.

```
char* fgets(char *string, int n, FILE *stream);
```

● 이 함수는 파일에서 문자열을 읽어들이는 함수입니다.

● 첫 번째 인수 string은 파일로부터 읽어들인 문자열을 저장할 버퍼입니다.

● 두 번째 인수 n은 문자열을 저장할 버퍼의 크기를 지정합니다.

● 세 번째 인수 stream은 우리가 개방한 스트림의 FILE 객체를 가리키는 포인터를 나타냅니다.

fgets 함수는 최초의 개행문자를 만날 때까지 함수를 반복적으로 호출하면 텍스트 파일을 줄 단위로 읽을 수 있습니다. 만약 파일의 끝(₩0)에 도달하여 더 이상 읽을 문자가 없을 경우 NULL을 리턴합니다.

다음 예제를 통해 fgets의 사용법을 알아보도록 하겠습니다.

### ■ 예제 : 15장\15-5\15-5.c

```
1:    #include<stdio.h>
2:
3:    int main(void)
4:    {
5:        FILE *file;
6:        char buf[256];
7:
8:        file = fopen("c:₩₩Temp.txt", "rt");
```

```
9:
10:        if(file == NULL)
11:        {
12:                printf("파일이 존재하지 않습니다.\n");
13:        }
14:        else
15:        {
16:                while(1)
17:                {
18:                        if(fgets(buf, 256, file) == NULL)
19:                                break;
20:                        printf("읽어온 문자열 : %s\n", buf);
21:                        fclose(file);
22:                }
23:        }
24:
25:        return 0;
26:   }
```

■ 실행결과

```
C:\  D:\WINDOWS\system32\cmd.exe                                  _ □ ×
읽어온 문자열 : 죽는 날까지 하늘을 우러러 한 점 부끄럼 없기를.잎새에 이는 바람에
도 나는 괴로워했다.
계속하려면 아무 키나 누르십시오 . . .
```

● 6번째 줄은 파일 스트림으로부터 읽어온 문자열을 저장할 버퍼입니다.

● 16-22번째 줄은 반복문을 통해 파일 스트림으로부터 256바이트 단위의 문자열을 읽어 buf에
저장합니다.

● 18번째 줄은 fgets 함수를 통해 256바이트 단위의 문자열을 읽어오되, 리턴값이 파일의 끝인지
를 검사하고, 그렇다면 break를 통해 무한 반복문을 빠져나옵니다. 그렇지 않다면 읽어온 문자열
buf를 그대로 화면에 출력합니다.


## Unit_4 = ("파일 입출력 표준 함수");

앞서 배운 함수들은 파일 스트림에 문자나 문자열을 입출력하는 함수였습니다. 지금 배울 입출력
함수는 문자, 문자열 전용이 아닌 어떠한 데이터 형태이든 입출력이 가능한 함수들입니다.

## ■ 파일 출력 함수의 원형

다음은 파일에 버퍼 단위로 쓰는 함수의 원형입니다.

```
size_t fwrite(const void *buffer, size_t size, size_t count, FILE *stream);
```

● 첫 번째 인수 buffer는 파일 스트림에 쓰고자 하는 데이터 버퍼입니다. 이 데이터의 자료형은 void* 형으로 어떠한 타입이 올 수도 있습니다.
● 두 번째 인수 size는 자료형의 크기를 의미합니다. 크기는 바이트 단위입니다.
● 세 번째 인수 count는 읽을 데이터의 개수를 의미합니다.
● 네 번째 인수 stream은 우리가 개방한 스트림의 FILE 객체를 가리키는 포인터를 나타냅니다.
● 함수가 성공적으로 수행되면 파일에 저장된 데이터의 개수를 반환하는데, count의 값이 리턴되고, 실패 시에는 count보다 작은 값이 리턴됩니다.

예제를 통해서 fwrite의 기능을 정확하게 알아보도록 하겠습니다.

## ■ 예제 : 15장\15-6\15-6.c

```
1:     #include<stdio.h>
2:     #include<string.h>
3:
4:     int main(void)
5:     {
6:         FILE *file;
7:         char buf[256];
8:
9:         memset(buf, 0, 256);
10:        printf("문자열을 입력하시오 : ");
11:        gets(buf);
12:
13:        file = fopen("c:\\Temp.txt", "wt");
14:
15:        if(file == NULL)
16:        {
17:            printf("파일이 존재하지 않습니다.\n");
18:        }
```

```
19:        else
20:        {
21:               fwrite(buf, 1, 256, file);
22:               printf("버퍼의 내용이 파일에 쓰여졌습니다.\n");
23:               fclose(file);
24:        }
25:
26:        return 0;
27:    }
```

■ 실행결과

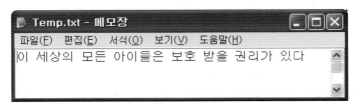

● 11번째 줄은 사용자로부터 데이터를 입력받아 buf에 저장하고 있습니다.

● 21번째 줄은 fwrite 함수를 사용하여 파일 스트림에 데이터를 쓰고 있습니다. buf에는 사용자가 입력한 문자열이 대입되어 있고, 데이터의 자료형이 문자형이므로 1바이트만큼 256개의 데이터를 file 스트림에 쓰겠다는 의미입니다.

● 실행 결과처럼 우리가 문자열을 입력하고 프로그램 수행이 끝난 후 Temp.txt 파일을 열어보면 우리가 입력한 문자열이 그대로 대입되어 있는 것을 확인할 수 있습니다.


■ 파일 입력 함수의 원형

다음은 파일에 버퍼 단위로 읽는 함수의 원형입니다.

```
size_t fread(void *buffer, size_t size, size_t count, FILE *stream);
```

● 첫 번째 인수 buffer는 파일 스트림으로부터 읽어온 데이터를 저장하는 버퍼입니다. 이 데이터의 자료형은 void* 형으로 어떠한 타입이 올 수도 있습니다.

● 두 번째 인수 size는 자료형의 크기를 의미합니다. 크기는 바이트 단위입니다.

● 세 번째 인수 count는 읽을 데이터의 개수를 의미합니다.

● 네 번째 인수 stream은 우리가 개방한 스트림의 FILE 객체를 가리키는 포인터를 나타냅니다.

● 함수가 성공적으로 수행이 되었을 시, 실제로 읽은 데이터의 개수를 리턴하고 실패 시 count보다 작은 값을 리턴합니다.

예제를 통해서 fread의 기능을 정확하게 알아보겠습니다.

■ 예제 : 15장\15-7\15-7.c

```c
1:    #include<stdio.h>
2:    #include<string.h>
3:
4:    int main(void)
5:    {
6:        FILE *file;
7:        char buf[256];
8:
9:        file = fopen("c:\\Temp.txt", "rt");
10:
11:        if(file == NULL)
12:        {
13:            printf("파일이 존재하지 않습니다.\n");
14:        }
15:        else
16:        {
17:            memset(buf, 0, 256);
18:            while(fread(buf, sizeof(char), 256, file))
19:            {
20:                printf("%s\n", buf);
21:            }
22:            fclose(file);
23:        }
24:        return 0;
25:    }
```

● 7번째 줄은 데이터를 읽어서 저장할 버퍼 buf를 선언하였습니다.

● 18번째 줄은 파일 스트림으로부터 데이터를 읽어올 fread 함수를 사용하였는데, file로부터 1바이트 단위로 256개의 데이터를 가져와서 buf에 저장하고 있습니다. 이 과정을 while문을 통해 파일의 끝에 도달할 때까지 반복하고 있습니다.

### Unit_5 = ("바이너리 파일의 복사");

지금까지의 파일 입출력 모드는 모두 텍스트 형태였습니다. 그러나 실전에서는 텍스트 형태로 파일을 입출력할 일은 별로 없습니다. 대부분 바이너리 형태로 파일을 입출력하게 될 것입니다. 하지만 걱정할 필요는 없습니다. 바이너리 형태의 입출력이라고 해서 특별한 게 있는 것이 아니라, 우리가 앞서 배웠던 입출력 함수를 그대로 사용하면 됩니다. 단, 모드만 wt, rt에서 wb, rb의 형태인 t에서 b로 바꾸어주면 됩니다.

바이너리 파일로는 여러 가지가 있지만, 가장 대표적인 바이너리 파일은 이미지라고 할 수 있습니다. 이번 예제에서는 이미지 파일을 한 개 복사하는 예제를 작성해 보도록 하겠습니다.

■ 예제 : 15장\15-8\15-8.c

```
1:      #include<stdio.h>
2:      #include<string.h>
3:
4:      #define BUF_SIZE 30
5:
6:      int main(void)
7:      {
8:          char buf[BUF_SIZE];
9:          int readLen = 0;
10:         FILE *src, *des;
11:
```

```
12:        src = fopen("c:₩₩수련.jpg", "rb");
13:        des = fopen("c:₩₩수련_copy.jpg", "wb");
14:
15:        if(src == NULL || des == NULL)
16:        {
17:                puts("파일을 열지 못했습니다.");
18:                return -1;
19:        }
20:
21:        while(1)
22:        {
23:                readLen = fread(buf, 1, BUF_SIZE, src);
24:                if(readLen < BUF_SIZE)
25:                {
26:                        if(feof(src) != 0)
27:                        {
28:                                fwrite(buf, 1, readLen, des);
29:                                puts("파일 복사 완료!!!");
30:                                break;
31:                        }
32:                        else
33:                        {
34:                                puts("파일 복사 실패!!!");
35:                        }
36:                }
37:                fwrite(buf, 1, BUF_SIZE, des);
38:        }
39:
40:        if(fclose(src) != 0 || fclose(des) != 0)
41:        {
42:                puts("파일을 닫지 못했습니다.");
43:                return -1;
44:        }
45:        return 0;
46: }
```

● 10번째 줄은 파일 스트림을 2개 선언하였습니다. 그 이유는 파일 복사라는 것이 원본을 읽어서 복사본에 쓰는 행위이기 때문에, 파일을 읽는 스트림과 파일에 쓰는 스트림이 각각 따로 존재해야 합니다. 그래서 src와 dest를 각각 선언하였습니다.

● 12, 13번째 줄은 파일 스트림을 fopen으로 열고 있는데, src는 "수련.jpg"라는 원본 파일을 바이너리 형태로 읽어야 하므로 "rb"라는 모드로 설정하였고, dest는 "수련_copy.jpg"라는 복사본 파일을 바이너리 형태로 써야 하므로 "wb"라는 모드로 설정하였습니다.

● 23번째 줄에서는 fread 함수를 통해서 src의 바이너리 데이터를 BUF_SIZE 크기 단위로 읽어 오고 있습니다. 이 함수는 읽어온 데이터의 길이를 리턴하는데 readLen 이 리턴값을 대입 받고 있습니다. 마지막 데이터라면 BUF_SIZE보다 작은 값이 리턴 될 것이므로 복사가 완료된 것으로 간주합니다.

● 37번째 줄에서는 fwrite 함수를 통해서 앞서 저장했던 바이너리 데이터 buf를 이미지 복사본의 대상인 dest에 쓰고 있습니다. fread에서와 마찬가지로 BUF_SIZE 단위로 데이터를 씁니다.

● 반복문을 통해서 이미지를 BUF_SIZE만큼 읽고 쓰고를 반복한 후, 파일의 마지막 섹션이 남게 되면, 28번째 줄에서 나머지 크기인 readLen 만큼을 dest에 쓰고 프로그램을 종료합니다.

● 실제로 이미지가 복사된 경로를 윈도우 탐색기를 통해 찾아가서 확인해보도록 하겠습니다. 복사된 이미지를 확인할 수 있습니다.

수련_copy.jpg       수련.jpg

바이너리 파일의 복사 결과

___ // 잠깐 알아두세요

**feof**

이 함수는 파일의 마지막을 찾기 위해 사용하는 함수로써, 우리가 읽어들일 파일의 정확한 길이를 모르는 상태에서 파일을 처음부터 끝까지 읽어들이기 위한 방법으로 사용됩니다. 파일 스트림의 마지막에 도달하지 않았다면 0을 돌려주고, 도달했다면 0이 아닌 값을 돌려줍니다.

Char CHAPTER_3 = {"**파일의 임의 접근**"};

우리가 파일로부터 데이터를 읽고 썼을 경우 지금까지의 기본적인 특징을 본다면, 데이터는 모두 앞에서부터 순서대로 읽고 쓴다는 것이었습니다. 즉, 데이터를 중간 중간 띄엄 띄엄 읽는다거나, 거꾸로 읽는 일 따위는 하지 않습니다.

이렇게 순차적으로 데이터에 접근하는 방법을 순차 접근(Sequential Access)이라고 합니다. 반면에 데이터에 접근 시 원하는 위치로 바로 이동하여 접근하는 방법을 임의 접근(Random Access)이라고 하는데, 이번 시간에는 임의 접근 방법에 대해 알아보도록 하겠습니다.

■ **파일 위치 지시자 함수의 원형**
다음은 파일 위치 지시자 함수의 원형입니다.

```
int fseek(FILE *stream, long int offset, int origin);
```

● 첫 번째 인수인 stream은 우리가 fopen 함수 성공 시 리턴 받았던 FILE 구조체 포인터로써, 파일 위치 지시자를 통해 조작하고자 하는 파일 포인터입니다.
● 두 번째 인수인 offset은 기준 위치에서 얼마나 옮길지에 대한 정보가 들어갑니다.
● 세 번째 인수인 origin은 stream 상에서 시작 기준 위치를 나타냅니다. 이 때, 사용되는 키워드들이 있는데, 다음의 표를 참고하기 바랍니다.

| origin | 설 명 |
|----------|-------------------------------------------|
| SEEK_SET | 현재 파일의 시작점입니다. |
| SEEK_CUR | 현재 파일상에서 파일 위치 지정자의 지점입니다. |
| SEEK_END | 현재 파일의 끝점입니다. |

파일 위치 지시자의 시작 기준 위치

표만 보아서는 파일의 어느 위치에 접근하고 있다는 것인지 전혀 감이 오질 않습니다. 다음 그림을 통해 표의 origin의 의미를 좀 더 자세히 파악해보겠습니다.

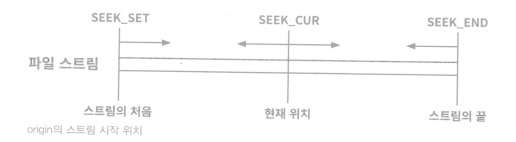

origin의 스트림 시작 위치

SEEK_SET은 파일 스트림의 처음을 기준으로 파일의 접근 위치를 이동시키고, SEEK_CUR는 현재 위치, SEEK_END는 스트림의 끝을 기준으로 접근 위치를 이동시킵니다. 그러다보니, offset의 경우 SEEK_SET은 양수여야 하고, SEEK_END는 음수, SEEK_CUR은 현재 위치를 기준으로 양쪽으로 모두 옮겨갈 수 있으므로, 양수와 음수 모두 가능합니다.

백날 떠들어봐야 예제 한번 수행해 보는 것이 훨씬 낫습니다. 간단한 예제를 통해 파일 위치 지시자인 fseek의 사용법을 알아보겠습니다.

■ 예제 : 15장\15-9\15-9.c

```
1:      #include<stdio.h>
2:
3:      int main(void)
4:      {
5:          FILE *file;
6:          char buf[256];
7:
8:          file = fopen("c:₩₩Temp.txt", "rt");
9:
10:         if(file != NULL)
11:         {
12:             fseek(file, 21, SEEK_SET);
13:             fgets(buf, 256, file);
14:             printf("%s₩n₩n", buf);
15:             fclose(file);
16:         }
```

```
17:
18:        return 0;
19:    }
```

■ 실행결과

● 실행 결과를 보면 "은 보호 받을 권리가 있다."라고 출력되는 것을 확인할 수 있습니다. 왜 이러한 결과가 나오는 걸까요?

● 12번째 줄의 fseek 함수를 통해 fopen으로 연 파일의 위치를 접근하고 있습니다. 함수의 세 번째 인수인 origin이 SEEK_SET으로, 두 번째 인수인 offset이 21로 설정되어 있으므로, 스트림의 처음 위치에서 +21만큼의 위치로 이동합니다.

```
1:      #include <stdio.h>
2:      #define PI 3.14          ──────► 실제값
3:                               ──────► 매크로명
4:      int main(void)           ──────► 전처리기 지시자
5:      {
6:              double area;
7:              double radius;
8:
9:              fputs("반지름을 입력하시오 : ", stdout);
10:             scanf("%lf", &radius);
11:
12:             area = radius * radius * PI;
13:             printf("원의 넓이는 %lf 입니다.\n", area);
14:
15:             return 0;
16:     }
```

| #define | VAL | 10 |
|---|---|---|
| 전처리기 지시자 | 매크로명 | 실제값 |

#define이 바로 전처리기 지시자로써 매크로를 실제 값으로 정의하겠다 또는 치환하겠다는 의미를 가지고 있습니다.

VAL을 우리는 매크로라고 하는데, 이 매크로의 치환 대상이 되는 것이 바로 세 번째 나오는 실제값 10 이라는 수입니다.

전처리에 대한 개념을 살펴보고, 전처리문으로 사용되는 매크로, 헤더파일, 조건부 컴파일 등에 대해 학습합니다.

# #PART_16.

## <꽃길만 걷게 해줄께. 전처리문>

int main(void)

이제 여러분은 이 책의 거의 막바지까지 다다랐습니다. C언어의 기본 자료형을 시작으로 변수가 어떻게 메모리 상에 할당되는지, 명령어 및 함수들은 어떻게 동작하는지에 대해서 배웠습니다. 그리고 C언어의 많은 입문자들이 탈락하는 단계인 포인터의 과정 또한 우리는 잘 헤쳐 왔습니다. 사실 포인터는 필자가 강조했던 기본적인 메모리 구조만 머릿속에 정립되어 있으면 어려운 부분이 아닙니다.

전처리문인 인크루드, 매크로, 조건부 컴파일과 같은 문법들은 실전 프로그래밍에서 많이 사용되고 있습니다. 전처리는 우리가 앞서 배웠던 과정의 코드를 컴파일하기 전에 미리 처리하는 중요한 과정입니다. 이 과정이 없다면 코드가 정상적으로 컴파일되지 않을 것입니다. 이번 시간에는 #으로 시작하는 전처리문에 관하여 자세하게 살펴보겠습니다.

## Char CHAPTER_1 = {"**전처리란**"};

## Unit_1 = ("**전처리란 무엇인가요?**");

우리는 이미 프로그램의 개발 과정에 대해서 1장에서 배운 기억이 있을 것입니다. 소스코드(원시코드)는 컴파일을 통해 목적 파일이 만들어지고, 그 목적 파일은 링크 과정을 거쳐야만 우리가 얻고자 하는 실행파일이 생성된다는 것을 알 수 있었습니다.

그런데, 이번에 우리는 이 과정에 한 가지 과정을 더 끼울 생각입니다. 컴파일 단계 이전에 무언가 수행해야 할 작업들이 있는데, 이를 우리는 앞서 수행된다고 하여 선행 처리 혹은 전처리라고 합니다.

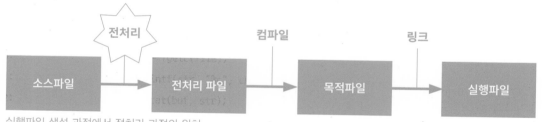

실행파일 생성 과정에서 전처리 과정의 위치

컴파일 과정의 처리는 컴파일러(Complier)가 하고, 링크의 과정은 링커(Linker)가 처리하듯이, 전처리의 과정은 전처리기(preprocessor)가 처리합니다. 앞으로 배울 전처리에 대한 내용들을 보게 되면 우리는 지금까지 프로그래밍을 하면서 전처리에 대해 알게 모르게 사용하고 있었다는 것을 알게 될 것입니다.

## Unit_2 = ("**전처리문의 사용 규칙**");

전처리문를 사용하기 앞서 사용 규칙에 대해 알아보겠습니다.

● 전처리문 앞에는 '#'을 붙입니다.

우리는 지금까지 헤더를 포함시킬 때 include 앞에 #을 붙여서 사용했습니다. 사실 이것이 어떤 의미인지는 정확히 모른 채, 문법이니까 따라서 사용했을 것입니다. 이제는 말할 수 있습니다. # 문자로 시작하는 문장은 무조건 전처리문이고, 정확히 말하면 '전처리기 지시자'라고 합니다. 그래서 이 문장은 컴파일러에서 처리하지 않고, 전처리기에서 처리합니다.

● 전처리문 끝에는 ';'을 붙이지 않습니다.

C언어의 문장의 끝은 세미콜론(;)으로 끝나는데 전처리문은 끝에 세미콜론(;)을 붙이지 않습니다.

● 한 줄에 하나의 전처리문만 사용할 수 있습니다.

변수 선언 시 한 줄에 여러 개의 문장을 사용할 수 있는데, 전처리문의 경우는 한 줄에 하나의 문장만 사용할 수 있습니다.

## Unit_3 = ("전처리기 지시자의 종류");

C언어의 문장에서 서두에 #이 나오면 무조건 전처리기문이라고 보면 됩니다. 전처리기 지시자 중에 가장 많이 사용되는 것이 바로 헤더 파일 선언하는 #include와 매크로 상수 및 매크로 함수를 선언하는 #define 입니다. 그리고 때에 따라서 조건부 컴파일을 하는 경우 #ifdef와 같은 전처리기를 사용하는 경우도 있는데, 앞으로 배우게 될 내용들입니다.

# Char CHAPTER_2 = {"매크로란"};

C언어에서의 매크로(Macro)란 #define으로 처리되는 전처리기문을 통칭합니다. #define으로 정의되는 매크로는 크게 매크로 상수와 매크로 함수로 나누어집니다.

## Unit_1 = ("매크로 상수");
### ■ 매크로 상수 선언
다음은 #define 전처리기 지시자를 사용하여 매크로 상수를 선언하는 형태입니다.

| #define | VAL | 10 |
|---|---|---|
| 전처리기 지시자 | 매크로명 | 실제값 |

메크로 상수의 선언 형태

크게 세 영역으로 나눠지는데, 각 영역은 공백으로 구분합니다.

첫 번째로 등장하는 #define이 바로 전처리기 지시자로써 매크로를 실제 값으로 정의하겠다 또는 치환하겠다는 의미를 가지고 있습니다.

두 번째 나오는 VAL을 우리는 매크로라고 하는데, 이 매크로의 치환 대상이 되는 것이 바로 세 번째 나오는 실제값 10이라는 수입니다.

종합해보면 위의 문장은 VAL이라는 매크로를 정의하되, 10이라는 값으로 치환한다는 뜻입니다. 그리고 매크로 상수라는 말도 VAL이라는 매크로가 10이라는 상수로 치환되었기 때문에 이 매크로를 매크로 상수라고 말하는 것입니다.

위와 같이 정의되었다면, int result = VAL + 5라는 문장을 사용했을 때, result 값은 15가 됩니다.

백문이불여일견인 것처럼 매크로 상수에 관한 예제를 하나 작성해보겠습니다.

```
1:      #include <stdio.h>
2:      #define PI 3.14
3:
4:      int main(void)
5:      {
6:          double area;
7:          double radius;
8:
9:          fputs("반지름을 입력하시오 : ", stdout);
10:         scanf("%lf", &radius);
11:
12:         area = radius * radius * PI;
13:         printf("원의 넓이는 %lf 입니다.\n", area);
14:
15:         return 0;
16:     }
```

■ 실행결과

● 2번째 줄을 보면 전처리기 지시자 #define을 통해 매크로 상수 PI를 선언하고 3.14라는 값으로 치환된 것을 알 수 있습니다. 그래서 코드 상 PI를 사용하게 되면 그 자리에 3.14로 치환되는 것입니다.

● 원의 넓이 공식은 반지름 * 반지름 * 3.14 입니다. 10번째 줄 scanf를 통해 사용자로부터 반지름을 입력받고, 12번째 줄에서 원의 넓이 구하는 공식에 의거하여 원의 넓이 계산을 하고 있습니다. 이 때 PI는 앞서 선언된 매크로 상수이므로 3.14로 치환되어 계산됩니다.

## 📋 매크로 상수 사용 시 좋은 점

앞의 예제만으로 매크로 상수의 유용성을 느끼기는 쉽지 않습니다. 원주율을 3.14로 직접 쓰면 되지 굳이 매크로 상수로 정의하여 쓸 필요가 있을까요? 매크로 상수를 사용하면 좋은 점이 대표적으로 두 가지 정도 있습니다.

첫 번째로, 매크로 상수의 이름만으로도 상수의 용도를 이해할 수 있습니다. 3.14와 같은 경우 원주율이라는 것을 금방 알 수도 있지만, PI라는 이름으로 매크로 선언을 하면 의미가 더 명확해집니다.

두 번째로, 매크로 상수를 사용하면 상수의 값 변경을 일괄 적용할 수 있습니다. 무슨 말인가 하면, 앞의 예제에서는 매크로의 사용처가 한 군데였지만, 만약 여러 군데에서 사용된다면 어떨까 생각해보겠습니다. 한 100군데에 PI 매크로 상수를 사용하고 있다고 가정해보겠습니다. 만약 원주율이 3.14에서 3.15로 값을 변경해야 한다고 가정한다면, 본래 100군데의 3.14를 3.15로 일일이 변경해야 하는 상황이지만, 매크로 상수 선언을 했다면 #define PI 3.15의 선언 문장만 변경해주면 됩니다.

## 📋 매크로의 특징

● 매크로를 선언 시 이름을 정할 때 유의해야 할 사항들이 있습니다. 먼저 이름 중간에 공백이 들어간다던지 숫자로 시작한다던지 다른 문자와 이름이 충돌해서도 안 됩니다. 그리고, 매크로 선언시 통상 대문자를 사용하는데, 이는 문법적인 규칙이라기보다는 일반 변수들과 구분하기 위한 관습적인 규칙이라고 할 수 있습니다.

● 매크로의 실제 값은 어떤 형태가 와도 무방합니다. 왜냐하면 매크로는 단순 무식해서 실제 값이 어떤 값이든 그냥 치환해 버리기 때문입니다. 다음과 같은 형태들도 치환이 가능합니다.

```
#define    ERROR    " 오류가 발생하였습니다. "
#define    CAL    (2 + 5) * 4
```

매크로 ERROR와 CAL은 출력을 하게 되면, ERROR의 경우는 단순 문자열이므로 "오류가 발생하였습니다."가 그대로 출력될 것이고, CAL의 경우는 연산 결과 28이 출력될 것입니다.

● 매크로는 문자열 상수 안에 있는 매크로의 이름은 치환하지 않습니다. 왜냐하면 문자열 내의 매크로 상수는 이름은 같지만 단순히 문자열일 뿐이므로 치환하지 않습니다. 이를 테면 이러한 경우입니다.

```
#defiine    NE    1
printf( " ONE = %d " , ONE);
```

이 경우 ONE이라는 매크로 상수는 값 1로 치환되어 있습니다. 이 매크로 상수 ONE의 값을 출력하게 되면 1이라는 값이 출력이 될 것인데, 문제는 '문자열 안 "ONE = %d"의 ONE도 1로 치환될 것인가?'입니다. 답은 '치환되지 않는다.' 입니다. 결론은 문자열 상수 안에 포함되어 있는 매크로 상수는 치환되지 않습니다.

### ■ 매크로 상수를 이용한 배열 선언

매크로 상수를 배열 선언 시 배열의 길이로 사용할 수 있습니다. 배열의 첨자는 반드시 상수여야 한다고 하였습니다. 매크로도 상수이므로 배열의 첨자로 사용하는 것이 가능합니다. 다음 예제를 보겠습니다.

### ■ 예제 : 16장\16-2\16-2.c

```
1:    #include <stdio.h>
2:
3:    #define SIZE 5
4:
5:    int main(void)
6:    {
7:        char str[SIZE] = "Love";
8:        int i;
9:
10:       for(i = 0; i < SIZE; i++)
11:       {
12:           printf("배열의 요소 %d는 %c\n", i, str[i]);
13:       }
14:
15:       return 0;
16:    }
```

## ■ 실행결과

● 3번째 줄에 SIZE라는 매크로 상수를 선언하고 5라는 값으로 치환하였습니다.

● 7번째 줄에 str이라는 이름의 배열을 선언 시 배열의 길이로 매크로 상수 SIZE를 대입하였습니다. SIZE는 상수이므로 배열 선언 시 배열의 길이로 사용이 가능합니다.

● 10번째 줄에서는 for 반복문 수행 시 SIZE 만큼 반복하면서 배열의 첨자를 출력하고 있습니다. 매크로 상수는 이렇게 여러 군데 사용이 가능합니다.

## ■ 매크로의 중첩 선언

이번에는 매크로의 중첩에 관한 특징을 이야기해보겠습니다. 말하자면, 이미 선언한 매크로를 또 다른 매크로에서 사용하는 것입니다. 다음 예제를 보겠습니다.

## ■ 예제 : 16장\16-3\16-3.c

```
1:    #include <stdio.h>
2:
3:    #define A 5
4:    #define B A + 10
5:
6:    int main(void)
7:    {
8:        printf("A = %d\n", A);
9:        printf("B = %d\n", B);
10:       printf("B * 2 = %d\n", B * 2);
11:
12:       return 0;
13:   }
```

■ 실행결과

● 3번째 줄 매크로 A가 선언되어 있고 5로 치환합니다.

● 4번째 줄 매크로 B를 선언하였는데 위에서 선언한 매크로 A에 10를 더한 값으로 치환합니다. 특이하게 앞에서 이미 선언한 매크로 A를 다른 매크로 B에서 활용하고 있는 것을 볼 수 있습니다. 이를 매크로의 중첩 선언이라고 합니다.

● 출력 결과를 보면 A는 그대로 5, B는 A + 10의 결과인 15가 출력되는 것을 볼 수 있습니다. 즉, 중첩 선언된 매크로 B의 경우에 출력 결과에는 전혀 이상이 없음을 볼 수 있습니다.

● 문제는 10번째 줄 B * 2에서 발생하는데, 출력 결과를 보면 25가 출력되는 것을 확인할 수 있습니다. 우리가 원했던 결과는 아마 30이었을 것입니다. 왜 예상했던 결과와 다르게 나오는 것일까요? B * 2 연산의 매크로 치환 과정을 한번 살펴보겠습니다.

매크로의 치환 과정

문제는 연산자의 우선순위 때문입니다. 매크로 자체는 그림 [매크로의 치환 과정]처럼 곧이곧대로 치환하기 때문에 연산자 우선순위에 의거해서 5 + 10 보다 10 * 2의 연산이 먼저 수행되면서 발생한 현상입니다. 이 문제를 어떻게 해결할까요? 매크로 정의 시 연산 부분을 괄호를 통해 영역 구분을 해주면 됩니다. 다음과 같이 코드를 변경합니다.

매크로 상수 선언 코드의 변경

기존 A + 10으로 선언한 문장에 괄호를 추가함으로써 영역을 지정하였습니다. 괄호의 경우 모든 연산자 중 가장 우선순위가 높으므로 가장 먼저 연산하고자 하는 영역이 있다면 괄호로 묶어주면 됩니다. 다음은 코드 변경 후 매크로의 치환 과정입니다.

$$B * 2 \xrightarrow{\text{치환}} (A + 10) * 2 \xrightarrow{\text{치환}} (5 + 10) * 2$$

코드 변경 후 매크로의 치환 과정

괄호로 묶인 영역인 (5 + 10)을 먼저 연산하고 후에 2를 곱합니다. 우리가 예상하는 결과가 나올 것입니다.

■ 예제 : 16장\16-4\16-4.c

```
1:    #include <stdio.h>
2:
3:    #define A 5
4:    #define B (A + 10)
5:
6:    int main(void)
7:    {
8:        printf("A = %d\n", A);
9:        printf("B = %d\n", B);
10:       printf("B * 2 = %d\n", B * 2);
11:
12:       return 0;
13:   }
```

■ 실행결과

이러한 문제는 매크로를 사용하면서 비일비재하게 발생할 소지가 있습니다. 그리고 에러가 아니기 때문에 나중에 오류를 잡아내기도 매우 까다로운 문제입니다. 그러므로 매크로를 선언 시 연산식이 포함되는 경우에는 괄호를 통해 주의 깊게 구분하여 선언해 주어야 합니다.

— // 잠깐 알아두세요 —

**#define의 단점**

매크로를 너무 많이 사용하면 기능 속도가 느리기 때문에 매크로 상수의 경우는 const를 사용하는 것을 권장합니다.

$$\text{\#define VAL 100} \longrightarrow \text{const int VAL = 100;}$$

매크로 상수를 const 형으로 변환

## Unit_2 = ("매크로 함수");

이번에는 매크로 함수에 대해 알아보도록 하겠습니다. 사실 엄밀하게 말하면 매크로의 기능을 함수처럼 이용하겠다는 의미인데, 함수처럼 전달 인자를 받을 수도 있습니다.

### ■ 매크로 함수 선언

다음은 매크로를 이용한 함수의 선언 형태입니다.

| #define | DOUBLE(x) | x+x |
|---------|-----------|-----|
| 전처리기 지시자 | 매크로명 | 실제값 |

매크로 함수 전달 인자

매크로 함수의 선언

매크로 상수와 마찬가지로 크게 세 부분으로 나누어지는데, 각 영역은 공백으로 구분합니다. 조금 특이한 점은 두 번째 매크로명의 경우 매크로 함수 전달 인자 x가 존재한다는 것입니다. 그리고 세 번째 영역의 실제 값은 매크로 함수의 전달 인자 x값에 의해 연산되어지고 연산식 자체가 매크로 함수로 치환됩니다.

매크로 함수에 관한 예제를 하나 작성해 보도록 하겠습니다.

### ■ 예제 : 16장\16-5\16-5.c

```
1:    #include <stdio.h>
2:
3:    #define DOUBLE(x) x+x
4:
5:    int main(void)
```

```
6:    {
7:        int iVal;
8:        double fVal;
9:
10:       fputs("정수를 입력하세요 : ", stdout);
11:       scanf("%d", &iVal);
12:       printf("출력 결과는 %d 입니다.\n", DOUBLE(iVal));
13:
14:       fputs("실수를 입력하세요 : ", stdout);
15:       scanf("%lf", &fVal);
16:       printf("출력 결과는 %.3f 입니다.\n", DOUBLE(fVal));
17:
18:       return 0;
19:   }
```

■ 실행결과

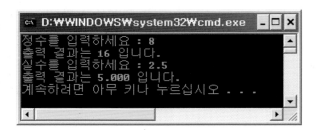

● 3번째 줄에서 매크로 함수를 선언하고 있습니다. 매크로 함수 DOUBLE의 전달 인자 x의 값을 전달 받고 있고, 치환되는 연산식은 x+x 입니다.

● 12, 16번째 줄에서 각각 입력받은 변수의 값을 매크로 함수 DOUBLE에 전달 인자로 넘겨주고 있습니다. 이 때, 매크로 함수의 정의에 의해 치환된 연산식 x*x로 처리됩니다.

그런데, 처리되는 시점에 있어서 차이가 있는데, 컴파일되기 전에 전처리기에서 인식하는 코드는 DOUBLE(iVal)라면 컴파일 시점에 인식하는 코드는 iVal + iVal 입니다. 그림을 통해 매크로 함수 치환 과정을 보도록 하겠습니다.

매크로 함수의 선언

위의 메크로 함수의 선언 처럼 컴파일러에 의해 컴파일되기 전에 전처리기에 의해서 치환되는 것을 볼 수 있습니다.

## ■ 매크로 함수의 특징

앞서 매크로 함수에 대해 알아보고 예제 또한 작성해 보았습니다. 이를 기반으로 매크로 함수의 특징을 살펴보겠습니다.

● 첫 번째 특징으로 매크로 함수는 자료형에 독립적입니다. 예제에서 선언한 매크로 함수 DOUBLE의 경우 전달 인자로 정수와 실수 모두를 전달할 수 있었습니다.

매크로 함수는 전처리기에 의해 단순 치환 방식으로 구현되므로 전달 인자에 대한 자료형을 명시할 필요가 없고, 어떠한 자료형을 전달해도 잘 동작합니다.

● 두 번째 특징으로 매크로 함수를 사용하면 성능 향상에 도움이 됩니다. 전처리기는 함수를 호출하는 것과 같이 해당 지점의 루틴으로 이동하여 수행하는 것이 아니라, 단순히 치환되는 방식이므로 성능면에서는 월등히 뛰어납니다.

그러나 모든 함수를 매크로 함수로 정의하는 것은 옳지 않습니다. 왜냐하면 함수의 내용 자체가 코드에 치환되어 버리게되면 코드의 크기는 커질 수밖에 없기 때문입니다. 또한 복잡한 함수의 정의의 경우는 매크로 함수로 표현하는데 한계가 있습니다. 따라서, 매크로 함수로 선언하는 경우는 함수의 내용이 한 두 줄 정도에 처리할 수 있는 간단한 코드일 때만 사용하는 것이 좋습니다.

이번에는 매크로 함수를 사용 시 주의해야 할 점들을 살펴보겠습니다.

## ■ 예제 : 16장\16-6\16-6.c

```
1:     #include <stdio.h>
2:
3:     #define DOUBLE(x) x+x
4:
5:     int main(void)
6:     {
7:         int iVal;
8:         double fVal;
9:
10:        fputs("정수를 입력하세요 : ", stdout);
11:        scanf("%d", &iVal);
```

```
12:         printf("출력 결과는 %d 입니다.\n", -DOUBLE(iVal));
13:
14:         return 0;
15:    }
```

■ 실행결과

● 12번째 줄에서 사용자로부터 입력한 값 iVal을 DOUBLE 매크로 함수에 전달합니다. 이 때 DOUBLE 매크로 함수의 앞에 음수 부호 연산자(−)를 붙임으로써 음수값의 결과가 나오길 기대하지만, 우리가 원하는 결과는 나오지 않습니다.

만약 입력한 x의 값이 5였다면 DOUBLE 매크로 함수에 의거하여 5 + 5, 즉, 10이 되고, 앞에 음수 부호가 붙어서 −10의 결과 값이 나오길 기대했으나, 결과값은 다르게 0이 출력되는 것을 볼 수 있습니다. 왜 이러한 결과가 나올까요? 치환의 과정을 차근차근 따져 보도록 하겠습니다.

매크로 함수의 치환 과정

위의 매크로 함수의 치환 과정에서도 나타나듯이 음수 부호 연산자의 경우 x + x 연산식 전체 앞에 붙는 것이 아니라 첫 번째 x의 값 바로 앞에 적용됨으로써 문제가 발생하였습니다.

이 문제를 해결하기 위해서는 매크로 함수 선언 시 실제값 부분인 x + x 부분을 괄호로 묶어주면 됩니다. 앞에서도 설명했듯이 괄호 연산자는 모든 연산자 우선순위에서 가장 높습니다. 다음과 같이 수정합니다.

함수 선언의 수정

전처리기 선언문에서 실제값 부분인 x+x를 (x+x)로 괄호만 추가하였습니다. 코드 수정 후 다시 빌드 및 실행을 해보겠습니다.

■ 실행결과

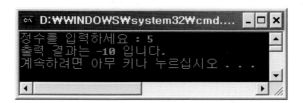

## Char CHAPTER_3 = {"파일 분할"};

### Unit_1 = ("파일 분할의 필요성");

지금까지 우리가 구현했던 예제 프로그램들은 모두 하나의 파일에서 이루어졌습니다. 물론 코드의 양도 작았고, 기능 또한 간단했기 때문에 이렇게 하나의 파일에서 작성하는 것이 문제가 되지 않았습니다. 그런데 만약 코드의 라인 수도 많아지고, 기능의 양도 늘어나면 하나의 파일에서 관리하는 것은 힘들어집니다.

예를 들어, 여러분이 스타트업 회사를 창업했다고 가정하겠습니다. 처음에는 1인 사장 및 직원으로 일하기 때문에 혼자서 모든 업무를 처리하게 됩니다. 물론 이 때의 업무의 양 자체는 많지 않겠지요. 그런데, 사업의 규모가 커지게 되면 부서도 생기게 되고, 직원들도 늘어나게 됩니다. 즉, 한 사람이 모든 업무를 처리할 수 없게 되고, 부서별로 나누어서 여러 사람이 업무를 각각 처리하게 될 것입니다. 이러한 업무의 분담은 업무의 효율성을 극대화시킬 것입니다.

앞의 예처럼 파일을 나누는 이유 또한 마찬가지로 프로그래밍의 효율성을 극대화시키기 위함입니다.

### Unit_2 = ("어떻게 나누어야 할까요?");

보통 파일을 나누는 경우는 작게는 기능 단위로, 크게는 모듈 단위로 나눕니다. 객체 지향 기반에서는 클래스 단위로 나누어지는데, 클래스 자체가 하나의 모듈이라고 볼 수 있습니다. 기능, 모듈, 클래스 모두 다 아직까지는 추상적인 개념으로 다가올 것입니다. 기능은 하나의 함수라고 보면 되고, 모듈은 여러 함수들이 모인 큰 개념의 기능이라고 보면 됩니다. 그리고 클래스는 변수와 함수(메소드)들의 집합으로 구성되어 있습니다.

우리가 다루는 코드는 객체지향 기반은 아니기 때문에 클래스 단위는 다루지 않고, 기능 단위 또는 모듈 단위로 나누어 보도록 하겠습니다.

## Unit_3 = ("파일의 분할");

우리가 아주 잘 알고 있는 두 수의 합을 구하여 리턴하는 프로그램 예제를 파일로 나누어 생각해 보겠습니다. 파일을 나누지 않은 우리가 익히 알고 있는 예제는 다음과 같습니다.

```
1:    #include <stdio.h>
2:
3:    int Add(int a, int b);
4:
5:    int main(void)
6:    {
7:          int result;
8:          result = Add(2, 3);
9:          printf("두 수의 합은 %d 입니다.\n", result);
10:         return 0;
11:   }
12:
13:   int Add(int a, int b)
14:   {
15:         return a + b;
16:   }
```

우리는 이 예제를 어떻게 파일로 나눌 것인지 고민해 보도록 하겠습니다. 앞서 설명했듯이 파일의 분할 조건은 기능별, 모듈별로 나눈다고 하였습니다. 이 예제에서 기능 단위의 함수는 두 개로 분류해 볼 수 있는데, 하나는 main 이고, 또 하나는 Add 입니다. 이 두 개의 기능을 각 파일로 분류해 놓으면 좋을 것 같습니다. 일단 무턱대고 한 번 나누어 보겠습니다.

**[main.c]**

```c
#include <stdio.h>
int Add(int a, int b);

int main(void)
{
        int result;
        result = Add(2, 3);
        printf("두 수의 합은 %d 입니다.₩n",
        result);

        return 0;

}
```

**[add.c]**

```c
int Add(int a, int b)
{
        return a + b;
}
```

무턱대고 파일의 분할

자, 하나의 파일을 두 개의 파일로 나누었습니다. 이 상태에서 컴파일을 수행하기 전에 한 번 문제점이 있는지 눈으로 확인해보겠습니다.

파일 add.c의 경우 어떤가요? 한 파일 내에서 Add 함수를 정의하고 있으므로 전혀 문제 될 것은 없어 보입니다.

그렇다면 main.c의 경우는 어떠한가요? 전체적으로는 크게 문제는 없어 보이나 Add 함수를 호출하는 부분에서 실제 이 파일 안에는 Add 함수의 선언부만 있고, Add 함수의 정의부가 다른 파일로 분리되어 존재하지 않으므로 문제가 될 소지가 있습니다. 즉, Add 함수의 호출 시 "Add 함수가 정의되어 있지 않다."는 경고 메시지를 받을 수도 있습니다. 물론 Add 함수가 외부 파일에 정의되어 있어 이 함수를 호출하므로 에러까지는 유발하지 않을 수도 있습니다.

어찌되었든 외부에 정의된 Add 함수를 호출하도록 하면 이 문제를 해결할 수 있습니다. 그러기 위해서는 호출하는 선언부에서 외부의 함수를 호출하겠다는 선언을 하면 됩니다. 즉, Add 함수의 선언 시 extern 키워드를 앞에 붙여주면 외부에서 Add 함수를 호출하겠다는 의미가 됩니다.

Add 함수의 선언부를 다음과 같이 수정해보겠습니다.

## [main.c]

```
#include <stdio.h>
extern int Add(int a, int b);

int main(void)
{
        int result;
        result = Add(2, 3);
        printf("두 수의 합은 %d 입니다.\n",
        result);
        return 0;
}
```

함수 선언부에 extern 추가

## [add.c]

```
int Add(int a, int b)
{
        return a + b;
}
```

위의 코드를 기반으로 직접 파일을 분할하여 예제를 작성해보겠습니다.

■ 예제 : 16장\16-7\main.c, add.c

· 파일1 : main.c

```
1:     #include <stdio.h>
2:
3:     extern int Add(int a, int b);
4:
5:     int main(void)
6:     {
7:             int result;
8:             result = Add(2, 3);
9:             printf("두 수의 합은 %d 입니다.\n", result);
10:            return 0;
11:    }
```

· 파일2 : add.c

```
1:     int Add(int a, int b)
2:     {
3:             return a + b;
4:     }
```

■ 실행결과

# Char CHAPTER_4 = {"헤더 파일"};

우리가 알게 모르게 지금까지 사용했던 전처리기 지시자가 바로 #include 입니다. #include는 지정한 특정 디렉토리에서 파일을 찾아 현재 위치에 포함시킵니다. 보통 이런 식으로 포함시키는 파일을 헤더 파일이라고 하는데, 확장자가 .h로 끝나는 파일들을 말합니다. 헤더 파일이야 말로 우리가 방금 배웠던 파일 분할의 대표적인 케이스라고 할 수 있습니다.

## Unit_1 = ("헤더 파일의 의미");

우리가 어떤 특정 표준함수를 사용하기 위해서는 표준함수가 정의된 헤더를 반드시 인크루드 해주어야 사용할 수 있었습니다. 예를 들어 출력 함수 printf를 사용하기 위해서는 반드시 stdio.h를, strcpy, strcat 함수를 사용하기 위해서는 string.h와 같은 헤더를 포함해야만 했습니다. 이렇게 헤더를 포함한다는 의미는 무엇일까요? 포함의 의미는 매우 단순합니다.

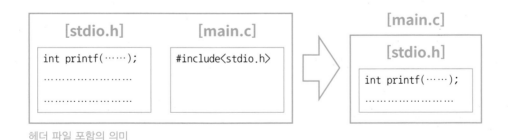

헤더 파일 포함의 의미

위의 그림처럼 포함하고자 하는 main.c파일이 stdio.h를 #include 한 경우는 main.c 파일 안에 stdio.h의 내용이 그대로 들어온 것과 같다고 할 수 있습니다.

## Unit_2 = ("헤더 파일의 사용법");

헤더 파일을 사용하는 방법은 다음과 같이 3가지 형태로 볼 수 있습니다.

| 사용법 | 설명 |
|---|---|
| #include 〈헤더 파일이름〉 | 〈 〉로 표시된 경우는 포함할 헤더파일을 컴파일러의 설정한 경로에서 찾습니다. |
| #include " 헤더 파일이름 " | " "로 표시된 경우는 먼저 현재 작업 경로에서 찾고, 해당 파일이 없는 경우에는 컴파일러의 설정 경로에서 찾습니다. |
| #include " c:\파일경로\헤더 파일이름 " | 절대 경로로 지정한 경우는 포함할 파일의 위치를 직접 지정하는 경우 사용합니다. |

괄호 형식에 따라 헤더 파일을 어디서 먼저 찾을 것인가의 검색 순서가 달라지는데, 두 괄호는 사실 그다지 엄격하게 구분할 필요는 없습니다. 관행상 〈 〉 괄호의 경우는 표준 함수의 헤더를 포함할 때 사용하고, "" 괄호의 경우는 사용자 정의 헤더를 포함할 때 주로 사용하지만, "" 괄호를 통해 표준 함수의 헤더를 사용했더라도 현재 디렉토리에 표준 함수가 없으면 표준 헤더 파일 디렉토리를 자동으로 검색합니다.

반대로 〈 〉 괄호를 통해 사용자 정의 헤더를 사용했더라도 표준 헤더 파일 디렉토리에 존재하지 않으면 현재 디렉토리를 자동으로 검색합니다. 결국 서두에서도 얘기한 바와 같이 괄호 형식에 대한 차이는 파일을 어디서 먼저 찾을 것인가의 순서의 차이지 "이 파일은 이런 괄호, 저 파일은 저런 괄호를 써야 해"라는 엄격한 규칙이 적용되는 것은 아닙니다.


## Unit_3 = ("헤더 파일의 사용상 특징 및 규칙");

### ■ 헤더 파일의 중복 시

만약 이러한 경우는 문제가 될 수 있을 것입니다. 표준 헤더 파일 stdio.h의 경우 #include "stdio.h"와 같이 헤더를 선언하였는데, 만약 현재 디렉토리에 사용자가 정의한 "stdio.h"라는 헤더 파일이 존재한다면, 사용자 정의 헤더 stdio.h 만 이 코드에 적용되고, 표준 헤더 파일 stdio.h는 코드에 포함되지 않습니다.


### ■ 헤더 파일 선언 시 대소문자 구분 안함

C언어 자체는 대소문자를 구분하지만 윈도우 시스템 자체가 대소문자를 구분하지 않기 때문에, #include〈STDIO.H〉나 #include〈stdio.h〉나 동일하게 취급됩니다. 하지만, 유닉스나 리눅스와 같은 다른 운영체제에서는 대소문자를 구분하므로 가급적이면 실제 파일 이름과 똑같이 대소문자 구분하여 선언할 것을 권장합니다.

■ 경로 구분 시 '/'를 사용함

윈도우 환경에서 디렉토리를 구분할 경우에 보통 역슬레시(₩)를 사용하는데, #include에서는 경로 구분자를 사용할 때 역슬레시(₩)가 아닌 슬레시(/)를 사용합니다.

■ 가급적 절대 경로를 사용하지 않습니다.

헤더 파일의 경로를 절대 경로로 줄 수도 있는데, 이는 별로 좋은 방법은 아닙니다. 왜냐하면 절대 경로의 경우는 내 PC의 로컬에서의 경로이지, 다른 환경에서 해당 경로가 존재하리라는 보장이 없기 때문입니다. 이것은 비단 #include 시에만 적용되는 것이 아니라, 일반적으로도 경로 지정 시 절대 경로는 권장하지 않습니다.

이러한 경우는 프로젝트에 파일을 포함시키는 방법이 있고, 만약 포함되면 안 되는 파일인 경우에는 프로젝트 근처에 디렉토리를 하나 만들어서 상대 경로로 지정하는 방법을 사용합니다.

## Unit_4 = ("헤더 파일의 사용자 정의");

헤더 파일을 포함한다는 개념과 헤더 파일의 사용법 및 특징에 대해 배웠습니다. 그런데 지금까지 우리는 표준 함수에 대한 헤더만 선언했지 우리가 직접 헤더 파일을 정의한 적이 없었습니다. 간단한 예제를 통해 왜 헤더가 필요하고, 헤더를 어떻게 정의해서 사용하는지 알아보도록 하겠습니다.

우리는 사칙연산 계산기 예제에 매우 익숙합니다. 헤더를 설명하기에 이 예제가 적합하므로 재활용해보기로 하겠습니다. 먼저 앞서 작성했던 예제 16-7의 예제를 기반으로 다음 예제 16-8을 작성합니다.

■ 예제 : 16장\16-8\main.c, cal.c

· 파일1 : main.c

```
1:    #include <stdio.h>
2:
3:    extern int Add(int a, int b);
4:    extern int Minus(int a, int b);
5:    extern int Multiple(int a, int b);
6:    extern int Divide(int a, int b);
7:
8:    int main(void)
```

```
 9:    {
10:        int result;
11:
12:        result = Add(4, 2);
13:        printf("두 수의 합은 %d 입니다.\n", result);
14:        result = Minus(4, 2);
15:        printf("두 수의 차는 %d 입니다.\n", result);
16:        result = Multiple(4, 2);
17:        printf("두 수의 곱은 %d 입니다.\n", result);
18:        result = Divide(4, 2);
19:        printf("두 수의 나누기는 %d 입니다.\n", result);
20:
21:        return 0;
22:    }
```

· 파일2 : cal.c

```
 1:    int Add(int a, int b)
 2:    {
 3:        return a + b;
 4:    }
 5:
 6:    int Minus(int a, int b)
 7:    {
 8:        return a - b;
 9:    }
10:
11:    int Multiple(int a, int b)
12:    {
13:        return a * b;
14:    }
15:
16:    int Divide(int a, int b)
17:    {
18:        return a / b;
19:    }
```

```
C:\  D:\WWINDOWSWsystem32Wcmd.exe  - □ ×
두 수의 합은 6 입니다.
두 수의 차는 2 입니다.
두 수의 곱은 8 입니다.
두 수의 나누기는 2 입니다.
계속하려면 아무 키나 누르십시오 . . .
```

● 하나의 파일에 정의되었던 계산기 기능을 두 개의 파일로 나누었습니다. 파일2 : cal.c의 경우는 사칙 연산의 기능을 가지고 있는 4개의 함수가 존재하고 있고, 파일1 : main.c의 경우는 파일2 : cal.c에서 정의한 함수를 호출하여 사용하기 위한 모듈입니다. 따라서 main.c에서 사용하는 함수는 외부에 존재하고 있음을 알리는 선언이 필요합니다. 그래서 3번째부터 6번째 줄까지 extern 키워드를 붙여줌으로써 외부의 함수를 참조하고 있음을 알리고 있습니다.

여기까지는 파일 분할의 과정과 동일하기 때문에 이해하는데 큰 어려움은 없습니다. 위와 같이 파일을 분리하였을 경우 어떤 장점이 있을지 생각해보겠습니다.
만약, 어떤 다른 모듈에서 사칙연산이 정의되어 있는 cal.c라는 파일을 사용하고 싶다고 한다면 어떨까요? 그렇습니다. 어차피 파일 자체가 main.c에 종속되어 있지 않고 별도의 파일로 존재하므로 따로 떼어서 제공할 수 있는 이점이 있습니다. 그래서 cal.c의 파일을 가져왔다고 가정해보겠습니다. 다른 모듈에서 이 함수를 이용하려면 main.c의 3번째부터 6번째 줄까지의 내용처럼 사용하고자 하는 함수의 선언이 필요합니다. 바로 이 부분입니다.

```
extern int Add(int a, int b);
extern int Minus(int a, int b);
extern int Multiple(int a, int b);
extern int Divide(int a, int b);
```

즉, cal.c의 파일을 가져다 쓰는 모듈들은 항상 위와 같은 함수의 선언을 반드시 해 주어야만 사용할 수 있습니다. 4개의 함수 정도는 매번 선언하는 것이 대수롭지 않게 생각될 수 있으나, 만약 100개 이상의 함수가 정의된 파일을 가져다가 사용한다고 가정해보겠습니다. 참으로 번거롭고 골치 아픈 일이 아닐 수 없습니다. 따라서 우리는 이러한 번거로운 작업들을 해결하고자 헤더 파일이라는 것을 만들어 사용하는 것입니다. 자, 이제 이 번거로운 함수의 선언부를 헤더파일을 만들어서 추가해 보도록 하겠습니다.

## ■ 예제 : 16장\16-9\main.c, cal.c, cal.h

· 파일1 : main.c

```
1:    #include <stdio.h>
2:
3:    int main(void)
4:    {
5:        int result;
6:
7:        result = Add(4, 2);
8:        printf("두 수의 합은 %d 입니다.\n", result);
9:        result = Minus(4, 2);
10:       printf("두 수의 차는 %d 입니다.\n", result);
11:       result = Multiple(4, 2);
12:       printf("두 수의 곱은 %d 입니다.\n", result);
13:       result = Divide(4, 2);
14:       printf("두 수의 나누기는 %d 입니다.\n", result);
15:
16:       return 0;
17:    }
```

· 파일2 : cal.c

```
1:    int Add(int a, int b)
2:    {
3:        return a + b;
4:    }
5:
6:    int Minus(int a, int b)
7:    {
8:        return a - b;
9:    }
10:
11:   int Multiple(int a, int b)
12:   {
13:       return a * b;
14:   }
15:
```

```
16:    int Divide(int a, int b)
17:    {
18:        return a / b;
19:    }
```

· 파일3 : cal.h

```
1:    extern int Add(int a, int b);
2:    extern int Minus(int a, int b);
3:    extern int Multiple(int a, int b);
4:    extern int Divide(int a, int b);
```

■ **실행결과**

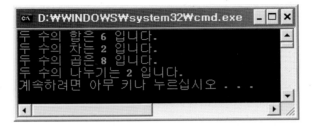

● main.c 파일 내에 존재하던 외부 함수들의 선언 내용을 cal.h라는 헤더 파일을 생성하여 독립시켰습니다.

● cal.h 헤더 파일의 내용이 main.c로부터 독립되어 있으므로 이 헤더 파일을 #include "cal.h"로 포함하고 있습니다.

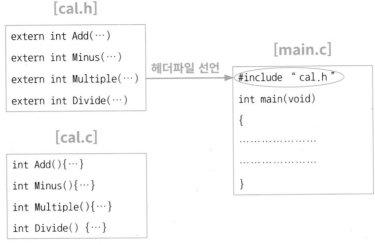

사용자 정의 헤더 파일의 선언

● 우리가 사용하는 표준 헤더 파일들도 모두 이러한 구조로 되어 있으므로, 우리가 헤더만 추가하면 그 헤더에 선언되어 있는 함수들을 모두 사용할 수 있었던 것입니다. 참고로 표준 헤더 파일들을 모아놓은 곳을 표준 디렉토리라고 하며, 헤더 파일을 포함 시킬 때 〈 〉를 사용하면 표준 디렉토리를 먼저 찾게 됩니다.

## Char CHAPTER_5 = {"조건부 컴파일"};

## Unit_1 = ("조건부 컴파일이란 무엇인가요?");

C언어에서 조건부 컴파일이란 말 그대로 조건에 따라 컴파일을 할 것인지 말 것인지 결정을 하는 것인데 우리가 작성한 소스코드 내에서 어떤 특정한 영역을 지정하여 컴파일의 유무를 결정할 수 있습니다.

보통 조건부 컴파일을 사용하는 대표적인 경우가 바로 이기종간 플랫폼의 소스코드를 작성할 때입니다. C언어는 리눅스나 윈도우나 코드의 문법은 C표준에 의거하므로 동일합니다. 다만 플랫폼마다 라이브러리 및 헤더 정보가 조금씩 다를 수 있습니다. 이러한 경우 윈도우에 포팅할 때의 소스와 리눅스에 포팅할 때의 소스 버전을 2가지로 관리하면 불편합니다. 어차피 소스코드는 같고, 다만 헤더 정보 정도만 다를텐데 말입니다. 이럴 때 조건부 컴파일을 사용하면 편리합니다. 윈도우에서 컴파일할 때 사용하는 헤더와 리눅스에서 컴파일할 때 사용하는 헤더를 구분하여 컴파일할 수 있기 때문입니다.

## Unit_2 = ("조건부 컴파일 지시자 형식");

다음은 조건부 컴파일 지시자의 형식과 의미에 관한 표입니다.

| 형식 | 설명 |
|---|---|
| #if | ~ 이 참이라면 |
| #ifdef | ~ 이 정의되어 있다면 |
| #ifndef | ~ 이 정의되어 있지 않다면 |
| #else | #if 및 #ifdef 조건에 맞지 않는다면 |
| #elif | else if의 의미와 동일 |
| #endif | #if, #ifdef, #ifndef가 끝났음을 표시 |

형식만 보고서는 사용 방법에 대한 감이 잘 오질 않습니다. 간단한 예제를 통해 조건부 컴파일의 사용법을 정확하게 이해하도록 하겠습니다.

■ 예제 : 16장\16-10\16-10.c

```
1:    #include <stdio.h>
2:
3:    #define DEBUG 1
4:
5:    int main(void)
6:    {
7:    #if DEBUG
8:        printf("디버그 모드로 동작합니다.\n");
9:    #else
10:        printf("릴리즈 모드로 동작합니다.\n");
11:    #endif
12:
13:        return 0;
14:    }
```

■ 실행결과

● 3번째 줄은 전처리기 지시자 #define으로 DEBUG 매크로를 선언하고 있습니다.

● 7, 9, 11번째 줄을 보면 모두 #으로 시작되는 전처리기 지시자인데, 조건문 if ~ else 문과 기능적으로 동일합니다.

● 7번째 줄 #if DEBUG 문장의 의미는 "DEBUG가 참이냐?"라고 묻고 있는 것입니다. 참이면 #if 이하의 문장을 수행하고, 참이 아니면 #else 이하의 문장을 수행합니다.

예제에서는 DEBUG가 1로 정의되어 참이므로 "디버그 모드로 동작합니다."의 문자열이 출력될 것입니다. 만약 "릴리즈 모드로 동작합니다."의 문자열을 출력하고 싶다면 어떻게 해야 할까요? 3번째 줄의 DEBUG 매크로의 값을 0으로 변경하면 됩니다.

● 11번째 줄 #endif는 조건부 컴파일 지시자를 사용한다면 조건부 영역이 끝날 때 반드시 써주어야 합니다. 만약 써주지 않는다면 컴파일 오류가 발생할 것입니다.

예제는 매우 간단하지만, 실무에서 예제와 같이 디버그 모드와 릴리즈 모드를 나눌 경우에 위와 같은 식으로 조건부 컴파일 지시자를 사용합니다.

다음은 #ifdef 조건부 컴파일 지시자에 대한 예제를 보겠습니다.
#ifdef 지시자의 의미는 "만약 ~가 정의되어 있다면"이라는 의미입니다. 반면 #ifndef 지시자의 의미는 반대로 "만약 ~가 정의되어있지 않다면"이라는 의미입니다.
이 지시자가 가장 많이 쓰이는 곳이 있는데, 바로 헤더 파일의 중복 선언을 방지할 때입니다. 헤더 파일의 중복 선언 방지의 기법은 C/C++의 표준 코드에서 많이 쓰이므로 잘 숙지해 놓으면 유용합니다.

그럼 먼저 헤더 파일의 중복 선언이 어떤 경우에 발생하는지 알아보도록 하겠습니다.

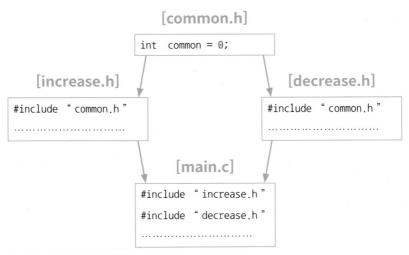

헤더의 중복 포함이 발생하는 경우

위 그림의 형태가 가장 간단한 헤더의 중복 구조입니다. 먼저 common.h 헤더 파일에 common이라는 정수형 변수를 선언과 동시에 초기화하였습니다. 그런데, 또 다른 헤더 파일 increase.h와 decrease.h가 common.h 파일을 포함하고 있습니다. 즉, increase.h와 decrease.h 두 파일에서는 common.h 파일을 포함하고 있으므로, 정수형 변수 common을 공유하게 됩니다.

main.c 파일에서는 increase.h와 decrease.h를 포함하고 있습니다. 그런데, 여기서 문제가 하나 발생합니다. increase.h에서 포함된 common.h와 decrease.h에서 포함된 common.h가 중복된다는 사실입니다. 사실 헤더가 중복된다는 것 자체가 문제가 되지는 않습니다. 문제는 공유하고 있는 common.h에 있는 common 변수입니다. common 변수의 초기화가 increase.h와 decrease.h 두 군데에서 동시에 이루어집니다. 위의 헤더파일 구조를 코드로 구현하여 문제점을 확인해보겠습니다.

### ■ 예제 : 16장\16-11\common.h, increase.h, decrease.h, main.c
· 파일1 : common.h

```
1:    int common = 0;
```

· 파일2 : increase.h

```
1:    #include "common.h"
2:
3:    int increase()
4:    {
5:        return common++;
6:    }
```

· 파일3 : decrease.h

```
1:    #include "common.h"
2:
3:    int decrease()
4:    {
5:        return common--;
6:    }
```

· 파일4 : main.c

```
1:    #include <stdio.h>
2:    #include "increase.h"
3:    #include "decrease.h"
4:
5:    int main(void)
6:    {
```

```
7:          int result1, result2;
8:
9:          result1 = increase();
10:         result2 = decrease();
11:
12:         printf("result1 = %d\n", result1);
13:         printf("result2 = %d\n", result2);
14:
15:         return 0;
16:    }
```

## ■ 실행결과

**error C2374: 'common' : 재정의. 여러 번 초기화했습니다.**

● common.h 파일에 common 변수를 선언과 동시에 0으로 초기화하였습니다.

● increase.h 파일에서는 common.h를 포함하고 있고, increase 함수에서는 common 변수를 1씩 증가하는 기능을 가지고 있습니다.

● decrease.h 파일에서 또한 common.h를 포함하고 있고, decrease 함수에서는 common 변수를 1씩 감소하는 기능을 가지고 있습니다.

● main.c 파일의 2, 3번째 줄에서는 increase.h와 decrease.h를 포함하고 있습니다. 문제는 increase.h와 decrease.h 각각이 common.h를 포함하고 있다는 점인데, 즉, common 변수를 중복 선언 및 초기화를 하고 있다는 것입니다. 이는 컴파일 시 문제점으로 발생합니다.

## ■ 문제 해결법

● 이 문제를 해결하기 위해서는 어떻게 해야 할까요? 먼저, 기술적인 고민은 접어두고 상황만 놓고 보았을 때 문제점을 한 번 보겠습니다. 문제는 main 함수 입장에서 보았을 때 int common = 0;이라는 문장이 중복 선언이 된 것입니다. 그러면 이 문제의 해결 방법은 common 변수를 한 번만 선언 및 초기화해 주도록 해주면 되지 않을까요? 그러기 위해서는 common.h 파일을 포함할 때 어디선가 한 번 포함하면 두 번 이상 포함 시 포함하지 않도록 해주면 됩니다. 그 방법을 바로 조건부 컴파일의 #ifdef가 제공해 줍니다.

● 보통 헤더 파일의 중복을 방지하기 위한 조건부 컴파일의 매크로 사용법은 다음과 같습니다.

#ifndef _COMMON_H_ ────▶ _COMMON_H_를 정의하지 않았다면

#define _COMMON_H_ ────▶ _COMMON_H_를 정의한다.
내용

#endif ────▶ 조건부 컴파일 매크로를 끝낸다.

헤더의 중복 포함이 발생하는 경우

#ifdef와 #ifndef는 #define으로 정의된 매크로의 값을 보고 판단하는 것이 아니라, 정의 자체가 되었는지 안 되었는지를 보고 판단합니다. #ifndef은 "만약 ~가 정의되어 있지 않으면"이라는 의미로 사용되는데, #ifdef과 반대의 개념입니다.

#ifndef _COMMON_H_는 _COMMON_H_를 정의하지 않았다면 이라는 의미로 정의하지 않았으면 그 다음 라인인 #define _COMMON_H_를 통해 _COMMON_H_ 매크로를 정의하고, 그 이하의 내용을 수행합니다. 수행이 끝나면 반드시 #endif로 조건부 컴파일 매크로를 끝내야 합니다. 만약 _COMMON_H_이 이미 정의되어 있다면 #ifndef _COMMON_H_ 문장을 만났을 때 이 문장 이하로는 스킵하고, #endif로 조건부 컴파일 매크로를 끝냅니다.

정의하는 매크로 이름 _COMMON_H_는 보통 파일 이름에서 따온 것입니다. 파일 이름으로 매크로 이름을 설정하는 이유는 프로젝트 내에서 중복될 소지가 거의 없고, _(언더바)로 시작하기 때문에 다른 용도의 매크로와 중복될 염려도 거의 없기 때문입니다. 일반적으로 파일 이름을 따서 위와 같은 형태로 많이 사용하므로 매크로 설정 시 규칙에 맞게 사용합니다.

다음은 문제점이 되었던 조건부 컴파일을 다시 수정한 소스코드입니다. 예제 16-11을 수정 후 다시 컴파일해보겠습니다.

■ 예제 : 16장\16-11\common.h

· 파일1 : common.h

```
1:    #ifndef _COMMON_H_
2:    #define _COMMON_H_
3:
4:    int common = 0;
5:
6:    #endif
```

● 1번째 줄 #ifndef _COMMON_H_의 의미는 "_COMMON_H_가 정의되어 있지 않다면 #endif 이전까지의 내용을 수행하라."는 뜻입니다. 즉, 수행의 내용에는 _COMMON_H_를 정의하고, int common = 0을 선언 및 초기화하는 내용이 있습니다. 만약 이미 _COMMON_H_가 정의되어 있다면 2~5번째 줄까지는 수행하지 않고, 6번째 줄 #endif로 가서 조건부 컴파일 매크로를 종료합니다.

● 보통 이와 같이 헤더 파일을 선언 시에는 파일 내에 존재하는 내용이 중복되지 않기 위해서 #ifndef ~ #define ~ #endif의 문장으로 감싸줍니다.

___ // 잠깐 알아두세요 ___

**#ifdef 조건부 컴파일 지시자의 활용**
#ifdef 조건부 컴파일 지시자의 경우는 Visual C++과 같은 윈도우 기반 프로그래밍 시 많이 사용됩니다. MFC(Microsoft Foundation Class) 기반의 프레임워크 내부 코드에도 많이 사용되고 있고, 컴파일러 자체 속성 설정에도 "전처리기 정의"라는 속성 메뉴가 존재합니다. 기본적으로 디버그, 릴리즈 모드의 구분, 플랫폼 종류 및 버전 등을 구분하는 경우 내부적으로 #ifdef을 사용하고 있습니다.

## Unit_3 = ("내장 매크로");

우리는 지금까지 사용자 지정 매크로를 살펴보았습니다. 그런데 C언어에서는 사용자가 정의하지 않아도 기본적으로 제공되는 매크로들이 존재하는데, 이를 내장 매크로, 혹은 표준 매크로라고 합니다.

| 내장 매크로 | 설명 |
|---|---|
| __DATE__ | 현재의 날짜(월 일 년)로 치환한다. |
| __TINE__ | 현재의 시간(시:분:초)으로 치환한다. |
| __LINE__ | 소스 파일에서의 현재의 라인 번호로 치환한다. |
| __FILE_ | 소스 파일의 이름으로 치환한다. |

내장 매크로는 코드의 디버깅 시 매우 유용하게 사용할 수 있습니다. 매크로의 날짜나 시간은 컴파일 혹은 디버깅 시간을 기록으로 남길 수 있고, 라인 번호의 경우는 디버깅 시 문제를 발생 시킨 코

드의 위치를 파악할 수 있게 합니다. 또한 소스 파일의 이름은 수십, 수백 개의 소스 파일 중에 어떤 파일에서 오류가 발생했는지 알 수 있습니다.

다음 예제를 통해 내장 매크로의 사용법을 보도록 하겠습니다.

■ 예제 : 16장\16-12\16-12.c

```
1:    #include <stdio.h>
2:
3:    int main(void)
4:    {
5:        printf("현재 날짜는 %s 입니다.\n", __DATE__);
6:        printf("현재 시간은 %s 입니다.\n", __TIME__);
7:        printf("소스 파일은 %s 입니다.\n", __FILE__);
8:        printf("현재 라인 번호는 %d 입니다.\n", __LINE__);
9:        return 0;
10:   }
```

■ 실행결과

● 5번째 줄에 출력한 내장 매크로 __DATE__는 현재 날짜를 월 일 년 순의 문자열 형태로 출력합니다.

● 6번째 줄에 출력한 내장 매크로 __TIME__은 현재 시간을 시:분:초의 문자열 형태로 출력합니다.

● 7번째 줄에 출력한 내장 매크로 __FILE__은 현재 소스파일의 절대 경로를 문자열 형태로 출력합니다.

8번째 줄에 출력한 내장 매크로 __LINE__은 현재 소스코드의 라인 위치를 정수로 출력합니다.

# MEMO

Book · Character · Goods · Advertisement · Graphic · Marketing · Brand consulting

# D · J · I
# BOOKS
# DESIGN
# STUDIO

facebook.com/djidesign

D · J · I BOOKS DESIGN STUDIO

# 나혼자 C언어

**1판 1쇄 인쇄** 2021년 10월 10일
**1판 1쇄 발행** 2021년 10월 15일

—

지 은 이  이창현
발 행 인  이미옥
발 행 처  디지털북스
정　　가  25,000원
등 록 일  1999년 9월 3일
등록번호  220-90-18139
주　　소  (03979) 서울 마포구 성미산로 23길 72 (연남동)
전화번호  (02)447-3157~8
팩스번호  (02)447-3159

—

ISBN 978-89-6088-381-9 (93000)
D-21-09

**DIGITAL BOOKS**
디지털북스